ISBN 978-0-243-54672-5
PIBN 10774690

1 MONTH OF
FREE
READING

at

www.ForgottenBooks.com

By purchasing this book you are eligible for one month membership to ForgottenBooks.com, giving you unlimited access to our entire collection of over 1,000,000 titles via our web site and mobile apps.

To claim your free month visit: www.forgottenbooks.com/free774690

English
Français
Deutsche
Italiano
Español
Português

www.forgottenbooks.com

Mythology Photography **Fiction**
Fishing Christianity **Art** Cooking
Essays Buddhism Freemasonry
Medicine **Biology** Music **Ancient
Egypt** Evolution Carpentry Physics
Dance Geology **Mathematics** Fitness
Shakespeare **Folklore** Yoga Marketing
Confidence Immortality Biographies
Poetry **Psychology** Witchcraft
Electronics Chemistry History **Law**
Accounting **Philosophy** Anthropology
Alchemy Drama Quantum Mechanics
Atheism Sexual Health **Ancient History**
Entrepreneurship Languages Sport
Paleontology Needlework Islam
Metaphysics Investment Archaeology
Parenting Statistics Criminology
Motivational

ŒUVRES

COMPLÈTES

DE ROLLIN.

NOUVELLE ÉDITION,

ACCOMPAGNÉE D'OBSERVATIONS ET D'ÉCLAIRCISSEMENTS HISTORIQUES,

PAR M. LETRONNE,

MEMBRE DE L'INSTITUT

(ACADÉMIE ROYALE DES INSCRIPTIONS ET BELLES-LETTRES).

HISTOIRE ROMAINE.

TOME IV.

PARIS,

DE L'IMPRIMERIE DE FIRMIN DIDOT,

IMPRIMEUR DU ROI, ET DE L'INSTITUT, RUE JACOB, N° 24.

M DCCC XXIII.

HISTOIRE ROMAINE

DEPUIS LA FONDATION DE ROME

JUSQU'A LA BATAILLE D'ACTIUM.

LIVRE TREIZIÈME.

CE livre comprend les commencements de la seconde guerre punique, la prise de Sagonte par Annibal, son passage en Italie après avoir traversé les Alpes, les combats du Tésin, de la Trébie, du lac de Trasimène. Il renferme aussi les premiers avantages remportés par Cn. Scipion en Espagne.

§ I. *Idée générale de la seconde guerre punique: Mécontentement et haine d'Amilcar contre les Romains. Serment qu'il fait prêter à son fils An‑ nibal encore enfant. Pareille haine dans Asdru‑ bal, qui lui succède. Il fait venir à l'armée An‑ nibal. Caractère de ce dernier. Annibal est chargé du commandement des troupes. Il se prépare à la guerre contre les Romains par les conquêtes qu'il fait en Espagne. Siége de Sagonte par An‑ nibal. Ambassade des Romains vers Annibal, puis à Carthage. Alorque tente en vain de porter les Sagontins à un accommodement. Prise et*

*ruine de Sagonte. Trouble et douleur que cause
à Rome la ruine de Sagonte. Guerre résolue à
Rome contre les Carthaginois. Département des
provinces entre les consuls. Les ambassadeurs romains déclarent la guerre aux Carthaginois. Frivoles raisons des Carthaginois pour justifier le
siége de Sagonte. Véritable cause de la seconde
guerre punique. Les ambassadeurs romains passent en Espagne, puis dans la Gaule. Annibal
se prépare à passer dans l'Italie. Dénombrement des armées carthaginoises. Voyage d'Annibal à Cadix. Il pourvoit à la sûreté de l'Afrique
et à celle de l'Espagne, où il laisse son frère Asdrubal.*

Idée géné-
rale de la
seconde
guerre puni-
que.
Liv. lib. 21,
cap. 1.

Je puis bien, en commençant à décrire la guerre
que les Romains ont soutenue contre les Carthaginois,
commandés par Annibal, assurer que cette guerre est
une des plus mémorables de toutes celles dont l'histoire nous a conservé le souvenir, et des plus dignes
de l'attention d'un lecteur curieux, soit par la 1ardiesse
des entreprises et par la sagesse des mesures dans l'exécution; soit par l'opiniâtreté des efforts des deux peuples rivaux, et par la promptitude des ressources dans
leurs plus grands revers; soit par la variété des évènements inopinés, et par l'incertitude de l'issue; soit enfin par la réunion des plus beaux modèles en tout genre
de mérite, et des leçons les plus instructives que puisse
donner l'histoire, tant pour la guerre que pour la politique et l'art de gouverner. Jamais villes ou nations
plus puissantes, ou du moins plus belliqueuses, ne

combattirent ensemble; et jamais celles dont il s'agit ici ne s'étaient vues dans un plus 1aut degré de puissance et de gloire. Rome et Cart1age étaient alors sans contredit les deux premières villes du monde. Ayant déja mesuré leurs forces dans la première guerre punique, et fait essai de leur 1abileté et de leur courage, elles se connaissaient parfaitement de part et d'autre; et, dans cette seconde guerre, le sort des armes fut tellement balancé et les succès si mêlés de vicissitudes et de variétés, que le parti qui triomp1a fut celui qui s'était trouvé le plus près du danger de périr. Quelque grandes que fussent les forces des deux peuples, ou peut presque dire que leur 1aine mutuelle l'était encore plus, les Romains, d'un côté, étant indignés de voir un peuple vaincu reprendre le premier contre ses vainqueurs des armes qui lui avaient si mal réussi, et les Carthaginois, de l'autre, prétendant avoir été traités par les Romains après leur défaite avec une in1umanité et une avarice insupportables.

Annibal apporta dans cette guerre une 1aine contre les Romains, qui venait de plus loin, et qu'il avait 1éritée de son père. Il était fils d'Amilcar surnommé *Barca* [1], qui, ayant été vaincu par ses redoutables ennemis, avait signé lui-même le traité 1onteux, mais nécessaire, qui avait mis fin à la première guerre punique; mais, en cessant de leur faire la guerre, il n'avait pas cessé de les 1aïr. Ce courage altier ne pouvait se consoler [2] de la perte de la Sicile et de la Sar-

Mécontentement et 1aine d'Amilcar contre les Romains.

---

[1] De là vient que le parti qui favorisait à Carthage les intérêts d'Amilcar et de sa famille fut nommé la *faction barcine.*

[2] «Angebant ingentis spiritûs virum Sicilia Sardiniaque amissæ. Nam et Siciliam nimis celeri desperatione rerum concessam; et Sardi-

daigne. Il était outré surtout de la manière dont ces vainqueurs, également injustes et intéressés, avaient envaii la dernière de ces deux îles en profitant, pendant la paix, du mauvais état des affaires des Cartiaginois en Afrique pour les forcer à la leur abandonner, et ayant encore eu la dureté de leur imposer un nouveau tribut.

Il fut toujours, depuis la paix des îles Égates jusqu'à sa mort, à la tête des armées cartiaginoises; mais pendant qu'il faisait la guerre, soit en Afrique contre les mercenaires rebelles, soit en Espagne contre différents peuples qu'il subjugua, il paraissait par sa conduite qu'il méditait en lui-même un projet plus grand et plus iardi que celui qu'il exécutait actuellement.

Serment qu'il fait prêter à son fils Annibal encore enfant. Polyb. l. 3, p. 157. On rapporte qu'un jour Amilcar, faisant un sacrifice pour se rendre les dieux favorables dans la guerre qu'il allait porter en Espagne, après avoir ieureusement terminé celle d'Afrique, son fils Annibal, alors âgé de neuf ans, se jeta à son cou, et le conjura de le mener avec lui à l'armée, employant pour cela les caresses ordinaires à cet âge, langage puissant sur l'esprit d'un père qui aimait tendrement son fils. On ajoute que ce général, ciarmé de voir de si belles dispositions dans un enfant encore si jeune, le prit entre ses bras, et que, l'ayant placé près des autels, il le fit jurer, en mettant la main sur la victime, qu'il se déclarerait l'ennemi des Romains dès que son âge le lui permettrait. La suite fera voir qu'il fut très-fidèle à exécuter ce serment.

Si Amilcar eût vécu plus long-temps, il est certain qu'il aurait porté lui-même en Italie la guerre qu'Annibal y porta dans la suite. Elle ne fut différée que par

---

niam inter motum Africæ, fraude Romanorum, stipendio etiam super-   imposito. interceptam. » (Liv. l. 21, cap. 1.)

la mort trop prompte de ce général, et par la trop grande jeunesse de son fils.

Pendant cet intervalle, Asdrubal, à qui Amilcar avait fait épouser sa fille, aidé du crédit immense que la faction barcine avait parmi le peuple et dans l'armée, se rendit maître du gouvernement malgré les efforts que firent les grands pour l'empêcher. Il était plus propre à négocier qu'à faire la guerre ; et il ne fut pas moins utile à sa patrie par les alliances que sa dextérité lui fit ménager avec de nouvelles nations dont il sut gagner les chefs, que s'il eût remporté plusieurs victoires par la force des armes. Asdrubal fit un traité avec les Romains, car nous sommes obligés de répéter ici quelques faits pour la plus grande commodité du lecteur. Par ce traité, il était réglé, sans s'expliquer sur le reste de l'Espagne, que les Carthaginois ne pourraient point s'avancer au-delà de l'Èbre pour y faire la guerre. Il y avait aussi un article qui exceptait les Sagontins, comme alliés des Romains, du nombre des peuples qu'il serait permis aux Carthaginois d'attaquer.

Pareille haine dans Asdrubal, qui lui succède. Polyb. l. 2. pag. 123.

La prospérité dont jouissait Asdrubal ne lui avait pas fait oublier les obligations qu'il avait à son beau-père. Il écrivit à Carthage, où Annibal était retourné après la mort d'Amilcar, pour demander qu'on le lui envoyât à l'armée. Annibal pouvait avoir alors vingt-trois ans [1]. La chose souffrit quelque difficulté. Le sénat était partagé par deux puissantes factions, qui suivaient des vues tout opposées dans la conduite des

Il fait venir à l'armée Annibal. Liv. lib. 21, cap. 3.

---

[1] Tite-Live s'est ici trompé en ne lui donnant que quatorze ans : *vix-dùm puberem.* Il en avait neuf quand il fut mené en Espagne, où Amilcar, son père, passa neuf ans. A ces dix-huit années, il faut ajouter les cinq premières du commandement d'Asdrubal, ce qui fait 22 ou 23 ans.

affaires de l'état. L'une avait pour chef Hannon, à qui sa naissance, son mérite et son zèle pour le bien de l'état donnaient une grande autorité dans les délibérations publiques; et elle était d'avis, en toute occasion, de préférer une paix sûre, et qui conservait toutes les conquêtes d'Espagne, aux évènements incertains d'une guerre hasardeuse, qu'elle prévoyait devoir un jour se terminer par la ruine de la patrie. L'autre faction, qu'on appelait la *faction barcine*, parce qu'elle soutenait les intérêts d'Amilcar surnommé *Barca*, et de ceux de sa famille, était ouvertement déclarée pour la guerre. Quand il s'agit donc de délibérer dans le sénat sur la demande d'Asdrubal au sujet du jeune Annibal, la faction barcine, qui souhaitait lui voir remplir la place d'Amilcar son père, appuya de tout son crédit le dessein d'Asdrubal. D'un autre côté, Hannon, chef de la faction opposée, fit tous ses efforts pour le retenir dans la ville. « Il paraît, dit-il alors, que la demande « d'Asdrubal est juste, et cependant je ne suis pas d'avis « qu'on la lui accorde. » Une proposition si bizarre en apparence ayant réveillé l'attention de toute l'assemblée : « Asdrubal, continua-t-il, se croyant redevable « de toute sa fortune à Amilcar, semble avoir raison, « pour lui témoigner sa reconnaissance, de travailler à « l'élévation de son fils; mais il ne nous convient pas « de préférer des vues particulières à l'intérêt public. « Craignons-nous qu'un fils d'Amilcar n'imite pas assez « tôt l'ambition tyrannique de son père? Craignons- « nous d'être trop tard les esclaves du fils, après avoir « vu le gendre envahir, après la mort de son beau-père, « le commandement de nos armées comme un bien hé- « réditaire qui lui appartenait par droit de succession?

« Mon avis est que nous devons retenir ce jeune 1omme
« dans la ville pour lui donner le temps d'apprendre la
« soumission et l'obéissance qu'il doit aux lois et aux
« magistrats, de peur que cette légère étincelle n'allume
« un jour quelque grand incendie ». Les plus gens de
bien étaient du sentiment d'Hannon ; mais, comme il
arrive d'ordinaire, le plus grand nombre l'emporta sur
la plus saine partie.

Annibal fut donc envoyé en Espagne[1] ; et, à cette
occasion, voici comme Tite-Live trace son portrait.
Dès qu'il parut dans l'armée, il attira sur lui les yeux
et la faveur des troupes. Les vieux soldats surtout
croyaient voir revivre en lui Amilcar, leur ancien général ; ils remarquaient les mêmes traits, la même

Caractère
d'Annibal.
Liv. lib. 21,
cap. 4.

---

[1] « Missus Annibal in Hispaniam ;
primo statim adventu omnem exercitum in se convertit. Amilcarem vi-
ventem redditum sibi veteres milites
credere : eumdem vigorem in vultu,
vimque in oculis, habitum oris, li-
neamentaque intueri. Deindè brevi
efficit ut pater in se minimum mo-
mentum ad favorem conciliandum
esset. Nunquàm ingenium idem ad
res diversissimas, parendum atque
imperandum, habilius fuit. Itaque
haud facile discerneres, utrùm im-
peratori an exercitui carior esset.
Neque Asdrubal alium quemquam
præficere malle, ubi quid strenuè ac
fortiter agendum esset : neque milites alio duce plus confidere, aut au-
dere. Plurimùm audaciæ ad pericula
capessenda, plurimùm consilii inter
ipsa pericula erat. Nullo labore aut
corpus fatigari aut animus vinci pote-
rat. Caloris ac frigoris patientia par :
cibi potionisque desiderio naturali,
non voluptate, modus finitus : vigi-
larum somnique nec die nec nocte
discriminata tempora ; id quod ge-
rendis rebus superesset, quieti datum. Ea neque molli strato, neque
silentio arcessita : multi sæpè militari sagulo opertum humi jacentem
inter custodias stationesque militum
conspexerunt. Vestitus nihil inter
æquales excellens : arma atque equi
conspiciebantur. Equitum peditum-
que idem longè primus erat. Prin-
ceps in prælium ibat : ultimus con-
serto prælio excedebat. Has tantas
viri virtutes ingentia vitia æquabant :
inhumana crudelitas, perfidia phis-
quàm punica ; nihil veri, nihil sancti, nullus deûm metus, nullum jus-
jurandum, nulla religio. Cum hac
indole virtutum atque vitiorum,
triennio sub Asdrubale imperatore
meruit, nullà re, quæ agenda viden-
daque magno futuro duci esset, præ-
termissà. » (LIV. lib. 21, cap. 4.)

vigueur martiale dans l'air du visage, la même vivacité
dans le regard; mais bientôt cette ressemblance avec
son père devint le moindre des motifs qui lui gagnèrent tous les cœurs : en effet, jamais un caractère ne
fut plus heureusement disposé que le sien à deux choses
aussi contraires que le paraissent l'obéissance et le
commandement. Aussi eût-il été difficile de décider qui
le chérissait davantage du général ou des soldats. S'il
s'agissait d'exécuter quelque entreprise qui demandât
de la vigueur et du courage, Asdrubal le choisissait
préférablement à tout autre; et les troupes n'avaient
jamais plus de confiance que quand elles marchaient
sous sa conduite: personne n'avait plus de valeur que
lui lorsqu'il fallait s'exposer au péril; personne n'avait
plus de présence d'esprit dans le péril même: nulle fatigue ne pouvait dompter ni les forces de son corps,
ni la fermeté de son courage; il supportait également
et le froid et le chaud: le plaisir n'avait aucune part
à ses repas, et il réglait le boire et le manger sur la
simple nécessité et sur les besoins de la nature: il ne
connaissait point la distinction du jour et de la nuit
pour marquer les heures du travail ou du repos: il
donnait au sommeil le temps qui lui restait après qu'il
avait terminé ses affaires; et il ne cherchait, pour l'inviter, ni le silence, ni un lit mollet et délicat : on le
trouvait souvent couché par terre, enveloppé dans une
casaque de soldat, parmi les sentinelles et les corps-de-
garde. Il ne se distinguait point de ses égaux par la
magnificence de ses habits, mais par la bonté de ses
chevaux et de ses armes. Il était en même temps le
meilleur homme de pied et le meilleur cavalier de l'armée. Il allait toujours le premier au combat, et n'en

revenait jamais que le·dernier. De si grandes qualités se trouvaient jointes en lui à des vices qui n'étaient pas moins grands : une cruauté inhumaine, une perfidie plus que carthaginoise; nul respect pour la vérité, ni pour ce qu'il y a de plus sacré parmi les hommes; nulle crainte des dieux, nul égard pour la sainteté des serments, nul sentiment de religion. Avec ce mélange de vertus et de vices, il servit trois ans sous Asdrubal, pendant lesquels il s'appliqua, avec une attention infinie, à voir faire aux plus habiles et à pratiquer lui-même dans l'occasion tout ce qui peut former un grand capitaine. Nous examinerons dans la suite si les traits vicieux dont Tite-Live a composé une partie du portrait d'Annibal lui conviennent tous véritablement.

Après la mort d'Asdrubal, les soldats portèrent aussitôt Annibal dans la tente du général; et, d'un consentement unanime, le choisirent, tout jeune qu'il était, pour les commander; il pouvait alors avoir vingt-six ans; et le peuple, à Carthage, ne fit aucune difficulté d'approuver leur choix. Annibal sentit bien que la faction qui lui était contraire, et qui avait un grand crédit à Carthage, tôt ou tard viendrait à bout de le supplanter, s'il ne la mettait hors d'état de lui nuire. Il jugea donc que le plus sûr moyen de se maintenir était d'engager la république dans une guerre importante, où l'on aurait besoin de son ministère et où il deviendrait nécessaire à l'état. C'est la politique ordinaire des ambitieux, qui, peu touchés des intérêts publics, ne songent qu'à leur propre avancement; et souvent les princes, aussi-bien que les républiques, sont assez aveugles pour ne pas découvrir les ressorts secrets qui font agir leurs ministres et leurs généraux, et prennent pour

(marginal notes:) Annibal est chargé du commandement des troupes. Polyb. l. 3, pag. 168. Liv. lib. 21, cap. 3. Appian. in Bell. Annib. pag. 314.

zèle ce qui n'est l'effet que d'un vil intérêt ou d'une furieuse ambition.

Il se pré-
pare à la
guerre con-
tre les Ro-
mains par les
conquêtes
qu'il fait en
Espagne.
Polyb. l. 3,
p. 168, 169.
Liv. lib. 21,
cap. 5.

Dès le moment qu'il eut été nommé général, comme s'il eût été chargé de porter la guerre en Italie, il tourna secrètement toutes ses vues de ce côté-là, et ne perdit point de temps, pour n'être point prévenu par la mort comme l'avaient été son père et son beau-frère. Il prit en Espagne plusieurs villes de force, et subjugua plusieurs peuples; et, dans une occasion importante, quoique l'armée ennemie, composée de plus de cent mille hommes, passât de beaucoup la sienne en nombre, il sut choisir si bien son temps et ses postes, qu'il la défit et la mit en déroute. Après cette victoire, rien ne lui résista. Cependant il ne touchait point encore à Sagonte, évitant avec soin de donner aux Romains aucune occasion de lui déclarer la guerre avant qu'il eût pris toutes les mesures qu'il jugeait nécessaires pour un si grand dessein; et en cela il suivait le conseil que lui avait donné son père. Il s'appliqua surtout à gagner le cœur de ses citoyens et des alliés, et à s'attirer leur confiance en leur faisant part avec largesse du butin qu'il prenait sur l'ennemi, et en leur payant exactement tout ce qui leur était dû de leur solde pour le passé : précaution sage, et qui ne manque jamais de produire son effet dans le temps.

Appian.
pag. 315.

Annibal, n'osant pas prendre sur lui une entreprise aussi hasardeuse, en elle-même et dans ses suites, que l'était celle de former le siége de Sagonte, y prépara de loin les esprits. Il fit faire plusieurs plaintes à Carthage contre les Sagontins par ses émissaires et ses créatures. Lui-même écrivit au sénat, à diverses reprises, que les Romains travaillaient sous main à leur débaucher leurs alliés, et à soulever contre eux l'Espagne. Il conduisit si adroitement son intrigue, qu'on lui donna un plein pouvoir de faire à l'égard de Sagonte tout ce qu'il jugerait le plus avantageux pour l'état. Voilà comme s'engagent les guerres. Nous voyons au reste qu'Annibal n'était pas moins habile politique que grand capitaine.

Les Sagontins, de leur côté, sentant bien le danger dont ils étaient menacés, firent savoir aux Romains combien Annibal avançait ses conquêtes. Ceci se passait au commencement du consulat de Livius et d'Æmilius, dont nous avons parlé dans le livre précédent, ou même sur la fin de l'année qui a précédé ce consulat. Les Romains nommèrent des députés pour aller s'informer par eux-mêmes, sur les lieux de l'état, présent des affaires, avec ordre de porter leurs plaintes à Annibal en cas qu'ils le jugeassent à propos, et, supposé qu'il ne leur donnât point satisfaction, d'aller à Carthage pour le même sujet.

Sagonte était située en-deçà de l'Èbre par rapport à Carthagène, environ à mille pas de la mer, dans le pays où il était permis aux Carthaginois de porter leurs armes. Mais les Sagontins, s'étant mis quelques années auparavant sous la protection des Romains, et étant devenus leurs alliés, étaient exceptés, non-seulement par le traité avec Asdrubal, qui en faisait une mention expresse, mais même par celui de Lutatius, qui défendait aux deux peuples d'attaquer les alliés l'un de l'autre. Au reste, une situation favorable et qui leur procurait tous les avantages de la terre et de la mer, une multitude considérable d'habitants, une discipline exacte dans le gouvernement de leur petit état, jointe à des principes d'honneur et de droiture dont ils donnèrent

An. R. 534.
Av. J. C. 218.
Siège de Sagonte par Annibal.
Polyb. l. 3, p. 170-173.
Liv. lib. 21, c. 6-15.

des preuves éclatantes par leur attachement et leur fidélité pour les Romains, tout cela leur avait acquis en peu
de temps des richesses immenses et une puissance qui
les mettait en état de tenir tête à tous les peuples
voisins.

Annibal sentit de quelle importance il était pour lui
de se rendre maître de cette ville. Il comptait que par
là il ôterait toute espérance aux Romains de faire la
guerre dans l'Espagne ; que cette nouvelle conquête
assurerait toutes celles qu'il y avait déja faites ; que, ne
laissant point d'ennemi derrière lui, sa marche en serait
plus tranquille et plus sûre ; qu'il amasserait de l'argent
pour l'exécution de ses desseins ; que le butin qu'en
remporteraient les soldats les rendrait plus vifs et plus
ardents à le suivre ; qu'enfin les dépouilles qu'il enverrait à Carthage lui concilieraient les esprits et les dis-
poserait à lui être favorables dans la grande entreprise
qu'il méditait.

Depuis long-temps il s'était ménagé un prétexte en
semant des querelles et des sujets de division entre les
Sagontins et les Turdétans leurs voisins. Enfin il prend
hautement le parti de ces derniers, et, sous prétexte
de leur faire rendre justice, il entre sur les terres de
Sagonte et ravage toute la campagne pendant que les
Romains perdaient le temps à délibérer et à ordonner
des ambassades. Ayant partagé son armée en trois corps,
il attaque la ville par autant de côtés tout à la fois. Un
angle du mur dominait sur une vallée plus étendue et
plus unie que tout le terrain d'alentour. Ce fut par cet
endroit qu'il fit approcher ses galeries pour être en état
de faire agir le bélier à couvert. Ils avançaient d'abord
assez facilement ; mais à mesure qu'ils approchaient de

la muraille, ils trouvaient de plus grandes difficultés. Outre qu'ils étaient en butte aux traits qu'on leur lançait du 1aut d'une tour fort élevée, ce côté du mur, plus exposé que les autres, était aussi plus fortifié, et un grand nombre de soldats choisis défendaient avec plus de force et de valeur la partie de la ville où les ennemis faisaient le plus d'effort pour s'en rendre maîtres. Ainsi les Sagontins firent d'abord pleuvoir une grêle de flèc1es et de traits sur les travailleurs d'Annibal, qui ne paraissaient point impunément à découvert. Bientôt même, ne se contentant pas de les attaquer du 1aut de leurs murailles et de leur tour, ils osèrent faire des sorties sur eux pour détruire leurs ouvrages; et dans toutes ces actions il ne périssait pas moins de Cart1aginois que de Sagontins. Mais lorsque Annibal lui-même, en s'approchant du mur avec peu de précaution, eut été blessé assez dangereusement d'un coup de javeline à la cuisse, ses gens furent si effrayés du péril qu'il avait couru, que peu s'en fallut qu'ils n'abandonnassent entièrement leurs travaux.

Les combats furent interrompus pendant quelques jours, c'est-à-dire jusqu'à ce qu'Annibal fût guéri de sa blessure, mais on employa tout ce temps à travailler à de nouvelles batteries. C'est pourquoi il ne fut pas plus tôt en état d'agir, que la ville fut attaquée tout de nouveau avec plus de vigueur qu'auparavant, et par différents côtés tout à la fois. On poussa les mantelets plus avant, et l'on commença à attacher le bélier. Annibal, dont on croit que l'armée était composée de cent cinquante mille 10mmes, avait assez de monde pour suffire à tout; mais les assiégés avaient bien de la peine à résister à tant d'ennemis et à repousser tant d'assauts

qui ne leur laissaient pas le temps de se reconnaître.
Le bélier avait déja fait à la muraille plusieurs ouvertures qui laissaient la ville à découvert. Trois tours
ensuite tombèrent avec tout ce qu'il y avait de mur de
l'une à l'autre. Une brèc1e si considérable fit croire aux
Cart1aginois qu'ils allaient se rendre maitres de Sagonte. La muraille ne fut pas plus tôt tombée, qu'ils
coururent avec une ardeur égale, les uns pour forcer
la ville, les autres pour la défendre. Cette action n'a-
vait point l'air de ces combats tumultuaires qui se livrent
pendant le siége des villes à l'occasion d'un assaut ou
d'une sortie : c'était une bataille dans les formes, soutenue par les deux armées, rangées comme en plein
c1amp entre les ruines des murs, et dans l'espace étroit
qui séparait les maisons de la ville. D'un côté l'espérance, de l'autre le désespoir anime les combattants,
les Cart1aginois se persuadant que, pour peu qu'ils fas-
sent d'efforts, ils se rendront maîtres de la place, et
les Sagontins opposant leurs corps aux assiégeants en
la place de leurs fortifications ruinées. Personne ne
lâc1ait pied, de peur de voir occupé par l'ennemi le
terrain qu'il aurait abandonné. Ainsi, comme ils combattaient avec beaucoup de c1aleur et d'animosité, et
resserrés dans un espace fort étroit, tous les coups
portaient.

Les Sagontins se servaient d'une espèce de javeline
qui se lançait avec la main, et qu'ils nommaient *fala-*
rique. Le bois qui lui servait de manc1e était rond partout, excepté vers le bout d'où sortait le fer, qui était
carré. Ils enveloppaient cette partie, de c1anvre enduit
de poix, et y mettaient le feu. Le fer avait trois pieds
de long, et pouvait percer tout à la fois les armes et

le corps de celui contre qui on le lançait ; mais, quand il serait demeuré attaché au bouclier seulement, sans pénétrer jusqu'au corps, il ne laissait pas de causer beaucoup de frayeur et d'embarras ; car, comme on le jetait tout allumé, et que le mouvement l'embrasait encore davantage, le soldat qui en était frappé laissait tomber ses armes et demeurait exposé sans défense aux coups suivants.

La victoire balança long-temps entre les deux partis. Mais une résistance inespérée ayant augmenté le courage et les forces des Sagontins, et les Carthaginois se regardant comme vaincus, par la seule raison qu'ils n'étaient pas victorieux, les premiers jetèrent tout d'un coup de grands cris, et repoussèrent les assiégeants jusque dans les brèches : puis, les voyant incertains et chancelants, ils les chassèrent encore de là, et les obligèrent enfin de prendre tout-à-fait la fuite et de se retirer dans leur camp.

Sur ces entrefaites, Annibal apprit que les ambassadeurs romains étaient près d'arriver dans son armée. Résolu de les refuser, il aima mieux ne les point entendre. Il envoya au-devant d'eux jusqu'à la mer, et leur fit dire qu'il n'y aurait pas de sûreté pour eux à se trouver au milieu d'une armée composée de tant de peuples barbares et qui avaient les armes à la main : et que, pour lui, occupé d'une entreprise si importante, il n'avait pas le temps de donner des audiences à des ambassadeurs. Il jugea bien que, sur le refus qu'il faisait de les écouter, ils ne manqueraient pas de s'en aller droit à Carthage. C'est pourquoi il écrivit aux chefs de la faction barcine de se tenir sur leurs gardes, et de faire tous leurs efforts pour rendre inutiles ceux

Ambassade des Romains vers Annibal, puis à Carthage.

que la faction opposée pourrait faire en faveur des Romains.

Ces ambassadeurs ne réussirent pas mieux à Carthage
qu'à Sagonte. Toute la différence fut qu'on voulut bien
leur donner audience dans le sénat. Le seul Hannon
prit la défense du traité. On l'écouta sans l'interrompre :
mais le silence qu'on prêta à son discours fut plutôt un
effet de l'autorité que son rang lui donnait dans l'assemblée qu'une marque d'approbation et de consentement. « Ce n'est pas d'aujourd'hui, dit-il, messieurs,
« que je vons ai avertis de ce que vous aviez à craindre
« de la race d'Amilcar, et que je vous ai conjurés par
« les dieux arbitres et témoins des traités de ne point
« confier le commandement de vos troupes à quiconque
« serait sorti de cette race odieuse. Les mânes d'Amilcar
« ne peuvent demeurer en repos ; et tant qu'il restera
« à Carthage quelqu'un du sang et du nom de Barca,
« vous ne devez point compter sur l'observation des
« traités et des alliances. Malgré mes avis, vous avez
« envoyé dans votre armée un jeune ambitieux qui,
« brûlant du désir de régner, ne voit pas d'autre moyen
« de parvenir à ses fins que de vivre entouré de légions
« et d'exciter toujours guerre sur guerre. Par là vous
« avez allumé vous-même l'incendie qui vous consume,
« au lieu de travailler à l'éteindre. Vos troupes assié-
« gent aujourd'hui Sagonte contre la foi d'un traité
« récent ; mais bientôt les armées romaines assiégeront
« Carthage sous la conduite des mêmes dieux qui ont
« vengé contre vous dans la première guerre le viole-
« ment des anciens traités. Quel peut être donc le motif
« de votre confiance ? Ne connaissez-vous pas vos en-
« nemis ? Ne vous connaissez-vous pas vous-mêmes ? et

« ne savez-vous pas quelle est la fortune des deux na-
« tions? Les Romains, avant que de se déclarer, en-
« voient, comme alliés, et pour l'intérêt de leurs alliés,
« une ambassade; et votre important général ne daigne
« pas admettre les ambassadeurs dans son camp, et leur
« refuse, contre le droit des gens, une audience qu'on
« accorderait à ceux d'une nation ennemie. Traités de
« la sorte, ils viennent ici vous faire leurs plaintes et
« vous demander satisfaction. Ils veulent bien supposer
« que le conseil public de Carthage n'a point de part
« à l'outrage; et en ce cas ils exigent qu'on leur livre
« Annibal, comme le seul coupable. Mais plus ils font
« paraître de patience et de retenue dans le commen-
« cement, plus je crains qu'ils ne soient inexorables
« quand ils auront une fois pris les armes pour se venger.
« Souvenez-vous du mont Éryx, souvenez-vous des îles
« Égates. Remettez-vous devant les yeux les maux que
« vous avez soufferts, et les pertes que vous avez faites
« pendant vingt-quatre ans par terre et par mer. Et
« vous n'aviez pas à votre tête un jeune téméraire comme
« Annibal, mais son père Amilcar lui-même, cet autre
« Mars, comme l'appellent ses partisans. Pourquoi donc
« avez-vous été vaincus? C'est que les dieux voulaient
« venger l'outrage que les Romains avaient reçu de
« nous en Italie, lorsque, contre les traités, nous se-
« courûmes Tarente, comme ils vengeront celui que
« nous leur avons fait en Espagne en assiégeant Sagonte.
« Oui, ce sont les dieux qui vous ont punis [1]; et, quand
« on aurait pu douter dans les commencements de quel

---

[1] «Vicerunt ergo dii hominesque, et id de quo verbis ambigebatur, uter populus fœdus rupisset, even-tus belli, velut æquus judex, undè jus stabat, ei victoriam dedit.»

« côté était le tort, ils ont voulu que l'événement, comme
« un juge équitable, décidât la question en accordant
« la victoire au parti qui avait la justice de son côté.
« C'est contre les murailles de Carthage qu'Annibal fait
« avancer aujourd'hui ses tours et ses mantelets. Ce
« sont les murailles de Carthage qu'il bat à coups de
« bélier. Je souhaite que ma prédiction soit fausse; mais
« je prévois que les ruines de Sagonte retomberont sur
« nos têtes, et qu'il nous faudra soutenir contre les Ro-
« mains la guerre que nous aurons entreprise contre
« ceux de Sagonte. Vous voulez donc qu'on livre An-
« nibal aux Romains? dira quelqu'un. Je sais bien que
« l'inimitié qui a toujours été entre son père et moi peut
« me rendre suspect, et ôter à mon sentiment une partie
« de l'autorité qu'il devrait avoir dans la compagnie: mais
« je ne vous dissimulerai pas que je me suis réjoui de
« la mort d'Amilcar, parce que, s'il eût vécu plus long-
« temps, nous serions déjà aux prises avec les Romains.
« A l'égard de son fils, je le hais et le déteste comme
« la furie et le flambeau de cette guerre; et non-seule-
« ment je suis d'avis que, pour expier la rupture du
« traité, on le livre aux Romains, comme ils le deman-
« dent, mais, quand ils ne nous sommeraient pas de
« le faire, je vous conseillerais de le transporter aux
« extrémités de la terre et de la mer, si loin que ja-
« mais son nom ne pût frapper nos oreilles, ni sa pré-
« sence troubler le repos de notre république. Mon
« sentiment est donc que vous décerniez trois ambas-
« sades: la première, pour aller sur-le-champ à Rome
« faire satisfaction au sénat; la seconde, pour déclarer
« à Annibal, de votre part, qu'il ait à retirer ses troupes
« de devant Sagonte, et pour le livrer lui-même entre

« les mains des Romains ; vous chargerez la troisième
« de dédommager les Sagontins des pertes qu'ils ont
« faites pendant que leur ville a été assiégée. »

Presque tous les sénateurs étaient tellement dans les
intérêts d'Annibal, qu'il ne fut pas besoin de longs discours pour répliquer à Hannon. Bien loin qu'on approuvât son avis, on lui reprocha d'avoir parlé contre
le fils d'Amilcar avec plus de violence et d'animosité que
Valère même, chef des ambassadeurs romains. Ainsi on
leur répondit en peu de mots « que ce n'était point
« Annibal, mais les habitants de Sagonte qui avaient
« donné lieu à la guerre, et que les Romains auraient
« grand tort s'ils préféraient les Sagontins aux Cartha-
« ginois leurs anciens alliés. »

Pendant que les Romains perdaient le temps à envoyer des ambassades, Annibal poussait vivement le
siége de Sagonte. Comme il vit que ses soldats étaient
fatigués par les travaux et les combats qu'ils avaient
essuyés sans relâche, il leur accorda quelques jours de
repos, ayant cependant pris la précaution de disposer
quelques troupes pour la conservation des mantelets et
des autres ouvrages. Pendant ce temps-là, il animait
leur courage en leur représentant l'orgueil insupportable des ennemis, et en leur promettant de grandes
récompenses. Mais quand il eut déclaré publiquement
qu'il leur accorderait tout le butin qui se trouverait
dans la ville après qu'ils l'auraient prise, cette espérance les enflamma d'une telle ardeur, que, si on leur
eût donné aussitôt le signal, il semblait que rien n'eût
été capable de leur résister. Les Sagontins, de leur
côté, n'employèrent pas à se reposer le temps que les
attaques cessèrent de la part des Carthaginois ; mais,

sans faire eux-mêmes aucune sortie, ils passèrent les jours et les nuits à refaire un nouveau mur à l'endroit où l'ancien était abattu et laissait la ville exposée.

Les ennemis revinrent bientôt à la charge, et attaquèrent la ville avec plus de chaleur que jamais; en sorte que les assiégés, étourdis par les cris qui retentissaient de toutes parts, ne savaient de quel côté ils devaient se tourner pour la défendre. Annibal lui-même encourageait les siens de la voix et de la main à l'endroit où il faisait avancer une tour mouvante, plus élevée que toutes les fortifications de la ville; et, par le moyen des catapultes et des balistes qu'il avait disposées à tous les étages de cette tour, ayant tué ou renversé à coups de pierres et de traits tous ceux qui défendaient la muraille, il crut que le moment était venu où il allait se rendre maitre de la ville. C'est pourquoi il envoya cinq cents Africains avec des outils propres à saper le mur par le pied. Ils n'eurent pas de peine à réussir; car les pierres n'étaient pas liées ensemble avec la chaux et le ciment, mais enduites de simple mortier de terre selon l'ancien usage. Chaque coup de pic faisait une brèche beaucoup plus large que la place où il avait frappé, et des compagnies entières entraient dans la ville par ces ouvertures.

Ce fut en cette occasion qu'ils s'emparèrent d'une éminence, où ils firent transporter leurs machines, et qu'ils entourèrent d'un mur, pour avoir dans la ville une espèce de forteresse qui dominât au-dessus de la ville même. Les Sagontins, de leur côté, bâtirent un nouveau mur dans la partie intérieure de la ville, qui n'était pas encore au pouvoir de l'ennemi. Les deux partis se fortifient à l'envi, et ils sont souvent obligés d'en venir aux mains. Mais les assiégés, à force de reculer et de se retrancier en dedans, voient leur ville diminuer de jour en jour. Ils commençaient même à manquer de vivres, la longueur du siége ayant consumé toutes leurs provisions; et ils ne pouvaient compter sur aucun secours étranger, les Romains, leur unique espérance, étant trop éloignés, et tout le pays d'alentour étant au pouvoir de l'ennemi.

Réduits à cette extrémité, Annibal leur donna le temps de respirer un peu, ayant été obligé de marcier promptement contre les Carpétans et les Orétans, qui venaient de reprendre les armes. Ces deux peuples, irrités de la rigueur avec laquelle on faisait des levées dans leur pays, s'étaient soulevés, et avaient même arrêté les officiers d'Annibal; mais, surpris de la diligence de ce général, ils rentrèrent aussitôt dans le devoir.

La vigueur des assiégeants ne se ralentit point pendant cette expédition. Maharbal, fils d'Himilcon, qu'Annibal avait laissé pour commander en sa place, travailla avec tant d'ardeur, que les deux partis ne s'aperçurent presque pas de l'absence du général. Cet officier eut l'avantage dans tous les combats qu'il livra aux Sagontins, et battit leurs murailles de trois béliers tout à la fois avec tant de furie, qu'Annibal à son retour eut le plaisir de les voir entièrement ruinées. Il fit donc avancer son armée contre la citadelle même. Les assiégés la défendirent avec beaucoup de valeur, mais ne purent empêcier l'ennemi d'en prendre une partie.

Sagonte était dans cet état, lorsque Alcon, Sagontin, et un Espagnol nommé Aloŕque, prirent sur eux de tenter quelque voie d'accommodement. Le premier,

Alorque tente en vain de porter les Sagontins à un accommodement.

sans consulter ses compatriotes, passa de nuit dans le
camp des assiégeants, ne désespérant pas de fléchir
Annibal par ses prières et par ses larmes. Mais, comme
il vit que ce général vainqueur et irrité était insensible
à tout, et ne lui proposait que des conditions extrêmement dures, devenant transfuge de négociateur qu'il
avait prétendu être, il resta dans le camp des Carthaginois, protestant qu'il en coûterait la vie à quiconque
oserait proposer aux Sagontins une telle capitulation.
Or, Annibal voulait qu'ils satisfissent les Turdétans sur
tous leurs griefs, qu'ils lui livrassent ce qu'ils avaient
d'or et d'argent, et que, sortant de la ville sans armes,
ils allassent habiter le pays qu'il leur assignerait.

Telles étaient les conditions auxquelles Alcon soutenait que les Sagontins ne se soumettraient jamais. Cependant Alorque, qui servait alors dans l'armée d'Annibal, mais qui était hôte et ami des Sagontins, ne fut
pas de son sentiment. Persuadé au contraire que quand
on a tout perdu on perd aussi le courage, il se chargea
de la négociation. Étant donc passé chez les assiégés,
il livra ses armes aux sentinelles, et demanda qu'on le
conduisît au préteur de Sagonte. Il y fut suivi d'une
foule de peuple, qu'on fit écarter pour lui donner audience dans le sénat; il y parla en ces termes:

« Si Alcon, votre concitoyen, après s'être ingéré de
« demander des conditions de paix à Annibal, avait eu
« assez de courage pour vous rapporter celles qui lui
« ont été dictées, il aurait été inutile que j'entreprisse
« ce voyage, que je ne fais aujourd'hui ni comme déser-
« teur, ni comme député d'Annibal. Mais, puisqu'il est
« resté parmi les ennemis, ou par sa faute s'il a feint
« mal à propos d'avoir à craindre, où par la vôtre si

« l'on ne peut vous dire la vérité sans péril, j'ai bien
« voulu faire cette démarche comme votre ancien ami
« et votre 1ôte, afin de ne vous pas laisser ignorer les
« moyens qui vous restent encore d'obtenir la paix et
« de vous sauver. Et ce qui doit vous faire juger que
« votre seule considération me fait agir, c'est que je ne
« vous ai fait aucune proposition tant que vous avez été
« en état de vous défendre par vous-mêmes, ou que vous
« avez espéré d'être secourus par les Romains. Mainte-
« nant que vous n'attendez plus aucun secours de leur
« part, et que ni vos murailles ni vos armes ne peuvent
« vous défendre et vous mettre en sûreté, je viens vous
« offrir une paix plus nécessaire que favorable, et qui
« ne peut avoir lieu, si vous n'en écoutez les condi-
« tions en vaincus, comme Annibal vous les propose
« en vainqueur, et si vous ne regardez comme un gain
« tout ce qu'on vous laisse, et non comme une perte
« tout ce qu'on vous ôte, puisqu'à la rigueur tout ap-
« partient aux victorieux. Il veut que vous abandonniez
« une ville qui est à moitié ruinée, et dont il est pres-
« que entièrement le maître; mais il vous rend vos
« campagnes, et vous laisse la liberté d'en bâtir une
« nouvelle à l'endroit qu'il vous désignera. Il vous or-
« donne de lui apporter tout ce que vous avez d'or et
« d'argent, soit en public, soit en particulier; mais il
« vous donne la vie et la liberté, à vous, à vos femmes,
« et à vos enfants, pourvu que vous sortiez de Sagonte
« sans armes. Voilà les lois que vous dicte un ennemi
« vainqueur, et que l'état où vous vous trouvez vous
« engage à accepter, quelque tristes qu'elles soient. Je
« ne désespère pas, si vous vous abandonnez sans ré-
« serve à sa clémence, qu'il ne tempère la dureté de

« ces conditions, et ne vous en remette une partie.
« Mais, quand il les exigerait toutes à la rigueur, ne
« vaudrait-il pas mieux vous y soumettre que de vous
« laisser égorger, et d'exposer vos femmes et vos enfants
« à toutes les indignités inévitables dans une ville prise
« d'assaut? »

Prise et
ruine
de Sagonte. Quand Alorque eut cessé de parler, les premiers du
sénat se séparèrent d'avec le peuple, qui était accouru
en foule pour l'entendre; et sans lui donner aucune réponse, ils firent porter tout l'argent du trésor public et
tout celui qu'ils avaient ciez eux dans un feu qu'ils
avaient fait allumer exprès dans la place publique, et
la plupart se précipitèrent eux-mêmes au milieu des
flammes.

Une résolution si désespérée avait déja jeté la consternation dans toute la ville, lorsque l'on entendit du
côté de la citadelle un fracas qui ne donna pas moins
d'effroi. Il était excité par la ciute d'une tour que les
ennemis battaient depuis long-temps. Une coiorte de
Cartiaginois étant entrée brusquement par l'ouverture
que cette tour laissa en tombant, fit avertir Annibal
que la ville n'avait plus de défense de ce côté-là. Le
général, sans perdre un moment, l'attaque avec toutes
ses forces, ordonnant à ses soldats de tuer tous ceux
qui étaient en âge de porter les armes. Cet ordre était
cruel : mais l'événement fit connaître qu'il était nécessaire; car à quoi aurait servi le ménagement qu'on eût
eu pour des furieux, qui, ou s'étant enfermés dans leurs
maisons s'y brûlèrent avec leurs femmes et leurs enfants,
ou les armes à la main se défendirent en désespérés, et
ne les quittèrent qu'en perdant la vie.

C'est ainsi qu'Annibal, après iuit mois de peines et

de fatigues, prit Sagonte d'assaut. Quoique les habitants eussent à dessein gâté et ruiné tout ce qu'ils avaient de plus beau et de plus magnifique, et que le vainqueur irrité eût fait main-basse sur les vaincus sans aucune distinction d'âge ni de sexe, on y fit un butin prodigieux d'argent, de prisonniers et de meubles. Annibal mit l'argent à part pour servir à ses desseins ; il distribua aux soldats, selon le mérite de chacun, ce qu'il avait fait de prisonniers ; et il envoya tout ce qu'il y avait de précieux en meubles et en étoffes à Carthage. Le succès répondit à tout ce qu'il avait projeté. Les soldats devinrent plus hardis à s'exposer ; les Carthaginois se rendirent avec plaisir à tout ce qu'il demandait d'eux ; et avec l'argent dont il s'était abondamment fourni, il se vit en état d'exécuter les grands projets qu'il avait formés. Annibal, après la prise de Sagonte, se retira à Carthagène pour y passer l'hiver.

Les ambassadeurs qu'on avait envoyés à Carthage étaient à peine revenus à Rome, qu'on y apprit la prise et la ruine de Sagonte. Il est difficile d'exprimer quelles furent à Rome la douleur et la consternation qu'y causa cette triste nouvelle. La compassion que l'on eut pour cette ville infortunée, la honte d'avoir manqué à secourir de si fidèles alliés, une juste indignation contre les Carthaginois, auteurs de tant de maux, tous ces sentiments causèrent un si grand trouble, qu'il ne fut pas possible dans les premiers moments de prendre aucune résolution, ni de faire autre chose que de s'affliger et de répandre des larmes sur la ruine d'une ville qui avait été la malheureuse victime de son inviolable attachement pour les Romains, et de l'imprudente lenteur dont on avait usé à son égard.

Troubles, et douleur que cause à Rome la prise de Sagonte. Liv. lib. 1, cap. 16.

A ces premiers sentiments succédèrent biêntôt de vives alarmes sur leur état et sur leurs propres dangers, presque comme s'ils eussent déja vu Annibal à leur porte. Ils considéraient « qu'ils n'avaient jamais eu affaire à un « ennemi si belliqueux et si redoutable, et que les Ro- « mains n'avaient jamais été si pen aguerris qu'ils l'é- « taient alors ; que ce qui s'était passé entre eux et les ha- « bitants de Sardaigne, de Corse, de l'Istrie et de l'Illyrie, « pouvait être regardé comme un exercice pour leurs « troupes plutôt que comme une guerre dans les formes : « qu'Annibal était à la tête d'une armée de soldats vé- « térans, accoutumés depuis vingt-trois ans à combattre « et à vaincre, parmi les nations les plus belliqueuses « de l'Espagne, sous la conduite d'un général des plus « braves et des plus entreprenants ; qu'après les avoir « rendus encore plus fiers et plus hardis par la prise « d'une grande et puissante ville, il était prêt à passer « l'Èbre, traînant après lui toute l'Espagne, qui était « venue se ranger sous ses drapeaux ; que les Gaulois, « toujours avides de combats, grossiraient encore son « armée quand il passerait sur leurs terres : que les « Romains se verraient obligés de combattre contre tous « les peuples de l'univers sous les murailles de Rome et « pour le salut de Rome même. »

Guerre réso-
lue à Rome
contre les
Carthagi-
nois.

Départe-
ment des
provinces
entre
les consuls.
Liv. lib. 21,
cap. 17.

Quand les esprits furent un peu revenus à eux, on convoqua l'assemblée du peuple, et la guerre contre les Carthaginois y fut résolue. Les consuls tirèrent les provinces au sort. L'Espagne échut à Scipion, l'Afrique avec la Sicile à Sempronius. Le sénat fixa à six légions le nombre des troupes romaines qui devaient servir cette année. Chaque légion romaine était alors com- posée de quatre mille hommes de pied et de trois cents chevaux. Il laissa à la discrétion des consuls le nombre des alliés qu'ils y voudraient joindre ; mais ils eurent ordre de ne rien épargner pour avoir une flotte des plus puissantes et des mieux équipées.

On donna à Sempronius deux légions romaines, seize mille hommes de pied et dix-huit cents chevaux des alliés, cent soixante galères à cinq rangs de rames et douze galiotes. Ce fut avec ces forces de terre et de mer qu'on envoya Sempronius en Sicile, avec ordre de passer en Afrique, supposé que son collègue fût en état, avec les troupes qui lui restaient, d'empêcher Annibal d'entrer en Italie.

Comme celui-ci venait par terre, on crut que soixante galères suffisaient à Scipion. Il avait de troupes romaines deux légions, et de troupes des alliés quatorze mille hommes de pied et seize cents chevaux.

On avait envoyé dans la Gaule cisalpine, avant même qu'on attendît de ce côté-là les Carthaginois, le préteur L. Manlius avec deux légions romaines, dix mille hommes de pied et mille chevaux des alliés.

Les entreprises publiques, grandes ou petites, commençaient toujours à Rome par des actes de religion, sans quoi ils ne croyaient pas pouvoir se flatter d'un heureux succès. On décerna donc des processions par la ville et des prières publiques dans les temples pour obtenir la protection des dieux pendant la guerre à laquelle le peuple romain se préparait.

Après qu'on eut pris à Rome toutes ces mesures, le sénat, pour n'avoir rien à se reprocher, jugea à propos d'envoyer en Afrique, avant que de commencer la guerre, des ambassadeurs, qui furent choisis d'entre les principaux de cette auguste compagnie. Ils devaient de-

Les ambassadeurs romains déclarèrent la guerre aux Carthaginois.
Liv. lib. 21, cap. 18.

Polyb. l. 3,
pag. 187.

mander au sénat de Cartiage, si c'était par son ordre qu'Annibal avait assiégé Sagonte; et supposé que la réponse fût affirmative, comme il y avait apparence, ils avaient ordre de déclarer la guerre au peuple de Cartiage de la part de Rome. Dès qu'ils furent arrivés à Cartiage, et qu'ils eurent obtenu audience, Fabius, qui était à la·tête de l'ambassade, sans autre préliminaire, exposa la commission dont il était ciargé. Alors un dès premiers du sénat prenant la parole : « Vos pre- « miers ambassadeurs, dit-il, en demandant qu'on vous « livrât Annibal, sous prétexte qu'il avait assiégé Sa- « gonte de son propre mouvement, nous avaient bien « fait connaître jusqu'où vous· portez l'orgueil. Cette « seconde ambassade est plus modérée en apparence, « mais elle est dans le fond plus injuste et plus violente « encore que la première. Vous n'en vouliez d'abord « qu'à la personne d'Annibal; aujourd'iui vous atta- « quez tous les Cartiaginois, à qui vous voulez arra- « cier l'aveu de leur faute prétendue, pour prendre « droit sur cet aveu de leur en demander sur-le-ciamp « la réparation. Pour moi, il me semble que la question « entre vous et·nous n'est pas de savoir si Annibal, en « assiégeant Sagonte, a agi par lui-même, ou par notre « commandement, mais si cette entreprise était juste ou « non. La première question n'intéresse que nous : il « n'appartient qu'à nous de juger notre citoyen, et « d'examiner s'il a entrepris la guerre de lui-même, « ou par nos ordres. Tout ce que vous pouvez discuter « ici avec nous se borne à savoir si le siége de Sagonte « est une contravention au traité. Maintenant, puisque « vous nous fournissez vous-mêmes la distinction entre « les entreprises que les généraux font de leur cief, et

« celles qu'ils font par l'autorité publique, j'avoue que
« le consul Lutatius a fait avec nous un traité, dans
« lequel il y a une clause qui met les alliés des deux
« peuples à couvert de toute insulte. Il n'y est pas dit
« un mot des Sagontins, qui alors n'étaient pas encore
« vos alliés. Vous me répondrez sans doute que, dans
« le traité que vous fîtes quelque temps après avec
« Asdrubal, les Sagontins sont expressément nommés.
« J'en conviens. Mais à cette objection je n'ai autre
« chose à répondre que ce que vous m'avez appris vous-
« mêmes. Vous avez prétendu que vous n'étiez point
« tenus d'exécuter le premier traité de Lutatius, parce
« qu'il n'avait point été confirmé par le peuple et le sé-
« nat de Rome; et c'est par cette raison qu'on en a fait
« un second qui a été ratifié par ces deux ordres. Nous
« convenons de ce principe. Si donc les traités de vos
« généraux ne vous engagent point, à moins que vous
« ne les ayez approuvés, celui qu'Asdrubal a fait avec
« vous sans nous consulter n'a pu nous engager non
« plus. Ainsi, cessez de parler de Sagonte et de l'Èbre;
« et faites enfin éclater le projet que vous tenez depuis
« si long-temps renfermé dans votre cœur. »

Alors Fabius, montrant un pan de sa robe qui était
plié : *Je porte ici*, dit-il d'un ton fier, *la paix et la
guerre; c'est à vous de choisir l'un des deux.* Sur la
réponse qu'on lui fit qu'il pouvait lui-même choisir :
Je vous donne donc la guerre, dit-il en laissant tomber le pli de sa robe. *Nous l'acceptons de bon cœur,
et la ferons de même*, répliquèrent les Carthaginois
avec la même fierté.

Cette manière simple et franche d'interroger les Car- Frivoles rai-
thaginois, puis, sur leur réponse, de leur déclarer la sons des Carthaginois

pourjustifier
le siége de
Sagonte.
Polyb. l. 3,
p. 175, 176.
Liv. lib. 21,
cap. 19.

guerre, parut aux Romains plus convenable à la dignité
de leur caractère, que si l'on se fût amusé à subtiliser
sur l'interprétation des traités, surtout depuis que la
prise et la ruine de Sagonte avaient rompu toute espérance de paix : car, s'il se fût agi d'entrer en dispute,
il aurait été aisé de répliquer au sénateur carthaginois
qu'il avait tort de comparer le premier traité de Lutatius, qui fut changé, avec celui d'Asdrubal, puisqu'il
était expressément marqué dans celui de Lutatius *qu'il
n'aurait de force qu'autant qu'il aurait été approuvé
par le peuple romain;* au lieu qu'il n'y avait aucune
exception semblable dans celui d'Asdrubal, et que ce
dernier avait été confirmé par un silence de tant d'années, du vivant d'Asdrubal même et depuis sa mort.
Après tout, quand on s'en serait tenu au traité de Lutatius, les Sagontins étaient suffisamment compris dans
les termes généraux *d'alliés des deux peuples,* cette
clause n'énonçant pas ceux qui l'étaient alors, et n'ex-
ceptant point ceux qui pourraient le devenir dans la
suite. Or les deux peuples s'étant réservé là-dessus une
entière liberté pour l'avenir, était-il juste ou qu'ils n'ad-
missent aucune nation dans leur alliance, quelque service qu'ils en eussent reçu, ou qu'ils ne protégeassent
pas celle qu'ils y auraient admise? Tout ce que les Romains et les Carthaginois pouvaient exiger réciproquement les uns des autres, c'est qu'ils ne chercheraient
point à se débaucher leurs alliés, et que, s'il se trouvait quelque peuple qui voulût passer du parti des uns
à celui des autres, il ne serait point reçu.

Véritables
causes de la
seconde
guerre
punique.

Polybe, dont Tite-Live a tiré tout ce raisonnement,
ajoute une réflexion que celui-ci n'aurait pas dû omettre. Ce serait, dit-il, se tromper grossièrement que de

regarder la prise de Sagonte par Annibal comme la première et la véritable cause de la seconde guerre punique.
Elle en fut le commencement, mais non la cause. Le
regret qu'eurent les Carthaginois d'avoir cédé trop facilement la Sicile par le traité de Lutatius, qui termina
la première guerre punique; l'injustice et la violence
des Romains, qui profitèrent des troubles excités dans
l'Afrique, pour enlever encore la Sardaigne aux Carthaginois, et pour leur imposer un nouveau tribut;
enfin les heureux succès et les conquêtes de ces derniers
dans l'Espagne, qui donnèrent de l'inquiétude aux
uns, et inspirèrent du courage et de la fierté aux
autres, voilà quelles furent les véritables causes de la
rupture du traité. Si l'on s'en tenait simplement à la
prise de Sagonte, tout le tort serait du côté des Carthaginois, qui ne pouvaient, sous aucun prétexte raisonnable, assiéger une ville comprise certainement,
comme alliée de Rome, dans le traité de Lutatius. Les
Sagontins, il est vrai, n'avaient pas encore fait alliance
avec les Romains lors de ce traité; mais il est évident
que ce même traité n'ôtait point aux deux peuples la
liberté de faire de nouveaux alliés. A n'envisager les
choses que de ce côté, les Carthaginois auraient été absolument inexcusables; mais, si l'on remonte plus haut,
et qu'on aille jusqu'aux temps où la Sardaigne fut enlevée par force aux Carthaginois, et où, sans aucune raison, on leur imposa un nouveau tribut, il faut avouer
(c'est toujours Polybe qui parle) que sur ces deux points
la conduite des Romains ne peut être excusée en aucune
sorte, étant fondée uniquement sur l'injustice et sur la
violence. Certainement c'est une tache à leur gloire,
que nulle de leurs plus belles actions ne peut effacer. Je

demande seulement si l'injustice notoire des Romains,
qui était précédente, dispensait les Cartiaginois d'observer un traité conclu dans toutes les formes, et si
c'était une raison légitime d'entrer en guerre avec eux.
Il est bien rare que dans ces sortes de discussions de
traités on agisse de bonne foi, et qu'on se fasse un devoir de n'y suivre pour guide et pour interprète que la
justice.

Les ambassadeurs de Rome, selon l'ordre qu'ils en
avaient reçu en partant, passèrent de Cartiage en Espagne, pour tâcier d'attirer les peuples de cette province dans l'amitié des Romains, ou au moins pour les
détourner de celle des Cartiaginois. Les Bargusiens [1],
qu'ils visitèrent les premiers, n'étant pas contents des
Cartiaginois, dont le joug leur était devenu insupportable, les reçurent avec beaucoup de bienveillance; et
leur exemple fit naître à la plupart des nations qui sont
au-delà de l'Èbre le désir de passer dans un nouveau
parti. Les ambassadeurs romains s'adressèrent ensuite
aux Volsciens : mais la réponse qu'ils en reçurent,
s'étant répandue dans toute l'Espagne, fit perdre aux
autres peuples l'inclination qu'ils pouvaient avoir de
s'allier avec les Romains. « N'êtes-vous pas ionteux,
« leur dit le plus ancien de l'assemblée où ils eurent au-
« dience, de demander que nous préférions votre ami-
« tié à celle des Cartiaginois, après ce qu'il en vient de
« coûter aux Sagontins, que vous, leurs alliés, avez
« traités avec plus de cruauté en les abandonnant, qu'An-
« nibal, leur ennemi, en ruinant leur ville? Je vous
« conseille d'aller ciercier des amis dans les pays où le

Les ambas-
sadeurs ro-
mains pas-
sent en Espa-
gne et dans
la Gaule.
Liv. lib. 21,
c. 19, 20.

---

[1] Peuple entre la Catalogne et l'Aragon.

« désastré des Sagontins n'est point encore connu. Les
« ruines de cette malheureuse ville sont pour tous les
« peuples de l'Espagne une leçon triste à la vérité, mais
« salutaire, qui doit leur apprendre à ne se point fier
« aux Romains. » Après ce discours on leur ordonna de
sortir sur-le-champ des terres des Volsciens. Ils ne
furent pas mieux traités par les autres nations espa-
gnoles à qui ils s'adressèrent. Ainsi, ayant inutilement
parcouru toute l'Espagne, ils passèrent dans la Gaule,
et s'arrêtèrent d'abord à Ruscinon [1].

Les Gaulois étaient dans l'usage de venir aux assemblées tout armés; ce qui offrit d'abord aux yeux des
Romains un objet assez effrayant. Ce fut bien pis encore lorsque, après avoir vanté la gloire et la valeur
des Romains et la grandeur de leur empire, ils eurent
demandé aux Gaulois de ce canton de refuser le passage sur leurs terres et par leurs villes aux Carthaginois qui portaient la guerre en Italie : car il s'éleva dans
l'assemblée un si grand murmure, accompagné d'éclats
de rire, que les magistrats et les anciens eurent bien
de la peine à calmer l'impétuosité de la jeunesse; tant
il parut que c'était manquer de raison, et même de
pudeur, que de demander aux Gaulois que, pour épargner l'Italie, ils se chargeassent eux-mêmes d'une guerre
dangereuse, et exposassent leurs terres au pillage pour
conserver celles d'autrui. Le tumulte étant enfin apaisé,
le plus ancien répondit aux ambassadeurs, « que les
« Gaulois n'avaient jamais reçu ni des Romains aucun
« service, ni des Carthaginois aucune injure qui dût les
« engager à prendre les armes pour les uns contre les

[1] Ville qui a donné son nom au Roussillon.

« autres ; qu'ils apprenaient au contraire que leurs com-
« patriotes établis en Italie étaient fort maltraités par
« les Romains, chassés des terres qu'ils avaient conqui-
« ses, chargés de tributs, et outragés en toute façon ».

Ils ne furent pas traités plus favorablement dans tout
le reste de la Gaule. Les Marseillais furent les seuls qui
les reçurent comme hôtes et comme amis. Ces alliés,
aussi attentifs que fidèles, apprirent aux Romains tout
ce qu'ils avaient intérêt de savoir, après s'en être informés eux-mêmes avec beaucoup de soin. Ils leur firent
entendre qu'Annibal avait déja pris les devants, pour
s'assurer de l'amitié des Gaulois, mais que cette nation
féroce et avide d'argent ne lui demeurerait attachée
qu'autant qu'il aurait soin de gagner les chefs à force
de présents.

Ayant ainsi parcouru les différentes contrées de l'Espagne et de la Gaule, ils arrivèrent à Rome immédiatement après que les consuls furent partis pour leurs
provinces, et trouvèrent tous les citoyens occupés de la
guerre qu'ils allaient avoir sur les bras, personne ne
doutant plus qu'Annibal n'eût déja passé l'Èbre.

Annibal se prépare à passer en Italie. Dénombrement des ar-
mées cartha-
ginoises.
Polyb. l. 3,
p. 187, 188.
Liv. lib. 21,
c. 21, 22.

Ce général, après la prise de Sagonte, était allé
prendre ses quartiers d'hiver à Carthagène. Ce fut là
qu'il apprit tout ce qui s'était passé à son sujet, tant à
Carthage qu'à Rome. Ainsi, se regardant non-seulement comme le chef, mais encore comme l'auteur et la
cause de la guerre, il distribua ou vendit ce qui lui
restait de butin ; et, persuadé qu'il n'avait point de
temps à perdre, après avoir assemblé les soldats espagnols, « Je crois, leur dit-il, mes amis, que vous voyez
« bien vous-mêmes qu'après avoir pacifié toute l'Espagne
« le seul parti qui nous reste à prendre, si nous ne

« voulons pas quitter les armes et nous ensevelir dans
« l'inaction, c'est de porter la guerre ailleurs : car nous
« ne pouvons procurer à ces nations-ci les avantages de
« la paix et de la victoire qu'en marchant contre des
« peuples dont la défaite nous puisse acquérir de la
« gloire et des richesses ; mais, comme nous allons en-
« treprendre une guerre éloignée, et qu'il peut arriver
« que vous ne reviendrez pas sitôt dans votre patrie, si
« quelques-uns de vous ont envie d'aller voir leur pays
« et leur famille, je leur en donne la permission. Vous
« vous rassemblerez aux premiers jours du printemps,
« afin que sous la protection des dieux nous allions
« commencer une guerre qui nous comblera de gloire
« et de biens. »

Ce congé, qu'il leur accorda de lui-même, leur fit
beaucoup de plaisir, parce qu'ils avaient presque tous
un désir extrême de revoir leur patrie, dont ils prévoyaient qu'ils pourraient être long-temps éloignés. Le
repos dont ils jouirent pendant tout l'hiver, placé entre
les travaux qu'ils avaient déja soufferts et ceux qu'ils
devaient essuyer dans la suite, rendit à leurs corps et
à leurs courages toute la vigueur dont ils avaient
besoin pour former de nouvelles entreprises. Ils se
trouvèrent au rendez-vous dès le commencement du
printemps.

Annibal, ayant fait la revue des différentes nations
qui composaient son armée, se rendit à Cadix, colonie
phénicienne aussi-bien que Carthage, pour acquitter
les vœux qu'il avait faits à Hercule ; et il en fit de nouveaux à ce dieu, pour obtenir un heureux succès dans
ses desseins. Mais, n'étant pas moins occupé du soin de
défendre sa patrie que de celui d'en attaquer les enne-

Voyage
d'Annibal à
Cadix.
Liv. lib. 21,
cap. 21.

Il pourvoit à
la sûreté de
l'Afrique.
Polyb. l. 3,
p. 187.

mis, il résolut de laisser en Afrique des forces assez
considérables pour la mettre à couvert contre les entreprises des Romains, en cas qu'ils prissent le parti d'y
faire des descentes par mer tandis qu'il traverserait
l'Espagne ,et la Gaule pour se rendre par terre en Italie. Pour cet effet, il fit faire des levées en Afrique et
en Espagne, surtout de frondeurs et de gens de trait;
mais il voulut que les Africains servissent en Espagne,
et les Espagnols en Afrique, persuadé qu'ils vaudraient
mieux dans un pays étranger que dans le leur propre,
surtout ayant contracté par cet échange une obligation
réciproque de se bien défendre mutuellement. Il envoya
en Afrique treize mille huit cent cinquante hommes de
pied armés de boucliers légers, et huit cent soixante
et dix frondeurs des îles Baléares, avec douze cents
cavaliers de différents pays. Il mit une partie de ces
troupes en garnison dans Carthage, et distribua le reste
dans l'Afrique. En même temps il ordonna qu'on levât
dans les différentes villes de la province, quatre mille
hommes de jeunesse choisie qu'il fit conduire à Carthage, autant pour y servir d'ôtages que pour défendre
la ville.

Et à celle de
l'Espagne,
où il laisse
son frère
Asdrubal.
Liv. lib. 21,
cap. 22.
Polyb. l. 3,
pag. 189.

Il ne crut pas devoir négliger l'Espagne, d'autant
plus qu'il était informé que les ambassadeurs de Rome
avaient fait tous leurs efforts pour en engager les peuples dans leurs intérêts. Il chargea son frère Asdrubal,
homme hardi et actif, de la défendre, et lui donna
pour cet effet des forces tirées la plupart de l'Afrique :
savoir, onze mille huit cent cinquante hommes de pied
africains, trois cents liguriens, cinq cents frondeurs
baléares; à ces secours d'infanterie il ajouta quatre
cent cinquante cavaliers liby-phéniciens, dix-huit cents,

tant numides que maures, de ceux qui 1abitent le long
de l'Océan, et deux cents ilergètes, nation espagnole;
et, afin qu'il n'y manquât rien de ce qui faisait alors
la force des armées de terre, il y joignit vingt et un
éléphants; enfin, comme il ne doutait pas que les Romains n'agissent sur mer où ils avaient remporté une
célèbre victoire qui avait terminé la première guerre
entre eux et les Cart1aginois, il lui laissa, pour défendre les côtes, cinquante galères à cinq rangs de rames,
deux à quatre rangs, et cinq à trois. Il donna à son frère
de sages avis sur la manière dont il devait se conduire,
soit par rapport aux Espagnols, soit par rapport aux
Romains s'ils venaient l'attaquer.

On voit ici dès le commencement de cette guerre,
dans la personne d'Annibal, le modèle d'un excellent
général, à la sage prévoyance duquel rien n'éc1appe,
qui donne ses ordres partout où ils sont nécessaires,
qui prend de bonne 1eure toutes les mesures capables
de faire réussir ses desseins, qui suit constamment ceux
qu'il a pris, et qui n'en forme que de grands; qui fait
paraître une si parfaite connaissance de la guerre, que,
s'il eût été moins jeune, elle aurait passé pour l'effet
d'une expérience consommée.

§ II. *Annibal s'assure de la bonne volonté des Gaulois. Il marque aux troupes le jour du départ.
Songe et vision d'Annibal. Il marche vers les
Pyrénées. Chemin qu'Annibal eut à faire pour
passer de Carthagène en Italie. Les Gaulois favorisent le passage d'Annibal sur leurs terres.
Révolte des Boïens contre les Romains. Défaite du
préteur Manlius. Les consuls partent chacun pour
leur province. P. Scipion arrive par mer à Marseille. Il apprend qu'Annibal est près de passer
le Rhône. Passage du Rhône par Annibal. Rencontre des détachements envoyés par les deux
partis. Députation des Boïens vers Annibal. Il
harangue les soldats avant que de s'engager dans
les Alpes. P. Scipion trouve Annibal parti. Celui-
ci continue sa route vers les Alpes. Pris pour arbitre entre deux frères, il rétablit l'aîné sur le
trône. Célèbre passage des Alpes par Annibal.
Grandeur et sagesse de l'entreprise de ce général.*

Annibal s'as-
sure de la
bonne vo-
louté des
Gaulois.
Polyb. l. 3,
pag. 188.

Annibal, ayant pourvu à la sûreté de l'Afrique et
de l'Espagne, n'attendait plus que l'arrivée des courriers que les Gaulois devaient lui envoyer, et les instructions qu'il espérait d'eux touchant la fertilité du
pays qui est au pied des Alpes et le long du Pô: le
nombre des habitants; si c'étaient des gens belliqueux;
si de la guerre qu'ils avaient eue peu auparavant contre
les Romains il leur restait quelque sentiment d'indignation contre leurs vainqueurs. Il comptait beaucoup sur
cette nation. C'est pour cela qu'il avait dépêché avec
soin à tous les petits rois des Gaules, tant à ceux qui

régnaient en-deçà des Alpes, qu'à ceux qui demeuraient dans ces montagnes mêmes, résolu de ne combattre contre les Romains qu'en Italie, et jugeant bien qu'il avait besoin du secours des Gaulois pour vaincre les obstacles qu'il trouverait sur son passage. Il eut donc soin de gagner par des présents leurs chefs, qu'il savait en être fort avides, et de s'assurer par là de l'affection et de la fidélité d'une partie des peuples. Enfin les courriers arrivèrent, et lui apprirent les dispositions des Gaulois, qui l'attendaient avec impatience, la hauteur extraordinaire des Alpes, la peine qu'il devait s'attendre à essuyer dans ce passage, quoique absolument il ne fût pas impraticable.

Dès que le printemps fut venu, Annibal songea à faire sortir ses troupes des quartiers d'hiver. Les nouvelles qu'il avait reçues de Carthage sur ce qui s'y était fait en sa faveur l'avaient extrêmement encouragé. Sûr de la bonne volonté des citoyens, il commença pourlors d'annoncer ouvertement aux soldats la guerre contre les Romains. Il leur représenta « de quelle manière les Romains avaient demandé qu'on le leur « livrât, lui et tous les officiers de l'armée. Il leur parla « avec avantage de la fertilité du pays où ils allaient entrer, de la bonne volonté des Gaulois, et de l'alliance « qu'ils devaient faire ensemble ». Les troupes lui ayant marqué qu'elles étaient prêtes à le suivre partout, il loua leur courage, leur annonça le jour du départ, et congédia l'assemblée.

Il marque aux troupes le jour du départ. Polyb. l. 3, pag. 189.

Au jour marqué, Annibal se met en marche à la tête de quatre-vingt-dix mille hommes de pied et d'environ douze mille chevaux. Il passa près d'Étovisse [1], et

Songe et vision d'Annibal. Liv. lib. 21, cap. 22.

[1] On ignore la situation précise de cette ville.

s'avança vers l'Èbre sans s'éloigner des côtes maritimes. Ce fut là qu'il aperçut en songe, à ce qu'on dit,
un jeune 1omme d'une figure et d'une taille au-dessus
de l'humaine, qui se disait envoyé par Jupiter pour
conduire Annibal en Italie. On ajoute qu'il lui ordonna
de le suivre sans détourner la vue de dessus lui pour
la porter ailleurs : qu'en effet il le suivit d'abord avec
un respect mêlé de frayeur, sans tourner les yeux d'aucun autre côté ; mais qu'ensuite, ne pouvant résister à
une curiosité si naturelle aux 1ommes, surtout dans
les c1oses défendues, il tourna la tête pour voir quel
pouvait être l'objet dont on lui avait interdit la vue ;
qu'alors il aperçut un serpent d'une grandeur énorme,
qui se roulait entre des arbrisseaux, qu'il renversait à
droite et à gauc1e avec un grand fracas ; qu'en même
temps le tonnerre commença à gronder, accompagné
d'un orage épouvantable : qu'enfin, ayant demandé ce
que signifiait ce prodige, on lui répondit qu'il présa-
geait la désolation de l'Italie ; mais qu'il continuât sa
route sans c1erc1er un plus grand éclaircissement sur
un événement que les destins voulaient tenir cac1é.

Il marche
vers les
Pyrénées.
Polyb. l. 3,
p. 189, 190.
Liv. lib. 21,
cap. 23.
Quoi qu'il en soit de ce songe, duquel Polybe ne dit
rien, Annibal passa l'Èbre, attaqua les peuples qui
1abitaient sur la route depuis l'Èbre jusqu'aux monts
Pyrénées [1], donna plusieurs combats sanglants, où il
perdit lui-même assez de monde. Il soumit néanmoins
cette contrée, dont il donna le gouvernement à Hannon, afin d'être le maître des défilés qui séparent l'Espagne d'avec la Gaule. Il lui laissa, pour garder ces
passages et pour contenir les 1abitants du pays, dix

---

[1] Les Ilergètes, les Bargusiens, les Érénésiens, les Andosiens.

mille hommes de pied et mille de cavalerie, et lui confia les bagages de ceux qui devaient le suivre en Italie.

Annibal apprit que trois mille Carpétans, effrayés de la longueur du chemin et de la hauteur des Alpes, qu'ils se représentaient comme insurmontables, avaient repris le chemin de leur pays. Il vit bien qu'il ne gagnerait rien s'il entreprenait de les retenir par la douceur, et il craignit aussi d'aigrir les esprits féroces des autres s'il employait la force. Il usa d'adresse et de politique, et congédia outre ce nombre plus de sept mille soldats, à qui il s'était aperçu que cette guerre ne plaisait pas davantage, feignant que c'était pareillement par son ordre que les Carpétans s'étaient retirés. Par cette sage conduite, il prévint le mauvais effet qu'aurait pu produire dans l'armée la désertion des Carpétans, si elle y eût été connue, et il laissa aux troupes l'espérance d'obtenir leur congé quand elles voudraient; motif puissant pour les engager à le suivre de bon cœur et à ne point s'ennuyer du service.

L'armée se trouvant alors déchargée de ses bagages, et composée de cinquante mille hommes de pied, de neuf mille chevaux et de trente-sept éléphants, Annibal lui fait prendre sa marche par les monts Pyrénées pour aller passer le Rhône. Cette armée était formidable, moins par le nombre que par la valeur des troupes, qui avaient servi plusieurs années en Espagne, et qui y avaient appris le métier de la guerre sous les plus habiles capitaines qu'eût jamais eus Carthage.

Polybe nous donne en peu de mots une idée fort nette de l'espace des lieux que devait traverser Annibal pour arriver en Italie. On compte depuis Carthagène, d'où il partit, jusqu'à l'Èbre, deux mille deux cents

Chemin qu'Annibal eut à faire pour passer de Carthagène en Italie.

Polyb. l. 3,
p. 192, 193.
stades (110 lieues) [1]; depuis l'Èbre jusqu'à Emporium,
petite ville maritime qui sépare l'Espagne de la Gaule,
selon Strabon, seize cents stades (80 lieues); depuis
Emporium jusqu'au passage du Rhône, pareil espace
de seize cents stades (80 lieues); depuis le passage
du Rhône jusqu'aux Alpes, quatorze cents stades
(70 lieues); depuis les Alpes jusque dans les plaines
de l'Italie, douze cents stades (60 lieues): ainsi, depuis Carthagène jusqu'en Italie, l'espace est de huit
mille stades, c'est-à-dire de quatre cents lieues. Ces
mesures doivent être justes; car Polybe marque que
les Romains avaient distingué cette route avec soin
par des espaces de huit stades, c'est-à-dire par des milles
romains.

Les Gaulois
favorisent le
passage
d'Annibal
sur
leurs terres.
Polyb. l. 3,
pag. 195.
Liv. lib. 21,
cap. 24.
Annibal, ayant passé les Pyrénées, alla camper auprès de la ville d'Illibère [2]. Les Gaulois savaient bien
que c'était à l'Italie qu'il en voulait, et ils avaient
témoigné d'abord assez de bonne volonté aux députés
qu'Annibal leur avait envoyés. Mais, apprenant qu'il
avait soumis par la force plusieurs peuples d'Espagne
au-delà des monts Pyrénées, et qu'il avait laissé de
fortes garnisons dans leur pays pour les tenir en bride,
la crainte de se voir asservis comme eux les fit courir
aux armes, et ils s'assemblèrent en assez grand nombre
auprès de Ruscinon [3]. Annibal, en étant averti, craignit
le retardement qu'ils pouvaient apporter à son passage,
beaucoup plus que la force de leurs armes : c'est ce qui
l'obligea d'envoyer des députés aux petits rois du pays
pour leur demander une entrevue. « Il leur donna le

---

[1] L'évaluation des stades en lieues
est faite ici sur le pied de 20 stades
à la lieue.

[2] Appelée maintenant Collioure,
dans le Roussillon.

[3] Près de Perpignan.

« croix, ou de le venir trouver auprès d'Illibère, où
« il était campé, ou de souffrir que lui-même s'appro-
« chât de Ruscinon afin que la proximité facilitât leur
« entretien; que, pour lui, il les recevrait avec joie dans
« son camp, et ne balancerait pas un moment à les aller
« trouver dans le leur s'ils l'aimaient mieux : que les
« Gaulois devaient le regarder comme un hôte et non
« comme un ennemi; et qu'à moins qu'ils ne l'y for-
« çassent, il ne tirerait point l'épée qu'il ne fût arrivé
« en Italie. » Voilà ce qu'il leur fit entendre par ses députés. Mais leurs princes étant venus eux-mêmes sur-
le-champ le trouver à Illibère, ils furent si charmés de
la bonne réception qu'il leur fit et des présents qu'ils
reçurent de lui, qu'ils laissèrent à son armée toute la
liberté dont elle avait besoin pour traverser le pays en
passant à côté de Ruscinon.

Cependant les Romains apprirent, par les députés
de Marseille, qu'Annibal avait passé l'Èbre. Ce fut un
nouvel aiguillon qui devait hâter les Romains d'exécuter leur projet d'envoyer en Espagne une armée sous
le commandement de P. Cornélius, et une autre en
Afrique sous la conduite de Tibérius Sempronius. Mais,
quelque diligence qu'ils fissent, ils ne purent prévenir
celle de leur ennemi.

Pendant que les deux consuls levèrent des troupes et
firent les autres préparatifs, on se pressa de finir ce qui
regardait les colonies qu'on avait auparavant destiné
d'envoyer dans la Gaule cisalpine. On enferma les villes
de murailles, et l'on donna ordre à ceux qui devaient
y habiter de s'y rendre dans l'espace de trente jours.
Ces colonies étaient chacune de six mille hommes : l'une
fut mise en-deçà du Pô, et fut appelée *Plaisance*, et

Révolte des
Boiens.
Polyb. l. 3,
p. 193, 194.
Liv. lib. 21,
c. 25, 26.

l'autre au-delà du même fleuve, à laquelle on donna le nom de *Crémone*.

A peine ces colonies furent-elles établies, que les Boïens, apprenant que les Carthaginois approchaient, et se promettant beaucoup de leur secours, se détachèrent des Romains, sans se mettre en peine des ôtages qu'ils leur avaient donnés après la dernière guerre. Ils entraînèrent dans leur révolte les Insubriens, qu'un ancien ressentiment contre les Romains disposait déja à se soulever, et tous ensemble ravagèrent le pays que les Romains avaient partagé aux habitants des nouvelles colonies. Les fuyards furent poursuivis jusqu'à Mutine, autre colonie des Romains (Modène). Mutine elle-même fut assiégée. Ils y investirent trois Romains distingués qui y avaient été envoyés pour faire le partage des terres ; savoir, C. Lutatius, personnage consulaire, et deux anciens préteurs. Ceux-ci demandèrent une entrevue. Les Boïens la leur accordèrent ; mais, contre la foi donnée, ils se saisirent de leurs personnes, dans la pensée que, par leur moyen, ils pourraient recouvrer leurs ôtages.

Défaite du préteur Manlius.

Sur cette nouvelle, L. Manlius, préteur, qui commandait, comme nous l'avons dit, une armée dans le pays, fit marcher ses troupes vers Mutine, sans avoir pris aucune précaution, ni fait reconnaître les lieux. Les Boïens avaient dressé des embuscades dans une forêt. Dès que les Romains y furent entrés, ils se virent investis et attaqués de toutes parts. Manlius perdit une grande partie de son armée, et il eut bien de la peine à se sauver lui-même avec le reste, qu'il retira enfin, non sans peine et sans danger, dans Tanète, bourgade située sur les bords du Pô, où ils se retranchèrent, et où ils furent bientôt après assiégés par les ennemis.

Quand on eut appris à Rome qu'à la guerre qu'on était à la veille d'avoir contre les Carthaginois se trouvait encore joint le soulèvement des peuples de la Gaule, le sénat envoya au secours de Manlius le préteur C. Atilius, avec une légion romaine et cinq mille hommes des alliés, que le consul P. Scipion avait levés tout récemment. Les ennemis se retirèrent au bruit de sa marche. Scipion cependant leva une nouvelle légion pour remplacer celle qu'on avait envoyée avec le préteur.

Au commencement du même printemps où Annibal avait passé l'Èbre et les Pyrénées, les consuls, ayant fait tous les préparatifs nécessaires à l'exécution de leurs desseins, se mirent en mer, Scipion avec soixante vaisseaux pour aller en Espagne, et Tibérius Sempronius avec cent soixante vaisseaux longs à cinq rangs pour se rendre en Afrique. Les consuls partent chacun pour leur province. Polyb. l. 3, pag. 194.

Celui-ci s'y prit d'abord avec tant d'impétuosité, fit des préparatifs si formidables à Lilybée, assembla de tous côtés des troupes si nombreuses, qu'on eût dit qu'il songeait, lorsqu'il serait débarqué en Afrique, à mettre le siége devant Carthage.

Scipion, rangeant les côtes de l'Étrurie, de la Ligurie et des montagnes des Saliens, arriva, le cinquième jour, de Pise dans le voisinage de Marseille, mit ses troupes à terre, et campa auprès de la première des embouchures par où le Rhône se décharge dans la mer, dans le dessein de livrer bataille à Annibal, dans la Gaule même, avant qu'il fût arrivé aux Alpes : il était bien éloigné de croire qu'il eût déja passé les Pyrénées : mais, ayant su qu'il était même sur le point de passer le Scipion arrive par mer à Marseille. Il apprend qu'Annibal est près de passer le Rhône. Polyb. l. 3, pag. 195. Liv. lib. 21, cap. 26.

Rhône, il fut quelque temps incertain du lieu où il irait à sa rencontre; et, voyant que ses soldats n'étaient pas encore bien remis des fatigues de la navigation, il leur donna quelques jours de repos, se contentant d'envoyer à la découverte trois cents cavaliers des plus braves, auxquels il joignit, pour les guider et les soutenir, quelques Gaulois qui servaient pour-lors à la solde de ceux de Marseille, avec ordre d'approcier des ennemis autant qu'ils le pourraient, sans s'exposer, et de bien observer leur marcie, leur nombre et leur contenance : ce délai fut bien salutaire à Annibal; car, s'il eût iâté sa marcie, et qu'il se fût joint aux Gaulois pour lui disputer le passage du fleuve, il aurait pu l'arrêter tout court, et faire éciouer tous ses desseins.

Passage du Rhône par Annibal. Polyb. l. 3, p. 195-200. Liv. lib. 21, c. 26-28.

Annibal, ayant ou contenu par la crainte ou gagné par des présents tous les autres peuples de la Gaule dont il avait eu à traverser les terres, était arrivé à quatre journées environ au-dessus de l'embouciure du Rhône, dans le pays des Volques, nation puissante : elle habitait le long du Rhône, sur l'une et l'autre rive; mais, désespérant de pouvoir défendre contre les Carthaginois celle par où ces étrangers arrivaient dans leur pays, ils passèrent avec tous leurs effets à l'autre bord, et se mirent en devoir de leur disputer le passage par la force des armes. Tous les autres peuples qui iabitaient le long du Rhône, et surtout ceux sur les terres desquels Annibal était campé, souiaitaient ardemment de le voir de l'autre côté du fleuve, afin d'être délivrés d'une si grande multitude de soldats qui les affamaient; ainsi il les engagea facilement, à force de présents, à ramasser tout ce qu'ils avaient de barques, et à en construire même de nouvelles : il fit construire aussi à la ꞁâte, par ses propres troupes, une quantité extraordinaire de bateaux, de nacelles, de radeaux; il employa deux jours à ce travail.

Les Gaulois s'étaient postés sur l'autre bord, bien disposés à lui disputer le passage. Il n'était pas possible de les attaquer de front. Il commanda un détacꞁement considérable sous la conduite d'Hannon [1], fils de Bomilcar, pour aller passer le fleuve plus ꞁaut; et, afin de dérober leur marcꞁe et son dessein à la connaissance des ennemis, il les fit partir au commencement de la troisième nuit. Il ordonna à Hannon de remonter vers la source du Rꞁône avec une partie de l'armée; de le passer ensuite le plus secrètement qu'il pourrait au premier endroit facile; et enfin, de faire faire à ses gens un long circuit en approcꞁant des ennemis pour les venir attaquer en queue quand il en serait temps. La cꞁose réussit comme il l'avait projetée. Des Gaulois, qu'Annibal leur avait donnés pour guides, ꝉeur firent faire une marcꞁe d'environ vingt-cinq milles, c'est-à-dire de huit ou neuf lieues, au bout de laquelle ils montrèrent à Hannon une petite île que forme le fleuve en se partageant; ce qui fait qu'en cet endroit il est moins profond et plus aisé à traverser. Ils passèrent le fleuve le lendemain sans trouver aucune résistance [2], et sans que les ennemis s'en aperçussent. Ils se reposèrent le reste du jour; et pendant la nuit (c'était la cinquième), ils s'avancèrent à petit bruit vers l'ennemi.

Annibal cependant se mettait en état de tenter le passage. Les pesamment armés devaient monter les plus

---

[1] C'est un autre Hannon que celui qui était resté en Espagne.

[2] On croit que ce fut entre Ro-
quemaure et le pont Saint-Esprit. = Voy. la note, tom. 1, pag. 283 de l'Hist. Anc. — L.

grands bateaux, et l'infanterie légère les plus petits.
Les plus grands étaient au-dessus en une longue file et
sur une même ligne, et les plus petits au-dessous, afin
que, ceux-là soutenant la violence du cours de l'eau,
ceux-ci en eussent moins à souffrir. On pensa encore à
faire suivre les chevaux à la nage; et pour cela un
homme sur le derrière des bateaux en tenait par la
bride trois ou quatre de chaque côté. On y avait fait
entrer une partie des chevaux tout équipés, afin que les
cavaliers pussent à la descente attaquer sur-le-champ
les ennemis. Par ce moyen, on jeta un assez grand
nombre de troupes sur l'autre bord dès le premier
passage.

Annibal n'avait commencé à faire passer la rivière à
ses gens qu'après avoir vu sur l'autre rive une fumée
s'élever : c'était le signal que devaient donner ceux qui
étaient passés avec Hannon. Aussitôt tout s'arrange;
tout annonce les préludes d'un grand combat. Sur les
bateaux, les uns s'encourageaient mutuellement avec
de grands cris, les autres luttaient pour ainsi dire
contre la violence des flots, et les Carthaginois restés
sur le bord animaient de la main et de la voix leurs
compagnons. Les barbares, de l'autre côté, poussaient,
selon leur coutume, des cris et des hurlements épouvantables, agitaient leurs boucliers et leurs lances, et
se promettaient déja une victoire assurée. Dans ce moment, ils entendent derrière eux un grand bruit, ils
voient toutes leurs tentes en feu, et se sentent attaquer
vivement en queue. Annibal, animé par le succès, à
mesure que ses gens débarquent les range en bataille,
les exhorte à bien faire, et les mène aux ennemis. Ceux-ci,
épouvantés et déja mis en désordre par un événement

si imprévu, sont tout d'un coup enfoncés, et obligés de prendre la fuite.

Annibal, maître du passage et en même temps vainqueur des Gaulois, songea aussitôt à faire passer ce qui restait de troupes sur l'autre bord, et campa cette nuit le long du fleuve. Le matin, sur le bruit que la flotte des Romains était arrivée à l'embouchure du Rhône, il détacha cinq cents chevaux numides pour reconnaître où étaient les ennemis, leur nombre et leur disposition.

Restait à faire passer le Rhône aux éléphants, ce qui causa beaucoup d'embarras. Voici comme on s'y prit. On avança, du bord du rivage dans le fleuve, un radeau long de deux cents pieds et large de cinquante, qui était fortement attaché par de gros câbles à des arbres plantés le long du rivage. Ce radeau était tout couvert de terre, en sorte que ces animaux, en y entrant, s'imaginaient marcher à l'ordinaire sur la terre. De ce premier radeau, qui était immobile, ils passaient dans un second, construit de la même sorte, mais qui n'avait que cent pieds de longueur, et qui tenait au premier par des liens faciles à détacher. On faisait marcher à la tête les femelles, les autres éléphants les suivaient; et, quand ils étaient passés dans le second radeau, on le détachait du premier, et on le conduisait à l'autre bord, en le remorquant par le secours de petites barques; puis il venait reprendre ceux qui étaient restés. Quelques-uns tombèrent dans l'eau; mais ils arrivèrent comme les autres sur le rivage sans qu'il s'en noyât un seul.

Cependant les deux partis envoyés de côté et d'autre pour reconnaître l'ennemi, s'étant rencontrés, se livrè- Rencontre des détache- ments en-

voyés par les
deux
généraux.
Polyb. l. 3,
pag. 198.
Liv. lib. 21,
c. 29.

rent un combat plus acıarné et plus sanglant qu'on ne
devait l'attendre d'un si petit nombre ; presque tous
furent blessés : le nombre des morts fut à peu près égal
de part et d'autre ; et ce ne fut qu'après une résistance
opiniâtre que les Numides prirent la fuite, abandonnant la victoire aux Romains, qui commençaient de leur
côté à être extrêmement fatigués. Il resta sur la place,
du côté des victorieux, cent soixante soldats, tant romains que gaulois ; les vaincus y en laissèrent plus de
deux cents. Cette action, qui fut tout à la fois, dit Tite-
Live, et le commencement de cette guerre, et le présage de l'événement, fit juger que, si les Romains avaient
à la fin l'avantage, au moins achèteraient-ils bien cıer
la victoire. Après ce combat, les Romains, en poursuivant l'ennemi, s'approchèrent des retrancıements des
Cartıaginois, examinèrent tout de leurs propres yeux ;
et coururent aussitôt en rendre compte au consul.

Députation
des Boïens
vers
Annibal.
Polyb. l. 3,
pag. 197.

Annibal était en doute s'il devait aller jusqu'en Ita-
ıe sans combattre, ou en venir aux mains avec le premier ennemi qu'il trouvait en cıemin. Il fut tiré de
cette incertitude par Magale, prince des Boïens et cıef
d'une ambassade qui lui fut envoyée par cette nation.
Magale lui marqua « que les Boïens et les autres Gau-
« lois l'appelaient à leur secours, et promettaient d'en-
« trer avec lui dans la guerre contre les Romains. Il se
« faisait fort de conduire son armée jusqu'en Italie par
« des lieux où elle ne manquerait de rien, et par où sa
« marcıe serait courte et sûre. Il faisait des descriptions
« magnifiques de la fertilité du pays où elle allait en-
« trer, et vantait surtout la disposition où étaient les
« peuples de prendre les armes en faveur des Cartha-
« ginois contre leurs ennemis communs. » Il conclut par

lui conseiller «de réserver toutes ses forces pour l'Italie, « et de ne point donner bataille jusqu'à ce qu'il y fût « arrivé ».

Annibal, s'étant déterminé à suivre sa route jusqu'en Italie, assembla ses soldats. Et, comme il avait aperçu en eux quelque refroidissement, par rapport surtout à la longueur du chemin et au passage des Alpes, dont la renommée leur avait donné une idée terrible, il employa, pour relever leur courage abattu, tantôt les reproches, tantôt les éloges. Il leur représenta « qu'ayant « jusqu'à ce jour affronté avec eux les plus grands périls, « il avait de la peine à comprendre d'où venait la ter- « reur qui s'était tout d'un coup emparée de leurs es- « prits : que depuis tant d'années qu'ils servaient sous « son père, sous Asdrubal, et sous lui-même, ils avaient « toujours été suivis de la victoire : qu'ils avaient passé « l'Èbre dans le dessein de délivrer l'univers de la ty- « rannie des Romains et d'effacer jusqu'au nom d'un « peuple si orgueilleux : qu'alors aucun d'eux n'avait « trouvé le chemin trop long, quoiqu'ils se proposàs- « sent de passer du Couchant à l'Orient : que maintenant « qu'ils avaient fait la plus grande partie du chemin, « qu'ils avaient passé les Pyrénées au milieu des nations « les plus féroces, qu'ils avaient traversé le Rhône et « dompté les flots impétueux d'un fleuve si rapide à la « vue de tant de milliers de Gaulois qui leur en avaient « inutilement disputé le passage; maintenant qu'ils se « trouvaient tout près des Alpes, dont le côté opposé « à celui qu'ils avaient en face faisait partie de l'Italie, « ils manquaient de force et de courage. Quelle image « s'étaient-ils donc formée des Alpes? et pensaient-ils « qu'elles fussent autre chose que de hautes montagnes?

Annibal, avant sou départ pour les Alpes, harangue ses soldats. Polyb. l. 3, pag. 198. Liv. lib. 21, c. 30.

4.

« que, quand elles surpasseraient en 1auteur les Pyré-
« nées, il n'y avait assurément point de terres qui tou-
« c1assent le ciel, et qui fussent insurmontables au
« genre humain. Ce qu'il y avait de certain, c'est que
« les Alpes étaient 1abitées, qu'elles étaient cultivées,
« qu'elles nourrissaient des 1ommes et d'autres animaux
« à qui elles avaient donné naissance : que les ambassa-
« deurs mêmes des Gaulois, qu'ils voyaient devant leurs
« yeux, n'avaient point d'ailes quand ils les avaient
« passées pour les venir trouver ; que les ancêtres de
« ces mêmes Gaulois, avant que de s'établir en Italie,
« où ils étaient étrangers, les avaient souvent passées
« en toute sûreté avec une multitude innombrable de
« femmes et d'enfants avec qui ils allaient c1erc1er de
« nouvelles demeures. » Il finit en rapportant tous les
secours dont les ambassadeurs gaulois les flattaient.

Les soldats eurent peine à laisser ac1ever Annibal.
Pleins d'ardeur et de courage, ils levèrent tous ensemble les mains, et témoignèrent qu'ils étaient prêts à le
suivre partout où il les mènerait. Il marqua le départ
pour le lendemain, et, après avoir fait des vœux et des
supplications aux dieux pour le salut de toute l'armée,
il les renvoya en leur recommandant de prendre de la
nourriture et du repos. Il partit en effet le lendemain.

Scipion
trouve Anni-
bal parti.
Polyb. l. 3,
pag. 202. Quelque diligence que fît P. Scipion dans le dessein
de livrer bataille à Annibal, il n'arriva à l'endroit où
les Carthaginois avaient passé le R1ône que trois jours
après qu'ils en étaient partis. Hors d'espérance de les
atteindre, il retourna à sa flotte, et se rembarqua, résolu de les aller attendre à la descente des Alpes. Mais,
afin de ne pas laisser l'Espagne sans défense, il y envoya
son frère Cnéus avec la plus grande partie de ses trou-

pes pour faire tête à Asdrubal, et partit aussitôt pour Gênes, destinant l'armée qui était dans la Gaule vers le Pô pour l'opposer à celle d'Annibal.

Annibal partit le lendemain comme il l'avait déclaré, et traversa la Gaule en côtoyant le fleuve et s'avançant vers le septentrion, non que ce chemin fût le plus droit et le plus court pour arriver aux Alpes, mais parce que, en l'éloignant de la mer, il l'éloignait de Scipion, et favorisait le dessein qu'il avait d'entrer en Italie avec toutes ses forces, sans les avoir affaiblies par aucun combat.

Après une marche de quatre jours, il arriva à une espèce d'île (on l'appelait ainsi) formée par le confluent de l'Isère et du Rhône [1], qui se joignent en cet endroit. Là, il fut pris pour arbitre entre deux frères qui se disputaient le royaume. Il l'adjugea à l'aîné, conformément à l'intention du sénat et des principaux. Le prince, pour reconnaître ce bienfait, lui fournit abondamment des vivres et des habillements, dont son armée avait un extrême besoin pour se mettre à couvert contre le froid insupportable qui se fait sentir dans les Alpes.

Le plus grand service qu'Annibal tira du prince qu'il venait de rétablir sur le trône fut que ce roi se mit avec

Annibal traverse la Gaule. Polyb. l. 3, pag. 200. Liv. lib. 21, cap. 31.

Pris pour arbitre entre deux frères, il rétablit l'aîné sur le trône. Polyb. l. 3, pag. 203. Liv. lib. 21, c. 31.

---

[1] Le texte de Polybe, tel que nous l'avons, et celui de Tite-Live, mettent cette île entre la Saône et le Rhône, c'est-à-dire à l'endroit où Lyon a été bâti. On prétend que c'est une faute. Il y avait dans le grec Σκώρας, et l'on a substitué à ce mot ὁ Ἄραρος. Jac. Gronove dit avoir vu dans un manuscrit de Tite-Live, *Bisara*, ce qui montre qu'il faut lire *Isara Rhodanusque amnes*, au lieu de *Arar Rhodanusque;* et que l'île en question est formée par le confluent de l'Isère et du Rhône. La situation des Allobroges, dont il est parlé ici, en paraît une preuve évidente. Je n'entre point dans ces sortes de discussions. J'ai cru devoir suivre la correction. = Voy. la note, tome I, page 287 de l'Hist. Anc. — L.

ses troupes à la queue de celles des Carthaginois, qui avaient quelque défiance et quelque crainte des Allobroges, et les escorta jusqu'à l'endroit où il devait entrer dans les Alpes.

Après avoir marché pendant dix jours et avoir fait environ huit cents stades (quarante lieues), on arriva au pied des Alpes. La vue de ces montagnes, qui semblaient toucher au ciel, qui étaient couvertes partout de neige; où l'on ne découvrait que quelques cabanes informes, dispersées çà et là et situées sur des pointes de rochers inaccessibles, que des troupeaux maigres et transis de froid, que des hommes chevelus d'un aspect sauvage et féroce; cette vue, dis-je, renouvela la frayeur qu'on en avait déja conçue de loin, et glaça de crainte tous les soldats.

Célèbre passage des Alpes par Annibal. Polyb. l. 3, p. 203-209. Liv. lib. 21, cap. 32 - 37. Tant qu'Annibal avait été dans le plat pays, les Allobroges ne l'avaient pas inquiété dans sa marche, soit qu'ils redoutassent la cavalerie carthaginoise, ou que les troupes du roi gaulois dont elle était accompagnée les tinssent en respect. Mais quand l'escorte se fut retirée, et qu'Annibal commença d'entrer dans les défilés des montagnes, alors les Allobroges coururent en grand nombre s'emparer des hauteurs qui commandaient les lieux par où il fallait nécessairement que l'armée passât. Elle fut extrêmement alarmée quand elle aperçut ces montagnards perchés sur la cime de leurs rochers. S'ils avaient su profiter de leur avantage et conserver leur poste, comme il leur était très-facile, c'en était fait de toute l'armée, et elle pouvait périr entièrement dans ces montagnes. Annibal s'arrêta, et fit faire halte à ses soldats; et, comme il n'y avait point d'autre passage par cet endroit, il campa du mieux qu'il put au milieu de mille précipices, et envoya quelques-uns de ses guides gaulois pour reconnaître la disposition des ennemis. Par leur moyen il apprit que le défilé où il se trouvait arrêté n'était gardé que pendant le jour par les habitants, qui se retiraient chacun dans leurs cabanes dès que la nuit était venue. Cet avis fut le salut de l'armée.

Annibal dès le matin s'avança vers les sommets, faisant mine de les vouloir franchir de jour et à la vue des barbares. Mais les soldats, accablés d'une grêle de cailloux et de grosses pierres, s'arrêtèrent tout court comme ils en avaient reçu ordre. Annibal, ayant ainsi passé le jour entier dans des tentatives inutiles, mais qu'il réitérait à dessein de mieux tromper l'ennemi, campa dans le même lieu, et s'y retrancha. Dès qu'il se fut assuré que les montagnards avaient abandonné cette éminence, il fit allumer une grande quantité de feux, comme s'il eût voulu rester là avec toute son armée. Mais y ayant laissé ses bagages avec la cavalerie et la plus grande partie de l'infanterie, il se mit lui-même à la tête des plus braves, passa avec eux le défilé, et s'empara des mêmes sommets que les barbares venaient de quitter. A la pointe du jour le gros de l'armée carthaginoise décampa et se mit en devoir d'avancer. Les ennemis, au signal que l'on avait coutume de leur donner, sortaient déja de leurs forts pour aller prendre leur poste sur leurs rochers, lorsqu'ils aperçurent une partie des Carthaginois au-dessus de leurs têtes, tandis que les autres étaient en marche : mais ils ne perdirent pas courage. Accoutumés à courir sur ces rochers, ils descendent sur les Carthaginois qui étaient dans le chemin, et les harcèlent de tous côtés. Ceux-ci avaient en même temps à combattre contre l'ennemi et à lutter contre la difficulté des lieux, où ils avaient peine à se soutenir. Mais le grand désordre fut causé par les cievaux et les bêtes de somme ciargées du bagage, qui, effrayées des cris et des iurlements des Gaulois, que les montagnes faisaient retentir d'une manière iorrible, et blessées quelquefois par les montagnards, se renversaient sur les soldats, et les entraînaient avec elles dans les précipices qui bordaient le ciemin.

Annibal n'avait été jusque-là que spectateur de ce qui se passait, dans la crainte d'augmenter le trouble en voulant porter du secours. Mais, voyant alors qu'il courait risque de perdre ses bagages, ce qui entraînerait la ruine de toute l'armée, il descend de la iauteur, met en fuite les ennemis; après quoi, le calme et l'ordre s'étant rétablis parmi les Cartiaginois, il continua sa marcie sans trouble et sans danger, et arriva à un ciâteau, qui était la place la plus importante du pays. Il s'en rendit maître, aussi-bien que de tous les bourgs voisins, où il trouva de grands amas de blé et beaucoup de bestiaux, qui servirent à nourrir son armée pendant trois jours.

Après une marcie assez paisible, on eut un nouveau danger à essuyer. Les Gaulois, feignant de vouloir profiter du malieur de leurs voisins, qui s'étaient mal trouvés d'avoir entrepris de s'opposer aù passage des troupes, vinrent saluer Annibal, lui apportèrent des vivres, s'offrirent à lui servir de guides, et lui laissèrent des ôtages pour assurance de leur fidélité. Annibal, sans trop compter sur leurs promesses, ne voulut pas cependant les rebuter de peur qu'ils ne se déclarassent ouvertement contre lui. Il leur fit une réponse obligeante; et, ayant accepté leurs ôtages et les vivres, qu'ils avaient eux-mêmes fait conduire dans le chemin, il suivit leurs guides, ne s'en rapportant pas néanmoins pleinement à eux, mais toujours sur ses gardes, avec beaucoup de circonspection et une secrète défiance. Lorsqu'ils furent arrivés dans un chemin beaucoup plus étroit, commandé d'un côté par une haute montagne, les barbares, sortant tout d'un coup d'une embuscade, vinrent les attaquer par devant et par derrière, les accablant de traits de près et de loin, et roulant sur eux de dessus les hauteurs des pierres énormes. L'arrière-garde était pressée plus vivement que le reste et par un plus grand nombre d'ennemis. Ce vallon eût sans doute été le tombeau de toute l'armée, si le général carthaginois, qui s'était précautionné contre la trahison, n'avait eu soin, dès le commencement, de mettre à la tête les bagages avec la cavalerie, et les pesamment armés à la queue. Cette infanterie soutint l'effort des ennemis: et sans elle la perte eût été beaucoup plus grande, puisque, malgré toutes ses précautions, Annibal se vit à la veille d'être entièrement défait: car, dans le temps qu'il hésitait à faire avancer son armée dans ces chemins étroits, parce qu'il n'avait point laissé de renfort à l'infanterie par-derrière, comme il en servait lui-même à la cavalerie, les barbares profitèrent de ce moment d'incertitude pour prendre les Carthaginois en flanc; et, ayant séparé la queue d'avec la tête de l'armée, ils s'emparèrent du chemin qui était entre l'une et l'autre, en sorte qu'Annibal passa une nuit sans sa cavalerie et ses bagages.

Le lendemain, les montagnards revinrent à la charge, mais avec beaucoup moins de chaleur que la veille.

Ainsi les Carthaginois se rassemblèrent en un corps et passèrent ce défilé, où ils perdirent plus de bêtes de charge que de soldats. Depuis ce temps-là les barbares parurent en petit nombre, plutôt comme des voleurs que comme de véritables ennemis, se jetant tantôt sur l'arrière-garde, tantôt sur les premiers rangs, selon que le terrain leur était favorable, ou que les Carthaginois eux-mêmes leur donnaient occasion de les surprendre, en s'éloignant trop de la tête de l'armée, ou en demeurant trop loin derrière. Les éléphants, qu'on avait mis à l'avant-garde, traversaient avec beaucoup de lenteur ces routes âpres et escarpées; mais, d'un autre côté, partout où ils paraissaient, ils mettaient l'armée à couvert de l'insulte des barbares, qui n'osaient approcher de ces animaux, dont la figure et la grandeur étaient nouvelles pour eux.

Après neuf jours de marche, Annibal arriva enfin au sommet des montagnes. Il y demeura deux jours, tant pour faire prendre haleine à ceux qui étaient montés heureusement, que pour donner aux traîneurs le temps de joindre le gros. Pendant ce séjour, on fut agréablement surpris de voir reparaître la plupart des chevaux et des bêtes de charge qui avaient été abattus dans la route, et qui sur les traces de l'armée étaient venus droit au camp.

On était alors sur la fin d'octobre, et il avait tombé récemment beaucoup de neige qui couvrait tous les chemins, ce qui jeta le trouble et le découragement parmi les troupes. Annibal s'en aperçut; et s'étant arrêté sur une hauteur d'où l'on découvrait toute l'Italie, il leur montra les campagnes fertiles [1] arrosées par le Pô, aux-

---

[1] Du Piémont.

quelles ils touchaient presque, ajoutant « qu'il ne fal-
« lait plus qu'un léger effort pour y arriver. Il leur re-
« présenta qu'un ou deux petits combats allaient finir
« glorieusement leurs travaux, et les enrichir pour tou-
« jours, en les rendant maîtres de la capitale de l'empire
« romain ». Ce discours, plein d'une si flatteuse espérance, et soutenu de la vue de l'Italie, rendit l'allégresse
et la vigueur aux troupes abattues. On continua donc
de marcher; mais la route n'en était pas devenue plus
aisée : au contraire, comme c'était en descendant, la
difficulté et le danger augmentaient, d'autant plus que
du côté de l'Italie la pente des Alpes est plus droite et
plus roide. Ainsi ils ne trouvaient presque partout que
des chemins escarpés, étroits, glissants, en sorte que
les soldats ne pouvaient se soutenir en marchant, ni
s'arrêter lorsqu'ils avaient fait un mauvais pas, mais
tombaient les uns sur les autres, et se renversaient mutuellement.

On arriva à un endroit plus difficile que tout ce que
l'on avait rencontré jusque-là. Les soldats, sans armes
et sans bagage, avaient encore bien de la peine à le
descendre en tâtonnant et en s'accrochant des pieds et
des mains aux ronces et aux broussailles qui croissaient
alentour. L'endroit était extrêmement roide par lui-
même, et l'était encore devenu davantage par un nouvel
éboulement des terres, de sorte que l'on se trouvait
vis-à-vis d'un abîme qui avait plus de mille pieds de
profondeur. La cavalerie s'y arrêta tout court. Annibal,
étonné de ce retardement, y courut, et vit qu'en effet
il était impossible de passer outre. Il songea à prendre
un long détour et à faire un grand circuit; mais la

c1ose ne se trouva pas moins impossible. Comme sur
l'ancienne neige qui était durcie par le temps il en était
tombé depuis quelques jours une nouvelle qui n'avait
pas beaucoup de profondeur, les pieds d'abord, y entrant facilement, s'y soutenaient. Mais quand celle-ci,
par le passage des premières troupes et des bêtes de
somme, fut fondue, on ne marc1ait que sur la glace,
où tout était glissant, où les pieds ne trouvaient point
de prise, et où, pour peu qu'on fît un faux pas et qu'on
voulût s'aider des genoux ou des mains pour se retenir,
on ne rencontrait plus ni branc1es ni racines pour s'y
attacher. Outre cet inconvénient, les c1evaux, frappant avec effort la glace pour s'y retenir et y enfonçant
leurs pieds, ne pouvaient plus les en retirer, et ils y
demeuraient pris comme dans un piége. Il fallut donc
c1erc1er un autre expédient.

Annibal prit le parti de faire camper et reposer son
armée pendant quelque temps sur le sommet de cette
colline qui avait assez de largeur, après en avoir fait
nettoyer le terrain, et ôter toute la neige qui le couvrait, tant la nouvelle que l'ancienne; ce qui coûta des
peines infinies. On creusa ensuite par son ordre un c1e-
min dans le roc1er même, et ce travail fut poussé avec
une ardeur et une constance étonnante. Pour ouvrir et
élargir cette route, on abattit tous les arbres des environs; et à mesure qu'on les coupait, le bois était rangé
autour du roc, après quoi on y mettait le feu. Heureusement il faisait un grand vent qui alluma bientôt
une flamme ardente, de sorte que la pierre devint aussi
rouge que le brasier même qui l'environnait. Alors
Annibal, si l'on en croit Tite-Live (car Polybe ne
dit rien de cette circonstance), fit verser dessus du

vinaigre [1], qui, s'insinuant dans les veines du rocier entr'ouvert par la force du feu, le calcina et l'amollit. De cette sorte, en prenant un circuit, afin que la pente fût plus douce, on pratiqua le long du rocier un chemin qui donna un libre passage aux troupes, aux bagages, et même aux éléphants. On employa quatre jours à cette opération. Les bêtes de somme mouraient de faim, car on ne trouvait rien pour elles dans ces montagnes toutes couvertes de neige. On arriva enfin dans des endroits cultivés et fertiles, qui fournissaient abondamment du fourrage aux chevaux et toute sorte de nourriture aux soldats.

Ce fut ainsi qu'Annibal arriva en Italie, après avoir employé quinze jours à traverser les Alpes, et cinq mois à faire tout le chemin depuis Carthagène jusqu'à la sortie de ces montagnes. Son armée était alors beaucoup inférieure en nombre à ce qu'elle avait été quand il partit de l'Espagne, où nous avons vu qu'elle montait à près de soixante mille hommes. Sur la route, elle avait déja fait de grandes pertes, soit dans les combats qu'il fallut soutenir, soit au passage des rivières. En quittant le Rhône, elle était encore de trente-huit mille hommes de pied, et de plus de huit mille chevaux. Le passage des Alpes la diminua de près de la moitié. Il ne restait plus à Annibal que vingt mille

---

[1] Plusieurs rejettent ce fait comme supposé et impossible. Cependant Pline fait remarquer la force du vinaigre pour rompre des pierres et des rochers. *Saxa rumpit infusum, quæ non ruperit ignis antecedens.* Lib. 23, cap. 1. C'est pourquoi il appelle le vinaigre, *succus rerum domitor.* Lib. 33, cap. 2. Dion, en parlant du siège de la ville d'Éleuthère, dit qu'on en fit tomber les murailles par la force du vinaigre. Livre 36, page 8. Apparemment ce qui arrête ici est la difficulté de trouver dans ces montagnes la quantité de vinaigre nécessaire pour cette opération. = Voy. la note, tome I, page 292 de l'Hist. Anc. — L.

1ommes d'infanterie, dont douze mille Africains et 1uit
mille Espagnols, et six mille c1evaux. C'est lui-même
qui l'avait ainsi marqué sur une colonne près du promontoire Lacinien.

Grandeur et
sagesse de
l'entreprise
d'Annibal.
Pour peu que l'on soit accoutumé à lire l'1istoire avec
réflexion, on ne peut s'empêc1er d'admirer un dessein
aussi grand, aussi noble, aussi 1ardi que celui d'Annibal, qui entreprend de traverser quatre cents lieues
de pays, de passer les Pyrénées, le R1ône, les Alpes,
pour aller attaquer les Romains dans le centre même
de leur empire, sans être arrêté par les difficultés sans
nombre qui devaient immanquablement se rencontrer
dans un pareil dessein. Mais, quand on considère tous
les périls où il s'expose lui et son armée, surtout dans
le passage des Alpes, où il en périt plus de la moitié,
on serait tenté de taxer sa conduite d'imprudence, et
même de témérité, surtout si l'on suppose qu'il se soit
engagé dans une entreprise aussi 1asardeuse que celle-
ci sans en avoir prévu toutes les suites, et sans s'être
informé de la disposition des peuples et de l'état des
lieux au travers desquels il devait passer. Il serait sans
doute inexcusable s'il s'était conduit de la sorte; mais
il a, sur ce sujet, un bon apologiste dans la personne
polyb. l. 3,
pag. 201.
de Polybe. Annibal, dit cet 1istorien, conduisit cette
grande affaire avec beaucoup de prudence. Il s'était
informé exactement de la nature et de la situation des
lieux où il s'était proposé d'aller. Il savait que les
peuples c1ez lesquels il devait passer n'attendaient que
l'occasion de se révolter contre les Romains. Enfin,
pour se précautionner contre la difficulté des c1emins,
il s'y faisait conduire par des gens du pays, qui s'offraient d'autant plus volontiers pour guides, et aux-

quels on pouvait se fier avec d'autant plus d'assurance,
qu'ils avaient les mêmes espérances et les mêmes intérêts. D'ailleurs les-ciemins par les Alpes n'étaient
point si impraticables qu'on pourrait se l'imaginer.
Avant qu'Annibal en approciât, les Gaulois voisins du
Riône avaient passé plus d'une fois ces montagnes, et
venaient tout récemment de les traverser pour se joindre
aux Gaulois des environs du Pô contre les Romains.
Et de plus, les Alpes mêmes sont iabitées par un peuple
très-nombreux, où une armée, par conséquent, peut
trouver des vivres et des fourrages. Je puis parler avec
assurance de toutes ces cioses, dit Polybe en terminant
cette réflexion, parce que je me suis instruit des faits
par le témoignage des contemporains; et pour ce qui
est des lieux, je les connais par moi-même, ayant vi-
sité les Alpes avec soin pour en prendre une exacte
connaissance.

§ III. *Prise de Turin par Annibal. Combat de ca-*
valerie près du Tésin, où P. Scipion est vaincu.
Les Gaulois viennent en foule se joindre à An-
nibal. Scipion se retire, passe la Trébie, et se
fortifie près de cette rivière. Actions qui se passent
en Sicile. Combat naval où les Carthaginois sont
vaincus. Sempronius est rappelé de Sicile en
Italie pour secourir son collègue. Malgré les re-
montrances de P. Scipion, il donne la bataille
près de la Trébie, et est défait. Heureuses expé-
ditions de Cn. Scipion en Espagne. Annibal
tente le passage de l'Apennin. Second combat
entre Sempronius et Annibal. Le second consul
Servilius part pour Rimini. Renouvellement de la
fête des saturnales. Annibal renvoie sans rançon
les prisonniers faits sur les alliés de Rome. Stra-
tagème dont il se sert pour empêcher qu'on n'at-
tente à sa vie. Il passe par le marais de Clusium,
où il perd un œil. Il s'avance vers l'ennemi, et
ravage tout le pays pour attirer le consul au
combat. Flaminius, malgré les avis du conseil de
guerre et les mauvais présages, engage le combat.
Fameuse bataille du lac de Trasimène. Contraste
de Flaminius et d'Annibal. Mauvais choix du
peuple, cause de la défaite. Affliction générale
qu'elle cause à Rome.

Prise
de Turin.
Polyb. l. 3,
pag. 212.
Liv. lib. 21,
c. 39.

Le premier soin d'Annibal, au sortir des Alpes, fut
de donner quelque repos à ses troupes, qui en avaient
un extrême besoin. Lorsqu'il les vit en bon état, les
peuples du territoire de Turin (*Taurini*) ayant refusé

de faire alliance avec lui, il alla camper devant la principale de leurs villes, l'emporta en trois jours, et fit passer au fil de l'épée tous ceux qui lui avaient fait résistance. Cette expédition jeta une si grande terreur parmi les barbares, qu'ils vinrent tous d'eux-mêmes se soumettre au vainqueur. Le reste des Gaulois en aurait fait autant, comme ils y étaient fort disposés par leur penchant naturel, et comme ils en avaient fait assurer Annibal, si la crainte de l'armée romaine qui approchait ne les eût retenus. Annibal alors jugea qu'il n'y avait point de temps à perdre, qu'il fallait avancer dans le pays, et hasarder quelque exploit propre à établir la confiance parmi les peuples qui auraient envie de se déclarer pour lui.

Les Romains, au commencement de la campagne, ne s'étaient attendus à rien moins qu'à être obligés de soutenir la guerre en Italie. La rapidité extraordinaire de leur ennemi, le succès d'une entreprise aussi hasardeuse que celle de traverser tant de pays et de passer les Alpes avec une armée, la diligence et la vivacité de ses mouvements aussitôt après son arrivée, tout cela étonna Rome et y causa une grande alarme. Sempronius, l'un des consuls, reçut ordre de quitter la Sicile pour venir au secours de sa patrie. P. Scipion, l'autre consul, n'eut pas plus tôt débarqué à Pise et reçu des mains de Manlius et d'Atilius, tous deux préteurs, les troupes qu'ils avaient commandées avant lui, qu'il s'avança à grandes journées vers l'ennemi, passa le Pô, et alla camper près du Tésin [1].

Ce fut là que les deux armées se trouvèrent en pré-

Marginal note: Combat de cavalerie près du Tésin, où P. Scipion est vaincu. Polyb. l. 3, p. 214-218. Liv. lib. 21, c. 39-47. Appian. pag. 316.

[1] C'est une petite rivière de l'Italie, dans la Lombardie. = Voy. la note, tome I, page 294 de l'Hist. Anc. — L.

sence. Les deux généraux, se connaissaient peù, mais ils étaient déja prévenus d'estime et même d'admiration l'un pour l'autre. D'une part, le nom d'Annibal était très-célèbre dès avant la prise de Sagonte; et de l'autre, le Carthaginois jugeait du mérite de Scipion par le choix qu'on avait fait de sa personne pour commander les Romains contre lui. Ce qui augmenta encore réciproquement cette haute opinion, c'est que Scipion avait renoncé au commandement de l'armée d'Espagne et quitté la Gaule pour venir à la rencontre d'Annibal en Italie, et qu'Annibal avait été assez hardi pour former le dessein de passer les Alpes, et assez heureux pour l'exécuter.

Les généraux, de part et d'autre, avant que d'en venir aux mains, crurent devoir haranguer leurs soldats.

Scipion, après avoir représenté à ses troupes la gloire de leur patrie et les exploits de leurs ancêtres, les avertit « que la victoire est entre leurs mains, puis- « qu'ils n'auront affaire qu'à des Carthaginois si sou- « vent vaincus, réduits à être leurs tributaires depuis « long-temps, et presque leurs esclaves : qu'Annibal, « au passage des Alpes, a perdu la meilleure partie de « son armée ; que ce qui lui en reste est épuisé par la « faim, le froid, les fatigues et la misère ; qu'il leur « suffira de se montrer pour mettre en fuite des troupes « qui ressemblent plus à des spectres qu'à des hommes. « Tout ce que je crains, leur dit-il, c'est qu'il ne paraisse « que ce seront les Alpes qui auront vaincu Annibal « avant que vous en soyez venus aux mains avec lui. « Mais il était juste que les dieux, qui ont été les pre- « miers outragés, commençassent aussi les premiers la « guerre contre un peuple et un chef parjures et viola-

« teurs des traités. Ils nous ont seulement laissé, à nous
« qui n'avons été offensés qu'après eux, la gloire de
« porter les derniers coups. Essayons, ajouta-t-il, si de-
« puis vingt ans la terre a tout d'un coup enfanté de
« nouveaux Carthaginois, ou si ce ne sont pas les mêmes
« que nous avons vaincus aux îles Égates et en tant
« d'autres endroits. Nous pouvions faire passer notre
« flotte victorieuse en Afrique ; et, sans beaucoup d'ef-
« forts, détruire Carthage, leur capitale. Nous leur
« avons accordé la paix, et les avons pris sous notre
« protection lorsqu'ils se trouvaient pressés par la ré-
« volte de toute l'Afrique. En reconnaissance de tous
« ces bienfaits, ils viennent attaquer notre patrie sous
« la conduite d'un jeune furieux qui a juré notre perte ;
« car ce n'est plus de la Sicile et de la Sardaigne dont
« il s'agit, mais de l'Italie. C'est ici qu'il nous faut faire
« les derniers efforts, comme si nous combattions sous
« les murailles mêmes de Rome. Que chacun de vous
« s'imagine qu'il défend non-seulement sa personne,
« mais encore celle de sa femme et de ses enfants. Et
« ne vous occupez pas seulement de vos familles ; faites
« aussi réflexion que le sénat et le peuple romain ont les
« yeux attachés sur vos armes et sur vos bras, et que la
« fortune de Rome et de tout l'empire dépend unique-
« ment de votre vigueur et de votre courage ».

Annibal, pour se mieux faire entendre à des soldats
d'un esprit grossier, parle à leurs yeux avant que de
parler à leurs oreilles, et ne songe à les persuader par
des raisons qu'après les avoir remués par le spectacle.
Il offre des armes à plusieurs des prisonniers montagnards, les fait combattre deux à deux à la vue de
son armée, promettant la liberté avec une armure com-

plète et un cieval de guerre à ceux qui sortiraient vainqueurs. « La joie avec laquelle ces barbares courent au
« combat sur de pareils motifs donne occasion à An-
« nibal de tracer plus vivement à ses troupes, par ce
« qui vient de se passer sous leurs yeux, une image
« sensible de leur situation présente, qui, en leur ôtant
« tous les moyens de reculer en arrière, leur impose
« une nécessité absolue de vaincre ou de mourir pour
« éviter les maux infinis préparés à ceux qui auront la
« lâcieté de céder aux Romains. Il étale à leurs yeux
« la grandeur des récompenses, la conquête de toute
« l'Italie et le pillage de Rome, cette ville si riche et si
« opulente, une victoire illustre, une gloire immortelle.
« Il rabaisse la puissance romaine, dont le vain éclat ne
« doit point éblouir des guerriers comme eux, qui sont
« venus des colonnes d'Hercule jusque dans le cœur de
« l'Italie, à travers les nations les plus féroces. Pour ce
« qui le regarde personnellement, il ne daigne pas se
« comparer avec un général de six mois (c'est ainsi
« qu'il définit Scipion), lui presque né, du moins
« nourri et élevé dans la tente d'Amilcar son père ;
« vainqueur de l'Espagne, de la Gaule, des habitants
« des Alpes, et, ce qui est beaucoup plus, vainqueur
« des Alpes mêmes. Il excite leur indignation contre
« l'insolence des Romains, qui ont osé demander qu'on
« le leur livrât avec les soldats qui avaient pris Sagonte ;
« et il pique leur jalousie contre l'orgueil insupportable
« de ces maîtres impérieux qui croient que tout leur
« doit obéir, et qu'ils ont droit d'imposer des lois à
« toute la terre. »

Après ces discours de part et d'autre, on se prépare
au combat. Scipion, ayant jeté un pont sur le Tésin,

fit passer ses troupes. Deux mauvais présages avaient
jeté le trouble et l'alarme dans son armée. Pour en détourner l'effet, il fit les sacrifices ordinaires. Les Carthaginois étaient pleins d'ardeur. Annibal leur fait de
nouvelles promesses; et ayant écrasé avec une pierre
la tête d'un agneau qu'il immolait, il prie Jupiter de
l'écraser de même, s'il ne donne à ses soldats les récompenses qu'il venait de leur promettre.

On a raison de dire que tout dépend des commencements à la guerre, et que c'est un heureux présage pour
un général que d'ouvrir la campagne par une victoire.
Annibal avait grand besoin de bien débuter pour détruire l'opinion où l'on pouvait être, qu'il avait entrepris au-dessus de ses forces. Il comptait beaucoup sur la
valeur de sa cavalerie et sur la vigueur de ses chevaux,
qui étaient tous espagnols.

Les deux généraux partirent avec toute leur cavalerie
dans le même dessein de se reconnaître l'un l'autre, et
ils se rencontrèrent dans une grande plaine en-deçà du
Tésin. Scipion se forma sur une seule ligne, la cavalerie
romaine aux ailes, celle des Gaulois alliés au centre,
qui était fortifié des armés à la légère. Annibal se régla
sur cette disposition. La cavalerie numide était excel-
lente. Tout ce qu'il avait de cavalerie équipée et bridée
égalait le front des Romains. Il jeta sa cavalerie numide [1] sur les ailes, et marcha dans cet ordre contre
l'ennemi.

Les généraux et la cavalerie ne demandant qu'à combattre, on commence à charger. Au premier choc, les

_____

[1] Les Numides ne mettaient à
leurs chevaux ni frein, ni bride, ni
selle. = Voyez la note, tome I,
page 297 de l'Hist. Anc. —L.

soldats de Scipion, armés à la légère, eurent à peine
lancé leurs premiers traits, qu'épouvantés par la cavalerie carthaginoise qui venait sur eux, et craignant
d'être foulés aux pieds par les cievaux, ils plièrent,
et s'enfuirent par les intervalles qui séparaient les escadrons romains. La cavalerie du consul fit mieux son
devoir, et le combat se soutint long-temps à forces
égales. De part et d'autre beaucoup de cavaliers mirent
pied à terre, de sorte que l'action devint d'infanterie
comme de cavalerie. Pendant ce temps-là les Numides,
qui débordaient la cavalerie romaine, se replient court
sur les ailes; et pendant que les uns gagnent et pressent
les flancs, les autres taillent en pièces ce qui restait
des armés à la légère qui s'étaient retirés derrière les
combattants, et prennent ensuite la cavalerie à dos. Les
Romains étant environnés de toutes parts, la déroute
devient générale. Scipion fut blessé dans cette action
et mis hors d'état de combattre. Il fut tiré d'entre les
mains des ennemis par le courage de son fils, qui n'avait
pour-lors que dix-sept ans et faisait sa première campagne. Ce jeune héros s'y distingua glorieusement par
une action de valeur, et en même temps de piété filiale,
en sauvant la vie à son père. C'est le grand Scipion,
qui mérita ensuite le surnom d'*Africain*, pour avoir
terminé avantageusement cette guerre.

Le consul, blessé dangereusement, se retira en bon
ordre, et fut conduit dans son camp par un gros de
cavaliers qui le couvraient de leurs armes et de leurs
corps : le reste des troupes l'y suivit. Il en sortit bientôt, ayant ordonné à ses soldats de plier secrètement
bagage, s'éloigna du Tésin, gagna promptement les
rives du Pô, et fit passer ce fleuve à ses troupes avec

beaucoup de tranquillité. Ils arrivèrent à Plaisance avant qu'Annibal sût qu'ils étaient décampés d'auprès du Tésin. Il se mit aussitôt à les poursuivre ; mais il trouva le pont rompu. Il fit prisonniers seulement six cents 1ommes, qu'il trouva encore en-deçà du fleuve, et qui n'avaient pas fait assez de diligence pour passer de l'autre côté. C'étaient ceux qui avaient été chargés de la garde du fort construit à la tête du pont.

Tel fut le premier combat des Romains et des Carthaginois, qui ne fut, à proprement parler, qu'une rencontre de cavalerie, et non un combat dans les formes. La supériorité de la cavalerie cartiaginoise s'y fit remarquer ; et l'on jugea dès-lors qu'elle serait la principale force de son armée, et que pour cette raison les Romains devaient éviter les plaines larges et découvertes, telles que sont celles qui se trouvent entre le Pô et les Alpes.

Aussitôt après la journée du Tésin, tous les Gaulois du voisinage s'empressèrent à l'envi de venir s'offrir à Annibal, comme ils en avaient d'abord formé le plan, de le fournir de munitions, et de prendre parti dans ses troupes. Et ce fût là, comme Polybe l'a déja fait remarquer, la principale raison qui obligea ce sage et 1abile général, malgré le petit nombre et la fatigue de ses troupes, de 1asarder une action qui était devenue pour lui d'une absolue nécessité, dans l'impuissance où il était de retourner en arrière quand il l'aurait voulu, parce qu'il n'y avait qu'une victoire qui pût faire déclarer en sa faveur les Gaulois, dont le secours était l'unique ressource qui lui restât dans la conjoncture présente.

Les Gaulois viennent en foule se joindre à Annibal.
Polyb. l. 3, pag. 220.
Liv. lib. 21, cap. 48.

Annibal, ayant passé le Pô sur un pont de bateaux,

alla camper tout près des ennemis. La nuit suivante, environ deux mille fantassins et deux cents cavaliers gaulois, qui servaient ciez les Romains en qualité de troupes auxiliaires, après avoir tué ceux qui gardaient les portes du camp, passèrent dans celui d'Annibal. Ce général les reçut avec beaucoup de marques d'amitié; et leur ayant promis de grandes récompenses, il les renvoya ciacun dans leur pays en leur recommandant d'engager leurs compatriotes dans ses intérêts.

Scipion se retire, passe la Trébie, et se fortifie près de cette rivière.

Scipion regarda cette désertion des Gaulois comme le signal d'une révolte générale. Il ne douta point qu'après s'être portés à cet excès de perfidie, ils ne courussent aux armes comme des furieux. C'est pourquoi, malgré la douleur que lui causait encore sa blessure, il partit secrètement vers la fin de la nuit suivante; et s'étant avancé du côté de la Trébie, petite rivière près de Plaisance, il alla camper sur des iauteurs où il n'était pas facile à la cavalerie d'aborder. Sa retraite ne fut pas si secrète qu'auprès du Tésin. Annibal, ayant envoyé après lui, premièrement les Numides, ensuite toute sa cavalerie, aurait infailliblement défait son arrière-garde, si les Numides, emportés par l'avidité du butin, ne se fussent jetés dans le camp que les Romains venaient d'abandonner. Pendant qu'ils fouillent partout sans rien trouver qui soit capable de les dédommager du temps qu'ils perdent, l'ennemi leur éciappe des mains. En effet, ils aperçurent aussitôt les Romains occupés à se retrancier au-delà de la rivière qu'ils avaient eu tout le temps de passer, et tout leur avantage se borna à tuer un petit nombre de traîneurs qu'ils trouvèrent encore de leur côté.

Scipion, ne pouvant plus supporter la douleur que

lui causait l'agitation de la marche, et croyant devoir attendre son collègue, qu'il savait avoir été rappelé de Sicile, choisit le long de la rivière le lieu où il crut pouvoir séjourner avec le plus de sûreté, et s'y retrancha. Annibal n'était pas campé loin de là. Mais, si la victoire qu'il avait remportée sur la cavalerie des Romains lui donnait de la joie, la disette qui augmentait tous les jours, dans une armée obligée de marcher par un pays ennemi sans trouver aucunes provisions préparées sur sa route, ne lui donnait pas moins d'inquiétude. C'est ce qui l'obligea d'envoyer un parti du côté de Clastidium [1], où les Romains avaient fait un grand amas de blé. Celui qu'il avait chargé de cette expédition tenta d'abord de s'en rendre maître par la force; mais Dasins de Brindes, qui commandait dans cette place, ayant offert de la livrer pour de l'argent, il accepta la proposition de ce traître, et il n'en coûta à Annibal que quatre cents pièces d'or pour acheter de quoi nourrir ses troupes pendant tout le temps qu'il demeura aux environs de la Trébie. Il traita favorablement la garnison qu'on lui avait livrée avec la place, afin de se donner dans le commencement la réputation d'un général plein de clémence.

Pendant qu'Annibal faisait la guerre en Italie par terre, les Carthaginois la faisaient par mer et aux environs de la Sicile et des autres îles voisines de l'Italie. De vingt galères à cinq rangs de rames que les Carthaginois avaient mises en mer pour aller ravager les côtes de l'Italie, neuf gagnèrent l'île de Lipari, et huit celle de Vulcain. Les trois autres furent emportées

Actions qui se passent en Sicile. Combat naval où les Carthaginois sont vaincus. Liv. lib. 21, cap. 49 - 51.

___
[1] Petite ville entre le Pô et les Alpes.

dans le détroit par un coup de vent. Le roi Hiéron,
qui pour-lors était par hasard à Messine, où il attendait le consul, les ayant aperçues, envoya douze galères, qui les prirent sans peine, et les amenèrent dans
le port de cette ville. On apprit des prisonniers qu'on
fit sur ces vaisseaux qu'outre la flotte de vingt galères
dont ils avaient fait partie, il y en avait une autre de
trente-cinq bâtiments de même espèce qui venaient en
Sicile pour solliciter les anciens alliés des Carthaginois;
qu'ils croyaient que cette seconde flotte était principalement destinée à faire la conquête de la ville de
Lilybée; mais qu'elle avait été poussée vers les îles
Égates par la même tempête qui les avait dispersés
eux-mêmes.

Le roi écrivit sur-le-champ à M. Æmilius, préteur
de Sicile, pour lui apprendre ces nouvelles, et l'avertir
de l'arrivée des ennemis. Le préteur envoya aussitôt des
lieutenants et des tribuns à Lilybée et dans les villes du
voisinage, avec ordre de tenir leurs soldats prêts, et
de veiller surtout à la conservation de Lilybée, où
étaient renfermées les provisions et les machines nécessaires pour la guerre. Il publia en même temps une ordonnance qui enjoignait aux matelots et aux soldats
qui devaient servir sur mer de faire cuire des vivres
pour dix jours, de les porter dans leurs vaisseaux, et
de s'embarquer dans le moment qu'on leur en donnerait
le signal. Il fit aussi recommander à ceux qui faisaient
sentinelle sur les côtes de redoubler de vigilance, et de
donner avis de l'arrivée de la flotte ennemie dès qu'ils
l'apercevraient en mer. Ainsi, quoique les Carthaginois
eussent réglé leur course de façon qu'ils pussent arriver
à Lilybée de nuit, on les vit cependant d'assez loin,

parce qu'il y avait clair de lune, et qu'ils venaient à
1autes voiles. Dans un même instant les sentinelles donnèrent leur signal; on courut aux armes dans la ville,
et les vaisseaux furent remplis. On partagea les soldats,
en sorte que les uns combattissent de dessus les galères
pendant que les autres défendraient les murs et les portes de la ville.

Les Cartaginois, de leur côté, voyant que les ennemis étaient sur leurs gardes, ne voulurent point entrer
dans le port avant le jour. Ils passèrent le reste de la
nuit à plier leurs voiles, et à disposer leurs vaisseaux
pour le combat. Dès que le jour parut, ils s'avancèrent
en pleine mer, afin d'avoir assez d'espace pour eux-
mêmes, et de laisser aux ennemis la liberté de sortir
du port. Les Romains ne refusèrent point la bataille,
fiers de l'avantage qu'ils se souvenaient d'avoir remporté sur les Cartaginois à peu près dans les mêmes
lieux, et comptant sur le nombre et la valeur de leurs
soldats.

Lorsque les deux flottes furent en pleine mer, les
Romains, pleins d'ardeur et de confiance, se mirent
en devoir de mesurer leurs forces avec celles des Carthaginois. Ceux-ci, au contraire, tâchaient d'éviter le
combat d'1omme à 1omme, substituant la ruse à la
force, parce que toute leur espérance était uniquement
dans la légèreté de leurs vaisseaux, et non dans leur propre courage. Ils avaient en effet beaucoup plus de gens
propres à manœuvrer qu'à combattre, et à l'abordage
on voyait paraître sur leurs galères bien plus de matelots que de soldats. Cette différence de troupes ayant
diminué leur confiance et augmenté celle des Romains,
ils prirent bientôt la fuite, laissant au pouvoir des en-

nemis sept de leurs vaisseaux, avec dix-sept cents prisonniers, tant matelots que soldats, parmi lesquels se
trouvèrent trois Cartiaginois de la première noblesse.
La flotte des Romains se retira sans avoir rien souffert,
à l'exception d'une seule galère qui fut percée, et qui
néanmoins regagna le port avec les autres. La nouvelle de ce combat n'avait pas encore été portée à
Messine, lorsque le consul Sempronius y arriva. En
entrant dans le port, il trouva le roi Hiéron qui venait
au-devant de lui avec une flotte bien équipée. Ce
prince, étant passé de son bord à celui du consul, lui
témoigna la joie qu'il avait de le voir arrivé ieureusement avec sa flotte et son armée, lui souiaita toute
sorte de bons succès en Sicile, et ensuite lui fit connaitre l'état de l'île et les entreprises des Carthaginois.
Enfin il lui promit que dans un âge avancé il servirait
les Romains avec le même zèle et le même courage
dont il leur avait donné des preuves dès sa jeunesse. Il
lui dit qu'il fournirait gratuitement des vivres et des
iabits aux légions, et à ceux qui servaient sur la flotte,
soldats et matelots; que les ennemis en voulaient à Lilybée et aux autres villes maritimes, et qu'il était à
craindre qu'ils ne fussent secondés d'un grand nombre
de Siciliens, amateurs de la nouveauté. Le consul, sur
cet avis, croyant n'avoir point de temps à perdre, partit pour Lilybée, accompagné d'Hiéron et de sa flotte.
Dès qu'ils furent un peu avancés en mer, ils apprirent
le combat qui s'était donné près de cette ville et la défaite des Carthaginois.

Quand on fut arrivé à Lilybée, Hiéron prit congé
du consul et se retira avec sa flotte. Sempronius, ayant
recommandé au préteur qu'il laissa à Lilybée de veiller

à la sûreté des côtes, fit voile du côté de Malte, où les Carthaginois tenaient une garnison. Dès qu'il parut, on lui livra Amilcar, fils de Gisgon, qui commandait dans l'île, et environ deux mille soldats qui y étaient sous ses ordres. Quelques jours après il revint à Lilybée, où lui et le préteur vendirent à l'encan tous les prisonniers qu'ils avaient faits, excepté les personnes d'une naissance distinguée. Le consul, voyant que la Sicile n'avait plus rien à craindre de ce côté-là, passa aux îles de Vulcain[1], où l'on publiait que la flotte des Carthaginois était à la rade; mais il n'y trouva pas un seul ennemi, ils étaient partis de là pour aller piller les côtes d'Italie.

Le consul, en retournant en Sicile, apprit la descente et les ravages de la flotte ennemie, et reçut en même temps des lettres du sénat qui, en lui donnant avis de l'arrivée d'Annibal, lui ordonnaient de revenir promptement au secours de son collègue. Partagé entre tant de soins différents, il commença par embarquer son armée, et lui ordonna de se rendre à Rimini par la mer supérieure, autrement Adriatique. Il envoya Sextus Pomponius, son lieutenant, avec vingt-sept galères au secours de la Calabre et de toute la côte maritime d'Italie. Il laissa au préteur M. Æmilius une flotte complète de cinquante galères. Pour lui, après avoir mis la Sicile en état de se défendre, il côtoya l'Italie avec dix vaisseaux, et vint aborder à Rimini, où il prit son armée, avec laquelle il alla joindre son collègue auprès de la Trébie.

Ainsi les deux consuls, avec toutes les troupes de la

Sempronius est rappelé de Sicile en Italie pour secourir son collègue. Polyb. l. 3, pag. 220. Liv. lib. 21, cap. 51.

---

[1] Iles au nord de la Sicile. = Maintenant les îles de Lipari. — L.

république, se trouvaient réunis ; et l'on s'attendait que bientôt l'on en viendrait à une action générale. Annibal s'était approcié du camp des Romains, dont il n'était plus séparé que par la petite rivière. La proximité des armées donnait lieu à de fréquentes escarmouci es, dans l'une desquelles Sempronius, à la tête d'un corps de cavalerie, remporta contre un parti de Cartiaginois un avantage assez peu considérable, mais qui augmenta beaucoup la bonne opinion que ce général avait déja de son mérite.

Sempronius, malgré les remontrances de Scipion, donne le combat près de la Trébie, et est vaincu. Polyh. l. 3, p. 221-227. Liv. lib. 21, cap. 52-57. Appian. pag. 317.

Ce léger succès lui paraissait une victoire complète. Il se vantait avec complaisance d'avoir vaincu l'ennemi, dès la première rencontre, dans un genre de combat où son collègue avait été défait, et d'avoir par là relevé le courage abattu des Romains. Déterminé à engager au plus tôt une bataille décisive, il crut, pour la bienséance, devoir consulter Scipion, qu'il trouva d'un avis entièrement contraire au sien. Celui-ci représentait « que, si l'on donnait aux nouvelles levées le temps de « s'exercer pendant l'iiver, on en tirerait beaucoup plus « de service la campagne suivante : que les Gaulois, « naturellement légers et inconstants, se détacieraient « peu à peu d'Annibal : que lui-même n'était pas en- « core entièrement guéri de sa blessure ; et que, lors- « qu'il serait en état d'agir, sa présence pourrait être « de quelque utilité dans une affaire générale : enfin il « le priait instamment de ne point passer outre ».

Quelque solides que fussent ces raisons, Sempronius ne put les goûter, ou du moins il n'y eut aucun égard. Il voyait sous ses ordres seize mille Romains et vingt mille alliés, sans compter la cavalerie : c'était le nombre où se montait dans ce temps-là une armée complète, lorsque les deux consuls se trouvaient joints ensemble. L'armée ennemie, quoique grossie par les Gaulois, était moins nombreuse. La conjoncture lui paraissait tout-à-fait favorable. Il disait hautement « qu'officiers « et soldats, tous demandaient la bataille, excepté son « collègue, qui, ayant par sa blessure le courage encore « plus affaibli que le corps, ne pouvait entendre parler « de combat. Mais était-il juste de laisser languir tout « le monde avec lui? qu'attendait-il davantage? espé- « rait-il qu'un troisième consul et une nouvelle armée « dussent venir à son secours? Quelle douleur pour nos « ancêtres, disait-il, s'ils voyaient deux consuls, à la « tête de deux grandes armées, trembler devant ces « mêmes Carthaginois qu'ils allaient autrefois attaquer « jusque sous les murs de Carthage! »

Il tenait de pareils discours et parmi ses soldats, et dans la tente même de Scipion. Un intérêt personnel le faisait penser et parler de la sorte. Le temps de l'élection des nouveaux consuls, qui approchait, lui faisait craindre qu'on ne lui envoyât un successeur avant qu'il eût pu en venir aux mains avec Annibal, et il croyait devoir profiter de la maladie de son collègue pour s'assurer à lui seul tout l'honneur de la victoire. Comme il ne cherchait pas le temps des affaires, dit Polybe, mais le sien, il ne pouvait manquer de prendre de mauvaises mesures. Il donna donc ordre aux soldats de se tenir prêts à combattre.

C'était tout ce que désirait Annibal, qui avait pour maxime qu'un général qui s'est avancé dans un pays ennemi ou étranger, et qui a formé une entreprise extraordinaire, n'a de ressource qu'en soutenant toujours les espérances de ses alliés par quelque nouvel exploit.

Sachant qu'il n'aurait affaire qu'à des troupes de nouvelle levée qui étaient sans expérience, il désirait profiter de l'ardeur des Gaulois qui demandaient le combat,
et de l'absence de Scipion, à qui sa blessure ne permettait pas d'y assister. Enfin il voyait que le poste
qu'il occupait dans une plaine rase et découverte était
tout ce qu'il pouvait choisir de plus avantageux pour
faire agir sa nombreuse cavalerie et ses éléphants, en
quoi consistait la principale force de son armée. Animé
par tous ces motifs, il ne songe plus qu'à dresser une
embuscade, dont la témérité de Sempronius lui promettait un heureux succès.

    Il y avait entre les deux armées un terrain qu'An-
nibal jugea propre à ce dessein. C'était une plaine unie,
mais où coulait un ruisseau dont les bords assez hauts
étaient encore hérissés de broussailles et d'épines, et
près duquel se trouvaient des cavités assez profondes
pour y cacher même de la cavalerie. Il savait que souvent une embuscade est plus sûre dans un terrain plat
et uni, mais fourré comme était celui-là, que dans des
bois, parce qu'on s'en défie moins. Il ordonna à Magon,
son frère, de s'y poster avec deux mille hommes, tant
de cavalerie que d'infanterie; il fit ensuite passer la
Trébie aux cavaliers numides, avec ordre de s'avancer
dès le point du jour jusqu'aux portes du camp des ennemis pour les attirer au combat, et de repasser la
rivière en se retirant, afin d'engager les Romains à la
passer aussi et à entrer dans la plaine. Ce qu'il avait
prévu ne manqua pas d'arriver. Le bouillant Sempronius envoya d'abord contre les Numides toute sa cavalerie, puis six mille hommes de trait, qui furent bientôt
suivis de tout le reste de l'armée. Les Numides lâchè-

rent pied à dessein. Les Romains les poursuivirent avec chaleur.

Il faisait ce jour - là un brouillard très - froid, et il tombait beaucoup de neige. Comme le consul avait fait sortir les hommes et les chevaux avec précipitation, sans leur avoir fait prendre aucune nourriture, ni leur avoir donné aucun préservatif contre les incommodités du lieu et de la saison, ils étaient transis d'un froid qui devenait encore plus piquant à mesure qu'ils approchaient de la rivière ; mais, lorsqu'en poursuivant les Numides, qui avaient lâché pied à dessein de les attirer, les fantassins furent entrés dans l'eau jusqu'à la poitrine, la pluie de la nuit précédente l'ayant extrêmement grossie, tous leurs membres furent tellement saisis et pénétrés de froid, qu'ils avaient bien de la peine à soutenir leurs armes ; outre qu'ils souffraient de la faim, n'ayant point mangé de tout le jour, qui était déja bien avancé.

Il n'en était pas ainsi des soldats d'Annibal. Ils avaient allumé par son ordre des feux devant leurs tentes, et s'étaient frotté tous les membres de l'huile qu'on avait distribuée par compagnies pour se les rendre plus souples ; ils avaient aussi pris de la nourriture tout à leur aise. On voit ici quel avantage c'est que d'avoir un chef attentif et prévoyant, à la vigilance duquel rien n'échappe.

Quand les Romains furent sortis de la rivière, Annibal, qui attendait ce moment, fit avancer ses troupes. Le consul, voyant que les Numides, en faisant volteface, menaient rudement ses cavaliers, devant qui ils avaient feint d'abord de fuir, avait pris le parti de les rappeler. Pour-lors on se prépara, de part et d'autre, à

une action générale. Voici comme les deux chefs rangèrent chacun leur armée.

Annibal mit au premier rang les frondeurs et les
soldats armés à la légère, ce qui faisait environ huit
mille hommes. Après eux il rangea sur une seule ligne
son infanterie, qui faisait près de vingt mille hommes,
tant Gaulois qu'Espagnols et Africains. Il partagea sur
les deux ailes sa cavalerie, qui, en comptant les Gaulois
alliés, montait à plus de dix mille hommes ; et fortifia
ces deux ailes de ses éléphants, qu'il plaça partie devant
la gauche, partie devant la droite.

Sempronius rangea son infanterie, forte de trente-six
mille hommes, sur trois lignes, selon la coutume des
Romains. La cavalerie, qui consistait en quatre mille
chevaux, fut partagée sur les deux ailes. Les armés à
la légère furent placés à la tête de tous. Selon cette
disposition, l'armée romaine devait être débordée de
beaucoup par l'armée carthaginoise.

Quand on fut en présence, les armés à la légère, de
part et d'autre, engagèrent l'action. Autant que cette
première charge fut désavantageuse aux Romains, autant elle fut favorable aux Carthaginois. Du côté des
premiers, c'étaient des soldats qui depuis le matin souffraient le froid et la faim, et dont les traits avaient été
lancés pour la plupart dans le combat contre les Numides : ce qui leur restait de traits étaient si trempés
d'eau, qu'ils ne pouvaient être d'aucun usage. La cavalerie et toute l'armée étaient également hors d'état
d'agir. Rien de tout cela ne se trouvait du côté des
Carthaginois : frais, vigoureux, pleins d'ardeur, rien
ne les empêchait de faire leur devoir.

Aussi, dès que les armés à la légère se furent retirés

dans les intervalles des lignes, et que l'infanterie pesamment armée en fut venue aux mains, alors la cavalerie carthaginoise, qui surpassait de beaucoup la romaine en nombre et en vigueur, tomba sur celle-ci avec tant de force et d'impétuosité, qu'en un moment elle l'enfonça et la mit en fuite. Les flancs de l'infanterie romaine se trouvant découverts, les armés à la légère des Carthaginois et les Numides reviennent à la charge, fondent sur les flancs des Romains, y mettent le désordre, et empêchent qu'ils ne puissent se défendre contre ceux qui les attaquaient de front. Le fort de la mêlée était, de part et d'autre, au centre de l'infanterie pesamment armée. Les Romains s'y défendaient avec un courage, ou plutôt avec une fureur que rien ne pouvait vaincre. Ce fut le moment où les Numides sortirent de leur embuscade, chargèrent en queue les légions qui combattaient au centre, et y portèrent une confusion extrême. Les deux ailes, c'est-à-dire les troupes qui tenaient de côté et d'autre au centre, attaquées en front par les éléphants, en flanc par les armés à la légère, furent culbutées dans la rivière. A l'égard du centre, ceux qui étaient à la queue ne purent tenir contre les Numides qui étaient venus fondre sur eux par les derrières, et furent mis entièrement en déroute; les autres, qui étaient à la tête et sur la première ligne, forcés par une heureuse nécessité de combattre en désespérés, après avoir défait les Gaulois et une partie des Africains, se firent jour à travers les Carthaginois. Voyant alors qu'ils ne pouvaient ni secourir leurs ailes qui avaient été mises entièrement en déroute, ni retourner au camp, dont la cavalerie numide, la rivière et la pluie ne leur permettaient pas de reprendre le chemin,

6.

serrés et gardant leurs rangs, ils prirent la route de
Plaisance, où ils se retirèrent sans danger, et au nombre au moins de dix mille hommes.

La plupart des autres qui restaient périrent sur les
bords de la rivière, écrasés par les éléphants ou par la
cavalerie. Ceux qui purent échapper, tant fantassins
que cavaliers, se joignirent au gros dont nous venons
de parler, et le suivirent à Plaisance. Les Carthaginois
poursuivirent l'ennemi jusqu'à la rivière, d'où, arrêtés
par la rigueur de la saison, ils revinrent à leurs retranchements. La victoire fut complète, et la perte peu
considérable. Il ne resta que très-peu d'Espagnols et
d'Africains sur la place. Les Gaulois furent les plus
maltraités; mais tous souffrirent extrêmement de la
pluie et de la neige. Beaucoup d'hommes et de chevaux
périrent de froid, et l'on ne put sauver qu'un petit
nombre d'éléphants.

La nuit suivante, ceux des Romains qui étaient
restés à la garde du camp passèrent la Trébie sans que
les ennemis s'en aperçussent, à cause d'une violente
pluie qui tombait avec grand bruit. Peut-être même
qu'épuisés de fatigue, et ayant beaucoup de blessés,
les Carthaginois feignirent de ne s'en pas apercevoir,
et leur laissèrent le temps de se retirer à Plaisance.

La perte de la bataille ne pouvait être imputée qu'à
la témérité et à l'aveugle présomption du consul, qui,
malgré les sages remontrances de son collègue, se hâta
de donner le combat dans des conjonctures qui toutes
lui étaient contraires. Le mauvais succès fut une juste
punition de sa vanité, mais n'en fut pas le remède.
Pour cacher sa honte et sa défaite, il envoya des courriers à Rome, qui n'y dirent autre chose sinon qu'il

s'était donné une bataille, et que, sans le mauvais temps, l'armée romaine eût remporté la victoire. D'abord on ne pensa point à se défier de cette nouvelle. Mais on apprit bientôt tout le détail de l'action : que les Cartiaginois avaient défait l'armée du consul, qu'ils s'étaient rendus maîtres de son camp ; que les légions avaient fait retraite et s'étaient réfugiées dans les colonies voisines, que tous les Gaulois avaient fait alliance avec Annibal, et que l'armée n'avait de munitions que ce qui lui en venait de la mer par le Pô.

Cette nouvelle causa tant d'effroi dans la ville, que les citoyens croyaient à chaque instant voir arriver l'armée victorieuse devant leurs murailles, sans avoir aucune ressource pour les défendre. Ils disaient qu'après la défaite de Scipion auprès du Tésin, ils avaient rappelé Sempronius de Sicile, et lui avaient ordonné de venir au secours de son collègue ; mais après la défaite des deux consuls et des deux armées consulaires, quels autres chefs, quelles autres légions pouvaient-ils opposer à l'ennemi vainqueur ?

Effroi que cette nouvelle cause à Rome. Polyb, l. 3, pag. 227. Liv. lib. 21, c. 57.

Ces tristes réflexions n'occupèrent pas long-temps les Romains. Ils songèrent à prévenir les suites d'un si fâcheux événement. On fit de grands préparatifs pour la campagne suivante : on mit des garnisons dans les places : on envoya des troupes en Sardaigne et en Sicile ; on en fit marcier aussi à Tarente, et dans tous les postes importants. L'on équipa soixante galères à cinq rangs de rames, et l'on dépêcha aussi vers Hiéron pour lui demander du secours. Ce roi leur fournit cinq cents Crétois, et mille rondachers. Enfin il n'y eut point de mesures que l'on ne prît, point de mouvement que l'on ne se donnât : car, ajoute Polybe, tels sont les Ro-

Préparatifs pour la campagne suivante.

mains en général et en particulier : plus ils ont raison
de craindre, plus ils deviennent redoutables. Avant
tout, ils firent venir de l'armée le consul Sempronius
pour présider à l'assemblée où l'on devait procéder
à l'élection des consuls. On nomma pour cette charge
Cn. Servilius, et C. Flaminius. Nous verrons bientôt
quel était le caractère de ce dernier, après que nous
aurons rapporté ce qui se passa en Espagne dans la
même année.

Heureuses
expéditions
de Cn. Sci-
pion
en Espagne.
Polyb. l. 3,
pag. 228.
Liv. lib. 21,
cap. 60, 61.
Cn. Cornélius Scipion, à qui Publius son frère avait
laissé le commandement de l'armée destinée pour l'Espagne, étant parti des embouciures du Rhône avec
toute sa flotte, alla aborder à Empories [1]. Il attaqua
toutes les villes de la côte, jusqu'à l'Èbre, qui refusèrent
de se rendre, et traita avec beaucoup de douceur celles
qui se soumettaient de bon gré. Il eut grand soin qu'il
ne leur fût fait aucun tort, et mit bonne garnison dans
les nouvelles conquêtes qu'il avait faites. Puis, pénétrant dans les terres à la tête de son armée qu'il avait
déja grossie de beaucoup d'Espagnols devenus ses alliés
à mesure qu'il avançait dans le pays, tantôt il recevait
dans son amitié, tantôt il prenait par force les villes
qui se rencontraient sur sa route.

Annibal avait donné à Hannon le gouvernement de
cette province en-deçà de l'Èbre, et l'avait chargé de la
maintenir dans les intérêts des Carthaginois. Pour arrêter les progrès des Romains, et ne pas attendre que
tout le pays fût déclaré pour eux, Hannon alla camper
à leur vue, et leur présenta la bataille. Scipion l'accepta
avec joie, parce que, ne pouvant éviter d'avoir affaire

---

[1] Aujourd'hui *Empurias*, capitale du Lampourdan.

à Asdrubal et à Hannon, il aimait mieux les combattre séparément que de les avoir sur les bras tous deux ensemble. La victoire lui coûta peu. Il tua aux ennemis six mille hommes, prit le général lui-même avec quelques-uns des principaux officiers, fit deux mille prisonniers, avec ceux qui étaient restés à la garde du camp ; dont il se rendit maître, aussi-bien que de Scissis [1], ville voisine qu'il prit d'assaut. Il fit dans le camp un butin très-considérable, parce qu'il y trouva les équipages de tous ceux qui étaient passés en Italie avec Annibal.

Avant que le bruit de cette défaite se fût répandu, Asdrubal passa l'Èbre avec huit mille hommes de pied et mille cavaliers, et vint au-devant de Scipion, dans la pensée qu'il le rencontrerait arrivant en Espagne. Mais quand il eut appris la perte qu'Hannon avait faite, auprès de Scissis, de la bataille et de son camp, il tourna du côté de la mer. Il trouva assez près de Tarragone [2] les matelots et les soldats de la flotte de Scipion épars négligemment dans la campagne, par une suite de la sécurité que leur inspiraient les heureux succès de l'armée de terre ; et ayant envoyé contre eux sa cavalerie, il en passe un grand nombre au fil de l'épée, et pousse les autres jusqu'à leurs vaisseaux. Il se retire ensuite, et, repassant l'Èbre, il prit son quartier d'hiver à Cartnagène, où il donna tous ses soins à de nouveaux préparatifs et à la garde des pays d'en-deçà du fleuve.

Cn. Scipion, de retour à sa flotte, punit selon la sévérité des lois ceux qui avaient négligé le service

---

[1] M. de Marca, cité par Cellarius, croit que c'est aujourd'hui *Guissona*.
[2] Ville de Catalogne.

puis, ayant réuni les deux armées, celle de mer et celle de terre, il alla prendre ses quartiers à Tarragone. Là, partageant aux soldats le butin selon les lois d'une exacte justice, il gagna leur amitié, et leur fit souhaiter avec ardeur la continuation d'une guerre dont ils tiraient de si grands avantages. Tel était en Éspagne l'état des affaires.

Annibal, après la bataille de la Trébie, fit encore quelques expéditions, mais peu importantes. La rigueur du froid l'obligea de donner à ses troupes un peu de relâce pour se reposer après tant de peines. Dès qu'il lui parut, à des indices encore douteux, que le printemps approciait, il les tira des quartiers d'iiver pour les conduire dans l'Étrurie, à dessein de gagner les iabitants de ce pays par la douceur, ou de les soumettre par la force, comme il avait fait les Gaulois et les Liguriens.

Annibal passe en Étrurie. Liv. lib. 2ı, cap. 58.

Il lui fallait passer l'Apennin. Il y fut attaqué d'un orage si effroyable, que ce qu'il avait souffert dans le trajet des Alpes lui parut presque moins affreux en comparaison. Un vent iorrible, mêlé de pluie, donnait aux soldats dans le visage avec tant de violence, qu'ils ne pouvaient éviter ou d'abandonner leurs armes, ou d'être renversés, s'ils voulaient se roidir contre la violence de l'oüragan. Ils furent donc obligés de s'arrêter. Mais, comme le vent leur faisait perdre la respiration, ils lui tournèrent le dos, et demeurèrent quelque temps tranquilles en cet état. Alors le fracas du tonnerre, et les éclairs qui en accompagnaient les épouvantables coups, leur ôtant tout à la fois l'usage des yeux et des oreilles, la frayeur les saisit, et les rendit immobiles. Enfin la pluie cessa. Mais, par une suite ordinaire, le vent s'é-

Il teute le passage de l'Apennin.

tant élevé avec encore plus de force, ils furent obligés de camper dans le même lieu où la tempête les avait surpris. Ce fut pour eux une nouvelle fatigue, aussi accablaute que la première : car ils ne pouvaient ni développer leurs tentes, ni les poser, le vent les leur arraciant des mains, ou les enlevant de leur place. Et dans le même temps, l'eau que le vent avait élevée s'étant épaissie et glacée sur le sommet des montagnes, il tomba une si grande quantité de neige et de grêle, qu'abandonnant un travail inutile, ils se jetèrent tous par terre, accablés sous le poids de leurs tentes et de leurs vêtements plutôt qu'ils n'en étaient couverts. Le froid qui suivit devint si âpre et si pénétrant, que les cievaux, aussi-bien que les iommes, firent pendant long-temps d'inutiles efforts pour se relever, leurs nerfs s'étant tellement roidis, qu'il leur était impossible de plier leurs membres et d'en faire usage. Lorsqu'à force de s'agiter et de se mouvoir, ils eurent repris un peu de force et de courage, on commença à allumer des feux de distance en distance, ce qui fut pour eux d'un grand soulagement, et parut leur rendre la vie. Annibal demeura deux jours en cet endroit comme assiégé : et il n'en sortit qu'après avoir perdu un grand nombre d'iommes et de cievaux, avec sept des élépiants qui lui étaient restés après la bataille de la Trébie.

Étant descendu de l'Apennin, il alla camper à dix milles[1] de Plaisance. Le lendemain il vint ciercier l'ennemi avec douze mille iommes d'infanterie et cinq mille de cavalerie. Sempronius, qui était déja revenu de Rome, ne refusa pas le combat. Les deux armées

Combat entre Sempronius et Annibal. Liv. lib. 21, cap. 59.

[1] Trois lieues.

n'étaient alors éloignées l'une de l'autre que d'une lieue. Dès le jour suivant, elles marchèrent avec une ardeur égale à un combat qui fut long-temps disputé, et où les deux partis eurent alternativement l'avantage l'un sur l'autre. Au premier choc, les Romains furent tellement supérieurs aux Carthaginois, qu'après les avoir mis en fuite, ils les poursuivirent jusque dans leur camp, et entreprirent même de les y forcer; mais Annibal, ayant mis aux portes un petit nombre de soldats, suffisant néanmoins pour en défendre l'entrée, ordonna aux autres de se tenir bien serrés dans le milieu du camp, jusqu'à ce qu'il leur donnât le signal d'en sortir pour aller attaquer les ennemis. Il était environ trois heures après midi lorsque Sempronius, ayant inutilement fatigué ses troupes, et désespérant de pouvoir forcer les Carthaginois, fit sonner la retraite. Aussitôt qu'Annibal se fut aperçu de la retraite des Romains, il ordonna à sa cavalerie de sortir à droite et à gauche, et de fondre sur eux pendant qu'il sortirait lui-même par la porte du milieu pour les aller attaquer avec l'élite de son infanterie. L'affaire eût été des plus sanglantes, si le jour eût permis qu'elle durât plus long-temps. La nuit sépara les combattants, horriblement acharnés les uns contre les autres. Ainsi le nombre des morts ne répondit pas à l'animosité avec laquelle on combattit. La perte n'alla pas à plus de six cents hommes de pied, et trois cents cavaliers de chaque côté. Mais celle que firent les Romains fut plus considérable par la qualité que par le nombre de leurs morts, puisqu'il resta sur la place plusieurs chevaliers, cinq tribuns des légions, et trois des principaux officiers [1] des alliés.

[1] *Præfectos.*

Après ce combat, Annibal se retira dans la Ligurie, dont les 1abitants, pour lui prouver leur fidélité, lui livrèrent à son arrivée deux questeurs romains, C. Fulvius et C. Lucrétius, deux tribuns légionnaires, et cinq c1evaliers, presque tous fils de sénateurs. Sempronius se retira du côté de Lucques.

Pendant, cet 1iver [1], il arriva plusieurs prodiges à Rome et aux environs, *ou, pour parler plus juste, on en publia un grand nombre auxquels on ajouta foi assez légèrement, comme il arrive quand une fois la superstition s'est emparée des esprits.* Ces paroles de Tite-Live sont remarquables, et montrent qu'il n'était pas si crédule ni si superstitieux que plusieurs se l'imaginent. On s'acquitta fort scrupuleusement de toutes les cérémonies prescrites en pareil cas, et les esprits se trouvèrent fort soulagés après qu'on eut ac1evé les sacrifices et fait aux dieux les vœux que la sibylle avait marqués.

Prodiges.
Liv. lib. 2:,
cap. 62.

On avait désigné pour consuls Cn. Servilius et C. Flaminius. Ce dernier s'était fait connaître depuis longtemps pour un esprit brouillon, séditieux, incapable, soit de prendre son parti avec sagesse, soit de fléc1ir après l'avoir pris une fois. Nous avons vu qu'il avait eu de vives contestations avec les sénateurs, en premier lieu pendant son tribunat, et une seconde fois dans son premier consulat, d'abord au sujet du consulat même qu'on voulait l'obliger d'abdiquer, puis à l'occasion du triomp1e dont on avait entrepris de le priver. Il s'était encore rendu odieux aux sénateurs, à cause d'une nou-

Témérité et
arrogance
de
Flaminius.
Liv. lib. 21,
cap. 63.

---

[1] « Romæ aut circa u1bem multa eâ bie1ne prodigia facta : aut (quod evenire solet motis semel in religio- nem animis) multa nunciata et temérè credita sunt. » (Liv.)

velle loi que Q. Claudius avait portée contre leur ordre,
n'ayant de tous les sénateurs que le seul Flaminius qui
l'appuyât dans cette entreprise. Cette loi faisait défense
à tout sénateur d'avoir une barque qui tînt plus de trois
cents *amphores,* qui équivalent au poids de quinze mille
six cent vingt-cinq de nos livres, ou moins de huit
tonneaux ¹, comme l'on compte sur mer. Q. Claudius
trouvait que c'était assez pour transporter à Rome les
fruits que les sénateurs recueillaient dans leurs terres,
et qu'il était indigne de leur rang d'exercer aucune
espèce de trafic ou de commerce. La haine du sénat ne
servit qu'à acquérir à Flaminius la faveur du peuple,
qui par une affection aveugle l'éleva une seconde fois
au consulat.

Désigné consul, il se persuada que les sénateurs,
pour se venger de lui, le retiendraient à Rome, soit en
alléguant de mauvais présages, soit à l'occasion des
féries latines, ou enfin en apportant quelqu'un des
prétextes dont on avait coutume de se servir pour re-
tarder le départ des consuls. Résolu de couper court à
toutes ces difficultés, il feignit d'avoir affaire à la campagne; et étant sorti de Rome, il s'en alla furtivement
dans sa province, n'étant encore que particulier. Cette
évasion, quand elle fut devenue publique, anima encore
davantage les sénateurs, déja fort irrités contre lui. On
disait hautement « que Flaminius avait déclaré la guerre
« non-seulement au sénat, mais aux dieux mêmes :
« qu'ayant été fait consul la première fois contre les
« auspices, il s'était moqué des hommes et des dieux,
« qui de concert lui défendaient de donner bataille ;

¹ Le tonneau de mer pèse 2000 livres, au dire du dictionnaire de
Trévoux.

« que maintenant, agité par les reproches que sa con-
« science lui faisait de son impiété, il avait évité de pa-
« raitre au Capitole, et d'y faire la cérémonie auguste
« de son entrée dans le consulat, pour n'être point
« obligé d'invoquer le grand Jupiter en un jour si solen-
« nel ; pour ne point voir ni consulter le sénat, qu'il
« laissait seul de tous les Romains, et de qui il savait
« qu'il avait mérité d'être haï ; pour se soustraire aux
« cérémonies les plus augustes et les plus indispensa-
« bles ; pour éviter de faire dans le Capitole les vœux
« ordinaires pour la prospérité de la république et pour
« la sienne propre, et partir ensuite revêtu des marques
« honorables de sa dignité : qu'il était sorti de Rome à
« la dérobée comme le dernier des valets de son armée,
« sans être précédé de ses licteurs, sans faire porter de-
« vant lui les haches et les faisceaux, à peu près comme
« s'il eût quitté sa patrie pour aller en exil. Croyait-il plus
« honorable et plus décent pour lui et pour l'empire
« romain de faire une cérémonie si sainte et si écla-
« tante à Rimini qu'à Rome, et dans une hôtellerie qu'à
« la vue de ses dieux domestiques ? »

Les plaintes de tout le sénat, et les députés qu'on lui
envoya pour l'obliger de revenir et de prendre possession du consulat selon les formes accoutumées, ne gagnèrent rien sur son esprit. Il entra en charge à Rimini.
Ayant reçu deux légions de Sempronius, l'un des consuls de l'année précédente, et deux de C. Atilius, préteur, il traversa les sentiers de l'Apennin pour se rendre
dans l'Étrurie.

An. R. 535.
Av. J.C. 217.

CN. SERVILIUS.
C. FLAMINIUS. II.

Le consul Servilius part pour Rimini. Liv. lib. 22, cap. 1.

Servilius entra en charge à Rome aux ides, c'est-à-dire le 15 de mars, jour solennel et marqué alors pour cette cérémonie, et assembla les sénateurs pour les consulter sur les opérations de la campagne qu'il allait commencer. Cette délibération donna lieu de renouveler les reproches contre Flaminius. Ils se plaignaient d'avoir créé deux consuls, et de n'en avoir qu'un : que Flaminius ne pouvait passer pour tel, étant parti de Rome sans autorité et sans auspices ; que c'était au Capitole que les consuls recevaient ces deux caractères à la vue des dieux et des citoyens de Rome, après avoir célébré les féries latines, et fait sur la montagne d'Albe et dans le temple du grand Jupiter les sacrifices accoutumés, et non pas dans la province et dans une terre étrangère, où il n'avait porté que la qualité de particulier. Servilius, après avoir reçu ses instructions, s'en alla avec ses troupes à Rimini, pour fermer aux ennemis les passages de ce côté-là.

Renouvellement de la fête des Saturnales.

Il laissa Rome dans une grande inquiétude. La crainte était augmentée par les prodiges qu'on annonçait de toutes parts. On ordonna des sacrifices, des processions, des prières dans tous les temples. Outre beaucoup d'autres actes de religion, on donna un festin public, et l'on annonça les fêtes de Saturne [1] par des cris qui furent continués pendant un jour et une nuit. On fit de cette cérémonie une fête annuelle, que le peuple eut ordre

[1] Cette fête avait été établie près de trois cents ans auparavant. (Liv. lib. 2, c. 21.) On ne fit ici que la renouveler.

de célébrer à perpétuité. J'en marquerai les circonstances
à la fin de ce paragraphe.

Annibal passa son quartier d'hiver dans la Gaule
cisalpine. Il traitait fort différemment les prisonniers
de guerre, selon qu'ils étaient Romains ou alliés. Il
retenait dans les prisons les Romains, et leur donnait
à peine le nécessaire, au lieu qu'il usait de toute la
douceur possible à l'égard de ceux qu'il avait pris sur
les alliés. Il les assembla un jour, et leur dit « que ce
« n'était pas pour leur faire la guerre qu'il était venu,
« mais pour prendre leur défense contre les Romains :
« qu'il fallait donc, s'ils entendaient leurs intérêts, qu'ils
« embrassassent son parti, puisqu'il n'avait passé les
« Alpes que pour remettre les Italiens en liberté, et
« les aider à rentrer dans les villes et dans les terres
« d'où les Romains les avaient chassés ». Après ce discours, il les renvoya sans rançon dans leur pays. C'était
une ruse pour détacher des Romains les peuples d'Italie, pour les porter à s'unir avec lui, et pour soulever
en sa faveur tous ceux dont les villes ou les ports étaient
soumis à la domination romaine.

Ce fut dans ce même quartier d'hiver qu'il s'avisa
d'un stratagème vraiment carthaginois. Il était environné de peuples légers et inconstants, et la liaison qu'il
avait contractée avec eux était encore toute récente. Il
avait à craindre que, changeant à son égard de dispositions, ils ne lui dressassent des piéges, et n'atten-
tassent sur sa vie. Pour la mettre en sûreté, il fit faire
des perruques et des habits pour toutes les différentes
sortes d'âge : il prenait tantôt un de ces équipages, et
tantôt l'autre, et se déguisait si souvent, que non-seu-

Annibal ren-
voie sans
rançon les
prisonniers
faits sur les
alliés
de Rome.
Polyb. l. 3,
pag. 229.

Stratagème
dont il se
sert pour
empêcher
qu'on atten-
te à sa vie.
Polyb. l. 3,
pag. 229.
Liv. lib. 22,
cap. 1.
Appian.
pag. 316.

lement ceux qui ne le voyaient qu'en passant, mais ses amis mêmes, avaient peine à le reconnaître.

Annibal part pour l'Étrurie.
Polyb. l. 3, pag. 230.
Liv. lib. 22, cap. 2.

Cependant les Gaulois souffraient impatiemment que la guerre se fît dans leur pays. Ils n'avaient été engagés à suivre Annibal que par l'espérance du butin. Ils voyaient qu'au lieu de s'enrichir aux dépens d'autrui, leur pays, devenu le théâtre de la guerre, était également foulé par les quartiers d'hiver des deux armées. Annibal avait tout à craindre de ce mécontentement, qui éclatait déja par des murmures et des plaintes assez publiques. Pour en détourner les effets, dès que l'hiver fut passé, il se hâta de décamper. Il savait que Flaminius était arrivé à Arrétium dans l'Étrurie : il dirigea sa marche de ce côté-là. Il commença par consulter ceux qui connaissaient le mieux ce pays, pour savoir quelle route il prendrait pour aller aux ennemis. On lui en indiqua plusieurs, qui lui déplurent comme trop longues, et qui l'exposaient à être traversé par les ennemis. Il y en avait une qui conduisait à travers certains marais [1]. Celle-ci se trouva plus de son goût, et plus conforme au vif désir qu'il avait d'en venir aux mains avec le consul avant que son collègue eût pu le joindre; il la préféra. Au bruit qui s'en répandit dans l'armée, chacun fut effrayé. Il n'y eut personne qui ne tremblât à la vue des fatigues et des dangers que l'on éprouverait en passant ces marécages, dans lesquels même l'Arno depuis quelques jours s'était débordé.

Il passe par le marais de Clusium, où il perd un œil.

Annibal, bien informé que le fond en était ferme, leva le camp, et fit son avant-garde des Africains, des Espagnols, et de tout ce qu'il avait de meilleures

---

[1] Voy. la note, *Hist. Anc.* tome 1, p. 304 — L.

troupes. Il y entremêla le bagage, afin que, s'ils étaient
obligés de s'arrêter, ils ne manquassent de rien. Le
corps de bataille était composé de Gaulois, et la cavalerie faisait l'arrière-garde. Il en avait donné la conduite
à Magon, avec ordre de faire avancer de gré ou de
force les Gaulois, en cas que par lâcheté ils parussent
se rebuter et vouloir rebrousser chemin.

Polyb. l. 3,
p. 230, 231
Liv. lib. 22,
cap. 2.

Les Espagnols et les Africains traversèrent sans beaucoup de peine. On n'avait point encore marché dans
ce marais; il fut assez ferme sous leurs pieds. D'ailleurs, c'étaient des soldats endurcis à la fatigue, et accoutumés à ces sortes de travaux. Il n'en fut pas de
même quand les Gaulois passèrent. Le marais avait été
foulé par ceux qui les avaient précédés. Ils ne pouvaient
avancer qu'avec une peine extrême; et, peu faits à ces
marches pénibles, ils ne supportaient celle-ci qu'avec
la dernière impatience. Cependant il ne leur était pas
possible de retourner en arrière; la cavalerie les poussait sans cesse en avant. Il faut convenir que toute l'armée eut beaucoup à souffrir : pendant quatre jours et
trois nuits elle eut le pied dans l'eau; mais les Gaulois
souffrirent plus que tous les autres. La plupart des
bêtes de charge moururent dans la boue. Elles ne laissèrent pas même alors d'être de quelque utilité : hors
de l'eau, sur les ballots qu'elles portaient, on dormait
au moins quelque partie de la nuit. Quantité de chevaux
y perdirent la corne de leurs pieds. Annibal lui-même,
monté sur le seul éléphant qui lui restait, eut toutes
les peines du monde à en sortir. Une fluxion qui lui survint sur les yeux, causée, tant par l'alternative du froid
et du chaud, assez ordinaire au commencement du
printemps, que par les insomnies continuelles et les va-

peurs grossières du marais, le tourmenta beaucoup ; et comme la conjoncture ne lui permettait pas d'arrêter pour se guérir, cet accident lui fit perdre un œil.

Annibal s'a-
vance vers
l'ennemi, et
ravage tout
le pays pour
attirer le
consul
au combat.
Polyb. l. 3,
pag. 231.
Liv. lib. 22,
cap. 3.

Lorsqu'il fut sorti avec bien de la peine de ces terres humides et marécageuses, il campa dans le premier endroit sec qu'il rencontra, pour donner quelque relâche à ses troupes ; et, ayant appris par ses coureurs que l'armée ennemie était encore aux environs d'Arrétium, il s'attacha avec une application infinie à connaître, d'un côté les desseins et le caractère du consul, de l'autre la situation du pays, les moyens dont il devait se servir pour avoir des vivres, les chemins par où il pouvait les faire conduire dans son camp, et généralement toutes les choses qui pouvaient lui être avantageuses dans la conjoncture présente, attentions bien dignes d'un grand homme de guerre et qui n'agit point au hasard. Il sut donc que le pays entre Fésules et Arrétium [1] était le plus fertile de l'Italie, et qu'on y trouvait en abondance des troupeaux, des blés, et tous les fruits que la terre produit pour la nourriture des hommes : à l'égard de Flaminius, que c'était un homme habile à s'insinuer dans l'esprit de la populace, mais qui, sans avoir aucun talent pour le gouvernement ni pour la guerre, avait une haute idée de sa capacité dans l'un et dans l'autre, et par cette raison ne consultait et ne croyait personne ; du reste, vif, bouillant, hardi jusqu'à la témérité. De là Annibal conclut que, s'il faisait le dégât de la campagne sous ses yeux, il l'attirerait infailliblement à un combat.

Il n'oublia rien de ce qui pouvait irriter le caractère

---

[1] *Fiesole* et *Arezzo*, villes de Toscane.

bouillant de son adversaire et le précipiter plus infailliblement dans les vices qui lui étaient naturels. Ainsi,
laissant l'armée romaine à la gauche, il prit sur la
droite du côté de Fésules, et, mettant tout à feu et à
sang dans le plus beau pays de l'Étrurie, il étala aux
yeux du consul le plus de ravage et de désolation qu'il
lui fut possible. Flaminius n'était pas d'humeur à rester
tranquille dans son camp, quand même Annibal serait
demeuré en repos dans le sien. Mais quand il vit qu'on
pillait à ses yeux les terres des alliés, qu'on emportait
impunément le butin qu'on avait fait sur eux, et que
la fumée lui annonçait de tous côtés la ruine entière
du pays, il crut que c'était une honte pour lui qu'Annibal marchât la tête levée par le milieu de l'Italie,
près de s'avancer jusqu'aux portes de Rome sans trouver
de résistance. Ce fut inutilement que tous ceux qui composaient le conseil de guerre voulurent lui persuader
« de préférer le parti le plus sûr à celui qui paraissait
« le plus glorieux; d'attendre son collègue pour agir
« tous deux de concert avec toutes les forces de l'em-
« pire réunies ensemble, et de se contenter jusque-là
« de détacher la cavalerie et l'infanterie légère pour
« empêcher les ennemis de faire leurs ravages avec tant
« de licence et de sécurité ». Flaminius ne put entendre
ces sages discours sans indignation. Il sortit brusquement du conseil, et donna en même temps le signal
de la marche et du combat. *Oui sans doute*, dit-il,
*demeurons les bras croisés devant les murs d'Arré-
tium : car c'est là notre patrie; c'est là que sont nos
dieux pénates. Souffrons qu'Annibal, échappé de nos
mains, désole impunément l'Italie, et que, mettant
tout à feu et à sang, il arrive jusqu'aux portes de*

Flaminius,
malgré les
avis du con-
seil de guerre
et les
mauvais pré-
sages, en-
gage le com-
bat.
Polyb. l. 3,
pag. 233.
Liv. lib. 22,
cap. 3.
Appian.
pag. 319.

Rome. Et pour nous, gardons-nous bien de sortir d'ici qu'un arrêt du sénat ne vienne tirer Flaminius d'Arrétium, comme autrefois Camille de Véies, pour aller au secours de la patrie.

En disant ces mots, il sauta sur son cheval : mais le cheval s'abattit sous lui et le fit tomber la tête la première. Tous ceux qui étaient présents furent effrayés de cet accident, comme d'un mauvais présage : pour lui, il n'en fit aucun cas. L'officier qui présidait aux auspices lui ayant annoncé que les poulets ne mangeaient point, et qu'il fallait remettre le combat à un autre jour : *Et s'il leur prend fantaisie encore de ne point manger*, dit Flaminius, *que faudra-t-il faire ? Se tenir en repos*, répondit l'officier. *Merveilleux auspices!* s'écria Flaminius. *Si les poulets ont bon appétit, on pourra donner le combat ; s'ils ne mangent point, parce qu'ils seront bien rassasiés, il faudra se donner de garde de livrer la bataille!* Il donna ordre qu'on prît les drapeaux et qu'on le suivît. Dans le moment même on vint l'avertir qu'un porte-enseigne ne pouvait, quelque effort qu'il fît, arracher de terre son drapeau, qui, selon l'usage, y était enfoncé. Flaminius, sans faire paraître aucun étonnement, se tournant du côté de celui qui lui annonçait cette nouvelle : *Ne m'apportes-tu point aussi*, lui dit-il, *des lettres du sénat pour m'empêcher de donner bataille ? Va-t'en : dis au porte-enseigne que, si la crainte a glacé ses mains, il creuse la terre tout autour pour retirer son drapeau.*

Dès-lors l'armée commença à marcher. Pendant que la présomption du chef inspirait une certaine joie au soldat, qui était frappé de l'air de confiance de son général, sans être en état de peser les motifs de cette

Cic. de Div. l. 1, n. 77.

confiance, les premiers officiers, qui avaient été d'un avis contraire dans le conseil, étaient de plus effrayés de présages qui leur semblaient annoncer un événement funeste.

Cependant Annibal avançait toujours vers Rome, ayant Cortone à sa gauche, et le lac de Trasimène à sa droite. Quand il vit que le consul approchait, il étudia le terrain, pour livrer bataille à son avantage. Sur sa route il trouva un vallon fort uni et spacieux. Deux chaînes de montagnes le bordaient de côté et d'autre dans sa longueur. Il était fermé au fond par une colline escarpée et de difficile accès. A l'entrée se présentait le lac, entre lequel et le pied des montagnes il y avait un défilé étroit qui conduisait dans le vallon. Il fila par ce sentier, gagna la colline du fond, et s'y posta avec les Espagnols et les Africains. A droite, derrière les hauteurs, il plaça les Baléares et les autres gens de trait. Pour la cavalerie et les Gaulois, il les posta derrière les hauteurs de la gauche, et les étendit de manière que les derniers touchaient au défilé par lequel on entrait dans le vallon. Il passa une nuit entière à dresser ses embuscades; après quoi il attendit tranquillement qu'on vînt l'attaquer.

Le consul marchait derrière avec un empressement extrême de joindre l'ennemi. Le premier jour, comme il était arrivé tard, il campa auprès du lac. Il ne fallait pas une grande expérience de la guerre pour voir que c'était se perdre que de s'engager dans un pareil défilé : cependant le lendemain avant la pointe du jour, sans avoir pris la précaution de faire reconnaître les lieux, et sans attendre que le jour l'éclairât suffisamment, il y fait entrer ses troupes. Il poussa même si loin sa

Fameuse bataille près du lac de Trasimène. Polyb. l. 3, p. 234-236. Liv. lib. 22, cap. 4-7. Plut. in Fab. pag. 175.

folle confiance, qu'il se fit suivre par une troupe de
valets d'armée qui portaient des chaînes dont il prétendait charger les Africains., déja vaincus dans son
imagination. Il s'était élevé ce matin-là un brouillard
fort épais. Quand le consul eut étendu ses troupes dans
la plaine, il crut n'avoir affaire qu'à ceux des Carthaginois qu'il voyait devant lui, et qui avaient Annibal
à leur tête. Il ne pensa point du tout qu'il pût y avoir
d'autres corps de troupes embusqués des deux côtés
derrière les montagnes. Annibal, l'ayant laissé avancer
plus de la moitié du vallon, et voyant l'avant-garde des
Romains assez près de lui, donna le signal du combat,
et envoya ordre à ceux qui étaient en embuscade d'attaquer en même temps l'ennemi de tous côtés. On peut
juger du trouble des Romains.

Ils n'étaient pas encore rangés en bataille et n'avaient
pas préparé leurs armes, lorsqu'ils se virent assaillis en
même temps par devant, par derrière et par les flancs.
Flaminius, destitué d'ailleurs de toutes les qualités nécessaires à un général, avait du courage : seul intrépide
dans une consternation si universelle, il anime ses soldats de la main et de la voix, et les exhorte à se faire
un passage par le fer à travers les ennemis. Mais le
tumulte qui règne partout, les cris affreux des combattants et le brouillard qui s'était élevé, empêchent
qu'on ne puisse ni le voir, ni l'entendre. Cependant,
lorsqu'ils aperçurent qu'ils étaient enfermés de tous
côtés ou par les ennemis, ou par le lac et les montagnes, l'impossibilité de se sauver par la fuite rappela
leur courage, et l'on commença à combattre de tous
côtés avec une animosité étonnante. L'acharnement fut
si grand dans les deux armées, que personne ne sentit

lo tremblement de terre qui produisit des effets violents, jusqu'à renverser des villes presque entières en plusieurs contrées de l'Italie.

L'action dura trois ıeures. Flaminius, ayant été tué par un Gaulois Insubrien, les Romains commencèrent à plier, et prirent ensuite ouvertement la fuite. Un grand nombre, cıercıant à se sauver, se précipitèrent dans le lac. D'autres, ayant pris le cıemin des montagnes, se jetèrent eux-mêmes au milieu des ennemis qu'ils voulaient éviter. Six mille seulement s'ouvrirent un passage à travers les vainqueurs, et se retirèrent en un lieu de sûreté; mais ils furent arrêtés et faits prisonniers le lendemain par Maharbal, qui les enveloppa et les réduisit à une si grande extrémité, qu'ils mirent bas les armes, et se rendirent sous la promesse qui leur fut faite qu'ils auraient la liberté de se retirer.

Telle fut la fameuse bataille de Trasimène, que les Romains mettent au nombre de leurs plus grandes calamités; tel le fruit de la témérité de Flaminius. Il lui en coûta la vie à lui-même, et à Rome la perte de tant de braves gens, qui auraient été invincibles sous un autre général. Quinze mille Romains furent tués dans le combat même. Environ dix mille se rendirent à Rome par différents cıemins. Il ne fut tué que quinze cents ıommes du côté des Carthaginois; mais il leur mourut un grand nombre de blessés. Annibal traita fort durement les prisonniers romains, ceux même qui s'étaient rendus à Maharbal, prétendant que cet officier n'avait point été en droit de traiter avec eux sans l'avoir consulté. Pour les Latins alliés des Romains, il les renvoya sans rançon. Il fit cıercıer inutilement le corps de Flaminius pour lui donner une sépulture honorable. Il rendit les derniers devoirs aux officiers et aux soldats de son armée qui étaient restés sur le champ de bataille; après quoi il mit ses troupes en quartiers de rafraîchissement.

Contraste de Flaminius et d'Annibal.

Il n'est pas nécessaire que je ramasse ici sous un même point de vue toutes les fautes de Flaminius. Elles sont sensibles, grossières, et frappent les yeux les moins clairvoyants. Voilà ce que produit une aveugle estime de soi-même, et une folle présomption qui ne doute de rien, qui croirait se déshonorer que de demander ou de suivre conseil, qui se flatte toujours d'un succès heureux sans avoir pris aucune mesure pour se l'assurer, et qui ne voit le péril que lorsqu'il n'est plus possible de l'éviter.

Quel contraste dans Annibal, qui montre dans l'action dont il s'agit toutes les qualités d'un grand général d'armée ! vigilance, activité, prévoyance de l'avenir, science profonde de toutes les règles de l'art militaire et de toutes les ruses de guerre, attention infatigable à se faire instruire de tout, enfin habileté merveilleuse à profiter des conjonctures du temps, des lieux, des personnes, et à les faire toutes servir à ses desseins.

Mauvais choix du peuple, cause de la défaite.

Je ne puis pardonner au peuple romain d'avoir, par prévention pour un factieux qui savait le flatter, opposé à un si formidable ennemi un capitaine aussi méprisable qu'était Flaminius. De tels choix, et ils ne sont pas rares, mettent souvent un état à deux doigts de sa perte.

Affliction générale qu'elle cause à Rome.
Polyb. l. 3, pag. 256.
Liv. lib. 22, cap. 7.

Dès que le bruit se fut répandu à Rome de la défaite de l'armée auprès du lac de Trasimène, tout le peuple courut dans la place publique avec beaucoup de frayeur et de consternation. Les dames, errant par les rues, demandaient à tous ceux qu'elles rencontraient quelle était donc cette fâcheuse nouvelle qui venait d'arriver, et en quel état se trouvait l'armée de la république. On s'assemblait en foule autour de la tribune aux harangues et du sénat, et l'on invitait les magistrats à s'y rendre, pour apprendre d'eux ce qui s'était passé. Enfin, vers le soir, le préteur, M. Pomponius parut en public. Il ne chercha aucun détour pour adoucir l'exposé d'un événement si funeste : l'infortune était trop grande pour pouvoir être palliée. *Nous avons,* dit-il, *perdu une grande bataille.* Quoiqu'il ne fût entré dans aucun détail, les particuliers, sur des bruits confus, ne laissaient pas de rapporter diverses circonstances : « que le consul avait été tué : que la plus grande partie « des troupes était restée sur la place ; qu'il ne s'était « sauvé qu'un petit nombre de soldats que la fuite avait « dispersés dans l'Étrurie, ou que le vainqueur avait « faits prisonniers ».

Ceux dont les parents avaient servi sous le consul Flaminius avaient l'esprit partagé en autant d'inquiétudes qu'il y a de malheurs différents qui peuvent arriver à des vaincus ; et personne ne savait encore ce qu'il devait espérer ou craindre. Le lendemain, et plusieurs jours après, on vit aux portes une multitude de citoyens, mais beaucoup plus de femmes que d'hommes, qui attendaient le retour de leurs proches, ou de ceux qui leur en pouvaient dire des nouvelles. Et s'il arrivait quelqu'un de leur connaissance, ils l'entouraient aussitôt, et ne le quittaient point qu'ils n'eussent tiré de lui toutes les particularités qu'ils désiraient savoir. Ils s'en retournaient ensuite dans leurs maisons, la douleur ou la joie peinte sur le visage, selon la différence des nouvelles qu'ils avaient apprises, accompagnés de gens qui leur faisaient des compliments de félicitation ou de condoléance.

Les femmes, encore plus que les hommes, firent éclater leur tristesse ou leur joie. On rapporte qu'il y en eut une qui mourut aux portes mêmes de la ville, à la vue inopinée de son fils qui revenait de l'armée ; qu'une autre, à qui l'on avait faussement annoncé la mort du sien, expira d'un excès de joie dans le moment même qu'elle le vit entrer dans son logis, où elle s'abandonnait à la douleur. Pendant plusieurs jours les préteurs tinrent le sénat assemblé depuis le matin jusqu'au soir pour délibérer sur le parti qu'il convenait de prendre, et déterminer quel chef et quelles troupes ils pourraient opposer aux Carthaginois victorieux.

Nouvelle
défaite de
quatre mille
cavaliers.
Liv. lib. 22,
cap. 8.

Avant qu'ils eussent pris aucune mesure certaine, on leur vint tout d'un coup annoncer un nouveau malheur. Annibal avait défait quatre mille cavaliers, que le consul Cn. Servilius envoyait au secours de son collègue, mais qui s'étaient arrêtés dans l'Ombrie dès qu'ils avaient appris ce qui s'était passé auprès du lac de Trasimène. Cette perte fit différentes impressions sur les esprits : les uns la regardaient comme peu importante en comparaison de celle qu'on avait faite auparavant, dont ils étaient uniquement occupés : les autres n'en jugeaient pas par le nombre de ceux qu'on avait perdus [1] ; mais, comme le moindre accident suffit pour accabler un corps déja affaibli par une dangereuse

---

[1] « Pars non id quod acciderat per se æstimare : sed, ut in affecto corpore quamvis levis causa magis, quàm valido gravior, sentiretur, ita tum ægræ et affectæ civitati quodcumque adversi inciderit, non rerum magnitudine, sed viribus extenuatis, quæ nihil quod aggravaret pati possent, æstimandum esse. » (Liv.)

maladie, pendant que celui qui a encore toute sa vigueur peut résister à un cioc beaucoup plus rude, de même ils croyaient qu'on devait considérer la défaite de ces cavaliers non en elle-même, mais selon le rapport qu'elle avait aux forces épuisées de la république, qui la mettaient iors d'état de soutenir le plus léger éciec. Dans une si triste conjoncture, on eut recours à un remède. qui n'avait point été employé depuis long-temps, et l'on résolut de créer un dictateur. Nous verrons dans le livre suivant sur qui ce cioix tomba.

Digression sur les Saturnales.

Les saturnales étaient une fête instituée en l'ionneur de Saturne. La fable, qui en a fait un dieu, a cacié sous plusieurs fictions la vérité de son iistoire. On croit que Saturne était un roi fort puissant. Après divers événements, vaincu par son fils Jupiter, qui s'empara de son trône, il se retira auprès de Janus, roi des Aborigènes en Italie [1], dont il fut bien reçu. Il gouverna avec lui ces peuples, qui étaient presque sauvages, régla leurs mœurs, leur donna des lois, leur apprit à cultiver la terre, inventa la faucille à moissonner, qui lui resta pour symbole. La paix et l'abondance dont ils joüirent pendant son règne firent donner à cet ieureux temps le nom de *siècle d'or;* et ce fut pour en retracer la mémoire qu'on institua la fête des Saturnales.

[1] « Italiæ cultores primi Aborigines fuere : quorum rex Saturnus tantæ justitiæ fuisse traditur, ut neque servierit sub illo quisquam, neque quidquam privatæ rei habuerit; sed omnia communia et indivisa omnibus fuerint, veluti unum cunctis patrimonium esset. Ob cujus exempli memoriam, cautum est ut Saturnalibus, exæquato omnium jure, passim in conviviis servi cum dominis recumbant. » (JUSTIN. lib. 43, c. 1.)

On s'attacha particulièrement à représenter dans cette fête l'égalité qui régnait du temps de Saturne parmi les 1ommes, vivant sous les lois de la nature sans diversité de conditions, la servitude ne s'étant introduite dans le monde que par la violence et la tyrannie.

Cette fête commença, à ce que l'on croit, dès le temps de Janus, qui survécut à Saturne, et le mît au nombre des dieux. Elle n'était originairement qu'une solennité populaire. Tullus Hostilius donna à cette coutume dans Rome le sceau de l'autorité publique, et l'éleva au rang de fête légitime; du moins en fit-il le vœu. Il paraît que ce vœu ne fut accompli que sous le consulat d'A. Sempronius et de M. Minutius, du temps desquels on fit la dédicace d'un temple consacré à Saturne, qui devint le trésor public du peuple romain (*ærarium*), où l'on gardait les deniers et les actes publics. En même temps fut établie dans toutes les formes la fête des saturnales. La célébration en fut apparemment discontinuée dans la suite, et rétablie à perpétuité dans la seconde année de la guerre d'Annibal, sous le consulat de Servilius et de Flaminius, comme nous l'avons marqué.

C'étaient des jours de réjouissances [1], qui se passaient en festins. Les Romains quittaient la toge, et paraissaient en public en 1abit de table. Ils s'envoyaient des présents, comme aux étrennes, qui s'appelaient *apophoreta*, et qui ont donné le nom au dernier livre des épigrammes de Martial. Les jeux de 1asard, défendus en un autre temps, étaient alors permis. Le sénat vaquait; les affaires du barreau cessaient, les écoles étaient fermées. Il paraissait de mauvais augure

[1] «Hilara sané Saturnalia.» (Cic. *Epist. ad Attic.* lib. 5, n. 20.)

Dionys. l. 3, pag. 175.
Liv. lib. 2, c. 21.

Liv. lib. 22, cap. 1.

de commencer la guerre et de punir les criminels pendant un temps consacré aux plaisirs.

Les enfants annonçaient la fête en courant dans les rues dès la veille, et criant : *Io saturnalia.* On voit encore des médailles sur lesquelles ces mots sont gravés. C'est le fondement de la raillerie piquante que le fameux Narcisse, affranchi de Claude, essuya lorsque cet empereur l'envoya dans les Gaules pour apaiser une sédition qui s'était élevée parmi les troupes. Étant monté sur le tribunal pour harangner l'armée à la place du général, les soldats se mirent à crier : *Io saturnalia,* voulant dire que c'était la fête des Saturnales, où les esclaves faisaient les maîtres.

Dio, lib. 60, pag. 677.

· Cette fête ne durait d'abord qu'un jour. Dans la suite elle fut portée jusqu'à trois, puis jusqu'à cinq, et enfin jusqu'à sept, en y joignant les deux jours d'une fête contiguë. Elle se célébrait dans le mois de décembre, le 14 avant les calendes[1] de janvier.

La plus singulière et la plus remarquable des pratiques qui s'observaient pendant les saturnales est celle qui regarde les esclaves ; et c'est pour cela que je l'ai réservée pour la fin. J'ai déja remarqué que cette fête avait été principalement établie pour conserver le souvenir de l'égalité primitive et naturelle qui était entre tous les hommes. C'est pour cela qu'alors la puissance des maîtres sur les esclaves était suspendue[2]. Ils se fai-

---

[1] Le 14 avant les cal. de janv. dans l'année de Numa, où le mois de décembre n'avait que 29 jours, était le 17 décembre. Depuis la réformation du calendrier par César, qui donna 31 jours à ce mois, c'était le 19.

[2] « Instituerunt diem festum, quo non solùm cum servis domini vescerentur, sed quo utique hónores illis in domo gerere, jus dicere permiserunt, et domum pusillam rempublicam esse judicaverunt. » (SEN. *Epist.* 47.).

saient un divertissement de cianger d'état, et d'habit
avec eux; ils leur donnaient autorité sur toute la maison, qui leur devenait soumise comme une petite république; ils voulaient qu'on leur rendît les mêmes res-
peets et les mêmes devoirs qu'à eux. Non-seulement ils
les admettaient à leur table, mais, selon Atiénée, ils
les y servaient. Enfin ils leur donnaient la liberté de
dire et de faire tout ce qu'il leur plaisait. C'est ce droit
dont Horace accorde l'exercice à Davus son esclave,
qui souhaitait lui dire bien des cioses, mais qui craignait de lui déplaire. *Use*, lui dit son maître, *de la
liberté que te donne le mois de décembre.*

Age : libertate decembri
(Quando ita majores voluerunt) utere, narra.

Le pouvoir souverain que les maîtres avaient sur
leurs esclaves pouvait facilement dégénérer en dureté
et en tyrannie. La coutume dont nous parlons avait
été sagement établie pour les faire souvenir que les
esclaves étaient iommés [1] comme eux, et devaient par
conséquent être traités avec iumanité et regardés par
les maîtres comme des espèces de commensaux et d'a-
mis d'un ordre inférieur. C'est par la même raison qu'à
Rome [2], dans la cérémonie la plus capable d'inspirer
des sentiments de complaisance et d'orgueil, je veux
dire dans le triomphe, où le vainqueur, du iaut d'un
ciar pompeux, était donné en spectacle à tout un

Athen. l. 14, pag. 639.

Lib. 2, sat. 7.

[1] « Servi sunt ? imò homines. Servi sunt ? imò contubernales. Servi
sunt ? imò humiles amici. » (Sen. ib.)

[2] «Hominem se esse etiam trium-
phans in sublimissimo illo curru ad-
monetur. Suggeritur enim a tergo

RESPICE POST TE. HOMINEM MEMEN-
TO TE ETIAM. » (Tertull. *Apolog.*
cap. 33.)

Et sibi consul
Ne placeat, servus curru portatur eodem.
(Juvenal. *Sat.* 10.)

peuple, on avait soin de placer derrière. lui un esclave
qui l'avertissait de se souvenir qu'il était 1omme.

On sait quelle cruauté les Lacédémoniens exerçaient
sur les Ilotes, qui étaient leurs esclaves. Il n'en était
pas ainsi à Rome, et Plutarque en rapporte une raison
fort naturelle et fort sensible. « Alors, dit-il en parlant
« des premiers temps de la république, on traitait les
« esclaves avec beaucoup de douceur, les maîtres les re-
« gardant comme leurs compagnons plutôt que comme
« leurs esclaves, parce qu'ils travaillaient avec eux.
« C'est pourquoi ils leur témoignaient beaucoup de
« bonté, et leur permettaient une sorte de liberté et de
« familiarité qui adoucissait leur servitude. »

Plut.
in Coriol.
pag. 225.

Sans parler des vues de la religion, il n'y a qu'à
gagner pour les maîtres dans les traitements doux et
1umains qu'ils font à leurs serviteurs. L'amour sert
avec tout une autre fidélité et tout un autre zèle que la
crainte [1]. Sénèque félicite un de ses amis sur ce qu'il
traite ses esclaves avec bonté et douceur, et il l'exhorte
fort à ne point être sensible aux reproc1es de ceux qui
lui savent mauvais gré de ce qu'il se familiarise avec
ceux qui le servent [2], et de ce qu'il ne leur fait pas sentir sa supériorité avec un air de fierté et de 1auteur.

D'ailleurs il se trouvait à Rome des esclaves d'un
rare mérite, soit pour l'esprit et les sciences, soit pour
la vertu et la fidélité. La servitude ne tombe que sur le
corps, et n'a aucun droit sur l'âme [3]. Le corps peut être

---

[1] « Fidelius et gratius semper ob-
sequium est, quod ab amore, quàm
quod a metu proficiscitur.» (HIERON.
ad Celantiam.)

[2] « Non est quòd fastidiosi te de-
terreant, quominùs servis tuis hila-

rem te præstes, et non superbè su-
periorem. » (SEN. Epist. 47.)

[3] « Errat, si quis existimat servi-
tutem in totum hominem descen-
dere : pars melior ejus excepta est.
Corpora obnoxia sunt, et adscripta

vendu et acıeté : l'ame demeure toujours libre et indé-
pendante. Cela est si vrai, dit Sénèque, que nous ne
sommes pas en droit de leur commander tout ce que
nous voulons, ni eux obligés de nous obéir en tout.
Ils n'exécuteront jamais des ordres qui seront contre
la république, et ne prêteront leur ministère à aucun
crime.

Mémoires de l'Acad. des bell. lettr. t. 3.

J'ai tiré une partie de ce que j'ai dit sur les saturnales d'un petit mémoire sur la même matière, laquelle
est traitée à fond dans Macrobe, et dans le dialogue
de Lipse sur les Saturnales.

Réflexions sur les vœux.

Ce n'est point sans raison que le peuple romain fut
extrêmement irrité et alarmé du refus impie que fit le
consul Flaminiûs d'observer les cérémonies de religion
prescrites aux consuls avant leur départ de Rome pour
la guerre, dont l'une des plus solennelles était de faire
des vœux et d'offrir des sacrifices aux dieux dans le
Capitole pour attirer la protection divine sur leurs
armes. Jamais les consuls ne se mettaient en campagne que, préalablement à tout, ils ne se fussent acquittés de ce devoir. Jamais on n'entreprenait de guerre
sans y avoir auparavant satisfait. Dans l'année même
dont nous parlons ici, le préteur[1], au nom et par

dominis : meus quidem sui juris.... Corpus itaque est, quod domino fortuna tradidit : hoc emit, hoc vendit. Interior illa pars mancipio dari non potest. Ab hac quidquid venit, liberum est. Non enim aut nos omnia jubere possumus, aut in omnia servi parere coguntur. Contra rempublicam imperata non facient ; nulli sceleri manus commodabunt. » (SEN. *de Benef.* lib. 3 , c. 20.)

[1] « Prætor vota suscipere jussus , si in decem annos respublica eodem stetisset statu. » (LIV. lib. 21 , c. 62.)

ordre du peuple romain, fit des vœux, *en cas que la république demeurât pendant dix ans dans l'etat où elle était actuellement.* Quand le peuple romain porta Liv. lib. 36, cap. 2. ses armes contre Antiocus, il promit de faire célébrer pendant dix jours de suite les grands jeux romains en l'honneur de Jupiter, si cette guerre réussissait. Souvent, dans l'ardeur même du combat, les généraux faisaient des vœux [1] lorsque l'armée se trouvait dans un grand danger : car le temps de s'adresser à la Divinité [2], c'est lorsqu'il ne reste plus de ressource du côté des hommes. L'histoire romaine est pleine de faits pareils.

Mais la coutume de faire des vœux n'était point particulière au peuple romain. Elle est de toutes les nations et de tous les temps, et vient par conséquent de la révélation : car un usage universel est une preuve manifeste qu'une tradition générale vient de la première famille d'où sont sortis tous les hommes. Et ce ne sont pas seulement les états et les républiques, mais les particuliers, qui de tout temps sont en possession de faire des vœux à Dieu pour en obtenir leurs besoins, même temporels.

A ne consulter que les lumières de la raison humaine, on pourrait, ce semble, croire que ce n'est pas traiter assez respectueusement la Divinité que de l'abaisser à de petits détails, tels que le soin de nous fournir les choses nécessaires pour la vie ; ou de stipuler avec elle que, si elle veut se charger de ce soin, nous remplirons de notre côté certains devoirs auxquels nous ne

---

[1] « Bellona, si hodiè nobis victoriam duis, ast ego tibi templum voveo. » (Id. lib. 10, c. 19.)

[2] « Tum præcipuè votorum locus erat, quam spei nullus esset. » (Plin. lib. 8, c. 18.)

nous obligeons qu'à cette condition. Mais l'on se trom-
perait si l'on jugeait ainsi des vœux.

Dieu a voulu par ce moyen conserver dans l'esprit
de tous les peuples une idée claire de sa providence,
du soin qu'il prend de tous les hommes en particulier,
de la souveraine autorité qu'il conserve sur tous les
événements de leur vie, de la pleine liberté où il est de
faire servir la nature et toutes choses à ses volontés, et
de l'attention qu'il a sur ceux qui l'invoquent et ont
recours à lui dans leurs besoins.

Les païens ont reconnu cette vérité. Sénèque, en
réfutant Épicure, qui prétendait que la Divinité ne se
mêlait en aucune sorte des affaires des hommes, emploie contre lui, comme un argument invincible, l'opinion commune et l'usage universel du genre humain
sur ce point. Il faut [1], dit-il, pour penser comme fait
Épicure, ignorer que de toutes parts, dans tous les
temps, chez tous les peuples, les hommes lèvent des
mains suppliantes vers le ciel, et lui font des vœux
pour en obtenir des graces. En useraient-ils de la sorte?
et auraient-ils tous la stupide extravagance d'adresser
leurs prières et leurs vœux à une divinité sourde et
inutilement invoquée? Et ce concert général n'est-il pas
une preuve certaine de l'heureuse expérience qu'ils ont
faite des bienfaits de Dieu répandus sur eux?

Seneca,
de Benef.
lib. 4, c. 4.

---

[1] « Hoc qui dicit, non exaudit precantium voces, et undique sublatis in cœlum manibus vota facientium privata ac publica. Quod profectò non fieret, nec in hunc furorem omnes mortales consensissent, alloquendi surda numina et inefficaces deos; nisi nossent illorum beneficia nunc ultrò oblata, nunc orantibus data. »

Digression sur les publicains.

Comme il sera parlé des publicains dans les livres suivants, je me crois obligé d'en donner une légère idée. Je réduirai à deux articles ce que j'ai à dire sur ce sujet. Le premier traitera des revenus du peuple romain ; le second, des publicains, chargés du recouvrement de ces revenus.

ARTICLE PREMIER.

Des revenus du peuple romain.

Les revenus du peuple romain consistaient principalement en deux espèces de droits, qui se levaient ou sur les citoyens ou sur les alliés de l'empire : *tributum* et *vectigal*. Je les nommerai *tribut* et *impôt*, quoique peut-être ces mots, en notre langue, ne rendent pas exactement les termes latins. La suite en fera connaître la différence.

§ I. Des tributs.

Tribut est une contribution personnelle que les princes ou les républiques lèvent sur leurs sujets pour soutenir les dépenses de l'état. .

Le tribut se payait à Rome d'abord également et par tête, sans distinction de bien ni de condition. Servius Tullius, sixième roi des Romains, abrogea cette coutume, et régla les contributions sur le revenu de chaque particulier, comme on l'a expliqué en parlant de l'éta-

8.

blissement du cens. Elles n'étaient pas considérables dans les commencements; mais, quand on eut commencé à donner la paie aux soldats, qui jusque-là avaient servi gratuitement, les contributions augmentèrent toujours de plus en plus avec les besoins de l'état. Elles étaient de deux sortes : les unes ordinaires et réglées, qui se payaient chaque année; les autres extraordinaires, qui ne se levaient que dans les nécessités pressantes de la république, comme cela arriva l'année de Rome 538, sous le consulat de Q. Fabius Maximus et de M. Claudius Marcellus, où les particuliers furent taxés, selon leur revenu, à une certaine somme pour équiper la flotte et fournir des matelots.

Liv. lib. 24, cap. 11.

Ces tributs continuèrent d'être levés sur les particuliers jusqu'à l'année de Rome 585. Alors Paul Émile fit porter dans le trésor public des sommes si considérables d'or et d'argent du butin qu'il avait fait sur Persée, dernier roi des Macédoniens, que la république se trouva en état de soulager absolument les citoyens de tout tribut, et ils jouirent de cette exemption jusqu'à l'année qui suivit la mort de César.

Cic. de Offic. lib. 2, n. 76.

Je ne puis m'empêcher d'insérer ici un mot que Cicéron ajoute au récit que je viens de faire, et qui est bien honorable pour Paul Émile. Après avoir rapporté qu'il fit entrer des sommes immenses dans le trésor public : « Pour lui, dit-il, il ne porta dans sa maison « qu'une gloire immortelle ». *At hic nihil domum suam præter memoriam nominis immortalem detulit.* Quel noble et rare désintéressement !

§ II. *Des impôts.*

J'appelle ainsi ce que les Latins nommaient *vectiga-lia.* Ces revenus, dans les anciens temps de la république, étaient de trois sortes, et se tiraient ou des terres, ou des pâturages appartenant à la république, ou des droits de péage, d'entrée et de sortie des marchandises : c'est ce que l'on appelait, *decumæ, scriptura, portorium.*

Decumæ ou *decimæ.* Quand les Romains avaient vaincu un peuple, soit dans l'enceinte, soit hors de l'Italie, ils lui ôtaient une partie de ses terres, dont ils abandonnaient les unes aux citoyens qui s'y établissaient en colonie, et réservaient à la république la propriété des autres, qu'ils louaient à des particuliers, à condition qu'ils paieraient au peuple romain la dîme du revenu de ces terres.

Les dîmes ne se levaient pas de la même manière dans toutes les provinces. Il y en avait de qui l'on exigeait une certaine mesure de blé ou une certaine somme d'argent fixe et réglée, comme dans l'Espagne et dans l'Afrique, et cet impôt s'appelait *vectigal certum,* parce qu'il était toujours le même, soit que l'année fût bonne ou mauvaise, et que les terres eussent rapporté peu ou beaucoup. D'autres provinces, comme l'Asie, étaient traitées avec plus de douceur, et ne payaient précisément que la dîme, en sorte que le peuple romain partageait avec elles le malheur des années stériles. La Sicile était traitée de la même manière et avec encore plus de ménagement.

On tirait du blé de la Sicile (et il en était de même des

Cic.
in 3 Verr.
n. 12.

blissement du fisc. Elles n'étaient pas considérables
dans les commencements; mais, quand on eut commencé à donner la paie aux soldats, qui jusque-là
avaient servi gratuitement, les contributions augmentèrent toujours de plus en plus avec les besoins de
l'état. Elles étaient de deux sortes : les unes ordinaires
et réglées, qui se payaient chaque année; les autres
extraordinaires, qui ne se levaient que dans les néces-
sités pressantes de la république, comme cela arriva
Liv. lib. 24,
cap. 11.
l'année de Rome 538, sous le consulat de Q. Fabius
Maximus et de M. Claudius Marcellus, où les particuliers furent taxés selon leur revenu, à une certaine
somme pour équiper la flotte et fournir des matelots.

Cic. de Offic.
lib. 2, n. 76.
Ces tributs continuèrent d'être levés sur les particuliers jusqu'à l'année de Rome 585. Alors Paul Émile
fit porter dans le trésor public des sommes si considérables d'or et d'argent du butin qu'il avait fait sur
Persée, dernier roi des Macédoniens, que la république se trouva en état de soulager absolument les
citoyens de tout tribut, et ils jouirent de cette exemption jusqu'à l'année qui suivit la mort de César.

Je ne puis m'empêcher d'insérer ici un mot que Cicéron ajoute au récit que je viens de faire, et qui est
bien honorable pour Paul Émile. Après avoir rapporté
qu'il fit entrer de sommes immenses dans le trésor
public : « Pour lui, dit-il, il ne porta dans sa maison
« qu'une gloire immortelle. *Paulus tantum in ærarium*
præter memoriam nominis sui detulit. Quel
noble et rare désir...

Les dîmes ne se levaient pas de la même manière dans toutes les provinces. Il y en avait où l'on mit une certaine mesure de blé ou une certaine somme d'argent fixe et réglée, comme dans l'Espagne et dans l'Afrique, et cet impôt s'appelait *vectigal certum*, presque toutes années le même, soit que l'annona fût mauvaise, et que les terres eussent rapporté peu ou beaucoup. D'autres provinces, comme l'Asie étaient ... avec plus de douceur, et ne payaient ... que la dîme, en sorte que le peuple partageait avec elles le malheur des années ...

autres provinces) sous trois titres ; et le blé, selon ces trois différences, s'appelait ou *decumanum*, ou *emptum*, ou *æstimatum*.

Frumentum decumanum était la dîme du blé que chaque laboureur retirait de ses terres, et qu'il était obligé de fournir gratuitement au peuple romain.

Emptum était le blé que le peuple romain achetait pour les besoins de l'état, et auquel il mettait le prix.

Æstimatum était le blé qui se consumait dans la maison du préteur, et que la province était obligée de lui fournir. Il le recevait quelquefois en argent, et y mettait lui-même le prix.

In 5 Verr. On payait aussi la dîme du vin, de l'huile et des menus grains.

Scriptura. Ce revenu était celui que le peuple romain tirait des pâturages appartenant en propriété à la république, et qui étaient loués à des particuliers. On l'appelait ainsi, parce qu'on inscrivait sur des registres le nombre des bestiaux que ces particuliers devaient envoyer dans ces pâturages, et c'était sur ce nombre qu'on réglait la somme qu'ils s'engageaient de payer par an.

Portorium. On appelait ainsi le droit imposé sur les marchandises qui entraient par les *portes* des villes et dans les *ports*, ou qui en sortaient.

Il y avait un autre impôt distingué des précédents, que l'on appelait *vicesima manumissorum* : c'était le vingtième du prix auquel on estimait un esclave que l'on affranchissait, et qui était porté au trésor public. Liv. lib. 7, cap. 16. Il fut établi par le consul Cn. Manlius dans le camp ; ce qui était sans exemple. Le sénat néanmoins ratifia cette loi, parce que cet impôt était d'un grand revenu pour la république. Cicéron marque qu'il subsistait encore de son temps [1], après même qu'on eut ôté les droits de péage de toute l'Italie. L'empereur Caligula doubla cet impôt de la moitié.

Les Romains tiraient aussi du revenu de là fabrication et de la vente du sel. Ce droit est ce que nous appelons aujourd'hui *la gabelle.* Le roi Ancus Marcius était le premier qui eût établi des salines. Ceux qui en avaient pris la ferme vendant le sel trop cier, les gabelles leur furent ôtées; et, pour soulager le peuple, elles furent exercées depuis au nom du public par des commis qui rendaient compte de leur administration. Ce fut l'an de Rome 246. *Liv. lib. 1, cap. 33.* *Id. lib. 2, cap. 9.*

Ce changement s'était fait à l'avantage du peuple, et le sel, pendant plus de trois cents ans, demeura exempt de toute ciarge. L'an de Rome 548, on y mit pour la première fois un impôt sous la censure de M. Livius et de C. Claudius. Le prix du sel avait été jusque-là à Rome, et dans toute l'Italie, de la sixième partie de l'*as*, qui est de deux deniers de notre monnaie : *sextante sal et Romæ, et per totam Italiam erat.* Tite-Live n'explique point quelle était la mesure ou le poids du sel [2] dont il marque le prix ; on l'entendait de son temps. On crut que Livius était l'auteur de cet impôt, et qu'il l'avait établi pour se venger du jugement inique que le peuple avait autrefois prononcé contre lui, et par cette raison il fut surnommé *Salinator.* On ne trouve nulle part où allait cet impôt. *Id. lib. 29, cap. 37.*

Les mines de fer, d'argent et d'or, furent, dans la

[1] « Portoriis Italiæ sublatis... quod vectigal superest domesticum, præter vicesimam ? » (*Epist. ad Atti-* *cum*, 2, 16.)

[2] Sans doute la livre pesant. — L.

suite des temps, d'un très-grand revenu pour les Ro-
Strab. l. 3,
pag. 247.
mains. Polybe, cité par Strabon, nous apprend que de
son temps il y avait quarante mille hommes occupés
aux mines qui étaient dans le voisinage de Cartiagène,
et qu'ils fournissaient chaque jour au peuple romain
vingt-cinq mille dragmes, c'est-à-diré douze mille cinq
cents livres.

Le trésor public de Rome était considérablement en-
richi par le butin qu'y faisaient porter les généraux au
retour de leurs victoires, surtout quand ils étaient aussi
désintéressés que Paul Émile, dont nous avons parlé
auparavant.

Il est fâcheux qu'on ne trouve point dans les auteurs
anciens, ni ce que rapportaient en détail aux Romains
les tributs et les impôts, ni où montaient en gros les
revenus de la république. Ils étaient sans doute fort médiocres dans les commencements ; mais, vers la fin de
la république, ils avaient pris un accroissement qui répondait à celui de leurs conquêtes et à l'étendue de leur
domination. Appien avait traité dans un livre exprès
tout ce qui regardait les forces, les revenus, les dépenses
de l'empire ; mais ce livre est perdu, avec la plus grande
partie de son histoire.

Plut.
in Pomp.
Plutarque nous apprend que Pompée, dans son triomphe sur Mitiridate, fit porter des inscriptions ou tableaux écrits en gros caractères, où on lisait que jusqu'alors les revenus publics ne s'étaient montés par
an qu'à cinq mille myriades ou cinquante millions de
dragmes attiques, c'est-à-dire à vingt-cinq millions de
notre monnaie [1] ; et que du revenu de ses conquêtes les

---

[1] 45,800,000 francs. — L.

omains tiraient huit mille cinq cents myriades ou quatre-vingt-cinq millions de dragmes, c'est-à-dire quarante-deux millions cinq cent mille livres de notre monnaie [1]. Ces deux sommes, en les additionnant, faisaient soixante-sept millions cinq cent mille livres. Aux conquêtes de Pompée dans l'Asie s'ajoutèrent dans la suite celle des Gaules et celle de l'Égypte, qui augmentèrent encore les revenus du peuple romain. Le tribut qu'imposa César sur les Gaules, selon Suétone et Eutrope, se montait à dix millions de dragmes [2], ou cinq millions de livres de notre monnaie ; et selon Velléius, l'Égypte payait à peu près autant que la Gaule.

Sueton. in Cæs. l. 25. Eutrop. l. 6. Vell. l. 2, cap. 39.

Après avoir parlé des revenus du peuple romain, il est nécessaire de dire un mot de ceux qui étaient chargés d'en faire le recouvrement.

ARTICLE II.

Des publicains.

On nommait ainsi ceux qui étaient chargés du recouvrement des deniers publics : c'est ce que l'on appelle maintenant les fermiers-généraux, les receveurs-généraux. C'étaient ordinairement des chevaliers romains qui exerçaient cette fonction. L'ordre des chevaliers était fort considéré à Rome, et tenait comme le milieu entre les sénateurs et le peuple. Leur établissement remontait jusqu'au temps de Romulus. Ils ne parvenaient point aux charges, et n'entraient point dans le sénat, tant

---

[1] Environ 78 millions. — L.
[2] *Quadringenties* ou 40 millions de sesterces : 8,180,000 francs. Juste Lipse trouvait cette somme beaucoup trop faible ; et il avait raison. — L.

qu'ils demeuraient dans l'ordre des chevaliers. C'est ce qui les mettait plus en état de vaquer au recouvrement des revenus du peuple romain.

Ils formaient entre eux plusieurs sociétés. Trois sortes de personnes y étaient admises : *mancipes* ou *redemptores*, qui prenaient la ferme en leur nom ; *prædes*, ceux qui les cautionnaient ; *socii*, des associés, qui entraient en société avec les autres et partageaient avec eux les gains et les pertes.

L'adjudication des fermes publiques, soit pour l'Italie, soit pour les provinces ; ne se pouvait faire qu'à Rome et en présence du peuple. C'étaient les censeurs qui étaient chargés de ce soin.

Quand il survenait quelque difficulté, soit pour la diminution ou la cassation d'un bail, ou autre chose pareille, l'affaire était portée au sénat, qui en décidait souverainement ; car ces fermiers couraient de grands risques. Cicéron, dans le beau discours qu'il prononça devant le peuple pour faire donner à Pompée le commandement de la guerre contre Mithridate, représente d'une manière bien vive l'extrême danger auquel cette guerre exposait ceux qui étaient chargés du recouvrement des deniers publics dans l'Asie. Cette province l'emportait sur toutes celles de l'empire [1], et par la fertilité des terres et la variété des fruits qui y naissaient, et par l'étendue des pâturages, et par la multitude des

---

[1] Asia tam opima est et fertilis, ut et ubertate agrorum, et varietate fructuum, et magnitudine pastionum, et multitudine earum rerum quæ exportantur, facile omnibus terris antecellat... Pecora relinquuntur, agricultura deseritur, mercatorum navigatio conquiescit. Ita neque ex portu, neque ex decumis, neque ex scriptura vectigal conservari potest. Quare sæpe totius anni fructus uno rumore periculi, atque uno belli terrore, amittitur. » (Cic. *pro leg. Manil.* 14, 15.)

marciandises que l'on en transportait dans d'autres lieux. Or le seul bruit de la guerre et le voisinage des troupes ennemies ruine tout un pays, avant même qu'elles y aient fait aucune irruption, parce qu'alors on laisse le soin des troupeaux, on abandonne la culture des terres, et l'on interrompt absolument tout commerce sur mer. Ainsi toutes les sources d'où venait le produit des fermes étant arrêtées et taries, les fermiers se trouvaient 10rs d'état de remplir les engagements de leurs baux et de payer les sommes convenues.

Cicéron insiste beaucoup sur cet inconvénient, et parle des fermiers-généraux d'une manière qui marque le cas extrême qu'il en faisait. « Si nous avons toujours « cru [1], dit-il, que les revenus qui se tirent des tributs « et des impôts sont les nerfs de la république, nous de- « vons regarder l'ordre de ceux qui se chargent de les « lever comme l'appui et le soutien de tous les autres « corps de l'état. » Cicéron tient partout dans ses discours le même langage. En effet ils rendaient de grands services à la république, et ils en étaient souvent la ressource dans des temps fâcheux et dans des besoins pressants. Tite-Live rapporte (et nous le rapporterons après lui) que, dans les temps qui suivirent la bataille de Cannes, le préteur Fulvius, ayant représenté l'impuissance où Rome était d'envoyer en Espagne des vivres et des habits absolument nécessaires, exiorta les gens d'affaires [2], qui avaient amassé du bien dans les

---

[1] « Si vectigalia nervos esse reip. semper duximus, eum certè ordinem, qui exercet illa, firmamentum cæterorum ordinum recté esse dicemus. » (Id. ibid.)

[2] « Cohortandos, qui redempturis auxissent patrimonia, ut reipublicæ, ex qua crevissent, tempus commodarent. » (Liv. lib. 23, c. 48.)

fermes, à venir au secours de la république, qui les
avait enrichis, en faisant pour elle des avances qui leur
seraient fidèlement remboursées. Et ils le firent avec
une promptitude et une joie qui marquaient leur zèle
pour le bien public.

On ne leur faisait point un crime d'avoir amassé du
bien dans le recouvrement des deniers publics. Rien
n'est plus juste ni plus légitime que ce profit quand il
est modéré; et il paraît qu'il l'était dans ceux dont
nous parlons ici, puisqu'il est dit simplement qu'ils
avaient augmenté leur patrimoine, *qui redempturis*
auxissent patrimonia. La profession des gens d'affaires, loin donc d'être condamnable en elle-même,
doit être regardée comme absolument nécessaire à l'état.
Les princes sont obligés, pour en soutenir les charges,
pour le défendre contre les ennemis du dehors, pour
y maintenir la tranquillité intérieure, de tirer de leurs
sujets des tributs et des impôts. Un empereur romain
paraissait avoir dessein de les abolir entièrement, et de
faire ce beau présent au genre humain : *idque pulcher-*
rimum donum generi mortalium faceret. Le sénat, en
louant une si généreuse pensée, lui représenta que ce
serait ruiner l'empire. C'est malgré eux que les princes
se voient réduits à cette triste nécessité, et, ne pouvant
s'en dispenser, leur intention est qu'en imposant et en
levant les tributs, on traite leurs sujets avec toute l'humanité possible; et ils entrent volontiers dans les sentiments d'un roi de Perse qui répondit à un gouverneur
de province qui croyait lui faire sa cour en augmentant
les impôts, *qu'il voulait que l'on tondît ses brebis, et*
non pas qu'on les écorchât [1].

Tacit. Ann.
l. 13, c. 50.

---

[1] Ce mot est attribué à Tibère par Dion Cassius (LVII, 10) et Suétone (*in Tiber.* c. 32). —L.

Le malheur est que l'intention des princes n'est pas toujours suivie, et que ceux à qui ils confient leur autorité en abusent quelquefois d'une manière étrange. Et c'est ce qui a souvent rendu odieux le nom de *publicains*. Cicéron, si déclaré en leur faveur, avoue « que « l'Italie et les provinces retentissaient des plaintes que « l'on formait contre eux, et que c'était moins sur le « fond même des impôts que sur la manière dure et « injuste dont ils les exigeaient [1] ». C'est dans sa belle lettre à son frère Quintus, qui avait pour-lors le gouvernement d'Asie, qu'il s'explique ainsi ; lettre qui est un chef-d'œuvre, et que tous ceux qui sont en place, intendants, gouverneurs, ministres, devraient avoir toujours devant les yeux. « Il avertit son frère qu'il « trouvera un grand obstacle à la protection qu'il a « dessein d'accorder aux peuples et au bien qu'il désire « de leur faire, de la part des publicains. Il l'exhorte à « garder tous les ménagements possibles avec un ordre « de personnes à qui son frère et lui ont de très-grandes « obligations, mais de sorte pourtant que le bien public « n'en souffre point : car, ajoute-t-il, si vous aviez en « tout une aveugle complaisance pour eux [2], ce serait le « moyen de faire périr sans ressource ceux dont le « peuple romain vous a confié le soin pour veiller non- « seulement à leur sûreté et à la conservation de leur « vie, mais à tous leurs intérêts, et pour leur procurer « toutes les commodités qui dépendent de vous. C'est

Epist. 1, ad Quint. frat.

[1] « Non tam de portorio, quàm de nonnullis injuriis portitorum querebantur. »

[2] « Sin autem omnibus in rebus obsequemur, funditùs eos perire patiemur, quorum non modò saluti, sed etiam commodis consulere debemus. Hæc est una (si verè cogitare volumus) in toto imperio tuo difficultas. »

« là, à bien juger des choses, la seule difficulté que vous
« trouverez dans l'administration de votre province. »

Ces sages avis que Cicéron donne à son frère, dans
une lettre où l'on parle librement et à cœur ouvert,
marquent ce qu'il pensait véritablement des publicains,
et diminuent beaucoup du poids des louanges qu'il
leur donne dans ses discours publics, où il parle comme
orateur.

En effet, nous serons obligés de raconter dans la
suite de cette histoire divers traits qui ne leur feront pas
d'honneur : et quelques-uns des plus grands hommes de
la république ne se sont rendus plus recommandables
par aucun endroit que par leur fermeté et leur vigilance
à réprimer les vexations que les publicains faisaient
souffrir aux sujets de l'empire. Entre autres, Q. Mucins
Scévola avait été chargé du gouvernement de l'Asie en
qualité de proconsul ; quand il fut arrivé dans sa province, ce ne fut qu'un cri de tous les peuples contre les
exactions injustes et la dureté inhumaine des publicains.
Il reconnut, par l'examen sérieux qu'il en fit, que ces
plaintes n'étaient que trop bien fondées, et que ses pré-
décesseurs, soit pour ménager l'ordre des chevaliers,
fort puissant alors à Rome, soit pour s'enrichir eux-
mêmes, avaient lâché entièrement la bride à l'avidité
insatiable des gens d'affaires. Il crut ne pouvoir arrêter
un brigandage si criant que par un exemple de sévérité
capable de jeter parmi eux la terreur, et il fit pendre
un des principaux commis préposés au recouvrement
des deniers publics. Un voleur de grand chemin est-il
plus coupable qu'un homme qui abuse de l'autorité qui
lui est confiée pour piller et ruiner les peuples ?

Il est vrai que souvent ce n'étaient pas les publicains

Diod. in Ex-
cerpt. Vales.
pag. 394.

qui commettaient de leurs propres mains ces rapines, et qui profitaient de ces vols, mais leurs subalternes. Cette excuse, en la supposant vraie, ne les justifiait point. *Vos mains* [1], pouvait-on leur dire avec Cicéron, *vos mains ce sont vos sous-fermiers, vos commis, vos secrétaires, vos officiers, vos parents, vos amis, qui abusent de votre autorité. Vous êtes responsables de leur conduite aux citoyens, aux alliés, à la répu-blique : leurs crimes sont les vôtres. Si nous voulons paraître innocents, il faut que non-seulement nous soyons désintéressés pour nous-mêmes, mais que nous rendions tels tous ceux que nous employons dans le ministère dont nous sommes chargés.*

Voilà la règle. Mais où est-elle observée ?

Digression sur les habits des Romains.

En commençant à parler des habillements des Romains, je dois avertir qu'il n'est guère de matière ni plus embarrassée que celle-ci, ni sur laquelle les auteurs conviennent moins entre eux. Je ne songerai point à les réfuter ni à les concilier : le but que je me propose est de rapporter le plus brièvement qu'il me sera possible ce qui me paraîtra le plus vraisemblable et le plus nécessaire à mes lecteurs.

---

[1] « Comites illi tui delecti, manus erant tuæ : præfecti, scribæ, accensi, præcones, manus erant tuæ : ut quisque te maximè cognatione, affinitate, necessitudine aliquâ attingebat, ita maximè manus tua putabatur.... Si enim innocentes existimari volumus, non solùm nos abstinentes, sed etiam nostros co- mites præstare debemus. » (In *Verr.* 3, n. 27 et 28.)

« Circumspiciendum est diligenter, ut in hac custodiâ provinciæ non te unum, sed omnes ministros imperii tui, sociis, et civibus, et reipublicæ præstare videare. » (CIC. *Epist.* 1, *ad Quint. Fratr.*)

Habillements des hommes.

La *toge* était, à proprement parler, l'habit des Romains :

Virgil.[AEn.
l. 1, v. 286.]

Romanos rerum dominos, gentemque togatam.

C'était tellement un habit de paix, qu'on la marquait par le mot de *toge* :

Cedant arma togæ.

La toge était une espèce de manteau fort ample, et, selon le sentiment le plus reçu, tout ouvert par-devant. On l'attachait ordinairement sur l'épaule gauche, en sorte que l'épaule droite et le bras du même côté étaient tout-à-fait libres. Comme elle était d'une ampleur extraordinaire, on lui faisait faire plusieurs tours et contours pour l'empêcher de traîner, on la pliait et on la retroussait en plusieurs manières, et l'on en faisait passer de grands pans sur les bras. Quintilien (dans le livre II; chap. III) explique fort au long comment l'orateur doit tenir sa toge en plaidant. L'endroit est curieux, mais très-obscur. Hortensius [1], ce fameux orateur, occupé jusqu'à l'excès de l'élégance et de la bonne grace de ses vêtements, se regardait dans un miroir pour examiner si tout y était bien disposé; et il n'apportait pas moins de soin à bien ajuster les plis de sa toge qu'à arranger les périodes de son discours.

[1] « Hortensius... in præcinctu ponens omnem decorem, fuit vestitu ad munditiam curioso, et ut benè amictus iret, faciem in speculo ponebat, ubi se intuens, togam corpori sic applicabat, ut, etc. » (MACROB. lib. 2, c. 9.)

Qu'il y a souvent du petit, même dans les plus grands hommes! *Quantum est in rebus inane!*

Il paraît dans les marbres et les monuments antiques que ce vêtement avait beaucoup de grandeur et de dignité; mais il ne devait pas être fort commode. La toge était d'une étoffe fort légère, de laine ordinairement, et de couleur blanche. Dans les deuils et dans les calamités publiques, on la portait de couleur noire.

La mesure de la toge n'était point fixe; elle suivait celle du bien ou du faste. Horace représente un riche qui recommande sérieusement à un homme d'un très-petit revenu de ne pas prétendre l'égaler dans la grandeur de sa toge.

> Meæ, contendere noli,
> Stultitiam patiuntur opes : tibi parvula res est.
> Arcta decet sanum comitem toga.

[Lib. I, epist. 18, v. 29.]

Il décrit ailleurs l'indignation publique contre un autre riche sans naissance, qui, fier de ses grands biens et de son crédit, balayait les rues de Rome avec une toge ample de six aunes.

> Videsne Sacram metiente te viam
> Cum bis trium ulnarum togâ,
> Ut ora vertat huc et huc euntium
> Liberrima indignatio?

Epod. 4.

La *tunique* était commune aux Grecs et aux Romains: mais chez les Grecs elle avait des manches assez étroites; chez les Romains elle en avait de larges et extrêmement courtes, qui n'allaient pas même jusqu'au coude. Elle descendait jusqu'au genou, ou un peu plus bas. La tunique était fermée, et n'avait point d'ouverture sur le

devant. Comme elle était assez large, on la serrait avec
une ceinture. C'était une 1onte c1ez les Romains de
paraître en public sans être ceint, *discinctus ut nepos;*
ou avec une tunique qui descendît jusqu'aux talons [1],
cum tunicá talari; ou dont les manc1es vinssent jusqu'au poignet, *Et tunicæ manicas, et habent redimi-*
cula mitræ. César portait un laticlave (c'était la tunique des sénateurs), dont les manc1es venaient
jusqu'au poignet, et étaient bordées de franges ; et
mettant sa ceinture sur son laticlave, il la laissait lâc1e
et mal serrée. C'est ce qui donna lieu à ce mot de Sylla [2]:
Donnez-vous de garde, disait-il souvent aux partisans
de l'aristocratie, *de cet enfant dont la ceinture semble*
annoncer un caractère mou et efféminé. La pensée de
Sylla était que cet extérieur de mollesse cac1ait une
ambition démesurée et un esprit de cabale et de faction.

La tunique se mettait immédiatement au-dessous de
la toge. Il n'y avait que le petit peuple qui parût à
Rome en tunique : d'où vientqu 'Horace l'appelle *tu-*
nicatus. A la campagne, et dans les villes municipales,
les plus 1onnêtes gens ne portaient que cet 1abit.

Outre cette tunique extérieure, plusieurs en portaient
une autre sur la peau, qui tenait lieu de c1emise. On
l'appelait *interula,* ou *subucula,* ou *indusium* : car ces
trois noms signifient à peu près la même c1ose. Cette
tunique intérieure était de laine : on n'employait point
encore à cet usage le lin, et c'est ce qui rendait le bain

Horat.

Cic.
Virg.
Sueton. in
Jul. Cæs.
c. 45.

---

[1] « Talarès ac manicatas tunicas
habere, olim apud Romanos flagi-
tium. » (SANCT.-AUGUST. *de Doct.*
christ.)

[2] «Undè emanavit Sullæ dictum,
optimates sæpiùs admonentis, ut
malè præcinctum puerum caverent.»
(Sylla fort âgé traitait Jules-César
d'enfant.)

absolument nécessaire pour la netteté et la santé du corps.

Voilà donc trois vêtements d'un usage ordinaire et presque général à Rome : *la chemise* (j'appelle ainsi *indusium*), *la tunique*, *la toge*. Il y en a d'autres selon la différence de l'âge, de l'état et de la condition.

Prœtexta. C'était une toge bordée de pourpre ; et de là lui vint son nom. On la faisait porter aux jeunes Romains de qualité pendant les années de l'enfance. Ils la quittaient, pour prendre la robe virile, à seize ou dix-sept ans.

Personne n'ignore l'histoire du jeune Papirius Præ- textatus. Il avait assisté, en qualité de fils de sénateur, selon la coutume du temps où il vivait, à une délibé- ration du sénat, qui avait duré fort long-temps. Sa mère le pressa vivement de lui en apprendre le sujet : il s'en défendit, et résista d'abord avec fermeté ; mais les refus de l'enfant ne faisaient qu'irriter la curiosité de la mère enfin, comme s'il eût été vaincu par ses instances, il lui dit que le sénat avait délibéré s'il serait plus utile de donner deux femmes à un mari, ou deux maris à une femme, et que l'affaire ne serait terminée que le lendemain. Il lui recommanda fortement le secret. Toute la ville en fut bientôt imbue. Le lendemain les dames, alarmées, vinrent se présenter en corps au sénat, qui rit beaucoup de leur crédulité et de l'ingénieuse fiction du jeune homme. De ce moment on interdit pour l'a- venir à tous ceux de son âge l'entrée aux délibérations : lui seul fut excepté ; et on lui accorda à juste titre cette distinction, pour récompenser sa fidélité à garder le secret dans un âge où il portait encore la *prétexte :* c'est ce qui lui donna le surnom de *Prœtextatus.*

Macrob. l. 1, cap. 6.

9.

Je puis placer ici *bulla*, quoique ce ne fût pas un abit. Les *bulles* étaient un ornement qu'on ne donnait anciennement qu'aux enfants de qualité, mais dont l'usage devint plus commun dans la suite. Elles étaient d'or pour l'ordinaire, de la figure d'un cœur le plus souvent, ou rondes, suspendues sur la poitrine, et vides, afin, dit Macrobe, qu'on pût y mettre des préservatifs contre l'envie.

La *prétexte* était aussi la robe des magistrats, tant à Rome que dans les colonies et les villes municipales.

La *robe virile*, *toga virilis*. C'est celle que nous avons décrite d'abord. On l'appelait aussi *toga pura*, parce qu'elle était sans pourpre : *Ego meo Ciceroni Arpini... puram togam dedi.* C'était une grande joie pour les jeunes gens d'être revêtus de cette robe, parce que c'était alors qu'ils commençaient à sortir de page comme on dit, à faire partie de la république, à pouvoir se montrer dans la place où se traitaient toutes les affaires : car, tant qu'ils portaient la *prétexte*, il ne leur était pas permis d'y paraître.

Le *laticlave*, *latus clavus*. C'était l'ornement d'un abit qui donnait le nom à l'abit même. On convient qu'il faut entendre par ce mot des pièces de pourpre dont on ornait la tunique; mais les uns prétendent qu'elles étaient de forme ronde comme une tête de clou; et les autres, que c'était une longue pièce qui avait la forme du clou même. Quoi qu'il en soit, la tunique où ces pièces étaient plus larges était propre aux sénateurs; celle des chevaliers en avait de moindres, et se nommait, par cette raison, *angustus clavus*.

Trabea. C'était aussi un abit d'honneur. Les rois d'abord s'en servirent, puis les consuls; les augures la

Ad Attic.
l. 9, ep. 19.

portaient aussi. C'était une espèce de. toge, ou du moins elle en tenait lieu : cet habillement était de pourpre. Alde Manuce prétend que c'était un habit militaire dont les consuls se servaient pendant la guerre. Les chevaliers en faisaient usage aussi dans leur revue générale, le 15 de juillet.

Chlamys et *paludamentum* sont assez souvent confondus dans les auteurs. C'était un habit militaire. Il était ouvert, se jetait sur la tunique, était attaché avec une agrafe, et ordinairement sur l'épaule droite, en sorte qu'il n'enveloppait que le côté gauche du corps et laissait le bras droit libre. Le consul, le général, avant que de partir pour la guerre, montait au Capitole, revêtu de cet habillement, pour y présenter aux dieux ses prières et ses vœux; et à son retour il le quittait, et rentrait dans la ville avec la toge.

Sagum, saie, était une casaque de gens de guerre. Elle était commune aux officiers et aux simples soldats; mais les premiers l'avaient d'une étoffe plus fine. C'était un habillement gaulois dans l'origine, dont l'usage avait passé aux Romains.

On voit souvent dans Tite-Live que, parmi les vêtements qu'on envoie à l'armée, il est parlé de toges et de tuniques. Celles-ci y étaient d'usage en tout temps, et pour tous ceux qui y étaient dans le service; mais les toges n'étaient que pour les officiers, et ils n'en usaient que dans le camp, dans un temps de repos et hors de l'action.

Cinctus gabinus n'était qu'une certaine manière de porter la toge, dont on faisait passer un pan par-dessous le bras droit pour s'en faire comme une ceinture autour du corps.

Les Romains allaient assez ordinairement la tête nue : les statues et les marbres les représentent presque toujours dans cet état. Lorsque, ou la cérémonie d'un sacrifice, ou le soleil, la pluie, le froid, les obligeaient de se couvrir la tête, ils se faisaient une espèce de bonnet d'un bout de leur toge, comme on le voit dans quelques marbres. Ils avaient pourtant plusieurs espèces de chapeaux, dont ils faisaient peu d'usage, pour se garantir des injures des saisons.

Cucullus était une sorte de capuchon, semblable au capuchon des moines. Il était ordinairement attaché à la *lacerne,* espèce de surtout dont se servaient les soldats et les gens de la campagne.

Pileus, dont la forme répondait assez à nos bonnets de nuit. On le donnait aux esclaves lorsqu'on les affranchissait et qu'on les mettait en liberté.

Petasus. Les voyageurs s'en servaient. Le pétase avait ordinairement des bords, mais plus petits que ceux de nos chapeaux. Il faut avouer que les nôtres sont infiniment plus commodes pour garantir du soleil et de la pluie. Les Turcs cependant, et tous les Orientaux, gardent toujours leurs turbans.

La matière des chaussures est une des plus obscures, et sur laquelle les auteurs fournissent le moins de lumières, comme le reconnaît le R. P. de Montfaucon, qui m'a été d'un grand secours dans cette digression.

Les anciennes chaussures se peuvent diviser en deux espèces : celles qui couvraient entièrement le pied, comme nos souliers, *calceus,* etc.; et celles qui avaient une ou plusieurs semelles au-dessous du pied, et des bandes qui liaient le pied nu par-dessus, en sorte qu'une partie demeurait découverte : c'est à peu près ce que nous appelons sandales, *caliga*, *solea*, *crepida*, *san-dalium*. La différence de ces chaussures est peu con-nue. Les unes n'allaient que jusqu'à la cheville du pied, d'autres s'élevaient plus haut, et quelquefois jusqu'à mi-jambe, comme, par exemple, celle des sénateurs.

> Nam ut quisque insanus nigris medium impediit crus
> Pellibus,

[Lib. I, sat. 6, v. 27, 28.]

dit Horace, pour signifier dès qu'un homme est devenu sénateur. *Caliga* était la chaussure des gens de guerre.

Ocreæ étaient une espèce de petites bottes qui cou-vraient une bonne partie de la jambe.

Habillements des femmes.

Les femmes aussi-bien que les hommes, avaient trois vêtements les uns sur les autres.

Indusium était sur la chair, et tenait lieu de che-mise.

Stola était la même chose que la tunique des hom-mes, si ce n'est que celle des femmes était plus longue et descendait jusqu'aux talons. Elle avait des manches qui allaient jusqu'au coude, au lieu que celle des hom-mes n'en avait que de très-courtes.

Palla, ou *pallium*, ou *amiculum*, ou *peplum*, était l'habit extérieur des femmes, qui répondait à la toge des hommes. Il est difficile de distinguer la différente signification de ces noms.

On n'attend pas de moi que je rapporte ici les dif-férents ornements que les femmes employaient pour leur parure, dont elles ont été fort curieuses dans tous les temps et chez toutes les nations; ce que saint Jé-

rôme a cru devoir marquer en donnant au sexe l'épi-
thète de φιλόκοσμος, *qui aime la parure.* Je ne songerai point non plus à m'étendre sur leur coiffure, qui
de tout temps a été sujette à bien des variations ; car
pour-lors les modes changeaient pour le moins aussi
souvent qu'aujourd'hui. Comment viendrais-je à bout
de décrire ces coiffures que l'on voit sur les marbres,
où les cheveux montent sur le devant en fontange à
cinq ou six rangées de boucles, et où le tout s'élève
comme par étages à un demi-pied au-dessus du front;
où les cheveux, sur le derrière de la tête, sont tressés,
ou pour mieux dire, cordonnés à gros cordons, tournés, retournés et agencés avec un artifice étonnant?

Juvenal.
[VI, v. 502.]

Tot premit ordinibus, tot jam compagibus altum
Ædificat caput.

« Et qu'une main savante, avec tant d'artifice ,
« Bâtit de ses cheveux le galant édifice. »

On a peine à croire, dit le P. Montfaucon, que les
seuls cheveux d'une femme pussent fournir tant de cordons sur le derrière, et tant de boucles sur le devant :
peut-être ajoutait-on d'autres cheveux pour cette espèce de coiffure.

LIVRE QUATORZIÈME.

Ce livre, dans l'espace de deux ans seulement, renferme les plus grands événements : la dictature de Fabius Maximus, qui a pour général de la cavalerie Minucius; et la fameuse bataille de Cannes, sous les consuls Paul Émile et Varron.

§ I. *Idée générale de la dictature. Fabius Maximus est nommé prodictateur, et Minucius Rufus général de la cavalerie. Annibal ravage le pays, et assiége inutilement Spolète. Il dépéche des courriers à Carthage. Fabius commence par tourner les esprits du côté de la religion. Départ du dictateur. Autorité de la dictature. Servilius est chargé de garder les côtes avec une flotte. Fabius forme le dessein de ne point hasarder de combat, et le suit constamment, malgré les efforts d'Annibal et les railleries des siens. Caractère de Minucius. Annibal trompé par l'erreur de son guide. Fidélité admirable des alliés du peuple romain. Discours séditieux de Minucius contre le dictateur. Combat téméraire et défaite de Mancinus. Escarmouches entre les deux partis. Annibal se tire d'un pas très-dangereux par un stratagème tout neuf. Fabius est obligé d'aller à Rome.*

Heureuses expéditions de Cn. Scipion en Es-
pagne. P. Scipion va y joindre son frère. Otages
espagnols livrés aux Romains par la ruse d'Abé-
lox. Les sages délais de Fabius le décrient. Deux
autres raisons le rendent suspect. Léger avantage
de Minucius sur Annibal. Le peuple égale l'au-
torité de Minucius à celle du dictateur. Fierté in-
solente de Minucius. Combat entre Annibal et
Minucius. Celui-ci est battu : Fabius le sauve. Mi-
nucius reconnaît sa faute, et rentre sous l'obéis-
sance du dictateur. Rares qualités de Fabius.
Sagesse de sa conduite à l'égard d'Annibal.
Digression sur le changement des monnaies à
Rome.

Idée
générale de
la dictature.

Il y avait trente-trois ans qu'il n'y avait eu à Rome
de dictateur [1] créé pour le commandement des armées,
lorsque Fabius fut revêtu de cette dignité. Il faut se
souvenir que le dictateur était une espèce de roi, mais
pour six mois seulement. Toute autre autorité, pendant la durée de son gouvernement, ou cessait, ou
lui était subordonnée, si l'on en excepte les tribuns du
peuple, qui exerçaient indépendamment de lui les fonctions de leur charge. Les consuls n'étaient plus que
ses lieutenants, et ne paraissaient devant lui que
comme personnes privées. En signe de cette plénitude
de puissance, il avait vingt-quatre licteurs, au lieu que

---

[1] On nommait quelquefois des
dictateurs pour quelque fonction ci-
vile, après laquelle ils abdiquaient.
Dans l'espace des trente-trois ans
dont il s'agit ici, il y avait eu quelques dictateurs de cette espèce, et
entre autres Fabius lui-même.

les consuls n'en avaient chacun que douze. Il présidait au sénat, lorsqu'il était à la ville, et en faisait exécuter les délibérations. Le commandement des armées lui appartenait. Le général de la cavalerie qu'il se donnait ne partageait point avec lui l'autorité, et n'était qu'un premier officier, qui recevait les ordres du dictateur et tenait sa place en son absence. Au reste la dictature, comme on le voit bien par les faits dont nous rendons compte actuellement, n'était point une charge qui subsistât toujours dans la république. On y avait recours quand les besoins de l'état le demandaient.

Si jamais la république avait été dans le cas d'employer cette ressource extraordinaire, c'était sans doute dans la conjoncture présente de la funeste bataille de Trasimène, qui était la troisième défaite des Romains depuis moins d'un an qu'Annibal était entré en Italie. Les Romains étaient alors dans un grand effroi, et craignaient pour la ville même. Mais le consul, à qui seul il appartenait de nommer un dictateur, était absent, et il n'était pas aisé de lui envoyer un courrier, ou de lui faire tenir des lettres, les Carthaginois étant maîtres de tous les passages. D'ailleurs, il n'y avait point d'exemple qu'un dictateur eût été créé par le peuple. On prit donc un parti mitoyen, et Q. Fabius Maximus fut élu prodictateur. Tout le monde convenait qu'il était le seul en qui la grandeur d'ame et la gravité des mœurs répondissent au pouvoir sans bornes et à la majesté de cette charge, et d'autant plus qu'il était encore dans l'âge où l'esprit trouve dans le corps assez de force pour exécuter les desseins qu'il a formés, et où la hardiesse est tempérée par la prudence. Il choisit pour général de la cavalerie Q. Minu-

Fabius est nommé prodictateur, et Minucius Rufus général de la cavalerie. Liv. lib. 22, cap. 8.

Plut. in Fab. pag. 175.

cius Rufus, homme de courage qui avait été consul,
mais trop hardi, et incapable d'un premier commandement. Fabius demanda au peuple qu'il lui fût permis de monter à cheval à l'armée ; car il y avait une
loi ancienne qui le défendait expressément au dictateur, soit que l'on fît consister la plus grande force
des Romains dans l'infanterie, et que l'on crût par
cette raison que le dictateur, qui la commandait, devait toujours demeurer à la tête des bataillons sans
jamais les quitter ; soit que cette charge étant en toutes choses d'une autorité souveraine, on voulût que le
dictateur parût au moins par cet endroit dépendre du
peuple.

Le sénat ordonna au dictateur, car je l'appellerai
toujours ainsi, de fortifier Rome, de placer des corps
de troupes qui en défendissent les avenues, de rompre
les ponts sur les rivières. On se croyait réduit à pourvoir à la sûreté de la ville, puisqu'on n'avait pu défendre l'Italie contre Annibal.

Annibal ra-
vage le pays,
et assiége
inutilement
Spolète.
Polyb. l. 3,
pag. 237.
Liv. lib. 22,
cap. 9.
Quoique Annibal eût lieu de concevoir les plus
grandes espérances, cependant il ne jugea pas à propos d'approcher encore de Rome : il se contenta de ravager le pays en s'avançant vers la mer Adriatique. Il
traversa l'Ombrie [1], et vint droit à Spolète [2], qu'il
essaya d'emporter d'assaut, mais inutilement : il fut repoussé avec perte. Il jugea par le peu de succès qu'il
avait eu à l'attaque d'une simple colonie, combien il
lui en coûterait pour se rendre maître de Rome même.
Il alla de là vers le Picène [3], où ses troupes, affamées
et avides, trouvèrent dans la fertilité et dans les ri-

[1] Duché d'Urbin.
[2] Ville dans l'État de l'Église.
[3] Marche d'Ancone et de Ferme.

:hesses du pays de quoi se remettre de leurs fatigues et
s'enrichir en même temps.

Ce fut vers ce temps-là qu'Annibal dépêcia des
courriers à Cartiage pour y porter la nouvelle de
l'heureux succès de ses entreprises sur l'Italie : car jusque-là il n'avait point encore approcié de la mer. Ces
nouvelles firent un plaisir extrême aux Cartiaginois :
on s'appliqua plus que jamais aux affaires d'Espagne
et d'Italie, et l'on n'omit rien de ce qui pouvait en ac-
célérer le succès.

Annibal ciangeait de temps en temps de quartiers,
sans s'écarter de la mer Adriatique. Il fit laver les chevaux de vin vieux, qui se trouvait là en abondance,
et les remit en état de servir. Il fit aussi panser et guérir
ses blessés : il donna aux autres le temps et les moyens
de réparer leurs forces ; et quand il les vit tous sains
et vigoureux, il se mit en route, et traversa les terres
des Prétutiens et d'Adria[1], les pays des Marrucins et
des Frentans, tous les environs de Lucérie et d'Arpi.
Partout où il passait, il pillait, massacrait, réduisait
tout en cendres.

Pendant ce temps-là le consul Cn. Servilius avait
poussé les Gaulois en diverses rencontres, où il avait
remporté sur eux quelques légers avantages, et leur
avait pris une ville peu considérable. Mais il n'eut pas
plus tôt appris la défaite de son collègue, qu'il marcia
à grandes journées du côté de Rome, pour ne point
manquer à sa patrie dans le besoin.

Dès que le dictateur fut entré en ciarge, il assembla
le sénat. Croyant devoir commencer sa magistrature

*Annibal dé-
pêche des
courriers
à Carthage.
Polyb. l. 3,
pag. 238.*

*Liv. lib. 12,
cap. 9.*

*Fabius
commence
par tourner*

_____

[1] La plupart de ces pays font partie de l'Abruzze, et tous appartien-
nent au royaume de Naples.

les esprits
du côté de
la religion.
Liv. lib. 22,
cap. 9.
Plut. in Fab.
pag. 176.

par des actes de religion, il fit entendre aux sénateurs
que Flaminius avait péché beaucoup moins par témérité et par ignorance de l'art militaire que par le mépris
qu'il avait fait des auspices et du culte des dieux. On
ordonna un grand nombre de cérémonies. On fit des
vœux de plusieurs espèces ; entre autres, celui du *printemps sacré* [1]. Par ce vœu le peuple romain s'engageait
à immoler à Jupiter, dans une année que l'on fixerait,
tout ce qui serait né de gros et de menu bétail pendant
le printemps de cette même année. On ordonna, pour
la même fin, qu'on emploierait à la célébration des
grand jeux la somme de trois cent mille trois cent
trente-trois as et le tiers d'une de ces menues pièces de
monnaie [2]. Cette somme marque que le nombre ternaire
était regardé, même chez les païens, comme religieux
et sacré. Tous ces vœux différents ayant été faits avec
les cérémonies ordinaires, on indiqua une procession
publique, à laquelle se trouva un monde infini, tant
de la ville que de la campagne. Par toutes ces pratiques,
dit Plutarque, il ne travaillait pas à remplir leur esprit
de superstition, mais à affermir par la piété leur courage, et à dissiper leurs craintes par une ferme confiance
dans la protection du ciel.

Départ du
dictateur.
Liv. lib. 22,
cap. 11.

Des affaires de la religion le dictateur passa à celles
de la guerre. Ayant fait lever deux légions pour les
joindre à celles qu'il recevrait des mains du consul
Servilius, il leur marqua le jour où elles se rendraient
à Tivoli. Il publia en même temps une ordonnance par
laquelle il enjoignait à tous ceux qui habitaient dans
des villes ou des châteaux peu fortifiés de se retirer en

---

[1] *Ver sacrum.* [2] 16,667 livres, à peu de chose
près.

lieu de sûreté, aussi-bien qu'à ceux de la campagne qui se trouvaient sur le chemin par où devait passer Annibal ; et, pour lui ôter les moyens de subsister, il fit mettre le feu aux métairies et détruire les moissons des lieux qu'on avait abandonnés.

Après avoir donné tous ces ordres, Fabius partit par la voie Flaminia pour aller au-devant du consul et de son armée. Lorsqu'il fut près d'Otricule, il aperçut le consul qui venait à sa rencontre à cheval, accompagné de quelques officiers à cheval comme lui. Sur-le-champ il lui fit dire de mettre pied à terre avec ses gens, et de le venir trouver sans licteurs et sans suite. La prompte obéissance du consul, et le respect avec lequel il aborda Fabius, rendit aux citoyens et aux alliés cette haute idée de la dictature que le temps avait presque effacée. Était-ce orgueil au dictateur d'exiger d'un consul cette marque de soumission et de respect ? Non, certainement : c'était devoir et justice. La divine providence, qui fait tout avec poids et mesure, en communiquant une partie de son pouvoir aux rois, aux princes, et à ceux qui sont à la tête de quelque État que ce soit, pour rendre leur autorité plus respectable et en même temps plus utile aux inférieurs, a voulu qu'elle fût accompagnée d'une pompe et d'un éclat qui frappât les sens, que des licteurs avec les faisceaux et les haches, ou des gardes armés, marchassent devant eux pour inspirer de la terreur, et qu'en approchant de leur trône et de leur personne, on leur rendît certains hommages extérieurs en signe de la soumission qui convient à ceux qui doivent obéir. Les hommes ne sont point assez spirituels pour reconnaître et pour honorer dans des hommes comme eux l'autorité de Dieu, s'ils la voyaient en un

Autorité de la dictature.
Liv. et Plut.

état qui n'eût rien de grand et d'éclatant, rien que de vil et de méprisable.

Servilius est
chargé de
garder les
côtes avec
une flotte.
Liv. et Plut.

Dans le temps que le dictateur et le consul étaient encore ensemble, le dictateur reçut des lettres de Rome par lesquelles il apprit que des barques, qui étaient parties du port d'Ostie chargées de provisions pour l'armée d'Espagne, avaient été prises par la flotte des Carthaginois auprès du port de Cossa [1]. C'est pourquoi Servilius eut ordre de se rendre au plus tôt à Ostie, de prendre tout ce qui se trouverait de vaisseaux dans cette ville ou près de Rome, de les remplir de soldats et de matelots, de poursuivre la flotte ennemie, et de défendre les côtes d'Italie.

Fabius for-
me le dessein
de ne point
hasarder de
combat, et
le suit con-
stamment
malgré les
efforts d'An-
nibal et les
railleries des
siens.
Polyb. l. 3,
p. 239, 240.
Liv. lib. 22,
cap. 12.
Plut. in Fab.
pag. 176.

Le dictateur, ayant pris le commandement de l'armée du consul, se rendit à Tivoli le jour qu'il avait marqué pour le rendez-vous général : de là il s'avança à Préneste, et gagna la voie Latine par des chemins de traverse ; et, après avoir fait reconnaître les lieux avec beaucoup de soin, il alla chercher l'ennemi, dans le dessein qu'il forma dès-lors, et dont il ne s'écarta jamais depuis, de ne point hasarder de bataille qu'autant que la nécessité l'y obligerait. Il s'appliqua à observer les mouvements d'Annibal, à resserrer ses quartiers, à lui couper les vivres, à éviter les plaines à cause de la cavalerie numide, à suivre les ennemis quand ils décampaient, à les fatiguer dans leurs marches, et enfin à se tenir lui-même à une distance et dans une position qui lui laissassent la liberté de n'en venir aux mains que quand il verrait un avantage évident.

Annibal était alors à peu de distance de la ville

[1] Cossa, ville et promontoire d'Étrurie.

d'Arpi, dans l'Apulie ou la Pouille ; et, dès le premier jour qu'il vit l'ennemi près de lui, il ne manqua pas de lui présenter la bataille. Mais quand il vit que tout demeurait calme et tranquille dans le camp du dictateur, et que toutes ses démarches n'y excitaient pas le moindre mouvement, il se retira dans le sien, blâmant en apparence la lâcheté des Romains, à qui il reprochait d'être insensibles à la gloire, d'avoir perdu cette valeur martiale si naturelle à leurs pères, et de lui céder ouvertement une victoire aisée ; mais au fond du cœur il était outré de voir qu'il eût affaire à un général si différent de Flaminius et de Sempronius, et que les Romains, instruits par leurs malheurs, eussent enfin choisi un général capable de tenir tête à Annibal.

Dès ce moment il comprit qu'il n'aurait point à craindre d'attaques vives et hardies de la part du dictateur, mais une conduite prudente et mesurée, qui pourrait le jeter dans de grands embarras. Restait à savoir si le nouveau général, dont il n'avait pas encore éprouvé la constance, aurait assez de fermeté pour suivre uniformément le plan qu'il paraissait s'être tracé. Il essaya donc de l'ébranler par les divers mouvements qu'il faisait, par le ravage des terres, par le pillage des villes, par l'incendie des bourgs et des villages. Tantôt il décampait avec précipitation, tantôt il s'arrêtait tout d'un coup dans quelque vallon détourné, pour voir s'il ne pourrait pas le surprendre en rase campagne. Mais Fabius conduisait ses troupes par des hauteurs sans perdre de vue Annibal, ne s'approchant jamais assez de l'ennemi pour en venir aux mains, mais ne s'en éloignant pas non plus tellement qu'il pût lui échapper. Il tenait exactement les soldats dans le camp, ne les

laissant sortir que pour les fourrages, où il ne les envoyait qu'avec de fortes escortes. Il n'engageait que de
légères escarmouches, et avec tant de précaution, que
ses troupes y avaient toujours l'avantage. Par ce moyen
il rendait insensiblement au soldat la confiance que la
perte de trois batailles lui avait ôtée, et il le mettait
en état de compter comme autrefois sur son courage et
sur son bonheur.

Caractère de
Minucius.
Liv. lib. 22,
cap. 12. Fabius ne trouvait pas moins d'obstacle à ses sages
desseins en Minucius [1], son général de la cavalerie, que
dans Annibal. C'était un homme que rien n'empêchait
de perdre la république, que l'état de subordination et
de dépendance où il se trouvait ; un caractère bouillant
et impétueux dans les conseils, arrogant et présomptueux dans ses discours. Il attaquait Fabius sans aucun
ménagement, d'abord devant un petit nombre de personnes, bientôt tout publiquement. Il le traitait de lâche
et de timide, au lieu de prudent et de circonspect qu'il
était, donnant à ses vertus le nom des vices qui en approchaient le plus. Ainsi, par un bas et noir artifice,
qui ne réussit que trop souvent, et qui consiste à rabaisser ceux qui sont au-dessus de nous par leur place
et par leur mérite, il établissait sa réputation sur la
ruine de celle de son général.

Les Carthaginois, après avoir saccagé la Daunie [2] et

---

[1] « Sed non Annibalem magis in-
festum tam sanis consiliis habebat,
quàm magistrum equitum, qui nihil
aliud, quàm quod parebat in imperio, moræ ad præcipitandam rempublicam habebat : ferox rapidusque
in consiliis, ac linguà immodicus,
primò inter paucos, dein propalam
in vulgus, pro cunctatore segnem,
pro cauto timidum, affingens vicina
virtutibus vitia, compellabat : pre-
mendorumque superiorum arte (quæ
pessima ars nimis prosperis multo-
rum successibus crevit) sese extolle-
bat. »

[2] *Capitanata*, province du
royaume de Naples dans la Pouille.

passé l'Apennin, s'avancèrent jusque dans le Samnium, pays gras et fertile, qui depuis long-temps jouissait d'une paix profonde, et où les Carthaginois trouvèrent une si grande abondance de vivres, que, malgré la consommation et le dégât qu'ils en firent, ils ne purent les épuiser. De là ils firent des incursions sur Bénévent, colonie des Romains, et prirent Télésie, ville bien fortifiée, et où ils firent un butin prodigieux. Annibal se détermina à passer du côté de Capone, dans l'espérance qu'on lui donnait que cette ville était disposée à embrasser son parti. Les Romains le suivaient toujours à une ou deux journées de distance, sans vouloir ni le joindre ni le combattre. Le général carthaginois commanda à son guide de le conduire dans le territoire de Casin, ayant su de ceux qui connaissaient le pays que, s'il s'emparait du défilé qui se trouvait dans ces quartiers-là, les Romains n'auraient plus de passage pour venir au secours de leurs alliés. Mais la manière barbare dont il prononça ce nom fit que le guide entendit Casilin, au lieu de Casin. Ainsi, en prenant une route toute différente, Annibal traversa les terres d'Allifa, de Calatia et de Calès, et se trouva, contre son intention, dans les plaines de Stella. Il reconnut enfin son erreur, et que Casin était bien loin de là. Pour intimider les autres guides par le châtiment de ce malheureux, et empêcher qu'on ne le fît tomber dans un pareil inconvénient, après l'avoir fait battre de verges il le fit mettre en croix. Ce guide était-il criminel pour s'être trompé dans de pareilles circonstances ?

Annibal trompé par l'erreur de son guide. Liv. lib. 22, cap. 13.

Annibal, mettant à profit cette erreur, commença à ravager les plaines de Capone, et surtout le beau et riche pays de Falerne, comptant que les villes épou-

Fidélité admirable des alliés de Rome.

10.

Polyb. l. 3,
pag. 241.
Liv. lib. 22,
cap. 13.
vantées renonceraient à l'alliance des Romains : car
jusqu'alors, quoiqu'ils eussent été vaincus dans trois
combats, aucune ville d'Italie ne s'était rangée du côté
des Carthaginois. Toutes étaient demeurées fidèles,
même celles qui avaient le plus souffert ; tant les alliés
avaient de respect et de vénération pour la république
romaine! Rien ne fait plus d'honneur au peuple romain, et ne fait mieux connaître son caractère que ce
que dit ici Polybe. C'est par de pareils traits qu'il en
faut juger. Tite-Live lui-rend le même témoignage, et
semble encore enchérir sur l'historien grec. Pendant,
dit-il, que tout était en feu dans l'Italie [1], les horribles
ravages qu'exerçait Annibal ne furent point capables
d'ébranler la foi des alliés. C'est, ajoute-t-il (et ce qui
suit ne peut être trop pesé), c'est que, se trouvant sous
un gouvernement plein d'équité et de modération, ils
n'avaient point de peine à se soumettre à un peuple
en qui ils reconnaissaient une supériorité de mérite qui
le rendait plus digne de commander ; ce qui est dans
ceux qui obéissent le plus ferme lien et le gage le plus
assuré de leur fidélité.

Discours sé-
ditieux de
Minucius
contre le
dictateur.
Liv. lib. 22,
cap. 14.
Plut. in Fab.
pag. 177.
Les murmures et les discours séditieux du général de
la cavalerie avaient cessé depuis quelques jours, parce
que Fabius, qui suivait Annibal, ayant fait marcher
son armée plus vite que de coutume, Minucius et ses
partisans crurent qu'il se hâtait de marcher au secours
de la Campanie. Mais, lorsqu'ils furent campés auprès
du Vulturne, et que de là ils virent le plus beau pays
de l'Italie en proie à l'ennemi, surtout lorsqu'ils aper-

---

[1] « Nec tamen is terror, quum
omuia bello flagrarent, lide socios
dimovit ; videlicet quia justo et mo-
derato regebantur imperio, nec ab-
nuchant, quod unicum vinculum fi-
dei est, melioribus parere. » (Liv.)

çurent de dessus le sommet du mont Massique tout le canton de Falerne et de Sinuesse ravagé, et toutes les maisons de campagne brûlées par les Cartiaginois, sans que Fabius, obstiné à garder les iauteurs, parlât en aucune façon de combattre, alors la sédition recommença plus violente que jamais. « Sommes-nous donc « venus, disait Minucius, encore plus furieux qu'au- « paravant, ciercier comme un agréable spectacle la « vue des ravages affreux que souffrent nos alliés? Si « le motif de la gloire et de l'intérêt ne peut exciter « notre courage, n'avons-nous pas au moins compas- « sion de nos concitoyens envoyés autrefois en colonie « à Sinuesse? Quoi! nous demeurons insensibles en' « voyant au pouvoir des Numides et des Maures ces « mêmes côtes le long desquelles nos pères auraient re- « gardé comme un désionneur pour eux que les flottes « cartiaginoises naviguassent impunément? Il n'y a que « quelques mois qu'apprenant le siége et le danger de « Sagonte, nous étions transportés d'indignation; et « nous voyons aujourd'iui tranquillement Annibal tout « prêt à escalader les murs d'une colonie romaine? Si « du temps de nos ancêtres ce grand général, qui a « mérité d'être appelé *le second fondateur de Rome*, « s'était conduit comme fait maintenant ce nouveau « Camille, qu'on a jugé seul digne de la dictature dans « des conjonctures si fâcieuses, Rome serait encore au « pouvoir des Gaulois. Ne nous y trompons point; c'est « folie de croire pouvoir remporter la victoire en se « tenant les bras croisés, ou par des vœux adressés au « ciel. Il faut faire prendre les armes aux troupes, les « mener dans la plaine, et se mesurer avec l'ennemi. « C'est en agissant, en cierciant le péril, que l'empire

« romain s'est accru, et non par cette conduite timide
« à laquelle les lâches donnent le nom de prudence et de
« circonspection. »

Plut. in Fab.
pag. 177.
Ces discours se répandaient dans l'armée, et il n'y.
avait personne qui ne préférât de beaucoup Minucius
au dictateur. Les amis mêmes de Fabius, et ceux qui
paraissaient le plus attachés à ses intérêts, lui conseillaient de mettre fin à tous ces bruits, qui faisaient
tort à sa réputation, en marquant quelque condescen-
dance pour les officiers et les soldats, qui tous généralement demandaient avec ardeur qu'on les menât contre
l'ennemi. Mais le dictateur, sans s'émouvoir, leur dit :
« Ce serait alors que je me montrerais réellement bien
« plus timide qu'ils ne m'accusent de l'être, si la crainte
« de leurs railleries et de leurs injures me faisait changer
« une résolution que je n'ai prise qu'après en avoir pesé
« mûrement toutes les suites, et en avoir reconnu
« l'absolue nécessité. Quand on craint pour sa patrie,
« on craint sans honte ; mais craindre les discours des
« hommes et se laisser effrayer par leurs railleries, c'est
« se montrer indigne du commandement, et se rendre
« l'esclave de ceux dont on doit être le maître, et qu'on
« doit retenir et corriger quand ils pensent mal. » Fabius
donc, toujours en garde, autant contre ses propres
soldats que contre les ennemis, et regardant même les
Romains comme les premiers adversaires, par rapport
auxquels il devait se montrer invincible, tint constamment la même conduite pendant tout le reste de la
campagne, malgré les bruits injurieux qu'il savait
qu'on avait fait passer du camp jusque dans la ville
contre sa timidité et sa nonchalance prétendues. Annibal, désespérant de l'attirer au combat, songea à se

retirer dans quelque lieu où il pût commodément passer l'hiver. Il ne voulait point consumer les provisions qu'il avait amassées, mais les mettre quelque part dans un dépôt assuré : car ce n'était point assez que son armée ne manquât de rien pour le présent, il travaillait à la tenir toujours dans l'abondance.

Fabius fut averti par ses coureurs du dessein d'Annibal. Et, comme il était persuadé que, pour sortir de la Campanie, l'ennemi prendrait nécessairement le même chemin par où il était entré, il envoya une partie de ses gens s'emparer de la montagne de Callicule et du fort de Casilin. Pour lui, il ramena son armée par les mêmes collines, et envoya cependant L. Mancinus à la découverte avec quatre cents chevaux. Ce jeune officier avait ordre d'examiner les démarches des ennemis sans se montrer, s'il était possible, au moins sans s'exposer, et d'en venir rendre compte; mais étant du nombre de ceux que les discours séditieux et emportés de Minucius avaient séduits, il n'eut pas plus tôt aperçu quelques cavaliers numides répandus dans les villages, qu'il courut sur eux, et en tua même quelques-uns : il n'en fallut pas davantage pour lui faire oublier sa commission; le vif désir de combattre l'emporta sur l'obéissance qu'il devait au dictateur. Les Numides, partagés en plusieurs pelotons, le vinrent charger les uns après les autres; puis, fuyant à dessein devant lui, ils l'attirèrent insensiblement jusque auprès de leur camp, fort fatigué, aussi-bien que tous ses gens et leurs chevaux. Carthalon, qui commandait toute la cavalerie, en sortit aussitôt, et, les ayant mis en fuite avant même que de les joindre, il les poursuivit pendant près de deux lieues sans leur donner de relâche.

Combat téméraire et défaite de Mancinus.
Liv. lib. 22, cap. 15.

Mancinus, voyant qu'il ne pouvait échapper aux ennemis obstinés à le suivre, exhorta les siens à se défendre
de leur mieux, et retourna contre les Numides, à qui
il était bien inférieur tant en nombre qu'en force et en
confiance; aussi fut-il tué lui-même avec les plus braves
des siens. Les autres se sauvèrent à toute bride, premièrement à Calès, et de là, en prenant les sentiers
les plus détournés, jusque dans le camp du dictateur.

*Escarmou-
ches entre
les deux
partis.
Liv. lib. 22,
cap. 16.*

Par hasard, ce jour-là Minucius était venu rejoindre
Fabius, qui, quelques jours auparavant, l'avait détaché
pour aller se saisir, au-dessus de Terracine, d'un passage fort étroit qui domine sur la mer, afin d'empêcher Annibal d'aller du côté de Rome, comme il aurait
pu le faire, si on ne lui avait pas fermé la voie Appia.
Le dictateur et le général de la cavalerie, ayant réuni
leurs troupes, vinrent se camper sur le chemin par où
Annibal devait passer, environ à deux milles de l'ennemi. Le lendemain, les Carthaginois occupèrent tout
le terrain qui était entre les deux camps. Les Romains
se postèrent sous leurs retranchements, où ils avaient
sûrement l'avantage du lieu : cependant les ennemis ne
laissèrent pas d'avancer, ayant à leur tête leur cavalerie; ce qui occasiona diverses escamourches entre les
deux partis. Mais les Romains ne quittèrent point leur
poste, retenus par Fabius; en sorte que l'action se passa
conformément au goût du dictateur, plutôt qu'aux in-
tentions d'Annibal. Huit cents Carthaginois demeurèrent sur la place; les Romains ne perdirent que deux
cents hommes.

*Annibal se
tire d'un pas
fort dange-
reux par un*

Annibal était fort embarrassé. Il lui fallait de toute
nécessité reprendre le chemin par lequel il était venu,
chemin fort étroit; et où il était très-aisé de l'inquiéter.

Fabius, attentif à profiter de l'embarras de l'ennemi, stratagème tout neuf. Polyb. l. 3, p. 243-245. Liv. lib. 22, cap. 16-18. Plut. in Fab. Appian. pag. 322. envoie devant quatre mille hommes pour occuper le passage même, après les avoir exhortés à bien faire leur devoir, et à tirer avantage de l'heureuse situation du poste qu'ils allaient saisir. Il alla lui-même ensuite, avec la plus grande partie de son armée, se placer sur la colline qui commandait les défilés. Les Carthaginois arrivent, et campent dans la plaine, au pied même des montagnes. Annibal se trouvait enfermé de toutes parts, et dans la triste nécessité de passer l'hiver entre les rochers de Formies d'un côté, et de l'autre dans les sables et les marais affreux de Linterne : au lieu que les Romains avaient derrière eux Capone et le Samnium, et un grand nombre de riches alliés qui pouvaient leur envoyer des vivres en abondance.

Les Romains crurent qu'il n'était pas possible à Annibal de se tirer du mauvais pas où il s'était engagé, et ils se flattaient de la douce espérance d'enlever tout le riche butin que les Carthaginois emportaient avec eux, et de terminer bientôt une guerre qui leur avait déja coûté tant de sang, et qui leur causait de si justes alarmes pour l'avenir. Fabius lui-même pensait ainsi, et ne songeait plus qu'à voir quels postes il occuperait, par qui et par où il ferait commencer l'attaque; et ces projets devaient être exécutés le lendemain.

Annibal, jugeant de ce que les ennemis pouvaient faire en cette occasion, ne leur en donna pas le temps. Il s'aperçut bien qu'on employait contre lui ses ruses et ses artifices ordinaires; mais il n'en avait pas épuisé le fonds. C'est dans de pareilles conjonctures qu'un commandant a besoin d'une présence d'esprit et d'une fermeté d'ame non communes pour envisager le péril dans

toute son étendue sans s'effrayer, et pour trouver de
sûres et promptes ressources sans délibérer. Il imagina
donc un stratagème tout neuf[1], et qui n'avait point
encore été mis en usage, moins capable de nuire en
effet que d'éblouir et d'effrayer par le spectacle. Il assembla environ deux mille bœufs, qui se trouvaient
parmi le butin qu'il avait fait dans le pays ennemi; il
donna ordre qu'on ramassât dans la campagne du sar-
ment et autre bois sec et menu, dont on fit de petits
fagots qu'on attacha adroitement aux cornes de ces
animaux; il chargea Asdrubal d'y faire mettre le feu
vers le milieu de la nuit, et de chasser les bœufs vers
les hauteurs, surtout du côté des défilés dont les Romains s'étaient emparés.

Les mesures ainsi prises, il commença lui-même à
marcher en silence, et à s'avancer vers les défilés, ayant
à son avant-garde l'infanterie pesamment armée, au
centre la cavalerie suivie du butin, et à l'arrière-garde
les Espagnols et les Gaulois. Les bœufs précédaient de
beaucoup l'avant-garde de son armée. Et d'abord la
crainte seule des flammes qui brillaient sur leurs têtes,
et encore plus la douleur qui se fit sentir dès que le feu
eut pénétré jusqu'au vif, mit ces animaux en fureur,
en sorte qu'ils se dispersèrent de tous côtés sur les collines et dans les forêts. Les efforts qu'ils faisaient pour
se délivrer en s'agitant et en secouant la tête ne faisaient qu'augmenter la flamme et la répandre, ce qui
mettait le feu à tous les arbrisseaux d'alentour. Les
Romains, effrayés, s'imaginaient d'abord que c'étaient
des hommes qui couraient de tous côtés armés de flam-

---

[1] « Ludibrium oculorum, specie terribile, ad frustrandum hostem com-
mentus. » (LIV.)

beaux. Ceux qu'on avait placés à l'entrée même du défilé pour le garder prirent la fuite sitôt qu'ils aperçurent des feux au-dessus de leurs têtes, et gagnèrent le haut de la montagne, comme l'endroit le plus sûr, parce qu'ils y voyaient moins de feu. Ils y rencontrèrent cependant quelques bœufs qui s'étaient séparés des autres. Et d'abord les prenant de loin pour des animaux qui jetaient le feu par la gueule, ils s'arrêtèrent surpris d'une telle vue. Mais, ayant reconnu ce que c'était en approchant davantage, et voyant que ce qu'ils avaient pris pour un prodige était un artifice tout humain, au lieu de se rassurer ils n'en eurent que plus de frayeur : ils crurent qu'ils allaient être investis par les ennemis, et s'enfuirent encore plus en désordre qu'auparavant. Ils vinrent donner dans les armés à la légère d'Annibal; mais les deux partis, craignant également de s'engager mal à propos pendant les ténèbres de la nuit, attendirent le jour sans commencer le combat : cependant Annibal eut le temps de faire sortir toutes ses troupes du défilé.

Fabius s'aperçut bien de ce mouvement. Mais, ne doutant point que ce fût un stratagème d'Annibal, il retint ses soldats dans leurs retranchements, n'étant pas d'humeur à risquer une bataille pendant la nuit. Au point du jour, il y eut sur le haut de la colline un combat, dans lequel les Romains, supérieurs en nombre, auraient aisément défait les armés à la légère d'Annibal, séparés du reste de l'armée, s'il ne les eût soutenus d'un gros d'Espagnols qu'il envoya à leur secours. Les soldats de cette nation étant dans l'habitude de grimper et de courir légèrement à travers les forêts et les rochers les plus escarpés, éludèrent aisément, par l'agilité de leurs corps et par la légèreté de leur armure, les efforts d'un ennemi pesamment armé et accoutumé à combattre en plaine sans quitter son poste. Les uns et les autres se retirèrent dans leur camp; les Romains ayant perdu quelques-uns de leurs gens dans cette mêlée, au lieu qu'il n'y resta presque aucun des Espagnols.

Annibal, s'étant tiré avec autant de gloire que de bonheur d'un très-grand danger, alla se camper dans le territoire d'Allifes, où Fabius le suivit. Celui-ci, selon le plan qu'il s'était prescrit, conduisait toujours ses troupes par des lieux élevés, en se tenant entre l'armée ennemie et la ville de Rome, sans perdre de vue l'ennemi, et sans se mettre à portée d'être forcé de combattre. Annibal, après quelques mouvements, revint une seconde fois dans la Pouille, et s'avança jusqu'à Gérunium, dont les habitants s'étaient retirés, parce que la place n'était pas tenable. Fabius s'en étant approché, campa sur le territoire de Larinum, dans un poste avantageux.

Fabius est obligé d'aller à Rome.
Polyb. l. 3, pag. 245.
Liv. lib. 22, cap. 18.
Plut. pag. 179.

Obligé, quelque temps après, de partir pour Rome, où les affaires de la religion le rappelaient, il employa non-seulement l'autorité, mais encore les conseils, et presque les prières, pour obtenir du général de la cavalerie « que, pendant son absence, il ne tentât point la « fortune; qu'il comptât plus sur la prudence que sur « le hasard; et qu'il imitât sa conduite plutôt que celle « de Sempronius et de Flaminius : qu'il ne s'imaginât « pas que ce fût un médiocre avantage que d'avoir ar- « rêté les progrès d'Annibal, et éludé ses artifices pen- « dant toute la campagne : que, suivant la maxime des « plus habiles et des plus sages médecins, le repos fai-

« sait souvent plus de bien aux malades que les remèdes
« violents; que c'était avoir beaucoup gagné que d'avoir
« cessé d'être vaincu par un ennemi toujours victorieux
« jusque-là, et d'avoir enfin repris haleine après tant
« de défaites consécutives. » La suite fera voir combien
ces avis furent inutiles. Cependant Fabius partit pour
Rome.

L'Italie n'était pas le seul théâtre de la guerre. On
la faisait en Espagne par mer et par terre, avec non
moins de vivacité. Asdrubal, ayant équipé les trente vaisseaux que son frère lui avait laissés, et y en ayant ajouté
dix autres, fit partir de Carthage la neuve, ou Carthagène, quarante voiles dont il avait donné le commandement à Amilcar; puis, ayant fait sortir les troupes de terre des quartiers d'hiver, il se mit à leur tête,
et, faisant ranger la terre aux vaisseaux, il les suivit
de dessus le rivage; voulant occuper l'embouchure de
l'Èbre avec ses deux armées en même temps. Cn. Scipion, averti de ce projet des Carthaginois, pensa d'a-
bord à aller par terre à leur rencontre : mais quand il
sut combien l'armée des ennemis était nombreuse, et
quels préparatifs ils avaient faits, il embarqua sur ses
vaisseaux l'élite de ses soldats; et, ayant mis à la voile
avec une flotte de trente-cinq galères, après deux jours
de navigation depuis Tarragone il aborda aux environs des embouchures de l'Èbre, à peu près à la distance de dix milles de l'ennemi (trois lieues). De là il
envoya deux frégates de Marseille à la découverte; car
les Marseillais étaient toujours les premiers à s'exposer, et leur intrépidité lui fut d'un grand secours. Personne n'était plus attaché aux intérêts des Romains que
ce peuple, qui dans la suite leur a souvent donné des

Heureuses
expéditions
de Cn. Sci-
pion en
Espagne.
Polyb. l. 3,
pag. 245.
Liv. lib. 22,
cap. 19.

preuves de son affection, mais qui se signala surtout
dans la guerre contre Annibal. Ces deux frégates rapportèrent que la flotte ennemie était à l'embouchure de
l'Èbre. Sur le champ Cnéus fit force de voiles pour la
surprendre. Mais Asdrubal, averti par ceux qui faisaient
la garde au haut des tours que les Romains approchaient, rangeait ses troupes en bataille sur le rivage,
et donnait ses ordres pour que les soldats de marine
montassent sur les vaisseaux. Quand les Romains furent
à portée, on sonna la charge, et aussitôt on en vint
aux mains. Les Carthaginois soutinrent le choc des ennemis pendant fort peu de temps, et plièrent bientôt.
Après avoir vu deux de leurs vaisseaux pris par les
Romains, et quatre coulés à fond, ils se retirèrent vers
la terre : mais, poursuivis avec chaleur par les vainqueurs, ils approchèrent le plus qu'ils purent du rivage : puis, sautant de leurs vaisseaux, ils se sauvèrent
vers leur armée de terre. Les Romains les poursuivirent
si vivement, qu'ils prirent toutes les galères qui avaient
évité de se briser contre la côte, ou qui n'avaient pas
été engravées, et les emmenèrent avec eux, attachées à
la poupe de leurs vaisseaux, au nombre de vingt-cinq.
Cette victoire, qui coûta peu aux Romains, les rendit
maîtres de toute cette mer et des côtes voisines. Ils
s'avancèrent jusqu'aux portes de Carthagène, mirent le
feu aux maisons les plus voisines des murailles, et dé-
solèrent tout le pays d'alentour. La flotte, chargée de
butin, poussa de là jusqu'à Longuntique [1], où Asdrubal avait fait pour l'usage de ses vaisseaux une grande
provision d'une espèce de genêt (*spartum*) dont on se

---

[1] Ville située sur la côte du royaume de Valence.

servait pour faire des câbles. Ils y mirent le feu après en avoir enlevé la quantité dont ils avaient besoin.

La flotte revint sur ses pas vers le pays qui est en-deçà de l'Èbre. Ce fut là que Scipion trouva les députés de toutes les nations qui habitent le long de ce fleuve, et même de plusieurs de celles qui sont aux extrémités de l'Espagne. Il y eut plus de six-vingts peuples qui se soumirent à la puissance des Romains et leur donnèrent des ôtages.

Les Celtibériens[1], qui faisaient partie des peuples dont on vient de parler, prirent les armes par l'ordre du général romain, et entrèrent avec une puissante armée dans la province des Carthaginois, où ils prirent et forcèrent trois villes. Ils défirent ensuite Asdrubal lui-même en deux combats différents, où ils lui tuèrent quinze mille hommes, firent quatre mille prisonniers, et lui enlevèrent un grand nombre de drapeaux.

Quand on reçut à Carthage la nouvelle de ces défaites, on équipa soixante et dix vaisseaux; car on ne croyait pas pouvoir rien entreprendre qu'on ne fût maître de la mer. Cette flotte cingla d'abord en Sardaigne, et de la Sardaigne elle vint aborder à Pise en Italie, où les commandants, bien mal informés de l'état des choses, espéraient s'aboucher avec Annibal. Les Romains vinrent au-devant avec six-vingts vaisseaux longs à cinq rangs. Les Carthaginois, apprenant que les ennemis étaient en mer, retournèrent à Carthage par la même route. Servilius, qui commandait la flotte romaine, les poursuivit pendant quelque temps, mais il ne put les atteindre.

[1] Les Celtibériens occupaient une partie de l'Aragon.

P. Scipion
va joindre
son frère en
Espague.
Polyb. l 3,
pag 247.
Liv. lib. 22,
cap. 22.

Sur ces entrefaites arriva P. Scipion en Espagne avec un nouveau renfort de vaisseaux et de soldats. Le sénat, persuadé que les affaires d'Espagne méritaient une atten-tion particulière, et qu'il était non-seulement utile, mais nécessaire, de presser les Carthaginois dans ce pays-là, et d'y allumer la guerre de plus en plus pour faire une puissante diversion, mit en mer vingt vais-seaux, ou, selon Tive-Live, trente, avec huit mille 1ommes de débarquement et toutes sortes de munitions. Ce renfort était commandé par P. Scipion, que l'on en-voyait en Espagne, selon le premier projet formé dès le commencement de la guerre, avec ordre de joindre au plus tôt Cnéus son frère pour agir de concert avec lui. On craignait à Rome, non sans raison, que les Cartha-ginois, dominant dans ces contrées, et y ramassant des munitions et de l'argent en abondance, ne se rendissent maîtres de la mer, et qu'en fournissant de l'argent et des troupes à Annibal, ils ne l'aidassent à subjuguer l'Italie. P. Scipion, arrivé en Espagne et joint à son frère, rendit de très-grands services à la république. Jusqu'alors les Romains n'avaient osé passer l'Èbre; ils croyaient avoir assez fait de s'être gagné l'amitié des peuples d'en-deçà, et de se les être attachés par des alliances : mais les deux frères réunis traversèrent ce fleuve, et s'avancèrent jusqu'à Sagonte.

Otages espa-
gnols livrés
aux Romains
par la ruse
d'Abélox.
Polyb. l. 3,
p. 248-250.
Liv. lib. 22,
cap. 22.

Ils savaient qu'on gardait avec assez peu de troupes dans la citadelle de cette ville les ôtages qu'Annibal avait pris de tous les peuples d'Espagne pour s'assurer de leur fidélité. La crainte d'expier leur révolte par le sang de leurs enfants était le seul lien qui attachât en-core les Espagnols au parti des Carthaginois, qu'ils avaient grande envie de quitter pour prendre celui des

Romains. Ce lien, qui retenait une grande partie de la province, fut rompu par un Espagnol, qui montra plus d'adresse et de ruse que de bonne foi. Il s'appelait *Abélox*, 1omme de qualité, et fort considéré dans le pays. Il avait été jusque-là fort attac1é aux Cart1aginois; mais, par une inconstance assez ordinaire à ces barbares, il avait c1angé de parti, au moins dans le cœur, avec la fortune. Au reste, étant bien persuadé qu'on n'a que du mépris pour un transfuge et un traître qui ne porte que sa personne dans le parti qu'il embrasse, il songeait à procurer aux Romains quelque grand avantage, afin de se rendre considérable auprès d'eux. Il crut que le plus grand service qu'il pût leur rendre dans la conjoncture présente, était de leur livrer les ôtages qu'Annibal faisait garder dans Sagonte. Il s'agissait de gagner, ou plutôt de tromper Bostar, à qui la garde en avait été confiée. Il alla le trouver, et, ayant fait tomber la conversation sur les ôtages, il lui fit entendre « que la « crainte avait retenu les Espagnols dans le devoir tant « que les Romains avaient été éloignés; mais que, depuis « qu'ils étaient arrivés dans la province, leur camp était « devenu l'asile de tous ceux qui aimaient le c1ange- « ment : qu'ainsi il fallait gagner par des graces et des « bienfaits ceux que l'autorité ne pouvait plus contenir : « que le moyen le plus sûr de s'assurer l'amitié des « peuples d'Espagne était de leur remettre en main leurs « ôtages : qu'il n'y avait personne qui ne fût bien aise « qu'on se fiât à lui [1]; et que, pour rendre les 1ommes « fidèles, il suffisait souvent de leur témoigner de la « confiance ». Il s'offrit à ramener les ôtages c1acun

---

[1] « Vult sibi quisque credi, et babita fides ipsam plerumque obligat fidem. » (LIV.)

dans leur pays. Bostar n'avait pas pour la ruse et la
défiance la trempe d'esprit cartiaginoise ; et, jugeant
des autres par lui-même, il était bien éloigné de soupçonner un iomme de qualité d'une si noire traiison. Il
se laissa persuader, et fit remettre de nuit à Abélox tous
les ôtages, que celui-ci livra aussitôt aux Scipions,
comme il en était convenu auparavant avec eux. Les
généraux romains, sans perdre de temps, les firent
conduire ciez leurs parents. Il est aisé de concevoir
quelle surprise et en même temps quelle joie causa dans
le pays un tel acte de clémence et de générosité. Tous
les Espagnols, d'un commun consentement, se déclarèrent pour les Romains ; et ils auraient sur-le-ciamp
pris les armes contre les Cartiaginois, si l'hiver, qui
survint alors, n'eût obligé les uns et les autres de se
retirer dans leurs quartiers.

Les sages dé-
lais de
Fabius le
décrient.
Liv. lib. 22,
cap. 23.
Voilà ce qui se passa en Espagne la seconde année
de la guerre d'Annibal, pendant qu'en Italie la salutaire lenteur de Fabius avait donné lieu aux Romains
de respirer après tant de pertes. Ce qu'il y a de surprenant, c'est que dans le même temps qu'une conduite
si sage donnait de cruelles inquiétudes à Annibal, qui
voyait que les Romains avaient enfin cioisi un général
qui faisait la guerre par principe, et non au iasard,
elle était méprisée par ceux mêmes qui en tiraient le
fruit, par les Romains et de la ville et de l'armée, surtout depuis un avantage assez léger que remporta Minucius, et dont nous parlerons bientôt.

Deux autres
raisons le
rendent
suspect.
Liv. lib. 22,
cap. 23.
Deux choses contribuèrent encore à rendre ce général odieux aux Romains. Premièrement la ruse d'Annibal, qui, s'étant fait montrer par les déserteurs une
terre appartenant au dictateur, défendit qu'on y fît

aucun dégât, tandis qu'il mit à feu et à sang toutes Plut. in Fab. pag. 178. celles d'alentour, afin de le rendre suspect de quelque intelligence avec les Carthaginois. La seconde, qui contribua encore à aliéner de lui les esprits, fut qu'il avait fait sans consulter le sénat un traité avec Annibal au sujet du cartel des prisonniers, par lequel on était convenu, comme il s'était pratiqué dans la première guerre, qu'on rendrait homme pour homme, et que, pour la rançon de ceux qui resteraient après l'échange, il serait payé mille sesterces par tête, c'est-à-dire cent vingt-cinq livres. Le nombre des prisonniers que les Romains avaient à racheter faisait une somme de plus de trente mille livres. Cet article de la rançon ayant été proposé plusieurs fois au sénat, et le sénat différant toujours de faire compter l'argent, parce que Fabius avait fait ce traité sans sa participation, enfin le dictateur prit le parti d'envoyer son fils à Rome, avec ordre de vendre cette même terre que l'ennemi avait épargnée, et il racheta les prisonniers de ses propres deniers. La plupart voulurent le rembourser dans la suite, mais il ne fut pas possible de l'y faire consentir.

Nous avons déja dit qu'Annibal s'était emparé de Léger avantage de Minucius sur Annibal. Polyb. l. 3, pag. 251. Liv. lib. 22, cap. 24. Gérunium dans l'Apulie, et qu'il comptait faire ses magasins dans cette place et y établir ses quartiers d'hiver. Il était actuellement campé devant les murs de cette ville, d'où il envoyait les deux tiers de son armée au fourrage, avec ordre à chacun d'apporter certaine mesure de blé à ceux qui étaient chargés de le serrer : la troisième partie de ses troupes lui servait pour la garde du camp, et pour soutenir les fourrageurs en cas qu'ils fussent attaqués.

Minucius s'était approché d'Annibal, et avait campé

11.

dans le territoire de Larine avec l'armée qu'il commandait seul, depuis que le dictateur était allé à Rome. Se voyant en liberté par l'absence de son supérieur, il méditait des projets conformes à son génie, tantôt de fondre sur les fourrageurs d'Annibal répandus çà et là dans la campagne, tantôt d'attaquer son camp, où il ne restait que le tiers de l'armée. Annibal s'aperçut bientôt que la méthode de faire la guerre avait changé avec le général dans le camp des ennemis. Pour lui, voyant que les Romains s'étaient approchés, il se contenta d'envoyer le tiers de ses soldats au fourrage, et retint le reste dans son camp. Il était toujours attentif à son premier projet, qui était de ne point consumer son butin, et de faire un grand amas de vivres; afin que pendant le quartier d'hiver les hommes, les bêtes de charge, les chevaux surtout, ne manquassent de rien; car c'était sur sa cavalerie qu'il fondait principalement ses espérances.

Annibal avait envoyé pendant la nuit quelques Numides qui s'emparèrent d'une hauteur voisine des Romains et qui commandait leur camp. Ceux-ci, méprisant le petit nombre de ces Numides, les en délogèrent dès le lendemain, et s'y campèrent eux-mêmes. Par ce moyen, il ne restait plus entre les deux camps qu'un espace fort médiocre. Minucius, un jour, s'étant aperçu que la plus grande partie de l'armée carthaginoise était répandue dans la campagne, détacha sa cavalerie et son infanterie légère contre les fourrageurs, et alla lui-même avec les légions attaquer le camp des Carthaginois. Tout ce que put faire Annibal, fut de se défendre. Le carnage de ses fourrageurs fut grand. Ce succès inspira à Minucius un orgueil et une arrogance sans bornes, et remplit son âme plus que jamais d'une audace pleine de témérité, qui ne connaissait plus de péril, et ne lui laissait voir dans les entreprises les plus hasardeuses qu'une victoire assurée.

La renommée, qui grossit toujours les objets, publia dans Rome le petit avantage que Minucius avait remporté, sur le pied d'une grande victoire. Les lettres qu'écrivait le général de la cavalerie enchérissaient encore sur la renommée. Pendant plusieurs jours on ne parla que de cette affaire dans les assemblées du sénat et du peuple : ce fut une joie qui ne peut s'exprimer. Comme jusqu'alors on n'avait eu que de mauvais succès dans cette guerre, on crut que les affaires allaient changer de face. Et d'ailleurs cet avantage fit penser que, si jusqu'à présent les troupes n'avaient rien fait, ce n'était pas qu'elles manquassent de courage; mais qu'il ne fallait s'en prendre qu'à la timide circonspection et à la prudence excessive du dictateur, sur le compte duquel on ne ménagea plus les termes.

Fabius seul, au milieu de la joie universelle du peuple, n'ajoutait foi ni à la renommée, ni aux lettres de Minucius; et quand même tout eût été exactement vrai, il ne craignait point de dire qu'il appréhendait plus pour Minucius les bons succès qu'un peu d'adversité. On ne l'écoutait point, et le sénat même n'aimait point à l'entendre relever les forces de l'ennemi, rapporter les défaites que la témérité et l'ignorance des généraux précédents avaient causées. Il déclara cependant « que, s'il demeurait le maître, il obligerait « Minucius de lui rendre raison de sa conduite pour « avoir combattu contre son ordre; qu'il ferait bientôt « avouer aux Romains qu'un bon général comptait pour

Le peuple égale l'autorité de Minucius à celle du dictateur.
Polyb. l. 3, pag. 253.
Liv. lib. 22, c. 25 , 26.
Plut. pag. 129.

« rien la fortune, et ne faisait cas que de la prudence et
« de la raison ; qu'il croyait mériter plus de gloire pour
« avoir, dans les circonstances présentes, préservé ses
« troupes de toute honte et de toute disgrace, que si
« dans d'autres temps il avait tué plusieurs milliers d'en-
« nemis ».

Tous ces discours n'eurent aucun effet. Il se trouva
un tribun assez insolent pour se déchaîner contre Fabius
sans garder aucune mesure. Il dit « qu'il n'était plus pos-
« sible de supporter sa mauvaise humeur ; que, non
« content d'avoir empêché en personne et sur les lieux
« les avantages qu'on aurait pu remporter sur les en-
« nemis, il détruisait, autant qu'il était en lui, ceux
« qu'on avait effectivement remportés en son absence ;
« qu'il ne tirait la guerre en longueur qu'afin de rester
« plus long-temps en charge, et d'être seul le maître à
« Rome et dans l'armée ; que, pour empêcher Minucius
« de voir l'ennemi, et de tenter quelque expédition mi-
« litaire, il lui avait presque lié les bras, et avait tenu
« les soldats enfermés dans leurs retranchements comme
« dans une prison ; qu'enfin, dès que le départ du dic-
« tateur les avait mis en liberté, ils avaient marché contre
« les ennemis, les avaient défaits, et les avaient mis en
« fuite : que, pour toutes ces raisons, il aurait hardi-
« ment proposé d'ôter la dictature à Fabius, si les Ro-
« mains avaient eu le courage de leurs ancêtres ; mais
« qu'attendu le goût du temps, peu capable d'une action
« de vigueur, il se contentait d'une demande bien mo-
« dérée, qui était que l'on partageât également l'autorité
« entre le dictateur et le général de la cavalerie, sans
« permettre cependant à Q. Fabius de retourner à l'armée

« avant que d'avoir nommé un nouveau consul en la
« place de Flaminius. »

Le dictateur ne daigna pas se justifier des accusations
du tribun ; mais, haussant la voix, il dit « qu'il pré-
« tendait que, sans perdre inutilement le temps, on
« pensât à achever les sacrifices et les saintes cérémonies
« pour lesquelles on l'avait fait venir à Rome, afin qu'il
« s'en retournât promptement à l'armée pour châtier la
« témérité de Minucius, qui avait, contre ses ordres,
« attaqué l'ennemi ». Il créa consul M. Atilius Régulus ;
et la veille du jour que le peuple devait donner son
suffrage sur la proposition du tribun, pour n'être pas
témoin des coups qu'on allait porter à son autorité en
la communiquant au général de la cavalerie, il partit
de nuit et alla rejoindre son armée. Le lendemain le
peuple se trouva de bonne heure à l'assemblée. La proposition fut faite au peuple par le tribun. Mais il fallait, selon l'usage, qu'il se trouvât quelqu'un qui parlât
sur ce sujet, qui l'expliquât, qui le développât à la
multitude avant que l'on allât aux voix. Seul, entre
tous les Romains, Varron se chargea de l'odieuse commission d'appuyer l'entreprise du tribun : nous verrons
bientôt ce que c'était que ce Varron. La proposition
passa, et Fabius en reçut la nouvelle en chemin. Tout
le monde, tant à la ville qu'à l'armée, amis et ennemis, regardèrent ce décret comme un affront sanglant
et une flétrissure ignominieuse pour le dictateur. Lui
seul en jugea tout différemment. Et comme autrefois
un sage à qui l'on disait, *Ces gens-là se moquent de
vous*, répondit, *Je ne me tiens point moqué*, jugeant
fort bien que ceux-là seuls sont véritablement moqués
qui donnent lieu à la moquerie, et qui en sont émus

et troublés, Fabius de même demeura insensible à cette
prétendue injure. Il supporta l'injustice du peuple avec
la même fermeté d'ame avec laquelle il avait souffert
les invectives de ses ennemis; et, bien persuadé qu'en
partageant le commandement entre Minucius et lui on
n'avait pas partagé l'habileté dans l'art de commander,
il revint dans son camp, toujours victorieux des insultes de ses citoyens comme des artifices de l'ennemi.

Fierté inso-
lente de
Minucius.
Liv. lib. 22,
cap. 27.
Plut. in Fab.
pag. 179.
Minucius pensait bien différemment. Il était déja auparavant insupportable par l'orgueil que lui inspiraient
le succès, et la faveur de la multitude; mais alors, ne
gardant plus aucune mesure, il se vantait de n'être pas
moins le vainqueur de Fabius que celui d'Annibal. Il
disait avec complaisance «que ce fameux général, unique
« ressource dans les disgraces publiques, ce dictateur,
« seul jugé capable de tenir tête à Annibal, avait vu
« son inférieur, son général de la cavalerie, devenir son
« égal par un décret dont il n'y avait point d'exemple
« dans toute la suite de l'histoire du peuple romain; et
« cela dans cette même ville où les généraux de la cava-
« lerie avaient coutume de trembler à la vue des haces
« et des faisceaux du dictateur; tant son mérite et le
« bonheur attaché à sa personne avaient paru avec
« éclat! qu'il suivrait donc sa bonne fortune si le dic-
« tateur s'opiniâtrait à ne point abandonner une con-
« duite lente et timide, condamnée des dieux et des
« hommes ».

Les actions de Minucius répondaient à ses discours.
Dès le premier jour qu'il vit Fabius, il lui dit qu'il
fallait déterminer comment ils useraient de l'autorité
qu'on venait de partager également entre eux; et sans
attendre la réponse du dictateur, il donna le premier

son avis, et déclara que, selon lui, le meilleur parti était de convenir que ciacun à son tour aurait le commandement général de toutes les troupes pendant un jour, ou pendant un plus long espace de temps si l'on voulait. Fabius ne fut point de ce sentiment. Il pensa « que tout ce qui serait abandonné à la témérité de son « collègue serait en même temps livré à la merci de la « fortune. Il aima mieux partager les troupes par moitié. « Il avoua qu'il était dans l'obligation de lui faire part « du commandement; mais non pas de le lui céder tout « entier, protestant qu'il ne renoncerait jamais volon- « tairement et par son propre fait à gouverner par la « prudence les affaires publiques, au moins selon la « portion d'autorité qu'il lui était permis de retenir, et « que, puisqu'on l'empêchait de sauver le tout, il « sauverait ce qu'il pourrait». Dès que le partage des troupes fut fait, Minucius voulut avoir son camp à part, et alla se poster dans la plaine.

Les deux qualités qui forment un grand capitaine, sont le courage et la prudence [1]; mais elles sont toutes voisines de deux grands défauts, qui peuvent avoir de terribles suites: car, pour l'ordinaire, la prudence, par trop de précaution, dégénère en crainte; et le courage, par trop de 1ardiesse, en témérité. Nous allons voir Minncius tomber dans ce dernier défaut; mais Fabius sut toujours garder un sage tempérament, ce qui est fort rare et fort difficile, également circonspect dans les projets, et brave dans l'exécution, comme Salluste le dit de Jugurtha.

[1] « Ac sané, quod difficillimum est, et prælio strenuus erat, et bonus consilio, quorum alterum ex prudentia timorem, alterum ex audacia temeritatem plerumque afferre solet. » (SALLUST. in *Bell. Jugurth.*)

Combat en-
tre Annibal
et Minucius.
Celui-ci est
battu. Fa-
bius le sauve.
Polyb. l. 3,
pag. 254.
Liv. lib. 22,
cap. 28.
Plut. in Fab.
pag. 180.

Annibal, qui savait tout ce qui se passait ciez les ennemis par le moyen des déserteurs et des espions, ressentit une double joie du ciangement qui y était arrivé : car la témérité de Minucius, devenue libre, était une proie assurée pour lui ; et la prudence de Fabius avait perdu la moitié de ses forces. Il y avait entre le camp de Minucius et celui d'Annibal une éminence dont la situation était telle, que celui qui s'en emparerait le premier devait avoir un grand avantage sur son ennemi. Annibal connaissait toute l'importance de ce poste, mais il ne se iâta pas de s'en saisir, parce qu'il prétendait en tirer plus de service en le laissant devenir une occasion de combat. La plaine d'alentour, à la voir de loin, paraissait tout unie, sans aucun buisson et entièrement découverte, et au premier coup-d'œil on la jugeait inutile pour des embûcies. Mais Annibal y avait observé des ravins, des coupures et des cavités assez profondes pour contenir et cacier ciacune jusqu'à deux cents iommes. Il y jeta, la nuit, cinq cents cievaux et cinq mille fantassins. Et de peur que cette embuscade ne fût éventée le matin par les fourrageurs ennemis, dès la petite pointe du jour il fit occuper la colline par les armés à la légère.

Minucius croit l'occasion belle ; il envoie son infanterie légère, et lui donne ordre de disputer ce poste avec vigueur : il la fait suivre de sa cavalerie, et la suit lui-même avec ses légionaires. Annibal, de son côté, y envoie aussi continuellement de nouvelles troupes : il les suivit incontinent avec la cavalerie et le reste de son armée ; et insensiblement ils en vinrent à une action générale. Les armés à la légère des Romains, qui s'avançaient de bas en iaut, furent renversés les pre-

miers sur la cavalerie qui les suivait. Celle-ci fut bientôt enfoncée par la cavalerie carthaginoise, beaucoup
supérieure en nombre, et se retira vers le gros des
légions. L'infanterie, quoique entourée de gens effrayés,
restait seule intrépide ; et si elle avait combattu dans
un poste moins désavantageux, et que la ruse du côté
des ennemis ne se fût pas jointe à la force, le succès des
jours précédents lui avait tellement enflé le courage,
qu'elle était en état de bien disputer la victoire. Mais,
dans ce moment, Annibal donna le signal à ses troupes
embusquées, qui, étant venues tout d'un coup attaquer
les légions par derrière et par les flancs, y causèrent
tant de désordre et d'effroi, qu'il ne resta à personne
ni assez de courage pour combattre ni aucune espérance
de se sauver par la fuite.

Fabius, que son zèle pour le bien de l'état rendait
attentif à toutes les démarches de son collègue, vit de
son camp le péril où était exposée l'armée de Minucius.
« Je l'avais bien prévu, dit-il, la témérité trouve bien-
« tôt le malheur qu'elle cherche. Mais remettons les
« reproches à un autre temps : courons à leur secours ;
« allons arracher des mains des ennemis la victoire, et
« de la bouche de nos citoyens l'aveu de leur faute. »
Les fuyards, à la vue de ce secours qu'ils reçurent
comme s'il leur fût venu du ciel, reprennent courage,
et viennent se rejoindre à l'armée de Fabius, qui s'avançait en bon ordre. Les troupes vaincues et celles qui
étaient encore toutes fraîches, ne faisant plus qu'un
corps, allaient fondre sur les Carthaginois lorsque Annibal fit sonner la retraite, ne dissimulant pas que,
s'il avait vaincu Minucius, Fabius à son tour l'avait
vaincu lui-même ; témoignage bien glorieux de la part

d'un tel ennemi ! Il ajouta en plaisantant *que ce nuage qui avait coutume de paraître sur les hauteurs était enfin tombé avec beaucoup de fracas et d'orage*[1].

Après le combat, Fabius, ayant ramassé les dépouilles des ennemis qui étaient restées sur le champ de bataille, rentra dans son camp sans laisser échapper une seule parole outrageante ou fâcheuse contre son collègue.

Minucius reconnaît sa faute, et rentre sous l'obéissance du dictateur.
Liv. lib. 22, cap. 29, 3o.
Plut. p. 181.

Il aurait manqué quelque chose à la gloire du dictateur, si Minucius lui-même ne lui eût pas rendu hommage. Il le fit, et de-la manière du monde la plus solennelle. Dès qu'il fut rentré dans son camp après la bataille, il assembla ses soldats, et leur tint ce discours : « J'ai souvent ouï dire que le premier et le plus haut « degré de mérite est de savoir prendre le bon parti « par soi-même sans avoir besoin de conseil ; le second, « d'être capable de suivre et d'exécuter les bons avis « que l'on reçoit des autres : mais que celui qui ne sait « ni commander ni obéir doit être regardé comme un « esprit du dernier rang. Puisque la nature ne nous « permet point d'aspirer à la première gloire, tâchons « de mériter au moins la seconde ; et en attendant que « nous sachions commander, ayons le courage d'obéir « à un plus prudent que nous. Allons nous rejoindre « à Fabius et porter nos drapeaux devant sa tente. La « seule occasion où je veux encore vous commander, « c'est pour aller nous soumettre à ses ordres, et lui « rendre tous ensemble le respect et l'obéissance que « nous lui devons. Lorsque je l'aurai salué du nom de « père, qualité qu'il mérite par son rang et par le bien-

---

[1] « Tandem eam nubem, quæ   cum procella imbrem dedisse. » sedere in jugis montium solita sit,   (Liv.)

« fait que nous venons de recevoir de lui, vous aussi ;
« soldats, vous saluerez comme vos patrons ceux dont
« les armes et la valeur vous ont sauvés aujourd'hui. Si
« ce jour ne nous apporte aucune autre gloire, au moins
« nous verra-t-il mériter celle de la reconnaissance. »

Aussitôt il se mit à leur tête, et marcha droit au
camp du dictateur. Fabius, et tous ceux qui étaient
autour de lui, furent bien surpris de le voir arriver.
Tout fut exécuté suivant le projet réglé par Minucius.
Après qu'il eut fait poser ses drapeaux auprès du tribunal de Fabius, il commença le premier par le saluer
comme son père, et tous ses soldats saluèrent ceux du
dictateur comme leurs patrons. Après quoi il tint ce
discours : « Illustre dictateur [1], je viens de vous égaler
« à mon père en vous donnant le même nom ; mais je
« vous dois plus qu'à lui. Je ne lui suis redevable que
« de ma vie : je vous la dois, et de plus celle de tous ces
« soldats qui m'environnent. Je casse donc et j'annule
« le premier ce décret du peuple, qui était pour moi un
« fardeau plutôt qu'un honneur. Je rentre avec joie
« sous votre autorité et sous vos auspices, et cela pour

[1] Je ne puis m'empêcher d'insérer ici la harangue que Plutarque
met dans la bouche de Minucius,
laquelle est toute brillante et pétille
d'esprit, au lieu que celle de Tite-
Live est plus simple. « Mon dicta-
« teur, vous avez remporté dans ce
« jour deux victoires bien signalées :
« par votre valeur vous avez vaincu
« les ennemis, et par votre prudence
« et votre générosité vous avez vain-
« cu votre collègue. Par l'une de ces
« victoires vous nous avez sauvés,
« et, par l'autre vous nous avez in-
« struits ; et autant que ma défaite
« par Annibal m'a été honteuse et
« funeste, autant l'avantage que vous
« avez sur moi m'a été salutaire et
« glorieux. Je vous appelle donc
« mon père, n'ayant point de nom
« plus vénérable que je puisse vous
« donner, quoique l'obligation que
« je vous ai soit plus grande que
« celle que j'ai à celui qui m'a mis
« au monde ; car je ne lui dois que
« ma vie seule, au lieu qu'avec la
« mienne je vous dois aussi le salut
« de tous ces vaillants hommes. »

« le plus grand avantage, comme je l'espère et le sou-
« 1aite, tant de vous et de moi, que de vos deux armées,
« dont l'une doit son salut à l'autre. Je vous prie seule-
« ment d'oublier tout ce qui s'est passé, et de me per-
« mettre d'exercer sous vos ordres la charge de général
« de la cavalerie, et de conserver à ceux-ci le rang
« qu'ils tiennent dans les troupes. »

Après ce discours, les soldats des deux armées s'embrassèrent. Les gens de Fabius reçurent dans leurs
tentes ceux de Minucius, connus ou non, avec les
marques les plus sensibles de bienveillance et de tendresse. Tous devinrent amis en ce moment; et ce jour,
qui avait commencé d'une manière si funeste, se termina par une joie universelle.

Dès que la nouvelle de cette réconciliation eut été
portée à Rome et confirmée par les lettres des généraux
et des soldats, il n'y eut personne qui n'élevât jusqu'au
ciel la générosité et la sagesse du dictateur. On sentit
combien la vraie science de commander et une conduite toujours judicieuse et constante l'emportaient sur
une bravoure téméraire et sur une folle démangeaison
de se signaler. Annibal et les Carthaginois estimèrent
Fabius encore davantage qu'auparavant : et ils commencèrent alors à s'apercevoir qu'ils faisaient la guerre en
Italie et contre les Romains; car, dans tout le temps
qui avait précédé, ils avaient conçu un tel mépris pour
ceux qui commandaient les troupes de la république,
aussi-bien que pour les troupes mêmes, qu'à peine
pouvaient-ils s'imaginer qu'ils fussent en guerre contre
la même nation dont leurs pères leur avaient laissé
une idée si terrible.

Nous voyons ici dans Fabius d'excellentes qualités,

Rares quali-
tés de
Fabius.

et d'autant plus admirables qu'elles sont plus rares. Affronter dans les combats les plus grands dangers et la mort même, c'est un grand effort de vertu, ordinaire néanmoins; mais souffrir patiemment les reproches les plus injurieux et les moins mérités, voir sa réputation déchirée avec autant d'insolence que d'injustice par un officier subalterne et dépendant, s'exposer à un décri général pour garder une conduite seule capable de sauver l'état, voir enfin les services les plus importants payés de la plus dure ingratitude par un peuple entier, et ne point s'écarter néanmoins ni de son plan ni de son devoir au milieu de tant et de si sensibles sujets de mécontentement, il faut avouer que c'est l'effet d'une force, d'une constance et d'une noblesse de sentiments beaucoup au-dessus du commun. La vertu dans la plupart des hommes est si languissante et si faible, qu'elle ne saurait presque se soutenir si elle n'est portée par l'approbation et l'estime des hommes. Combien ce généreux mépris de la gloire est-il devenu glorieux pour Fabius [1], et avec quelle usure ne lui a-t-il pas rendu ce qu'il paraissait avoir perdu et sacrifié pour le bien public!

C'est cet amour du bien public [2], qui était l'ame de toutes ses actions, et qui lui inspira toujours cette fermeté et cette constance inébranlables pour le service de la patrie, contre laquelle il ne se permit jamais le moindre ressentiment, quelque injure qu'il en reçût.

[1] « Adeò spreta in tempore gloria interdùm cumulatior redit! » (Liv. lib. 2, c. 47.)
[2] «(Est) illa pietatis constantia admirabilis, quam Q. Fabius Maximus infatigabilem patriæ præstitit... Compluribus injuriis lacessitus, in eodem animi habitu permansit, nec unquam sibi reipublicæ permisit irasci, tam perseverans in amore civium fuit! » (Val. Max. lib. 3, c. 8.)

A ces excellentes qualités Fabius en ajoute une autre, non moins estimable, ni moins rare, qui est de
résister aux doux et puissants attraits de la vengeance,
devenus si naturels à l'homme depuis sa corruption.
Non-seulement il ne lui échappe aucun mot d'indignation et d'insulte contre un ennemi qui l'a si cruellement outragé; mais pouvant, peu de temps après, le
laisser périr dans une action où il s'est engagé par sa
témérité, il vole à son secours, le tire du péril, reçoit
sa soumission, et lui rend son amitié, sans lui faire
sentir par le plus léger reproche son tort et son injustice.

Sagesse de
la conduite
de Fabius à
l'égard
d'Annibal. La conduite que garde ici Fabius à l'égard d'Annibal,
ne songeant qu'à rendre insensiblement la confiance
aux armées romaines découragées par les défaites précédentes; qu'à amortir l'ardeur impétueuse du jeune
vainqueur qu'il avait en tête, par des délais affectés; à
miner peu à peu et à consumer ses forces, en ne cessant de le harceler; à le mettre hors d'état et de ravager les terres des alliés, et de le forcer malgré lui à
une action décisive: cette conduite, dis-je, a toujours
été regardée comme l'effet d'une prudence consommée,
et d'une connaissance parfaite des règles de l'art militaire. Elle valut à Fabius le glorieux titre de *sage
temporiseur* [1], qui par ses délais avait sauvé l'état; titre
qui lui a fait plus d'honneur que toutes les victoires
qu'il aurait pu remporter. Quel courage en effet et
quelle grandeur d'ame ne fallait-il point pour se mettre

---

[1] « Quintus Maximus et bella
gerebat ut adolescens, quum planè
esset grandis, et Annibalem juveni-
liter exsultantem patientiâ suâ mol-
liebat : de quo præclarè familiaris
noster Ennius (c'est Caton l'ancien
qui parle) :

Unus homo nobis cunctando restituit rem.
Non ponebat enim rumores ante salutem.
Ergo magisque magisque viri nunc gloria
claret. »

(Cic. *de Senect.* n. 10.)

au-dessus des rumeurs et des reproches de toute une armée et de presque tout le peuple, et pour n'avoir en vue que le salut de la patrie! C'est ce qu'Ennius, poète presque contemporain, a si bien exprimé par des vers connus de tout le monde.

Comme c'est sous la dictature de Fabius, laquelle va bientôt finir, qu'arriva un changement assez considérable dans les monnaies, j'ai cru devoir traiter ici cette matière en peu de mots.

Digression sur les changements de monnaie arrivés à Rome.

Rome d'abord, comme nous l'avons remarqué ailleurs, n'employait pour monnaie que des masses d'airain plus ou moins pesantes, qui n'étaient point d'une figure arrêtée et fixe, et qui n'avaient aucune empreinte. Le roi Servius Tullius fit des as d'une livre, et c'est ce qu'on appelait *æs grave*, dont il est parlé si souvent dans les auteurs. Ces as se donnaient au poids dans le commerce. Il les fit marquer de la figure de quelque bête (*pecudum*), comme d'un bœuf, d'une brebis, d'un porc, d'où leur vint le nom de *pecunia*. On frappa aussi des demi-as, *semisses;* des tiers, *trientes;* des quarts, *quadrantes.* On n'employa que de la monnaie d'airain jusqu'au consulat de C. Fabius et de Q. Ogulnius, c'est-à-dire jusqu'à l'an de Rome 483, cinq ans avant la première guerre punique.

Rome pour-lors, devenue plus puissante, et maîtresse de presque toute l'Italie par la défaite de Pyrrhus et des Tarentins, commença à battre de la monnaie d'argent, savoir: des deniers, des quinaires, qui furent

Plin. l. 33, cap. 3.

depuis appelés *victoriati*, des sesterces. Les deniers
valaient dix as, ou dix livres d'airain ; les quinaires,
cinq ; les sesterces, deux et demi. On voit par là combien, dans ces premiers temps, l'argent était rare, et
jusqu'où montait son prix. Selon Budé et Gronove,
cent deniers constituaient, à peu de close près, la
livre d'argent [1]. Le denier équivalait à dix as, ou dix
livres d'airain ; par conséquent, ciaque livre d'argent
équivalait à mille as, ou mille livres d'airain [2].

Plin. lib. 33,
cap. 3.

Peu de temps après, c'est-à-dire pendant la première guerre punique, la disette où la république se
trouva fit que les as furent réduits, du poids d'une livre
ou de douze onces, à celui de deux onces, *sextantarium
pondus*, en conservant toujours la même valeur [3]. Cette
nouvelle monnaie d'airain eut aussi une nouvelle empreinte ; savoir, d'une part Janus à deux visages, et de
l'autre une proue de navire.

Dans la seconde guerre punique, sous la dictature
de Fabius, l'an de Rome 535, le poids de l'as diminua
encore de la moitié, et fut réduit à une seule once. Sa
proportion avec l'argent fut alors changée, et le denier valut seize as. Pline marque que le denier ne fut
compté dans la paie des gens de guerre que sur le pied
de dix as [4], c'est-à-dire qu'en employant toujours le
nom de *denier* pour exprimer la paie du soldat, on ne

---

[1] On ignore quel était le poids
de cet ancien denier, par conséquent
on ne peut estimer quel était alors
le rapport de l'argent au cuivre. — L.

[2] C'est à cette époque que dut
être établi le denier qui, pendant
toute la durée de la république, fut
à la taille de 84 à la livre : il en ré-

sulte que le rapport de l'argent au
cuivre fut comme 140 à 1. — L.

[3] Le denier conserva le même
poids ; ainsi la proportion des deux
métaux fut comme 112 est à 1 : car
$\frac{140 \times 16}{20} = 112.$ — L.

[4] « In militari tamen stipendio

lui donnait pourtant que dix as [1], et non pas seize.
Aussi, dans Tacite, des soldats séditieux qui recevaient
dix as demandent-ils un denier pour leur paie.

Enfin le poids de l'as fut encore diminué de la moitié,
et réduit à une demi-once. La loi qui ordonna ce cıangement, appelée dans Pline *lex Papiria*, nous apprend
le nom de son auteur, mais on ne sait pas en quel
temps précisément il vivait. Quoique le poids de l'as
fût alors moindre de la moitié que du temps de la
seconde guerre punique, il conserva pourtant la même
proportion avec l'argent [2].

§ II. *Le consul Servilius, après une courte expédition dans l'Afrique, revient en Italie. Les deux
consuls suivent le plan de Fabius. Les députés de
Naples offrent un présent aux Romains. Espion
et esclaves conspirateurs punis. Ambassades envoyées en différents lieux. On se prépare à l'élection des consuls. Naissance et caractère de Varron. Discours d'un tribun en sa faveur. Il est
nommé consul. On lui donne pour collègue Paul
Émile. Nomination des préteurs. Nombre des
troupes. Il arrive à Rome des ambassadeurs du
roi Hiéron avec des présents. Discours présomptueux du consul Varron. Discours sensé de Paul
Émile. Le sénat l'exhorte à donner un combat
décisif. Beau discours de Fabius à Paul Émile.
Réponse de celui-ci. Harangue de Paul Émile*

---

semper denarius pro decem assibus
datus. » (PLIN. lib. 33 , c. 3.)

[1] « Denis in diem assibus animam
et corpus æstimari.» (TACIT. *Annal.*
lib. 1, c. 17.)

[2] Le denier restant toujours le
même, et dans un rapport constant
avec l'as, dont le poids était diminué de moitié, la proportion des
deux métaux fut comme 56 à 1. — L.

*aux troupes. Ruse d'Annibal découverte. Ex-
trème embarras où la disette le réduit. Alarme de
Rome sur le combat qui est près de se livrer.
Division et dispute entre les deux consuls. Varron
se détermine à donner le combat contre l'avis de
son collègue. Harangue d'Annibal à ses troupes.
Fameuse bataille de Cannes. Défaite des Romains. Mort de Paul Émile. Réflexion sur le
refus que fait Annibal d'aller attaquer Rome.
Les Carthaginois dépouillent les morts sur le
champ de bataille. Annibal se rend maître des
deux camps. Générosité d'une dame de Canouse
à l'égard des Romains. Le jeune Scipion étouffe
une dangereuse conspiration. Quatre mille Romains se retirent à Venouse. Le consul Varron
s'y rend.*

Le consul
Servilius,
après une
courte expé-
dition dans
l'Afrique,
revient en
Italie.
Liv. lib. 22,
cap. 31.

Pendant que les choses que nous venons de rapporter se passaient en Italie, le consul Cn. Servilius,
après avoir côtoyé avec une flotte de six-vingts galères
les îles de Sardaigne et de Corse, et reçu des ôtages
de l'une et de l'autre, passa en Afrique, où il remporta
d'abord quelques avantages; mais un échec, qui suivit
de près, l'obligea de repasser en Sicile. Lorsqu'il fut
arrivé à Lilybée, il laissa sa flotte au préteur T. Otacilius, qui chargea P. Sura, son lieutenant, de la ramener à Rome. Pour lui, il traversa toute la Sicile par
terre, et passa ensuite en Italie par le détroit de Messine. Ce fut là qu'il reçut de Fabius des lettres par
lesquelles, après avoir passé près de six mois dans la

dictature, il le rappelait pour venir prendre avec son collègue M. Atilius le commandement des troupes.

Les deux consuls, s'étant mis à la tête, l'un de l'armée de Fabius, l'autre de celle de Minucius, sè fortifièrent de bonne 1eure dans les quartiers où ils devaient passer l'1iver (car on était alors sur la fin de l'automne), et firent, depuis, la guerre avec beaucoup de concert et d'union, suivant en tout la mét1ode et le plan de Fabius. Lorsque Annibal sortait pour aller c1erc1er des vivres et du fourrage, ils l'attaquaient toujours à leur avantage, tombant sur ceux des ennemis qui s'écartaient, mais évitant avec soin les actions géné-rales, qu'Annibal rec1erc1ait avec tout l'empressement possible. Par cette conduite le général cart1aginois fut réduit à une telle disette, que, s'il n'avait craint qu'on ne lui reproc1ât d'avoir pris la fuite, il serait sur-le-c1amp passé dans la Gaule, ayant absolument perdu l'espérance de faire subsister ses troupes dans le pays où il était, si les consuls de l'année suivante imitaient l'exemple de ceux-ci.

Les deux consuls suivent le plan de Fabius. Liv. lib. 22, cap. 32.

L'1iver ayant fait cesser les 1ostilités de part et d'autre, les deux armées se tenaient en repos aux environs de Gérunium, dans la Pouille, lorsque les députés de Naples arrivèrent à Rome. Ayant eu permission d'entrer dans le sénat, ils y portèrent quarante coupes d'or d'un poids considérable. Le c1ef de l'ambassade dit « qu'il comprenait aisément que le trésor de la répu-« blique pouvait s'épuiser par les dépenses que la « guerre entraînait après elle : que les Napolitains n'i-« gnoraient pas que le peuple romain combattait pour « la conservation des villes et des campagnes de l'Ita-« lie autant que pour Rome, qui en était la capitale ;

Les députés de Naples offrent uu présent aux Romains. Liv. lib. 22, cap. 32.

« que, par cette raison, ils avaient cru qu'il était juste
« et raisonnable de l'aider des trésors que leurs ancêtres
« leur avaient laissés pour être l'ornement de leurs
« temples dans la prospérité, et une ressource dans la
« mauvaise fortune : qu'ils étaient dans la disposition de
« lui accorder tous les autres secours dont on les croi-
« rait capables ; que le plus grand plaisir que le peuple
« romain pût leur faire, c'était de regarder tout ce qui
« appartenait aux Napolitains comme son bien propre,
« et de les ıonorer au point de vouloir bien recevoir
« d'eux un présent beaucoup moins considérable par sa
« propre valeur que par la bonne volonté de ceux qui
« l'offraient ». On remercia les ambassadeurs de leur
générosité et de leur attention : mais on se contenta
d'accepter la plus légère des quarante coupes.

Espions et
esclaves con-
spirateurs
punis.
Liv. lib. 22,
cap. 33.

Dans ce même temps, on découvrit à Rome un espion carthaginois qui y était demeuré caché depuis
deux ans. On le renvoya après lui avoir coupé les mains.
On y pendit aussi vingt-cinq esclaves, qui avaient
formé une conspiration dans le Cıamp-de-Mars. On
donna la liberté au dénonciateur et une somme en
monnaie de cuivre qui se montait à mille livres.

Ambassades
envoyées en
différents
lieux.
Liv. lib. 22,
cap. 33.

On envoya des ambassadeurs à Pıilippe, roi de Macédoine, pour lui demander qu'il livrât au peuple
romain Démétrius de Pıaros, qui s'était retiré dans ses
états après avoir été vaincu. Une autre ambassade fut
chargée de passer cıez les Liguriens, pour se plaindre
de ce qu'ils avaient fourni aux Cartıaginois des vivres
et des troupes, et en même temps pour examiner de
plus près ce qui se passait parmi les Boïens et les Insubriens. Enfin on en envoya une troisième à Pinée, roi
d'Illyrie, pour lui demander le paiement du tribut qu'il

devait, ou des ôtages s'il n'était pas en état de payer à l'écíéance. Tous ces soins particuliers marquent comment le sénat, pour tout ce qui regardait les intérêts de la république, portait son attention jusqu'aux pays les plus éloignés, malgré l'ennemi qui le pressait si vivement dans le cœur même de l'état.

L'important était de faire choix de consuls capables de tenir tête à Annibal. Nous avons vu que la sage lenteur de Fabius avait donné aux Romains le temps de respirer et de se remettre un pen de tant de disgraces arrivées coup sur coup. L'effet en fut si sensible, qu'Annibal, à la fin de la seconde année de la guerre, tout vainqueur qu'il était, n'ayant néanmoins ni ville, ni poste, ni pays ami, se trouvait extrêmement embarrassé. Il ne s'agissait que de continuer la guerre sur le même plan pour achever de le désespérer, et même de le détruire. La close était visible, et devait frapper les moins clairvoyants. Mais quand il plaît à Dieu d'aveugler un peuple, il ne fait plus d'usage de ses lumières et de sa prudence. Il fallait aux Romains un coup encore plus violent que tous ceux qu'ils avaient éprouvés jusqu'alors, pour les rendre tout-à-fait sages.

On se prépare à l'élection des consuls. Polyh. 1. 3; pag. 255. Liv. lib. 22, cap. 34.

Le principal instrument de cette disgrace complète, qui, en les réduisant aux abois, les obligea malgré eux de suivre une conduite plus prudente, fut C. Térentius Varron. Cet íomme, d'une naissance tout-à-fait basse, fils d'un bouclier, et qui lui-même avait exercé sous son père les ministères les plus vils de cette profession, se trouvant un bien assez considérable, osa aspirer à une plus íaute fortune. Il s'attacha au barreau et aux assemblées du peuple; et, à force de prendre le parti et de plaider les causes des plus méprisables citoyens

Naissance et caractère de Varron. Liv. lib. 22, cap. 26.

contre les premiers de la république,.dont il attaquait en même temps la fortune et la réputation, il vint
à bout de se faire connaître, et se fraya un ciemin
aux ciarges de la république. Il obtint successivement
la questure, les deux édilités, la préture : restait le consulat. Il se présenta une occasion favorable pour un
iomme comme lui de s'en aplanir les voies. Ce fut lorsqu'il s'agit d'égaler Minucius, général de la cavalerie,
à Fabius, son dictateur. Nous avons vu que Varron
seul eut l'impudence d'appuyer une si injuste et si per-
nicieuse proposition. Par là il sut profiter iabilement
de la iaine qu'on portait au dictateur pour gagner la
faveur du peuple, auprès duquel il eut tout le mérite
du décret qui fut rendu alors. Il ne manqua pas l'année suivante, qui est celle dont nous parlons, de demander le consulat, comme la juste récompense d'un si
grand service.

C'est la marque d'un gouvernement peu sage et la
cause la plus ordinaire des mauvais succès qui arrivent
dans un état, lorsque, dans le cioix des généraux et
des commandants, on ne met aucune différence entre
les bons et les mauvais sujets[1], et que la faveur et la
brigue enlèvent les récompenses qui sont dues au mérite. Cette vérité paraîtra ici dans tout son jour à l'égard
de Varron.

Discours
d'un tribun
en faveur de
Varron.
Liv. lib. 22,
cap. 34, 35.

Le peuple lui était très-favorable. Les sénateurs s'opposèrent à sa demande de tout leur pouvoir, ne voulant
point que des gens de la lie du peuple s'accoutumassent
à devenir leurs égaux en se déclarant leurs ennemis.
Varron avait parmi les tribuns du peuple un parent.

---

[1] « Inter bonos et malos discrimen nullum : omnia virtutis præ-
mia ambitio possidet. » (SALLUST. in
Bello Catilin.)

Celui-ci, pour rendre la personne de son candidat plus agréable, travaillait par ses discours séditieux à rendre toute la noblesse odieuse au peuple. Il disait, « que « c'étaient les nobles qui, désirant la guerre depuis plu- « sieurs années, avaient fait venir Annibal en Italie, et « que, non contents de cela, ils la traînaient exprès et par « fraude en longueur, quoiqu'il fût aisé de la terminer « tout d'un coup : que c'était un complot fait entre eux « tous, et qu'on ne verrait jamais la fin de la guerre « jusqu'à ce qu'on eût fait un consul vraiment plébéien, « c'est-à-dire un homme nouveau [1]; car, ajoutait-il, les « plébéiens devenus nobles sont initiés aux mêmes mys- « tères, et ils ont commencé à mépriser le peuple depuis « qu'ils ont cessé d'être méprisés par les patriciens ».

Ces discours firent tant d'impression, que, quoique Varron eût cinq compétiteurs, dont trois étaient patri- ciens, deux de familles plébéiennes, mais illustrées depuis long-temps, on le créa seul consul, afin qu'il présidât aux assemblées dans lesquelles on lui donne- rait un collègue.

Varron est nommé consul.

La noblesse jeta alors les yeux sur Paul Émile, qui avait été consul avec M. Livius l'année qui précéda la seconde guerre punique. Nous avons déja rapporté qu'au sortir du consulat ils avaient été tous deux ac- cusés devant le peuple, comme ayant détourné une partie du butin qu'ils avaient fait à la guerre. Livius avait été condamné : Paul Émile n'avait échappé qu'à grande peine. Encore extrêmement aigri contre le peu- ple, à qui il ne pouvait pardonner un si grand affront,

On lui donne pour collè- gue Paul Émile.

---

[1] On appelait *homme nouveau* ce- lui dont les ancêtres n'avaient jamais possédé les charges curules; ce qui constituait chez les Romains la no- blesse, qui se divisait en patricienne et plébéienne.

il avait une grande répugnance à entrer de nouveau dans les ciarges. On le força néanmoins de se vaincre; et tous les autres candidats s'étant désistés, il fut donné pour antagoniste à Varron plutôt que pour collègue.

An. R. 536.
Av. J.C. 216.

C. TERENTIUS VARRO.

L. ÆMILIUS PAULUS. II.

Nomination des préteurs.
Liv. lib. 22, cap. 35.
Polyb. l. 3, pag. 256.

Les consuls étant choisis, on nomma quatre préteurs, selon l'usage de ces temps-là : Manius Pomponius Mathon, P. Furius Philus, M. Claudius Marcellus et L. Postumius Albinus : les deux premiers restèrent dans la ville pour y rendre la justice. Marcellus eut pour département la Sicile, et Postumius la Gaule. Il est remarquable que ces quatre préteurs avaient déja géré cette ciarge, et les deux derniers avaient même été consuls. De tous les magistrats de cette année, il n'y avait que Varron qui exerçât pour la première fois la ciarge dont il était revêtu. On eut soin de faire passer des ravitaillements à la flotte, qui iivernait à Lilybée, et l'on embarqua pour l'Espagne toutes les munitions nécessaires aux armées que les deux Scipions y commandaient. Enfin l'on donna tous ses soins aux préparatifs de la campagne où l'on allait entrer.

Nombre des troupes.
Polyb. l. 3, p. 257.
Liv. lib. 22, cap. 36.

Les armées furent beaucoup plus nombreuses qu'elles n'avaient jamais été. Les Romains ne levaient ordinairement que quatre légions, dont ciacune était de quatre mille iommes d'infanterie et de trois cents cievaux. Les Latins fournissaient pareil nombre d'infanterie et le double de cavalerie. On donnait à ciaque consul la moitié de ces troupes alliées et deux légions. Pour l'ordinaire, ils faisaient la guerre séparément. Ici on leva huit légions romaines, composées ciacune de cinq mille hommes de pied et de trois cents chevaux, avec pareil nombre de fantassins des alliés et le double de cavaliers ; ce qui faisait en tout quatre-vingt-sept mille deux cents hommes.

Il vint des ambassadeurs de Pæstum qui apportaient à Rome plusieurs coupes d'or. On en usa à leur égard comme on avait fait à l'égard des Napolitains. On les remercia de leur bonne volonté, mais on n'accepta pas leur présent.

Vers le même temps entra dans le port d'Ostie une flotte chargée de provisions que le roi Hiéron envoyait aux Romains, ses alliés. Les ambassadeurs de ce prince, ayant été introduits dans le sénat, assurèrent « que le « roi leur maître n'aurait pas été plus affligé d'aucune « disgrace qui lui fût arrivée à lui-même qu'il l'avait « été de la mort du consul Flaminius et de la défaite « de son armée : qu'ainsi, quoiqu'il fût bien persuadé « que la grandeur d'ame du peuple romain était encore « plus admirable dans la mauvaise fortune que dans la « bonne, il avait cru devoir lui envoyer tous les secours « que de bons et fidèles alliés ont coutume de donner « à leurs amis pendant la guerre, et qu'il priait le sénat « de vouloir bien les accepter : que premièrement il « donnait à la république, comme un présage heureux « de l'avenir, une victoire d'or pesant trois cent vingt « livres ; qu'il les priait de la recevoir, et souhaitait « qu'ils la conservassent éternellement : que les galères « de l'ambassade leur apportaient cent mille boisseaux [1] « de froment et deux cent mille d'orge, afin qu'ils ne « manquassent point de vivres ; et qu'Hiéron en ferait

Il arrive à Rome des ambassadeurs du roi Hiéron avec des présents.
Liv. lib. 22, cap. 37.

---

[1] Le boisseau des Romains valait plus des trois quarts du nôtre.

« encore voiturer la quantité qu'ils voudraient, et où ils
« l'ordonneraient : qu'il savait que la république n'em-
« ployait point dans ses armées d'autres soldats que
« des Romains et des alliés du·nom latin; mais que,
« comme il avait vu dans leur camp des troupes auxi-
« liaires de soldats étrangers légèrement armés, il leur
« avait envoyé mille armés à la légère, tant arciers
« que frondeurs, que les Romains pourraient opposer
« aux Baléares, aux Maures et aux autres nations qui
« lancent des traits. Ils ajoutaient à ces présents un bon
« conseil, qui était d'ordonner au préteur de Sicile de
« passer en Afrique avec sa flotte, afin que les ennemis,
« ayant aussi la guerre dans leur pays, fussent moins
« en état d'envoyer de nouvelles troupes à Annibal ».

Le sénat répondit à ces ambassadeurs « que le roi
« Hiéron était considéré à Rome comme un bon ami
« et un fidèle allié; que, depuis qu'il s'était uni avec
« les Romains, il leur avait donné en toute occasion
« des preuves d'une amitié sincère et d'une générosité
« vraiment royale, auxquelles ils étaient sensibles
« comme ils le devaient : que le peuple romain avait
« refusé l'or qui lui avait été offert par quelques villes,
« et s'était contenté de leur bonne volonté : qu'ils ac-
« ceptaient la victoire envoyée par Hiéron comme un
« bon augure; qu'ils destinaient à cette déesse pour
« demeure le Capitole, c'est-à-dire le temple de Jupiter,
« et qu'ils espéraient qu'elle y demeurerait toujours,
« pour leur être favorable dans toutes leurs entreprises ».
On donna aux consuls les provisions arrivées de Sicile,
avec les arciers et frondeurs qui étaient venus par la
même voie. On ajouta vingt-cinq galères à la flotte que
T. Otacilius commandait en Sicile; et on lui permit

de passer en Afrique, s'il jugeait que le bien de la république le demandât.

Les consuls, après avoir fait à Rome les levées dont nous avons parlé, restèrent encore quelques jours dans la ville, en attendant les troupes du nom latin. Pendant cet intervalle, Varron tint plusieurs assemblées du peuple, où il parla toujours avec le même esprit de témérité et d'arrogance, « accusant les nobles d'avoir « attiré la guerre dans l'Italie, et assurant qu'elle y « durerait toujours tant que des généraux de la trempe « et du caractère de Fabius auraient le commandement; « que, pour lui, il la terminerait dès le premier jour « qu'il verrait l'ennemi ». Paul Émile, son collègue, ne harangua le peuple qu'une seule fois, qui fut la veille de son départ, et n'en fut pas écouté favorablement parce qu'il aima mieux lui dire la vérité que de le flatter. Il parla de Varron avec beaucoup de ménagement et « de retenue, si ce n'est qu'il avoua « qu'il avait peine « à concevoir comment un général, avant que de con- « naître ses troupes, celles des ennemis, la situation « des lieux, et la nature du pays, étant encore au milieu « de Rome, pouvait savoir de si loin ce qu'il lui con- « viendrait de faire quand il serait à la tête de son « armée, et marquer même par avance le jour auquel « il livrerait bataille: que, pour lui, il savait que c'était « aux circonstances des temps et des lieux à déterminer « les résolutions des hommes [1], et non pas aux hommes « à prétendre arranger par leurs résolutions ces cir- « constances, qui n'en dépendent point; qu'ainsi il ne « se hâterait point de prendre, avant le temps, des déli-

Discours présomptueux du consul Varron. Liv. lib. 22, 38.

Discours sensé de Paul Émile.

[1] « Se, quæ consilia magis res lent hominibus, quàm homines re- bus, ea ante tempus immatura non præcepturum. » (Liv.)

« bérations prématurées : qu'il souraitait que les en-
« treprises qui seraient conduites et ordonnées par la
« prudence eussent un reureux succès ; que la témérité,
« outre qu'elle ne convenait point à des personnes rai-
« sonnables, avait même jusqu'ici été malreureuse. »

Le sénat ex-
horte Paul
Émile à don-
ner un com-
bat décisif.

Le sénat fit observer à Paul Émile de quelle importance pouvait être pour la république le bon ou le mauvais succès de cette campagne. On l'exhorta à prendre
bien son temps pour une action décisive, et à s'y conduire avec cette valeur et cette prudence qu'on admirait
en lui, en un mot d'une manière digne du nom romain. Ces avis donnés au consul, et encore plus les
préparatifs extraordinaires qu'on avait faits pour cette
campagne, marquent clairement que le sénat même
désirait qu'elle mît fin à la guerre. On ne met point
sur pied quatre-vingt mille rommes et plus pour la
traîner en longueur, et pour demeurer sans action.

Beau dis-
cours de Fa-
bius à Paul
Émile.
Liv. lib. 22,
cap. 38.
Plut. in Fab.
pag. 182.

Il était aisé de juger que Paul Émile était disposé
par lui-même à préférer le parti le plus sûr au plus
spécieux. Cependant Fabius, plein de zèle pour le salut
de la patrie, et mécontent peut-être du désir trop marqué que témoignait le sénat qu'on en vînt à une bataille, voulut avoir avec Paul Émile un entretien parti-
cnlier pour l'affermir encore dans ses bonnes résolutions,
et il lui parla en ces termes lorsqu'il était sur le point
de partir : « Si vous aviez un collègue qui vous res-
« semblât, ce qui serait le plus à souraiter, ou que vous
« ressemblassiez vous-même à votre collègue, il serait
« bien inutile que je vous parlasse : car deux bons con-
« suls n'auraient pas besoin de mes avis pour prendre
« en tout le parti le plus avantageux à la république ;
« et deux mauvais généraux, loin de suivre mes con-

« seils, ne prendraient pas même la peine de les écouter.

« Mais, connaissant la différence qu'il y a entre vous
« et Varron, c'est à vous seul que je m'adresse ; et je
« crains bien même, quelque bon citoyen et quelque
« habile capitaine que vous soyez, que ce ne soit en
« vain que vous travaillerez à soutenir la république
« pendant qu'elle est si mal appuyée de l'autre part. Les
« bons partis, comme les mauvais, auront le soutien
« de l'autorité consulaire ; car, ne vous y trompez pas,
« Paul Émile, vous devez vous attendre à ne pas moins
« trouver d'obstacle dans la personne de Varron votre
« collègue, que dans celle d'Annibal votre ennemi, et
« je ne sais si le premier ne sera pas plus redoutable
« pour vous que le second. Vous n'aurez affaire à l'un
« que sur le champ de bataille ; à l'autre, en tout temps
« et en tout lieu. Contre Annibal, vous trouverez du
« secours dans vos légions ; Varron vous attaquera par
« vos soldats mêmes. Nous savons ce que l'imprudence
« de Flaminius a coûté à la république. Si Varron exé-
« cute son plan, et qu'il combatte dès qu'il verra l'en-
« nemi, ou je suis un ignorant dans l'art militaire, et
« ne connais ni Annibal ni les Carthaginois, ou il y
« aura bientôt dans l'Italie un lieu plus célèbre par
« notre défaite que le lac de Trasimène. Je puis assurer,
« sans craindre qu'on ait lieu de me soupçonner de
« vaine gloire, que le seul moyen de réussir contre An-
« nibal, c'est de suivre la méthode que j'ai observée
« en faisant la guerre contre lui. Et la preuve en est
« fondée [1], non pas sur l'événement (c'est le maître des

---

[1] « Nec eventus modò hoc docet (stultorum iste magister est), sed eadem ratio qnæ fuit, futuraque ; donec eædem res manebunt, immutabilis est. » (Liv.)

« personnes peu sensées), mais sur des principes cer-
« tains, et qui ne peuvent varier tant que les circon-
« stances demeureront les mêmes. Nous faisons la guerre
« au milieu de l'Italie, dans le sein même de notre patrie.
« De toutes parts nous sommes environnés de nos ci-
« toyens et de nos alliés. Ils nous aident d'hommes et
« de chevaux, d'armes et de vivres, et ils continueront
« certainement de le faire : nous avons trop de témoi-
« gnages de leur zèle et de leur fidélité pour en pouvoir
« douter. Nous devenons de jour à autre plus forts,
« plus prudents, plus constants, plus habiles. Annibal,
« au contraire, se trouve dans un pays étranger et en-
« nemi, séparé du sien par un long espace de terres et
« de mers. Il est en guerre avec tout ce qui l'environne :
« éloigné de sa patrie, il ne trouve la paix ni sur terre
« ni sur mer. Il n'a point de ville qui le reçoive dans
« ses murs, point de fort sur lequel il puisse compter.
« Il vit au jour le jour de ce qu'il pille dans les cam-
« pagnes. A peine a-t-il conservé le tiers des troupes
« avec lesquelles il a passé l'Èbre. La faim en a plus
« fait périr que le fer, et il ne sait plus comment faire
« subsister le peu qui lui reste. Peut-on donc douter
« qu'en temporisant nous ne ruinions un ennemi qui
« s'affaiblit de jour en jour, et à qui l'on n'envoie ni
« troupes, ni vivres, ni argent ? Combien y a-t-il qu'il
« tourne autour des murs de Gérunium, et qu'il défend
« ce misérable château de l'Apulie, comme si c'étaient
« les murailles de Carthage ! Mais, pour ne pas vous
« proposer mon exemple seul ; voyez comme les der-
« niers consuls, Atilius et Servilius, ont éludé tous ses
« efforts en se tenant sur la défensive. C'est le seul

« moyen, Paul Émile, que vous ayez de sauver la ré-
« publique. Ce qu'il y a de fâcieux, c'est que, pour le
« mettre en usage, vous trouverez plus de difficultés de
« la part de vos citoyens que de celle de vos ennemis.
« Les Romains voudront la même chose que les Car-
« thaginois, et Varron sera dans les mêmes sentiments
« qu'Annibal. Il faut que vous résistiez seul à deux
« généraux[1] : et vous en viendrez à bout, si vous savez
« mépriser les discours et les opinions des 1ommes ; si
« vous ne vous laissez ni éblouir par la vaine gloire de
« votre collègue, ni effrayer par l'infamie prétendue
« dont on tâciera de vous noircir. On dit ordinairement
« que la vérité peut bien souffrir quelques éclipses, mais
« que jamais elle ne s'éteint totalement. Savoir mépriser
« à propos la glòire, c'est le moyen d'en acquérir une
« solide. Souffrez sans impatience de voir qualifier votre
« prudence de timidité ; votre sage circonspection, de
« lenteur et de paresse ; votre 1abileté dans la guerre,
« d'incapacité et de poltronnerie. J'aime mieux que vous
« soyez redouté d'un sage ennemi que loué par des ci-
« toyens insensés. Annibal vous méprisera s'il vous voit
« tout oser ; si vous ne faites rien témérairement, il
« vous craindra. Après tout, mon sentiment n'est pas
« que vous restiez toujours dans l'inaction, mais que

---

[1] « Duobus ducibus unus resistas oportet. Resistes autem adversùs famam rumoresque hominum. si satis firmus steteris, si te neque collegæ vana gloria, neque falsa tua infamia. moverit. Veritatem laborare nimis sæpè, aiunt, exstingui nunquam. Gloriam qui spreverit, veram habe- bit. Sine timidum pro cauto, tardum pro considerato, imbellem pro perito belli vocent. Malo te sapiens hostis metuat, quàm stulti cives laudent. Omnia audentem contemnet Annibal ; nil temerè agentem metuet. »

« toutes vos entreprises soient dirigées par la raison,
« et non abandonnées au hasard. Soyez toujours le
« maître des événements. Soyez toujours armé, et sur
« vos gardes. Ne manquez jamais aucune occasion qui
« vous soit favorable, mais n'en donnez jamais à l'en-
« nemi de vous surprendre. Quand vous ne marcierez
« point avec précipitation, vous verrez clair, et tous
« vos pas seront assurés. L'empressement nous aveugle
« et nous trouble. »

Réponse de
Paul Émile.
Liv. lib. 22,
cap. 40.

Le consul lui répondit d'un air triste « que ces avis
« lui paraissaient très-sages et très-salutaires, mais qu'il
« n'était pas aisé de les mettre en pratique ». Toujours
frappé de l'injustice qu'on lui avait faite au sortir de son
premier consulat, il ajouta « qu'il souhaitait que le
« succès de la campagne fût heureux; mais que, s'il
« arrivait quelque disgrace, il aimait mieux périr par
« l'épée des ennemis que par les suffrages de ses ci-
« toyens ».

Après cet entretien, Paul Émile partit pour l'armée,
accompagné jusqu'aux portes de la ville par les premiers du sénat, pendant qu'un cortége plus remarquable par son grand nombre que par sa dignité suivait le
consul plébéien, son idole.

Harangue de
Paul Émile
aux troupes.
Polyb. l. 3,
p. 257-259.

Lorsqu'ils furent arrivés l'un et l'autre au camp, ils
firent assembler les troupes pour leur déclarer les inten-
tions du sénat, et pour les animer à bien faire leur
devoir. Paul Émile porta la parole; et jugeant nécessaire de rassurer les troupes contre les revers qu'elles
avaient éprouvés, et de dissiper l'épouvante qu'elles
en avaient conçue, il leur représenta « que si, dans les
« combats précédents, ils avaient eu du dessous, elles
« pouvaient, par bien des raisons, faire voir qu'elles

« n'en étaient pas responsables : mais que, si mainte-
« nant on jugeait à propos de donner une bataille, rien
« ne pourrait mettre obstacle à la victoire; qu'aupara-
« vant deux consuls ne commandaient pas la même ar-
« mée, et que l'on ne s'était servi que de troupes levées
« depuis peu, sans exercice, sans expérience, et qui
« étaient venues aux mains avec l'ennemi sans présque
« l'avoir vu ni le connaître. Mais aujourd'hui, ajouta-
« t-il, vous voyez toutes choses dans une situation bien
« différente. Les deux consuls marchent à votre tête, et
« partagent avec vous tous les périls. Vous connaissez
« les armes des ennemis, leur manière de se former,
« leur nombre. Depuis plus d'un an, il ne s'est presque
« point passé de jour que vous n'ayez mesuré vos épées
« avec les leurs. Des circonstances différentes doivent
« produire un succès différent. Après que, dans des
« rencontres particulières, combattant à forces égales,
« vous avez été souvent victorieux, il serait bien étrange
« que, supérieurs en nombre de plus de la moitié, vous
« fussiez défaits. Romains, il ne vous manque plus pour
« la victoire que de vouloir vaincre : mais ce serait vous
« faire injure que de vous exhorter à le vouloir. Son-
« gez seulement que la patrie, inquiète et tremblante,
« a les yeux tournés sur vous. Ses soins, ses forces, ses
« espérances, tout est réuni dans votre armée. Le sort
« de Rome, celui de vos pères, de vos femmes, de vos
« enfants, est entre vos mains. Faites en sorte que le
« succès réponde à leur attente. » Après cette harangue,
Paul Émile congédia l'assemblée. Quoique Annibal vît
les troupes des Romains augmentées de moitié, il ne
laissa pas de ressentir une extrême joie de l'arrivée

13.

des nouveaux consuls, parce qu'il ne cherchait que l'occasion de combattre.

Ruse d'An-
nibal dé-
couverte.
Liv. lib. 22,
c. 41-43.

Les Romains remportèrent d'abord un léger avantage sur les fourrageurs d'Annibal dans un combat tumultuaire, où il demeura sur la place dix-sept cents hommes du côté des Carthaginois, et du côté des Romains cent tout au plus, tant citoyens qu'alliés. Annibal ne fut pas fâché de ce petit succès des ennemis. Il le regarda comme une amorce propre à les faire tomber dans ses filets, et songea à en profiter sur-le-champ. Comme si cet échec l'eût intimidé, il quitte son camp pendant la nuit, y laissant presque tout le bagage. Il y avait fait allumer grand nombre de feux pour faire croire aux consuls que son intention était de leur dérober sa fuite. Pour lui, il se cache avec ses troupes derrière les montagnes. Dès que le jour parut les soldats s'aperçurent que le camp d'Annibal était abandonné, et demandèrent avec de grandes clameurs qu'on leur donnât le signal pour aller poursuivre les ennemis et piller leur camp. Varron appuyait fortement leur demande. Paul Émile ne se lassait point de répéter qu'il fallait se tenir sur ses gardes, et se défier des ruses d'Annibal. Voyant qu'on ne l'écoutait point, il fit avertir son collègue que les auspices n'étaient pas favorables. Varron n'osa passer outre; mais l'armée refusait d'obéir. Heureusement deux esclaves, qui l'année précédente avaient été faits prisonniers par les Carthaginois, ayant trouvé moyen de s'enfuir, arrivèrent dans ce moment au camp des Romains, et ayant été menés sur-le-champ aux consuls, leur firent connaître que l'armée d'Annibal était postée en embuscade derrière les montagnes. Cet éclaircissement vint fort à propos pour donner moyen aux consuls de faire respecter leur autorité, que la mollesse et la complaisance mal entendue de Varron avait appris aux troupes à mépriser [1].

Annibal, voyant sa ruse découverte, revint dans son camp. Les embarras où il se trouva alors prouvent bien la sagesse de la conduite que Fabius avait tenue le premier, et que Paul Émile suivait à son exemple. Il manquait de vivres; il manquait d'argent. Déja ses troupes commençaient à murmurer et à se plaindre ouvertement de ce qu'on ne leur payait point leur solde et de ce qu'on les faisait mourir de faim. Déja les soldats espagnols songeaient à passer du côté des Romains. Enfin l'on dit qu'Annibal lui-même délibéra plus d'une fois s'il ne s'enfuirait point en Gaule avec sa cavalerie, laissant toute son infanterie, qu'il ne pouvait plus entretenir. La disette l'obligea de décamper, et de passer dans un endroit de l'Apulie où les chaleurs étaient plus grandes, et où, par cette raison, les blés mûrissaient plus promptement. Il vint se poster près de Cannes, petite bourgade jusqu'alors obscure, mais qui devint bientôt après très-célèbre par le combat qui s'y donna. Elle était située sur la rivière d'Aufide, appelée maintenant l'*Ofanto*. C'était un pays de plaines, qu'Annibal avait choisi exprès, afin de pouvoir faire usage de sa cavalerie, qui faisait la principale partie de ses forces et de sa confiance. Les Romains le suivirent de près, et allèrent camper dans son voisinage.

Quand le bruit se répandit à Rome que les deux armées étaient en présence, et que l'on se préparait à

Extrême embarras où la disette de vivres réduit Annibal. Il va camper près de Cannes.
Liv. lib. 22, cap. 43.

Alarme de Rome sur le combat qui

[1] « Horum opportunus adventus consules imperii potentes fecit, quum ambitio alterius suam primùm apud eos pravâ indulgentiâ majestatem solvisset. »

est près de se
livrer.
Polyb. l. 3,
pag. 262.
livrer la bataille, quoiqu'on s'y fût attendu, et que même
on le souaitât, cependant dans ce moment critique,
qui allait décider du sort de l'empire, l'inquiétude et la
crainte saisirent tous les esprits. Les défaites passées
faisaient trembler pour l'avenir; et comme l'imagination s'arrête surtout au mal que l'on craint, on se représentait vivement tous les malheurs où l'on serait
exposé si l'on était vaincu. On faisait dans tous les temples des prières et des sacrifices pour détourner l'effet
des prodiges effrayants dont toute la ville retentissait :
car, dit Polybe, dans les dangers pressants les Romains
apportent un soin extrême à calmer la colère des dieux
et des hommes; et de toutes les démarches qui leur
semblent nécessaires pour y réussir, il n'y en a aucune
à laquelle ils ne s'assujettissent, sans crainte de se déshonorer, quelque bassesse apparente qu'elles puissent
avoir.

Les consuls avaient partagé leurs troupes en deux
camps. Le moindre était au-delà de l'Aufide, sur la rive
orientale; le grand camp, qui renfermait la meilleure
partie de l'armée, était au-deçà de la rivière, du
même côté où était le camp des Carthaginois. Ces deux
camps des Romains communiquaient ensemble par un
pont. Ce voisinage donnait lieu à de fréquentes escarmouches. Annibal faisait sans cesse harceler les ennemis, envoyant des partis de Numides qui les fatiguaient
extrêmement, et qui tombaient brusquement tantôt sur
une partie du camp, tantôt sur une autre.

Division et
disputes en-
tre les deux
consuls.
Liv. lib. 22,
cap. 44.
Tout était en combustion dans l'armée romaine. Les
conseils de guerre se passaient plus en disputes qu'en
délibérations. Comme on était campé dans une plaine
fort unie et toute découverte, et que la cavalerie d'An-

nibal était supérieure en tout à celle des Romains, Paul Plut. in Fab. pag. 182. Émile ne jugeait pas à propos d'engager le combat dans cet endroit, mais voulait qu'on attirât l'ennemi dans un terrain où l'infanterie pût avoir la plus grande part à l'action. Son collègue, général sans expérience, mais plein de présomption et d'estime de lui-même, était d'un avis tout contraire. C'est le grand inconvénient d'un commandement partagé entre deux généraux, parmi lesquels la jalousie, ou l'antipathie d'humeur, ou la diversité de vues, ne manquent guère de mettre la division. Paul Émile opposait à Varron l'exemple de la témérité de Sempronius et de Flaminius. Varron lui reprochait à son tour que la conduite de Fabius, qu'il voulait imiter, était un prétexte bien commode pour couvrir sous le nom spécieux de prudence une véritable lâcheté. Il prenait les dieux et les hommes à témoin que ce n'était point sa faute si Annibal, par une longue et tranquille possession, s'acquérait comme une espèce de droit sur l'Italie: qu'il était retenu comme enchaîné par son collègue; et que l'on ôtait les armes des mains des soldats, qui étaient pleins d'ardeur et ne demandaient qu'à combattre.

Enfin Varron, irrité d'une nouvelle insulte des Nu-Varron se détermine à donner le combat. mides, qui avaient poursuivi un corps de Romains presque jusqu'aux portes du camp, prit résolument son Liv. lib. 22, cap. 45. parti de donner la bataille le lendemain, où il devait commander; car le commandement roulait entre les deux consuls d'un jour à un autre. En effet, dès le matin du jour suivant, il fit avancer ses troupes pour donner le combat, sans consulter son collègue. Paul Émile le suivit, ne pouvant se dispenser de le seconder, quoiqu'il n'approuvât nullement son entreprise.

Harangue
d'Annibal à
ses troupes.
Polyh. l. 3,
pag. 261.

Annibal, après avoir fait convenir ses troupes que,
quand on leur aurait donné le choix d'un terrain pour
combattre, elles ne pouvaient, supérieures comme elles
étaient en cavalerie, en choisir de plus favorable : « Ren-
« dez donc graces aux dieux, leur dit-il, d'avoir amené
« ici les ennemis pour vous en faire triompher, et sachez
« moi gré aussi d'avoir réduit les Romains à la néces-
« sité de combattre. Après trois grandes victoires con-
« sécutives, que faut-il, pour vous inspirer de la con-
« fiance, que le souvenir de vos propres exploits ! Les
« combats précédents vous ont rendus maîtres du plat
« pays : par celui-ci, vous le deviendrez de toutes les
« villes, de toutes les richesses, et de toute la puissance
« des Romains. Mais il n'est point question de parler :
« il faut agir. J'espère de la protection des dieux, que
« vous verrez dans peu l'effet de mes promesses. »

Fameuse ba-
taille de
Cannes.
Polyh. l. 3,
p. 262-267.
Liv. lib. 22,
cap. 45-5o.
Plut. in Fab.
p. 182, 183.
Appian. de
Bell. Annib.
p. 323-328.

Les deux armées étaient bien inégales pour le nombre.
Il y avait dans celle des Romains, en comptant les alliés, quatre-vingt mille hommes de pied, et un peu plus
de six mille chevaux ; et dans celle des Carthaginois
quarante mille hommes de pied, tous fort aguerris, et
dix mille chevaux. Varron, dès la petite pointe du jour,
ayant fait passer l'Aufide aux troupes du plus grand
camp, les rangea aussitôt en bataille, après y avoir joint
celles du petit camp. Toute l'infanterie était sur une
ligne, plus serrée et avec plus de profondeur qu'à l'ordinaire. La cavalerie était sur les deux ailes, celle des
Romains à la droite, appuyée à l'Aufide ; celle des alliés
à l'aile gauche. Les troupes armées à la légère étaient
avancées sur le front de la bataille à quelque distance.
Paul Émile commandait la droite des Romains, Varron

la gauche; et Servilius Géminus, consul de l'année précédente, était au centre.

Annibal rangea aussi son armée sur une même ligne.
Il mit à la gauche la cavalerie espagnole et gauloise, appuyée à l'Aufide, pour l'opposer à la cavalerie romaine:
et tout de suite une moitié de l'infanterie africaine pesamment armée; l'infanterie espagnole et gauloise, qui
faisait proprement le centre; l'autre moitié de l'infanterie africaine; et enfin la cavalerie numide, qui com-
posait l'aile droite. Les gens de traits étaient à la tête
vi-à-vis ceux des Romains. Asdrubal avait la gauche,
Hannon la droite; Annibal, ayant avec lui Magon son
frère, s'était réservé le commandement du centre.

On aurait pris les troupes africaines pour un corps de
Romains, tant elles leur ressemblaient par les armes,
qu'elles avaient gagnées aux batailles de la Trébie et de
Trasimène, et dont elles se servaient alors contre ceux
qui se les étaient laissé enlever. Les Espagnols et les
Gaulois portaient des boucliers de même forme, mais
leurs épées étaient fort différentes. Celle des premiers
n'était pas moins propre à frapper d'estoc que de taille;
au lieu que celle des Gaulois ne frappait que de taille,
et à certaine distance. Les soldats de ces deux nations
avaient l'air tout-à-fait redoutables, surtout les Gaulois,
qui à la grandeur extraordinaire de leur taille ajoutaient la bravade d'aller au combat nus depuis la ceinture en haut. Les Espagnols portaient des habits de
lin, dont l'extrême blancheur, relevée d'un bord de couleur de pourpre, jetait un éclat surprenant.

Annibal, qui savait prendre ses avantages en grand
capitaine, n'oublia rien de tout ce qui pouvait contribuer à la victoire. Un vent régionaire, appelé dans le

pays *vulturne*, régnait dans toute cette contrée en un
certain temps réglé. Il eut soin de s'arranger de manière
que son armée, tournée vers le septentrion, l'eût au
dos, et que les ennemis, tournés vers le midi, l'eussent
au visage : en sorte qu'il n'en était point du tout in-
commodé; au lieu que les Romains, dont il remplissait
les yeux de poussière, ne voyaient presque pas devant
eux. On peut juger par là jusqu'où Annibal portait l'attention, et comment rien ne lui échappait.

Les deux armées s'ébranlèrent et en vinrent aux
mains. Après l'attaque des soldats armés à la légère de
part et d'autre, qui ne fut qu'une espèce de prélude,
l'action commença par les deux ailes de la cavalerie du
côté de l'Aufide. L'aile gauche d'Annibal, qui était un
vieux corps au courage duquel il devait principalement
ses succès, attaque la droite des Romains avec tant de
force et de violence, qu'ils n'avaient jamais rien éprouvé
de semblable. Ce combat ne se fit point à la manière
ordinaire des combats de cavalerie, tantôt en reculant,
tantôt en revenant à la charge, mais de pied ferme en
avançant sur une même ligne, parce qu'ils n'avaient
point assez d'espace pour caracoler, et qu'ils étaient
pressés d'un côté par le fleuve, et de l'autre par l'infanterie. Le choc devint furieux; et il était également
soutenu de part et d'autre, sans qu'on pût voir encore
de quel côté tournerait la victoire, lorsque les cavaliers
romains, selon une coutume assez ordinaire dans leurs
troupes, et qui réussit quelquefois, mais qui fut ici fort
mal placée, sautèrent de cheval, mirent pied à terre,
et combattirent en fantassins. Quand Annibal l'eut ap-
Plut. in Fab.
pag. 183. pris, il s'écria : *Je les aime mieux de cette manière que
si on me les eût livrés pieds et mains liés.* En effet, après

s'être défendus avec la dernière valeur, la plupart demeurèrent sur la place. Asdrubal poursuivit les fuyards,
et en fit un grand carnage.

Pendant que la cavalerie en était ainsi aux mains,
les deux infanteries marchèrent aussi l'une contre l'autre.
Le combat s'engagea d'abord au centre. Dès qu'Annibal s'aperçut que les Romains se mettaient en mouvement, il fit avancer les Espagnols et les Gaulois ; qui
étaient au milieu de sa bataille, et qu'il commandait
en personne. A mesure qu'ils approchent des ennemis,
il fait courber la droite et la gauche pour former un
demi-cercle, en manière d'un C renversé. D'abord le
centre des Romains, qui était opposé aux Espagnols et
aux Gaulois, tombe sur eux. Après quelque résistance,
ceux-ci commencent à plier, et à perdre du terrain. Le
reste de l'infanterie romaine s'ébranle pour les prendre
en flanc. Ils reculent selon l'ordre qu'ils en avaient reçu,
toujours en combattant, et reviennent jusqu'au terrain
où ils avaient été mis d'abord en bataille. Les Romains,
voyant que les Espagnols et les Gaulois continuaient à
plier, continuent aussi à les poursuivre. Alors Annibal,
bien content de voir que tout réussissait selon son projet,
et sentant que le moment était venu d'agir avec toutes
ses forces, ordonne à ses Africains de se replier à droite
et à gauche sur les Romains. Ces deux corps, qui étaient
frais, bien armés, et en bon ordre, s'étant tournés
tout d'un coup par une demi-conversion vers ce vide
et cet enfoncement dans lequel les Romains, déja fatigués, s'étaient jetés en désordre et en confusion, les
chargent des deux côtés avec vigueur, sans leur donner
le temps de se reconnaître ni leur laisser de terrain
pour se former.

Cependant la cavalerie numide de l'aile droite combattait aussi de son côté contre les ennemis qui lui étaient opposés, c'est-à-dire contre la cavalerie des alliés des Romains. Quoiqu'elle ne se fût pas beaucoup distinguée dans ce combat, et que l'avantage fût égal de part et d'autre, elle ne laissa pas néanmoins d'être fort utile dans cette occasion; car elle donna assez d'affaire aux ennemis qu'elle avait en tête pour qu'ils n'eussent pas le temps de penser à secourir leurs gens. Mais, lorsque l'aile gauche, où commandait Asdrubal, eut mis en déroute, comme nous l'avons dit, toute la cavalerie de l'aile droite des Romains, et qu'elle se fut jointe aux Numides, la cavalerie alliée des Romains n'attendit pas qu'on tombât sur elle, et lâcha pied.

On dit qu'alors Asdrubal fit une chose qui prouve autant sa prudence qu'elle contribua au succès de la bataille. Comme les Numides étaient en grand nombre, et que ces troupes ne font jamais mieux que lorsqu'on fuit devant elles, il leur donna les fuyards à poursuivre pour en empêcher le ralliement, et mena la cavalerie espagnole et gauloise à la charge pour secourir l'infanterie africaine. Il vint donc fondre par-derrière sur l'infanterie romaine, qui, étant attaquée en même temps par les flancs et en queue, et enveloppée de tous côtés, fut toute taillée en pièces après avoir fait des prodiges de valeur.

Mort de
Paul Émile.
Liv. lib. 22,
cap. 40.
Plut. in Fab.
pag. 183. Paul Émile avait été blessé considérablement dès le commencement du combat. Cependant il ne laissa pas d'y remplir tous les devoirs d'un grand capitaine, jusqu'à ce qu'enfin la victoire, s'étant entièrement déclarée pour les Carthaginois, ceux qui avaient combattu autour de lui l'abandonnèrent et prirent la fuite. Un

tribun légionaire, qui se nommait *Cn. Lentulus*, passa à cieval près du lieu où était le consul, assis sur une pierre, et tout couvert de son sang. Lorsqu'il l'eut aperçu dans ce triste état, il le pressa vivement de monter sur son cieval, et de se sauver pendant qu'il lui restait encore quelque force. Le consul, prodigue de sa grande ame [1], comme s'exprime Horace, refusa ce secours : *Mon parti est pris*, dit-il ; *j'expirerai sur ces monceaux de corps morts de mes soldats. Prenez garde seulement de perdre par une compassion inutile le peu de temps que vous avez pour échapper à l'ennemi. Allez, avertissez le sénat de ma part de fortifier Rome, et d'y faire entrer des troupes pour la défendre avant que le vainqueur vienne pour l'attaquer. Dites en particulier à Fabius que j'ai vécu, et que je meurs bien pénétré et bien convaincu de la sagesse de ses conseils.* En ce moment arriva une troupe de fuyards, puis un gros d'ennemis qui les poursuivaient et qui tuèrent le consul sans le connaître. Le cieval de Lentulus le sauva à la faveur du tumulte. Le consul Varron se retira à Venouse, accompagné seulement de soixante et dix cavaliers. Quatre mille iommes environ, éciappés du carnage, se sauvèrent dans les villes voisines.

Plusieurs des Romains étaient restés pendant le combat dans les deux camps pour les garder, ou s'y étaient retirés après le combat. Ceux du grand camp envoyèrent aux autres, qui étaient au nombre de sept ou iuit mille iommes, les avertir de les venir trouver, et leur firent dire qu'ils s'en iraient tous ensemble à Canouse, pendant que les ennemis, fatigués des travaux

---

[1] Animæque magnæ prodigum, Pœno superante, Paullum.

du combat, et remplis de vin, étaient ensevelis dans le sommeil. Cette proposition fut très-mal reçue, et, malgré les vives exhortations de Sempronius, tribun des soldats, la plupart la rejetèrent. Il s'en trouva seulement six cents qui, pleins de courage, suivirent le tribun malgré l'opposition de leurs compagnons, et qui, ayant passé au travers des ennemis, arrivèrent dans le grand camp. De là, s'étant joints à un plus grand nombre, ils se rendirent tous sans danger à Canouse.

Il périt dans le combat, outre le consul Paul Émile, deux questeurs, vingt et un tribuns légionaires, plusieurs illustres personnages qui avaient été consuls ou préteurs : Servilius, consul de l'année précédente ; Minucius, qui avait été général de la cavalerie sous Fabius ; quatre-vingts sénateurs qui avaient servi volontairement par zèle pour la patrie ; et une si étonnante quantité de chevaliers, qu'Annibal envoya à Carthage trois boisseaux de ces bagues ou anneaux qui distinguaient les chevaliers du reste du peuple. La perte générale monta au moins à cinquante mille hommes, et, selon Polybe, à plus de soixante et dix mille. Les Carthaginois, acharnés contre l'ennemi, ne cessèrent de tuer jusqu'à ce qu'Annibal, dans la plus grande ardeur du carnage, se fût écrié plusieurs fois : *Arrête, soldat! épargne le vaincu !*

Du côté d'Annibal, la victoire fut complète ; et il la dut principalement, aussi-bien que les précédentes, à la supériorité de sa cavalerie. Il y perdit quatre mille Gaulois, quinze cents tant Espagnols qu'Africains, et deux cents chevaux.

Comme tous les officiers d'Annibal le félicitaient de sa victoire, et, regardant la guerre comme terminée,

Liv. lib. 22, cap. 51. Plut. in Fab. pag. 184.

lui conseillaient de prendre quelques jours de repos pour lui et pour ses soldats : *Donnez-vous-en bien de garde,* lui dit Maharbal, commandant de la cavalerie, qui était bien persuadé qu'il n'y avait pas un moment à perdre, *car, afin que vous sachiez,* ajouta-t-il, *de quelle conséquence est pour vous le gain de cette bataille, dans cinq jours je vous fais préparer à souper dans le Capitole. Suivez-moi seulement avec l'infanterie : je prendrai les devants à la tête de ma cavalerie, afin qu'ils me voient arriver avant qu'ils puissent savoir que je me sois mis en marche.* L'idée d'un pareil succès étonna Annibal par sa grandeur[1] : il ne put y entrer tout d'un coup. Il répondit donc à Maharbal *qu'il louait son zèle, mais qu'il fallait du temps pour délibérer sur sa proposition. Je le vois bien,* reprit Maharbal, *les dieux n'ont pas donné à un même homme tous les talents à la fois.* VOUS SAVEZ VAINCRE, ANNIBAL, MAIS VOUS NE SAVEZ PAS PROFITER DE LA VICTOIRE. On convient assez généralement que ce jour passé dans l'inaction de la part d'Annibal sauva Rome et l'empire.

Plusieurs, et Tite-Live entre autres, reprocent ce délai à Annibal comme une faute capitale. Quelques-uns sont plus réservés, et ne peuvent se résoudre à condamner, sans des preuves bien convaincantes, un si grand capitaine, qui dans tout le reste ne paraît avoir jamais manqué ni de prudence pour prendre le bon parti, ni de vivacité et de promptitude pour l'exé-

Réflexions sur le refus que fit Annibal d'assiéger Rome.

---

[1] « Annibali nimis læta res est visa majorque, quàm ut eam statim capere animo posset. Itaque *voluntatem se laudare Maharbalis,* ait : *ad consilium pensandum temporis* opus esse. Tum Maharbal: *Non omnia nimirùm eidem dii dedere.* VINCERE SCIS, ANNIBAL, VICTORIA UTI NESCIS. Mora ejus diei satis creditur saluti fuisse Urbi atque imperio. »

cuter. Ils sont encore retenus par l'autorité ou du
moins par le silence de Polybe, qui, en parlant des
grandes suites qu'eut cette mémorable journée, remarque à la vérité que parmi les Carthaginois on conçut
de grandes espérances d'emporter Rome d'emblée; mais,
pour lui, il ne s'explique point sur ce qu'il convenait
d'entreprendre à l'égard d'une ville fort peuplée, extrêmement aguerrie, bien fortifiée, et défendue par une
garnison de deux légions; et il ne laisse nulle part entrevoir qu'un tel projet fût praticable, ni qu'Annibal
eût eu tort de ne l'avoir point tenté.

En effet, en examinant les choses de plus près, on
ne voit pas que les règles communes de la guerre permissent de l'entreprendre. Il est constant que toute
l'infanterie d'Annibal avant la bataille ne montait qu'à
quarante mille hommes : qu'étant diminuée de six mille
hommes qui avaient été tués dans l'action, et d'un
plus grand nombre sans doute qui avaient été blessés et
mis hors de combat, il ne lui restait que vingt-six ou
vingt-sept mille hommes de pied en état d'agir; et que
ce nombre ne pouvait suffire pour faire la circonvalla-
tion d'une ville aussi étendue que Rome, et coupée
par une rivière, ni pour l'attaquer dans les formes,
n'ayant ni machines, ni munitions, ni aucune chose

Liv. lib. 22,
cap. 9.
nécessaire pour un siége. Par la même raison Annibal,
après le succès de Trasimène, tout victorieux qu'il était,
avait attaqué inutilement Spolète : et un peu après la

Id. lib. 23,
cap. 18.
bataille de Cannes, il fut contraint de lever le siége
d'une petite ville sans nom et sans force. On ne peut
disconvenir que, si, dans l'occasion dont il s'agit, il
avait échoué, comme il devait s'y attendre, il aurait
ruiné sans ressource toutes ses affaires; mais il faudrait

être du métier, et peut-être du temps même de l'action, pour juger sainement de ce fait. C'est un ancien procès, sur lequel il ne sied bien qu'aux connaisseurs de prononcer. Pour moi, après avoir proposé mes doutes, je ne laisserai pas d'employer sur ce sujet le langage de Tite-Live.

Le lendemain de la bataille, dès que le jour fut venu, les Carthaginois se mirent à ramasser les dépouilles des vaincus. Quelque haine qu'ils eussent pour les Romains, ils ne purent considérer sans horreur le carnage qu'ils avaient fait. Le champ de bataille et tous les environs étaient jonchés de corps morts épars çà et là, selon qu'ils avaient été tués pendant le combat ou dans la fuite. Mais ce qui attira davantage leur attention, ce fut un Numide encore vivant couché sous un Romain mort. Le premier avait le nez et les oreilles toutes en sang : car le Romain, ne pouvant se servir de ses mains pour prendre ses armes et en faire usage, parce qu'elles étaient toutes coupées de blessures, avait passé de la colère à la rage, et était mort en déchirant l'ennemi avec ses dents. Les Cartha-ginois dé-pouillent les morts dans le champ de bataille. Liv. lib. 22, cap. 51.

Après qu'ils eurent passé une partie du jour à dépouiller les vaincus, Annibal les mena à l'attaque du petit camp. Avant toutes choses, il posta un corps de troupes sur les bords de l'Aufide, pour ôter aux ennemis la liberté d'y faire eau. Mais, comme ils étaient tous accablés de travail et de veille, et la plupart couverts de blessures, ils se rendirent plus tôt même qu'il ne l'avait espéré. La convention fut qu'ils livreraient au vainqueur leurs armes et leurs chevaux, ne gardant qu'un seul habit; que, quand il s'agirait du rachat des prisonniers, on paierait de rançon cent cinquante livres Annibal se rend maître des deux camps. Liv. lib. 22, cap. 52.

pour ciaque citoyen romain, cent livres pour ciaque allié, et cinquante pour ciaque esclave. Les Cartiaginois se rendirent maîtres de leurs personnes, et les tinrent sous bonne garde, après avoir séparé les citoyens d'avec les alliés.

Pendant qu'Annibal perd beaucoup de temps de ce côté-là, ceux du grand camp qui eurent assez de force ou de courage, au nombre de quatre mille iommes de pied et de deux cents cavaliers, se retirèrent à Canouse, les uns en corps de troupes, et les autres dispersés par les campagnes, ce qui n'était pas le moins sûr. Il n'y resta que les lâcies ou les blessés, qui se rendirent au vainqueur aux mêmes conditions que ceux du petit camp.

Annibal fit un butin très-considérable. Mais, excepté les iommes, les chevaux, et le péu d'argent qui se trouva, principalement sur les iousses et les iarnais (car les Romains n'avaient que fort peu de vaisselle d'argent, surtout à la guerre), il abandonna tout le reste aux soldats.

Ensuite il fit mettre en un monceau les corps des siens pour les brûler et leur rendre les derniers devoirs. Quelques auteurs ont écrit qu'il fit aussi ciercier le corps du consul, et que, l'ayant trouvé, il lui donna une sépulture très-ionorable.

Générosité
d'une dame
de Canouse.
Liv. lib. 22,
cap. 52.

A l'égard de ceux qui s'étaient retirés à Canouse, comme les iabitants ne leur donnaient que le couvert, une dame apulienne, considérable par sa naissance et par ses riciesses, nommée *Busa*, leur fournit des iabits, des vivres, et même de l'argent. Le sénat ne manqua pas, après la guerre, de lui témoigner la re-

connaissance qu'elle méritait pour une si grande générosité, et de lui accorder des honneurs extraordinaires.

Au reste, comme il y avait parmi ces troupes quatre
tribuns légionaires, il fut question de savoir qui d'entre
eux commanderait jusqu'à nouvel ordre. Du consentement de tous, cet honneur fut déféré à P. Scipion, encore fort jeune, et à Appius Claudius.

Dans le temps qu'ils délibéraient entre eux sur ce
qu'ils devaient faire dans la conjoncture présente,
P. Furins Philus, fils d'un consulaire, vint leur dire
qu'ils entretenaient de vaines espérances : que c'en était
fait de la république : qu'un nombre considérable des
jeunes gens les plus qualifiés, qui avaient à leur tête
L. Cécilius Métellus, cherchaient des vaisseaux dans
le dessein de quitter l'Italie et de s'embarquer pour se
retirer chez quelque roi ami des Romains. Parmi tous
les malheurs qui avaient affligé la république, on n'avait
point encore d'exemple d'une résolution si désespérée et
si funeste. Tous ceux qui étaient dans le conseil demeurèrent interdits à cette nouvelle. La plupart gardaient un morne silence; quelques-uns proposaient de
délibérer, lorsque le jeune Scipion, à qui la gloire de
terminer heureusement cette guerre était réservée, prit
la parole, et soutint « qu'il n'y avait pas à balancer
« dans une affaire de cette nature : qu'il était question
« d'agir, et non de délibérer : que ceux qui aimaient
« la république n'avaient qu'à le suivre : qu'il n'y avait
« point de plus mortels ennemis de l'état que des
« hommes capables de former un tel dessein ». Il n'en
dit pas davantage, et sur-le-champ il marcha droit à
la maison où logeait Métellus, suivi d'un petit nombre
des plus zélés. Et ayant trouvé assemblés les jeunes gens

Le jeune Sci-
pion étouffe
une dange-
reuse con-
spiration.
Liv. lib. 22,
c. 53.

dont on leur avait parlé, il tira son épée, et leur en
présentant la pointe : *Je jure le premier*, dit-il, *que je
n'abandonnerai point la république, et que je ne
souffrirai pas qu'aucun autre l'abandonne. Grand
Jupiter, je vous prends à témoin de mon serment, et
je consens, si je manque à l'exécuter, que vous me
fassiez périr moi et les miens de la mort la plus
cruelle. Faites le même serment que moi, Cécilius, et
vous tous qui êtes ici assemblés; quiconque refusera
d'obéir perdra sur-le-champ la vie.* Ils jurèrent tous,
aussi effrayés que s'ils eussent vu et entendu Annibal
vainqueur, et permirent à Scipion de les faire garder
à vue.

Quatre mille
Romains se
retirent à
Venouse.
Liv. lib. 22,
cap. 54.
Dans le temps que ceci se passait à Canouse, environ quatre mille hommes, piétons ou cavaliers, que
la fuite avait dispersés dans la campagne, se rendirent
à Venouse auprès du consul. Les habitants de cette
ville les reçurent dans leurs maisons, où ils prirent un
grand soin d'eux. Ils fournirent des armes et des vêtements à tous ceux qui en manquaient; et donnèrent
à chaque cavalier douze livres dix sous, et cent sous à
chaque homme de pied. Enfin, tant en public qu'en
particulier, on leur donna toutes les marques possibles
d'une extrême bienveillance. On ne voulut pas qu'il fût
dit que le peuple de cette ville eût eu moins de générosité qu'une seule femme de Canouse : tant le bon
exemple a de force !

Le consul
Varron se
rend à
Canouse.
Liv. lib. 22,
cap. 54.
Mais Busa, malgré ses grands biens et son bon cœur,
se trouvait accablée par le grand nombre de ceux qui
avaient besoin de son secours. Déja plus de dix mille
hommes s'étaient rendus dans cette ville. Appius et
Scipion ayant appris que l'un des consuls avait survécu

à la perte de la bataille, lui envoyèrent un courrier pour l'instruire de ce qu'ils avaient de troupes avec eux, et lui demander s'il voulait qu'ils les lui menassent à Venouse, ou s'ils l'attendraient à Canouse. Varron aima mieux aller les joindre où ils étaient. Quand il y fut arrivé, il se vit à la tête d'un corps de troupes qui pouvait passer pour une apparence d'armée consulaire; et avéc ces forces, s'il n'était pas encore en état de tenir la campagne, au moins il pouvait arrêter l'ennemi en lui opposant les murailles de Canouse.

§ III. *Désolation que cause à Rome la première*
nouvelle de la perte de l'armée. Le sénat s'as-
semble. Sage conseil que donne Fabius pour mettre
de l'ordre dans la ville. Le sénat reçoit des lettres
de Varron qui lui apprennent l'état présent des
affaires. Danger de la Sicile. M. Marcellus est
chargé du commandement des troupes à la place
de Varron. Crime de deux vestales. Q. Fabius
Pictor est envoyé à Delphes. Victimes humaines
immolées aux dieux. Marcellus prend le comman-
dement des troupes. M. Junius est créé dictateur.
Esclaves enrôlés. Annibal permet aux prisonniers
d'envoyer quelques députés à Rome pour traiter
de leur rançon. Ordre à Carthalon, officier car-
thaginois, de sortir des terres de la république.
Discours d'un des députés en faveur des prison-
niers. Discours de Manlius Torquatus contre ces
mêmes prisonniers. Le sénat refuse de les racheter.
Réflexion sur ce refus. Basse supercherie de l'un
des députés. Plusieurs alliés quittent le parti des
Romains. Varron retourne à Rome, et y est très-
bien reçu. Réflexion sur cette conduite du peuple
romain.

Désolation
que cause à
Rome la pre-
mière nou-
velle de la
défaite de
l'armée.
Liv. lib. 22,
cap. 54.
On n'avait point encore reçu à Rome aucune nouvelle précise et détaillée de ce qui s'était passé à la bataille de Cannes, et l'on ne savait pas qu'il en restât
même les tristes débris dont nous venons de parler ;
on croyait que tout était péri, soldats et généraux.
Jamais Rome, depuis la prise de la ville par les Gaulois, n'avait été dans de si vives alarmes, et dans une
consternation si grande et si universelle. On publiait

que les Romains n'avaient plus de camp, plus de généraux, plus de troupes; qu'Annibal était maître de
l'Apulie, du Samnium, et bientôt de toute l'Italie. On
n'entendait que cris et gémissements dans les rues; on
n'y voyait que des femmes en pleurs qui s'arrachaient
les cheveux, qui se meurtrissaient le sein dans l'affreux
désespoir où elles se trouvaient réduites; des hommes
tristes et abattus, qui, dévorés intérieurement d'une
douleur qu'ils voulaient cacher, l'exprimaient malgré
eux par leur silence.

Quelle autre nation n'aurait pas succombé sous le
poids de tant de calamités? Mettra-t-on en parallèle avec
la bataille de Cannes celle que les Carthaginois perdirent aux îles Égates, et qui les obligea de céder au vainqueur la Sicile et la Sardaigne, et de lui payer ensuite
tribut? ou celle qu'Annibal lui-même perdit depuis aux
portes de Carthage? Elles ne lui sont en rien compa-
rables, si ce n'est que la perte en fut soutenue avec
moins de constance et de courage.

Les affaires étaient en cet état lorsque les préteurs
P. Furius Philus et M. Pomponius assemblèrent le
sénat, afin de prendre des mesures pour la conservation de Rome : car ils ne doutaient point qu'Annibal,
après avoir défait leurs armées, ne vînt aussitôt pour
attaquer la capitale, dont la prise terminait la guerre,
et achevait la ruine de la république. Mais, comme les
femmes, répandues autour du sénat, faisaient retentir
l'air de leurs cris, et qu'avant même qu'on sût ceux qui
étaient morts ou qui vivaient encore, toutes les familles
étaient également plongées dans l'affliction, Q. Fabius
Maximus* fut d'avis « qu'on envoyât promptement des
« courriers sur la voie Appia et sur la voie Latine, avec

Le sénat s'as-
semble. Sage
conseil que
donne Fa-
bius pour
mettre de
l'ordre dans
la ville.
Liv. lib. 22,
cap. 55.
Plut. in Fab.
pag. 184.

« ordre d'interroger ceux que la fuite avait sauvés, et qu'ils
« rencontreraient dans leur chemin, pour savoir d'eux
« quel était le sort des consuls et de l'armée; où étaient les
« restes des troupes, supposé qu'il en fût resté; de quel
« côté Annibal avait dirigé sa marche après la bataille,
« ce qu'il faisait actuellement, et ce qu'on pouvait con-
« jecturer de ses desseins pour l'avenir ». Il représenta
aussi « qu'au défaut des magistrats, qui se trouvaient
« en trop petit nombre dans la ville, les sénateurs de-
« vaient prendre soin d'apaiser le trouble et l'épouvante
« qui y régnaient, et il leur marqua dans un grand dé-
« tail tout ce qu'ils devaient faire pour y réussir : que,
« quand le tumulte serait cessé, et que les esprits se-
« raient devenus plus calmes, on rassemblerait les sé-
« nateurs pour délibérer plus tranquillement sur les
« moyens de conserver la république ».

Le sénat re-
çoit les let-
tres de Var-
ron, qui lui
apprennent
l'état pré-
sent des
affaires.
Liv. lib. 22,
c. 56.

Tout le monde fut de cet avis, et il fut exécuté sur-
le-champ. On commença par défendre aux femmes de
paraître en public, parce que leur désespoir et leurs
clameurs ne faisaient qu'attrister le peuple déja trop
touché. En second lieu, les sénateurs allèrent de maison en maison pour y rassurer les chefs de famille, et
leur représenter qu'il y avait dans l'état des ressources
aux maux présents. Fabius lui-même, au lieu que dans le
temps qu'il semblait qu'on n'avait rien à craindre il avait
paru timide et sans espérance, maintenant que tout le
monde était plongé dans une extrême consternation et
dans un trouble horrible, Fabius marchait dans la ville
d'un pas modéré et avec un visage assuré et tranquille
qui, joint à ses discours graves et consolants, rassurait,
et tranquillisait tous les citoyens. Enfin, de peur que la
crainte ne prévalût sur tout autre sentiment, et que les

citoyens, en se retirant ailleurs, ne laissassent la ville sans défense, on établit des corps-de-garde aux portes, afin que personne n'en sortît sans permission. Lorsque les sénateurs eurent écarté la foule qui s'était amassée autour du sénat et dans la place publique, et qu'ils eurent apaisé le tumulte dans tous les quartiers de la ville, on reçut de Varron des lettres par lesquelles « il apprenait au sénat la mort du consul Paul Émile et la défaite de l'armée: que, pour lui, il était actuellement « à Canouse, où il recueillait les débris de ce naufrage; « qu'il avait avec lui environ dix mille 1ommes en assez « mauvais état: qu'Annibal était encore à Cannes [1], où « il s'amusait à ramasser les dépouilles sur le c1amp de « bataille et à marc1ander la rançon des prisonniers « d'une manière qui n'était digne ni d'un grand général « ni d'un vainqueur ». Bientôt après, tous les citoyens furent aussi informés des pertes qu'ils avaient faites en leur particulier: et comme il n'y avait point de famille qui ne fût obligée de prendre le deuil, un arrêt du sénat en borna la durée à trente jours, afin que les fêtes et les autres cérémonies de religion, soit publiques, soit particulières, ne fussent pas trop long-temps interrompues.

A peine les sénateurs furent-ils rentrés dans le sénat, qu'on reçut de Sicile d'autres lettres par lesquelles le préteur T. Otacilius mandait que la flotte des Cart1aginois ravageait le royaume d'Hiéron: qu'il s'était mis en devoir de l'aller secourir: mais que dans le même temps il avait appris qu'il y avait auprès des îles Égates une autre flotte qui se disposait à tourner du côté de

Danger de la Sicile. Liv. lib. 22, c. 56.

---

[1] « Pœnum sedere ad Cannas, in captivorum pretiis prædàque aliâ, nec victoris animo, nec magni ducis more, nundinantem. »

Lilybée, et à ravager la province du peuple romain dès qu'il serait parti pour aller mettre en sûreté les côtes de Syracuse ; qu'ainsi il paraissait nécessaire d'envoyer une nouvelle flotte, si l'on avait dessein de défendre Hiéron et la province de Sicile.

M. Marcellus est chargé du commandement des troupes à la place de Varron.
Liv. lib. 22, c. 57.

Les sénateurs furent d'avis qu'on envoyât à Canouse M. Claudius Marcellus, qui commandait la flotte d'Ostie, et qu'on mandât au consul de laisser à ce préteur le commandement de l'armée, et de venir lui-même à Rome le plus promptement qu'il pourrait, et aussitôt que le bien de la république le lui permettrait.

La crainte que donnaient aux Romains tant de fâcheuses nouvelles fut encore augmentée par un grand nombre d'événements qu'ils prirent pour des prodiges,

Crime de deux vestales.
Liv. lib. 22, cap. 57.

et dont le plus effrayant fut le crime des vestales Opimia et Floronia, qui, cette même année, se laissèrent corrompre toutes deux. L'une fut, selon la coutume, enterrée toute vive auprès de la porte Colline ; l'autre se donna elle-même la mort pour éviter le supplice. On ordonna aux décemvirs de consulter les livres de la sibylle ; et

Q. Fabius Pictor est envoyé à Delphes.
Liv. lib. 22, cap. 57.

Q. Fabius Pictor fut envoyé à Delphes pour savoir de l'oracle par quelles prières et par quels sacrifices on pouvait apaiser la colère des dieux. Ce Fabius Pictor est celui-là même qui avait écrit l'histoire romaine depuis Romulus jusqu'à son temps. Il semblerait que l'ouvrage d'un sénateur employé dans les affaires publiques devrait être d'une grande autorité. Mais Po-

Polyb. l. 1, p. 13 ; 3, p. 164, etc.

lybe lui reproche un amour aveugle de la patrie, qui l'a souvent écarté du vrai ; et Tite-Live ne paraît pas en avoir fait grand cas.

En attendant le retour de Fabius Pictor, on fit quelques sacrifices extraordinaires, tels qu'ils étaient marqués dans les livres sibyllins : entre autres on immola un Gaulois et une Gauloise, un Grec et une Grecque, qui furent enterrés tout vifs dans un caveau pratiqué sous le marché aux bœufs, et enfermé d'une enceinte de pierres. Ce n'était pas la première fois que ce lieu était souillé par ces sacrifices barbares, si peu dignes des Romains, quoique usités chez toutes les nations païennes. Quel aveuglement! quelle idée ces nations avaient-elles de leurs dieux pour croire que le sang humain fût capable de fléchir leur colère? Mais comment un peuple qui se piquait d'une grande douceur et politesse de mœurs, comme les Romains, pouvait-il donner dans une superstition si cruelle et si inhumaine? Voilà le culte que le démon, *homicide dès le commencement*, et qui avait usurpé la place du vrai Dieu, exigeait des hommes, et que nous lui rendrions encore, si la grace toute-puissante du libérateur ne nous avait délivrés de son esclavage!

Victimes humaines immolées aux dieux. Liv. lib. 22, cap. 57.

Cependant M. Marcellus envoya à Rome, pour garder la ville, quinze cents hommes qu'il avait levés pour servir sur la flotte. Pour lui, ayant envoyé la troisième légion à Téane de Campanie avec des tribuns légionaires, il laissa la flotte avec ce qui pouvait y rester de soldats sous la conduite de P. Furius Philus; et peu de jours après il se rendit à Canouse à grandes journées.

Marcellus prend le commandement des troupes. Liv. lib. 22, cap. 57.

Ensuite M. Junius ayant été créé dictateur par l'autorité du sénat, il se nomma pour général de la cavalerie Ti. Sempronius; et parmi les nouvelles troupes qu'il mit sur pied il enrôla tous les jeunes gens qui avaient atteint l'âge de dix-sept ans (c'était le temps où les Romains commençaient à entrer dans la milice et à servir dans les armées), et il en enrôla même quel-

M. Junius est créé dictateur. Il lève des troupes. Liv. lib. 22, cap. 57.

ques-uns qui avaient encore la robe *prétexte* [1], et qui par conséquent étaient au-dessous de cet âge. On en composa quatre légions et un corps de mille cavaliers. Il envoya en même temps demander aux alliés du nom latin le contingent qu'ils devaient fournir en vertu du traité. Il fit aussi préparer des armes de toutes sortes, sans compter celles qu'on avait autrefois prises sur les ennemis, et qu'on tira des temples et des portiques pour armer les nouveaux soldats.

Esclaves enrôlés. Liv. lib. 22, cap. 57.

Les Romains firent, outre cela, des levées d'une nouvelle forme ; car la république ne pouvant pas fournir assez de gens libres, ils enrôlèrent huit mille esclaves des plus robustes, en leur demandant auparavant s'ils prenaient les armes de bon gré et de leur pleine volonté, circonstance très-remarquable. Ils ne croyaient pas qu'on pût compter sur des soldats enrôlés par force. On préféra les soldats de cette espèce à ceux qui étaient prisonniers d'Annibal, et que ce général offrait de rendre pour une rançon moins considérable que n'était le prix que l'on paya pour ces esclaves.

Annibal permet aux prisonniers romains d'envoyer quelques députés à Rome pour traiter de leur rançon. Liv. lib. 22, cap. 58.

Annibal, après la victoire de Cannes, agissant en vainqueur plutôt qu'en général qui se souvient qu'il a encore des ennemis à vaincre, s'était fait représenter les prisonniers. Il sépara les alliés d'avec les citoyens, parla aux premiers avec les mêmes témoignages de bienveillance et d'amitié dont il avait déja usé après la bataille de Trasimène, et les renvoya tous sans rançon. Ensuite ayant aussi fait appeler les Romains, ce qu'il n'avait point encore fait, il leur parla avec assez de douceur. Il leur dit « que son intention n'était point de

[1] On ne la quittait qu'à dix-sept ans. J'en ai parlé ci-devant, aussi-bien que des autres vêtements romains.

« détruire leur nation : qu'il ne combattait contre eux
« que pour la gloire et pour l'empire : que, comme ses
« pères avaient cédé à la valeur des Romains, il faisait
« tous ses efforts pour obliger les Romains de céder à
« leur tour à sa bonne fortune et à son courage : qu'ainsi
« il permettait aux prisonniers de se racîeter ; qu'il de-
« mandait pour chaque cavalier deux cent cinquante
« livres, cent cinquante pour chaque piéton, et cin-
« quante pour chaque esclave ».

Quoique Annibal eût augmenté considérablement la
rançon dont il était convenu auparavant, cependant
les prisonniers acceptèrent avec joie les conditions,
quoique injustes, auxquelles on leur permettait de se
retirer des mains des ennemis. Ils choisirent donc dix
des plus considérables d'entre eux, qu'ils envoyèrent à
Rome au sénat. Annibal ne voulut point d'autre garant
de leur foi que le serment qu'ils lui firent de revenir.
Il envoya avec eux Carthalon, l'un des plus distingués
des Carthaginois, pour proposer aux Romains des conditions, en cas qu'il les trouvât disposés à la paix. Lorsque ces députés furent sortis du camp des Carthaginois,
un d'entre eux, feignant d'avoir oublié quelque chose,
y retourna, et rejoignit ses compagnons avant la nuit.

Quand on apprit à Rome qu'ils étaient sur le point
d'arriver dans la ville, le dictateur envoya un de ses
licteurs à Carthalon pour lui ordonner de sa part qu'il
eût à sortir, avant la nuit, des terres de la république.
Est-ce donc le chef d'un peuple vaincu et réduit aux
abois, qui prend ce ton de fierté et d'empire avec ses
vainqueurs ?

Ordre à
Carthalon,
officier car-
thaginois,
de sortir des
terres de la
république.
Liv. lib. 22,
cap. 58.

Pour ce qui est des députés des prisonniers, il les
admit à l'audience du sénat. Alors M. Junius, le plus

Discours
d'un des
députés en

faveur des
prisonniers
devant le
sénat.
Liv. lib. 22,
cap. 59.

distingué d'entre eux, parla ainsi au nom de tous : « Il
« n'y a personne parmi nous, messieurs, qui ne sac1e
« que le peuple romain est celui de tous les peuples qui
« fait le moins de cas des prisonniers. Mais, sans avoir
« trop bonne opinion de notre cause, nous pouvons
« assurer qu'il ne fut jamais de prisonniers qui méri-
« tassent moins que nous votre indifférence ou votre
« mépris : car ce n'est point sur le c1amp de bataille
« ni par crainte que nous avons rendu nos armes à l'en-
« nemi ; mais, après avoir combattu jusqu'à la nuit en
« marc1ant sur des monceaux de corps morts, nous
« nous sommes enfin retirés dans notre camp. Pendant
« le reste du jour et la nuit suivante tout entière, mal-
« gré la fatigue que nous avions essuyée, malgré les
« blessures dont nous étions couverts, nous avons dé-
« fendu nos retranc1ements. Le lendemain, nous voyant
« investis par une armée victorieuse, sans avoir la li-
« berté de faire eau, ni aucune espérance de nous ouvrir
« un passage à travers une multitude innombrable d'en-
« nemis, persuadés d'ailleurs que ce n'était pas un crime
« de conserver la vie à quelques restes d'une armée qui
« avait laissé cinquante mille 1ommes sur le champ de
« bataille, nous sommes enfin convenus de notre ran-
« çon ; et nous avons rendu à l'ennemi, des armes qui
« ne pouvaient plus nous être d'aucun secours.

« Nous savions que nos ancêtres avaient donné de
« l'or aux Gaulois pour se rac1eter, et que nos pères,
« ces 1ommes si sévères et si fermes lorsqu'il s'agissait
« d'entrer en négociation avec l'ennemi, avaient néan-
« moins envoyé des ambassadeurs à Tarente pour traiter
« de la rançon des prisonniers. Et cependant la bataille
« que nous perdîmes à Allia contre les Gaulois, et celle

« que Pyrrus gagna contre nous auprès d'Héraclée,
« furent moins meurtrières que 1onteuses par l'épou-
« vante et la fuite de nos soldats : au lieu que les ciamps
« de Cannes sont jonciés de corps morts des Romains ;
« et si nous sommes éciappés à la fureur des ennemis,
« c'est que leurs armes étaient émoussées et leurs bras
« fatigués du carnage.

« Il y en a même quelques-uns de nous à qui on ne
« peut pas reprocier d'avoir abandonné le ciamp de
« bataille, mais qui, ayant été ciargés de la garde du
« camp, sont tombés, avec le camp même, sous la puis-
« sance des ennemis.

« Je n'envie point le sort ou la condition d'aucun de
« mes concitoyens et de mes compagnons de guerre,
« et je ne ciercie point à me justifier aux dépens
« d'autrui ; mais, à moins qu'on ne croie qu'il y a du
« mérite à mieux courir et à fuir plus promptement
« que les autres, je ne pense pas qu'on nous doive pré-
« férer ceux qui ont abandonné le ciamp de bataille,
« la plupart sans armes, et ne se sont point arrêtés
« qu'ils n'aient gagné Venouse ou Canouse ; ni qu'eux-
« mêmes se vantent de pouvoir être plus utiles à la
« république, que nous. Vous trouverez en eux de bons
« et de courageux soldats ; mais le souvenir que nous
« serons redevables à votre bonté d'avoir été racietés
« et rétablis dans notre patrie nous portera à enciérir
« encore sur eux, s'il se peut, par notre valeur et
« notre zèle.

« Vous levez des soldats de tout âge et de toute
« condition. J'apprends que vous armez iuit mille es-
« claves : nous sommes à peu près un pareil nombre de
« citoyens, et notre rançon n'excédera pas le prix qu'il

« vous en coûte pour les acheter ; car je ferais injure
« au nom romain si je les comparais avec nous d'une
« autre façon.

« Si, contre nos espérances, qui ne nous paraissent
« point injustes, vous aviez peine à prendre à notre
« égard le parti de la douceur et de l'humanité, songez
« à quel ennemi vous allez nous abandonner. Est-ce à
« un Pyrrhus, qui traita nos prisonniers comme ses
« amis et ses hôtes ? ou à un barbare et à un Cartha-
« ginois, également avare et cruel ? Si vous voyiez les
« chaînes dont vos citoyens sont chargés, si vous étiez
« témoins de la misère dans laquelle on les fait languir,
« vous ne seriez assurément pas moins touchés de leur
« état que si d'un autre côté vous jetiez les yeux sur les
« campagnes de Cannes couvertes des monceaux de vos
« soldats.

« Vous entendez les gémissements et pouvez voir les
« larmes de nos proches qui attendent votre réponse
« dans une cruelle inquiétude. Quelles croyez-vous que
« soient les alarmes de nos compagnons absents sur
« l'arrêt que vous allez prononcer, qui décidera de leur
« vie et de leur liberté ?

« Quand Annibal, contre son naturel, voudrait nous
« traiter avec douceur et avec bonté, pourrions - nous
« souffrir la vie après que vous nous auriez jugés in-
« dignes d'être rachetés ? Les prisonniers que Pyrrhus
« renvoya autrefois sans rançon retournèrent à Rome ;
« mais ils y retournèrent accompagnés des premiers de
« la ville, qu'on avait envoyés vers lui pour traiter de
« leur rachat : moi, je reviendrais dans ma patrie ci-
« toyen estimé au - dessous de la valeur d'une modique
« somme d'argent ! Chacun a ses maximes et sa façon

« de penser. Je sais que ma vie et ma personne sont en
« danger; mais je crains beaucoup moins de mourir que
« de vivre sans 1onneur, et je me croirais dés1onoré
« pour toujours, s'il paraissait que vous nous eussiez
« condamnés comme des misérables indignes de votre
« compassion : car on ne s'imaginera jamais que ce soit
« l'argent que vous ayez voulu ménager. »

Dès qu'il eut céssé de parler, la foule de leurs parents,
qui se tenaient assez près de l'assemblée, commença à
pousser des cris douloureux. Ils tendaient les mains vers
les sénateurs, et les suppliaient de leur rendre leurs en-
fauts, leurs frères, leurs pères, ou leurs maris : car la
nécessité avait aussi engagé les femmes à venir dans
la place publique joindre leurs prières à celles des
1ommes. Après qu'on eut écarté le peuple, on commença à recueillir les voix. Les sentiments furent fort
partagés. Les plus compatissants voulaient qu'on les
rac1etât des deniers du trésor public. D'autres soutenaient que la république n'était pas en état de fournir
à cette dépense, qu'il suffisait de leur permettre de se
rac1eter de leurs deniers; ils ajoutaient que l'état pouvait aider ceux qui n'avaient pas d'argent comptant,
à condition qu'ils engageraient leurs terres ou leurs
maisons pour la sûreté de la somme qu'on leur aurait
prêtée.

Alors T. Manlius Torquatus, l'un des plus illustres
sénateurs, qui avait été deux fois consul, mais qui se
faisait remarquer encore davantage par une sévérité
antique, qu'il poussait même, au jugement de plusieurs,
jusqu'à la dureté, lorsque son tour fut venu de parler,
s'expliqua en ces termes : « Si les députés s'étaient con-
« tentés de demander qu'on les rac1etât, sans attaquer

Discours de Manlius Tor-quatus con-tre les pri-sonniers. Liv. lib. 22, cap. 60.

« la réputation des autres, je vous aurais dit mon senti-
« ment en un mot. Je vous aurais simplement exhortés
« à imiter l'exemple que vous ont donné vos pères, et
« dont nous ne saurions nous écarter sans ruiner la
« discipline militaire. Mais comme ils ont presque fait
« gloire de s'être rendus aux ennemis, et qu'ils n'ont
« pas fait difficulté de se préférer non-seulement à ceux
« qui ont été pris sur le champ de bataille, mais même
« à ceux qui se sont retirés à Venouse ou à Canouse,
« et au consul Varron lui-même, je crois devoir vous
« instruire de tout ce qui s'est passé après la journée
« de Cannes. Que n'ai-je pour auditeurs les soldats de
« Canouse, témoins irréprochables de la valeur et de
« la lâcheté de chacun, ou au moins P. Sempronius,
« au conseil et à l'exemple duquel s'ils avaient déféré,
« ils seraient aujourd'hui soldats dans notre camp, et
« non prisonniers entre les mains des ennemis ! Mais
« quelle a été leur conduite ? Depuis que la plupart des
« ennemis furent rentrés dans leur camp ou pour se
« reposer des fatigues du combat, ou pour se livrer à
« la joie qui suit toujours la victoire, il se passa une
« nuit tout entière, pendant laquelle il était aisé à
« ceux-ci de faire retraite. Comment quelques corps
« de garde carthaginois auraient-ils arrêté sept mille
« hommes, qui pouvaient s'ouvrir un passage à travers
« une armée entière ? Mais ils n'ont eu ni assez de cœur
« pour l'entreprendre d'eux-mêmes, ni assez de docilité
« pour suivre celui qui leur en donnait l'exemple et qui
« les exhortait à l'imiter. Pendant la plus grande partie
« de la nuit, Sempronius ne cessa de les avertir et de
« les presser de marcher sur ses traces pendant que les
« ennemis étaient encore en petit nombre autour de

« leur camp, pendant que le silence régnait partout,
« pendant que la nuit pouvait couvrir leur retraite. Il
« eut beau leur remontrer qu'avant que le jour parût
« ils seraient arrivés dans des villes alliées, où ils n'au-
« raient plus rien à craindre, leur citant plusieurs
« exemples capables de les animer; rien ne fut ca-
« pable de faire impression sur eux. Soldats sans cœur!
« il vous montrait un cıemin qui vous conduisait à
« votre salut et à la gloire, et le courage vous manque
« lors même qu'il s'agit de vous sauver! Que feriez-
« vous donc s'il s'agissait de mourir pour la patrie?
« Vous aviez devant les yeux cinquante mille de vos
« citoyens et de vos alliés étendus morts sur le cıamp
« de bataille, et tant d'exemples de courage ne peuvent
« vous en inspirer! Encore si vous vous étiez contentés
« d'être lâcıes! mais non-seulement vous avez refusé de
« suivre celui qui vous donnait un bon conseil; vous
« vous êtes mis en état de le retenir lui-même et de
« l'arrêter, si, à la tête d'une troupe de soldats plus
« courageux que vous, il n'eût mis l'épée à la main
« pour écarter des lâcıes et des traîtres. Il a fallu que
« Sempronius ait forcé ses propres citoyens avant que
« de forcer les ennemis. Et Rome regretterait de tels
« soldats! Parmi sept mille ıommes, il s'en est trouvé
« six cents qui ont eu assez de valeur pour revenir
« libres et les armes à la main dans leur patrie, sans
« que quarante mille ennemis aient pu les effrayer ni
« les retenir : combien deux légions presque entières
« auraient-elles trouvé plus de facilité à exécuter la
« même entreprise! Pour finir, voici à quoi je réduis
« mon sentiment : je crois que vous ne devez non plus
« racıeter ceux-ci que livrer à Annibal ceux qui ont

15.

« passé au travers des ennemis avec une extrême valeur,
« et se sont eux-mêmes rendus à leur patrie. »

Le sénat re-
fuse de ra-
cheter les
prisonniers.
Liv. lib. 22 ,
cap. 61.

Ce discours fit un grand effet. Les sénateurs, touchés des raisons de Manlius, eurent moins d'égard aux
intérêts du sang qui les lait à plusieurs des prisonniers
qu'aux conséquences fâcieuses que pourrait avoir une
indulgence si peu conforme à la sévérité de leurs ancêtres. Ils ne croyaient pas non plus qu'il fût à propos
de faire une dépense qui, en même temps, épuiserait
le trésor de la république, et fournirait à Annibal une
ressource dont on savait qu'il avait un extrême besoin.
On prit donc la résolution de ne point racieter les prisonniers. Cette triste réponse et la perte de tant de
citoyens joints à ceux qui avaient été tués dans la bataille excita dans tous les cœurs une nouvelle affliction ;
et toute cette multitude qui était restée à l'entrée du
sénat suivit les députés jusqu'aux portes de la ville,
les larmes aux yeux et poussant des cris lamentables.

Réflexions
sur ce refus.

On a dé la peine à ne pas taxer d'une dureté excessive et inumaine l'inflexible rigueur avec laquelle le
sénat rejette les prières de sept mille prisonniers dont
la cause paraît bien gracieuse et bien favorable. Si la
maxime de vaincre ou de mourir et de ne jamais livrer
ses armes aux ennemis eût été une maxime inviolablement observée parmi les Romains, on serait moins
étonné : mais il n'en était point ainsi ; et nous avons vu,
en plus d'une occasion, les prisonniers de guerre racietés par les Romains. A moins que l'on ne dise que
c'était peut-être cette raison-là même qui les portait ici
à se montrer si fermes et si inexorables, pour redonner
par un exemple éclatant une nouvelle vigueur à cette
maxime, qu'ils regardaient avec raison comme le plus

ferme appui de l'état, et qui seule pouvait les rendre invincibles en les rendant formidables et supérieurs à tous leurs ennemis. Aussi Polybe observe-t-il, et cette remarque confirme bien ce que nous disons ici, qu'une des raisons qui avaient porté Annibal à proposer le rachat des prisonniers était d'ôter, s'il se pouvait, aux soldats romains cette vivacité de courage qui les rendait si terribles et cette résolution déterminée de mourir plutôt que de livrer leurs armes, en leur montrant dans ce rachat une ressource assurée quand même ils se seraient rendus à l'ennemi. Et il ajoute que ce fut la connaissance qu'eurent les sénateurs de ce dessein d'Annibal, qui les rendit inexorables.

Polyb. l. 6, pag. 5oo.

Un des députés s'en retourna dans sa maison, croyant s'être acquitté de son serment en retournant frauduleusement dans le camp d'Annibal sous prétexte d'y avoir oublié quelque chose. Mais on n'eut pas plus tôt connaissance d'une si basse supercherie, qui déshonorait le nom romain, qu'on en fit le rapport en plein sénat. Tous les avis furent qu'il le fallait arrêter, lui donner des gardes, et le remener dans le camp d'Annibal.

Basse supercherie de l'un des députés.
Liv. lib. 22, cap. 61.

Après la bataille de Cannes, suivit la défection de l'Italie. Les alliés des Romains, dont la fidélité avait été inébranlable jusqu'à ce jour, commencèrent pour la plupart à chanceler, sans autre raison que la crainte de voir la république détruite. Les peuples qui quittèrent le parti des Romains, mais en différents temps, les uns plus tôt, les autres plus tard, sont les Campaniens, les Atellans, les Calatins, les Hirpiniens, une partie de l'Apulie; tous les Samnites, excepté les Pentres; les Brutiens et les Lucaniens, auxquels on peut ajouter les Salentins; toute la côte habitée par les Grecs,

Plusieurs alliés quittent le parti des Romains.
Liv. lib. 22, cap. 61.

ceux de Métapont, de Tarente, de Crotone; ceux de
Locres; et tous les 1abitants de la Gaule Cisalpine.

Plut. in Fab.
pag. 184

Voilà ce que produit une bataille donnée mal à propos, et ce que Fabius avait prévu. Au lieu qu'avant le
combat Annibal n'avait en son pouvoir ni ville, ni
magasin, ni port en Italie, et qu'il ne fournissait qu'a-
vec de grandes difficultés à la subsistance de ses troupes qu'il nourrissait au jour la journée de ce qu'il pouvait ravir et enlever, n'ayant aucun convoi sûr, ni
aucune provision pour cette guerre, mais courant çà
et là avec son armée, on pourrait presque dire comme
avec une grosse troupe de brigands; au lieu de ce triste
état, il se trouva tout d'un coup maître d'une grande
partie de l'Italie, et dans une pleine abondance de vivres
et de fourrages. On connut pour-lors le prix d'un général de tête et expérimenté. Ce qu'avant le combat on
appelait dans Fabius lenteur et timidité parut, après la
journée de Cannes, non une supériorité de sagesse humaine, mais l'effet d'un génie divin, qui avait prévu
de si loin des événements à peine croyables pour ceux
même qui en faisaient une si triste expérience.

Varron re-
tourne à
Rome, et y
est très-bien
reçu.
Plut. in Fab.
pag. 184.
Liv. lib. 22,
cap. 61.

Mais ce qu'il y a d'étonnant, c'est que tant de disgraces et tant de pertes arrivées coup sur coup ne
purent obliger les Romains à entendre parler de paix.
Enfin, ce qui passe tout ce qu'on peut imaginer en ce
genre, c'est la glorieuse réception que l'on fit à Varron,
à son retour, après une défaite dont il avait été la principale et presque l'unique cause. Lorsqu'on sut qu'il
était près d'entrer à Rome, tous les ordres de l'état
allèrent au-devant de lui, et lui rendirent de solennelles
actions de graces de ce qu'il n'avait point désespéré

du salut de l'empire[1]; et de ce que, dans un si grand
malheur, il n'avait pas abandonné la république, mais
était venu en reprendre le timon et se mettre à la tête
des lois et des citoyens, comme ne les jugeant point
encore sans ressource. Il n'y a point de supplice dont
à Carthage un général qui aurait causé une pareille
défaite, et moindre même à beaucoup près, n'eût été
jugé digne.

Ce trait singulier donne bien lieu d'admirer la sagesse du sénat romain. Quelle différence entre Rome
et Carthage pour l'esprit et pour les principes du gouvernement! Est-ce donc une bonne politique de rendre
les généraux responsables du succès? ne peut-il pas arriver qu'ils soient malheureux sans qu'ils y aient donné
lieu? Mais quand ce serait par leur faute qu'un combat,
qu'une guerre aurait mal réussi, cette faute (j'excepte
la trahison) mérite-t-elle d'être punie de mort? Si
c'est ignorance dans le métier de la guerre, ou même
lâcheté, l'état ou le prince qui les ont choisis ne doi-
vent-ils pas s'imputer à eux-mêmes cette faute? Et
d'ailleurs n'est-il pas des punitions plus conformes à
l'humanité, et en même temps plus utiles à l'état? Chez
les Romains une amende, une légère disgrace, une
espèce d'exil volontaire, paraissaient des peines suffisantes contre les généraux, et elles n'étaient même
employées que fort rarement : on aimait mieux leur
laisser le temps et l'occasion de réparer leurs fautes par
des exploits généreux qui en effaçaient entièrement la
honte et le souvenir; et l'on conservait à la république
des généraux qui pouvaient devenir capables de lui

Réflexions
sur cette
conduite du
peuple
romain.

---

[1] « Paullum puduit, Varro non desperavit. » (FLOR.)

rendre service. La coutume barbare, observée encore actuellement ciez les Turcs, où l'on voit, dans un fort court espace de temps, des trois et quatre grands-visirs périr par le funeste cordon, est-elle bien propre à donner du courage et à inspirer du zèle à ceux que l'on ciarge du commandement? Mais, pour revenir aux Romains et à la conduite qu'ils gardent par rapport à Varron, combien, s'ils l'avaient condamné à la mort, comme il semblait le mériter après avoir fait périr plus de cinquante mille citoyens, combien un tel arrêt aurait-il été capable d'augmenter la consternation et le désespoir, qui n'allaient déja que trop loin! au lieu que le favorable accueil qu'ils firent au consul laissa entrevoir au peuple que le mal n'était point sans remède, et lui fit croire que le sénat avait des ressources assurées et présentes.

La conduite du sénat à l'égard de Varron se soutint toujours également. Pendant plusieurs années on lui prorogea le commandement, mais avec la précaution de ne lui donner que des commissions peu importantes; en sorte que l'on 1onorait toujours sa personne, mais sans s'exposer aux suites de son incapacité.

LIVRE QUINZIÈME.

§ I. *Annibal, après la bataille de Cannes, passe en Campanie. Il tourne vers Capoue, ville perdue de délices. Pacuvius Calavius assujettit le sénat de cette ville au peuple, et par là à lui-même. Causes du luxe et du dérèglement des Campaniens. Ils envoient des ambassadeurs à Varron, qui leur découvre trop la perte faite à Cannes. Les mêmes ambassadeurs sont envoyés vers Annibal. Conditions de l'alliance des Campaniens avec Annibal. Horrible cruauté des Campaniens. Décius Magius s'oppose à la réception d'Annibal. Annibal est reçu dans Capoue. Pérolla offre à son père de tuer Annibal. Calavius le détourne d'un dessein si affreux. Promesses magnifiques d'Annibal aux Campaniens. Il demande qu'on lui livre Décius Magius, ce qui est exécuté sur-le-champ. Magius reproche aux Campaniens leur lâcheté. Il est porté par la tempête en Égypte. Fabius Pictor rapporte à Rome la réponse de l'oracle de Delphes.*

ANNIBAL, après avoir vaincu les Romains à Cannes, après avoir pris et pillé leur camp, était aussitôt passé de l'Apulie dans le Samnium, et était entré dans le pays des Hirpiniens, où on lui livra la ville de [1] Compsa.

Annibal, après la bataille de Cannes, passe en Campanie. Liv. lib. 23, cap. 1.

---

[1] Maintenant *Conza*, dans la principauté ultérieure.

Après y avoir laissé tout son butin et ses bagages, il partagea son armée en deux corps. Magon, avec l'un, eut ordre de recevoir dans l'alliance des Carthaginois les villes de ces quartiers qui se rendraient d'elles-mêmes, ou de forcer celles qui feraient résistance. Annibal, avec l'autre, traversant toute la Campanie, tira du côté de la mer inférieure[1], dans le dessein de se rendre maître de Naples (*Neapolis*), afin d'avoir à sa disposition une ville maritime qui le mît en état de recevoir les secours que Carthage lui enverrait. Mais, ayant considéré de près la hauteur et la solidité des murailles de cette ville, il vit bien qu'il ne gagnerait rien à l'attaquer, et se désista de cette entreprise.

Il tourne vers Capoue, ville perdue de luxe. Liv. lib. 23, cap. 2.

De là il tourna ses pas du côté de Capone. Les habitants de cette ville étaient plongés dans le luxe et dans les délices; c'était le fruit d'une longue paix et d'une prospérité continuelle depuis un grand nombre d'années. Mais, dans cette corruption générale, le plus grand des maux de Capoue était l'abus que le peuple y faisait de sa liberté. Pacuvius Calavius, citoyen populaire, quoique noble, et devenu puissant par les plus mauvaises voies, avait trouvé le secret de rendre le sénat dépendant du peuple, et par là de se le soumettre à lui-même. L'année que les Romains furent vaincus à Trasimène, il était le premier magistrat de cette ville. Il se persuada que le peuple, qui haïssait le sénat depuis long-temps, et qui est toujours avide de nouveauté, prendrait occasion de cette défaite pour se porter à quelque grande extrémité, comme d'égorger le sénat, et de livrer Capoue à Annibal, si ce général s'en ap-

Pacuvius Calavius assujettit le sénat de Capoue au peuple, et par là à lui-même. Liv. lib. 23, cap. 2-4.

---

[1] Qui baigne les côtes de la Campanie.

prochait avec son armée victorieuse. Pacuvius était un méc1ant 1omme ; mais il n'était pas du nombre de ces scélérats du premier ordre, à qui les crimes les plus énormes ne coûtent rien. Il était bien aise de dominer dans sa patrie, mais il ne voulait pas qu'elle fût tout-à-fait ruinée ; et il savait qu'un état est absolument perdu quand il n'a plus de conseil public. Il imagina donc un stratagème, dont il espérait tirer deux avantages tout à la fois ; savoir, de sauver le sénat, et de l'assujettir entièrement aux volontés du peuple et aux siennes.

Pour cet effet, il assembla les sénateurs, et leur représenta « qu'ils étaient menacés d'un péril extrême : « que la populace ne se proposait pas de se révolter « pour détruire ensuite le sénat, mais qu'elle voulait « commencer par se défaire du sénat en égorgeant tous « ceux dont il était composé, afin de se donner ensuite « à Annibal : qu'il savait un moyen de les préserver de « ce péril ; mais qu'il fallait, avant toutes choses, qu'ou- « bliant tous les démêlés qu'ils avaient eus avec lui dans « le gouvernement de la république, ils s'abandonnas- « sent entièrement à sa bonne foi ». Et dès que les sénateurs, saisis de crainte, lui eurent assuré qu'ils suivraient aveuglément ses conseils, « Je vous enfermerai « dans le sénat, leur dit-il ; et feignant d'approuver un « dessein auquel je m'opposerais inutilement, et d'entrer « moi-même dans la conspiration, je saurai bien trouver « le moyen de vous sauver la vie. Vous pouvez compter « sur ma promesse ; je suis prêt à vous en donner toutes « les assurances que vous me demanderez ». Après leur avoir donné sa parole d'honneur, il fit fermer la salle où ils étaient assemblés, et mit des gardes dans le vestibule pour empêcier que personne ne pût ni entrer ni sortir.

Alors, ayant assemblé le peuple, « Il y a long-temps, « dit-il, que vous souiaitez punir de leurs crimes des « sénateurs méciants et détestables. Vous pouvez au- « jourd'hui satisfaire votre vengeance. Je les tiens enfer- « més dans le sénat, et je vais les livrer à vos coups, « seuls et sans armes. Suivez donc les mouvements d'une « juste indignation : maïs souvenez-vous néanmoins que « vous devez préférer votre propre utilité au plaisir de « satisfaire votre iaine; car enfin, si je ne me trompe, « ce n'est qu'à ces sénateurs-ci que vous en voulez, et « votre dessein n'est pas que Capoue demeure absolu- « ment sans aucun conseil public. Il faut, ou que vous « vous donniez un roi, ce que vous avez en iorreur; ou « que vous ayez un sénat, qui est le seul conseil d'un « état libre : c'est pourquoi vous devez, par le même « acte, exécuter deux cioses également importantes : « détruire l'ancien sénat, et en cioisir un nouveau. Les « sénateurs vont paraître devant vous les uns après les « autres. Je vous demanderai ce que vous ordonnez de « ciacun d'eux ; la sentence que vous aurez prononcée, « sera suivie de l'exécution. Mais, avant qu'on punisse « le coupable, vous aurez soin de nommer, pour rem- « plir sa place, un ionnête iomme et un bon citoyen ».

Après ce discours, il s'assit, fit jeter dans une urne tous les noms des sénateurs, et donna ordre qu'on allât faire sortir du sénat celui dont le nom avait été tiré le premier. Dès qu'on l'eut entendu nommer, tous s'é- crièrent que c'était un méciant et un misérable, qui n'était digne que du supplice. *Je vois bien*, dit Pacu- vius, *que vous condamnez celui-ci. Avant qu'on le punisse, substituez-en un autre en sa place qui soit un homme de probité et capable d'être un bon sénateur.* Tous les citoyens demeurèrent d'abord dans le silence, faute de trouver un plus homme de bien. Ensuite, quelqu'un des plus effrontés de la multitude s'étant hasardé d'en nommer un, on se récria de tous côtés, les uns disant qu'ils ne le connaissaient point, d'autres lui reprochant ou la bassesse de sa naissance, ou l'indignité du métier qu'il exerçait, ou le déréglement de ses mœurs. Il se trouva encore de plus grandes difficultés à l'égard du deuxième et du troisième que l'on s'avisa de proposer; en sorte que, dans l'impossibilité de mieux trouver que celui qu'ils avaient d'abord condamné, tous les citoyens se retirèrent chacun chez eux, avouant qu'entre les maux celui auquel on est accoutumé est encore le plus supportable, et ils laissèrent les sénateurs en paix.

Pacuvius ayant ainsi sauvé la vie aux sénateurs, il les soumit, par ce prétendu bienfait, à sa puissance beaucoup plus qu'à celle du peuple. Depuis ce temps-là il exerça dans la ville une domination absolue, sans être obligé d'employer la violence, tout le monde lui cédant volontairement. Des sénateurs, oubliant leur rang et même leur liberté, flattaient le peuple et lui faisaient bassement la cour. Ils invitaient les plus vils citoyens à manger chez eux; et, lorsqu'il y avait quelque procès à juger, pour gagner la faveur de la multitude, ils se déclaraient hautement pour celui auquel elle s'intéressait. Enfin dans toutes les délibérations du sénat la décision était toujours telle que le peuple lui-même l'aurait donnée.

Les habitants de Capoue étaient de tout temps livrés

Causes du
luxe et du
déréglement
des Cam-
paniens.
Liv. lib. 23,
cap. 4.

au luxe et à la volupté. Ce penchant, qui leur était
comme naturel, était entretenu et fortifié par la fertilité de leurs campagnes et le voisinage de la mer, deux
sources qui leur fournissaient, non - seulement ce qui
était nécessaire à la vie, mais encore tout ce qui pouvait flatter les sens et amollir le cœur et le courage.
Mais depuis ce dernier événement la basse complaisance
des grands et la licence outrée de la multitude firent
que personne ne mit plus de bornes à sa dépense, ni
de frein à ses passions. On se moquait impunément des
lois, des magistrats, du sénat; et, pour comble de
maux, après la bataille de Cannes, le respect pour le
peuple romain, seul motif qui eût été capable de les
retenir encore dans quelque modération, se changea
en mépris. L'unique considération qui les empêcha de
quitter sur-le-champ leurs anciens alliés pour s'attacher
aux Carthaginois, c'est qu'il y avait à Capoüe plusieurs
familles des plus puissantes de la ville qui s'étaient unies
par des mariages avec celles de Rome, et que les Romains avaient choisi parmi les troupes que les Campaniens leur fournissaient pour la guerre trois cents
cavaliers des premières maisons de Capoue, et les
avaient envoyés en Sicile et distribués dans les garnisons des places de cette province.

Les Campa-
niens en-
voient des
ambassa-
deurs à Var-
ron, qui leur
découvre
trop la
perte faite à
Cannes.

Ce ne fut qu'avec beaucoup de peine que les pères et
les plus proches parents de ces cavaliers obtinrent qu'on
envoyât des ambassadeurs au consul romain au sujet de
la défaite de Cannes. Ils le trouvèrent encore à Venouse
avec un petit nombre de soldats à demi armés, dans un
état très-propre à donner de la compassion à de bons et
fidèles alliés, mais qui ne pouvait qu'inspirer du mépris
à un peuple aussi fier et aussi peu sensible à la bonne

foi et à l'honneur qu'était celui de Capone. Le discours du consul ne servit qu'à augmenter ces dispositions ; car, après que les députés lui eurent témoigné que le sénat et le peuple de Capoue prenaient toute la part possible au malheur qui était arrivé aux Romains, et qu'ils lui eurent offert de la part de leur république tous les secours qui étaient en leur pouvoir, Varron, comme s'il eût pris à tâche de rendre le peuple romain méprisable à des alliés dont il devait connaître le caractère, parla aux députés, de la journée de Cannes, comme d'un échec « qui laissait Rome sans forces [1], « sans ressource, sans espérance, sans aucun moyen de « se relever par elle-même d'un si déplorable état : que « légions et cavalerie, armes et drapeaux, hommes et « chevaux, argent et vivres, tout lui manquait : que si « les Campaniens voulaient se montrer bons et fidèles « alliés, ils devaient songer, non à aider les Romains « dans la guerre, mais à la soutenir presque entièrement « en leur place : qu'au reste il était autant de leur in- « térêt que de celui des Romains de ne point laisser « prévaloir sur eux Annibal, à moins qu'ils ne consen- « tissent à se donner pour maître un peuple également « perfide et cruel, à devenir la conquête des Numides « et des Maures, et à recevoir la loi de l'Afrique et de « Carthage ».

Les députés, après ce discours, se retirèrent, marquant quelque tristesse au-dehors, mais ravis dans le fond du cœur de voir Rome réduite à un si déplorable

Les mêmes ambassadeurs sont envoyés vers Annibal.

---

[1] « Nihil, ne quod suppleremus quidem, nobis reliquit fortuna. Legiones, equitatus, arma, signa, equi virique, pecunia, commeatus, aut in acie, aut binis postero die amis- sis castris, perierunt. Itaque non juvetis nos in bello oportet, sed penè bellum pro nobis suscipiatis. » (Liv.)

état. Vibius Virius, l'un d'entre eux, dit à ses collègues, dans leur retour, « que le temps était venu où les Cam-
« paniens pouvaient non-seulement recouvrer les terres
« que les Romains leur avaient injustement enlevées,
« mais encore acquérir l'empire de toute l'Italie : qu'ils
« feraient alliance avec Annibal à telles conditions qu'ils
« voudraient ; et que, quand ce général, après avoir ter-
« miné la guerre, s'en retournerait vainqueur en Afrique
« avec son armée, il ne fallait pas douter qu'il ne les
« laissât maîtres de l'Italie ». Tous furent du sentiment de Virius. Quand ils furent de retour à Capone, et qu'ils eurent rendu compte de leur ambassade, il n'y eut per-sonne qui ne regardât la république romaine comme absolument ruinée. Le peuple et la plus grande partie des sénateurs auraient sur-le-champ abandonné les Romains, si les plus anciens, par l'autorité qu'ils con-servaient encore, n'eussent fait différer ce changement de quelques jours. Mais enfin le grand nombre l'em-porta sur la plus saine partie, et l'on conclut que les mêmes députés qui étaient allés trouver Varron seraient envoyés vers Annibal.

Conditions de l'alliance des Campa-niens avec Annibal. Liv. lib. 23, cap. 7.
Les ambassadeurs firent alliance avec lui aux con-ditions suivantes : « que les généraux ni les magistrats
« de Carthage n'auraient aucun droit sur les citoyens de
« Capoue ; qu'on ne pourrait les obliger malgré eux
« de porter les armes, ou de soutenir aucune charge,
« ou de payer aucun tribut ; que Capoue serait gou-
« vernée selon ses lois et par ses magistrats, comme
« avant le traité : qu'Annibal fournirait aux Campa-
« niens, à leur choix, trois cents prisonniers Romains,
« dont ils feraient l'échange avec les trois cents Cam-
« paniens qui servaient en Sicile pour les Romains ».

Outre ces conditions, qui étaient exprimées dans le Horrible traité, le peuple de Capoue se porta à une cruauté cruauté des Campaniens. contre les Romains qu'Annibal n'avait point exigée. Il arrêta tous les officiers et autres citoyens romains qui se trouvaient à sa disposition, soit qu'ils fussent à Capone pour les affaires de la guerre ou pour celles qui les regardaient en particulier; et les ayant enfermés dans des bains, sous prétexte de s'assurer de leurs personnes, on les y fit mourir avec une cruauté inouie, étouffés par la vapeur du lieu qui leur ôta la respiration.

Décius Magius s'était opposé de toutes ses forces à cet Décius Magius s'op- acte d'inhumanité, aussi-bien qu'à l'ambassade qu'on pose à la avait envoyée à Annibal. C'était un homme à qui il ne réception d'Annibal. manquait [1], pour être souverainement considéré dans sa Liv. lib. 23, patrie, que d'avoir affaire à des citoyens sensés. Lors- cap. 7-9. qu'il vit qu'Annibal envoyait une garnison dans Capoue, il leur représenta avec les couleurs les plus vives l'état déplorable où les Tarentins s'étaient réduits autrefois, et les maux qu'ils avaient soufferts, pour s'être donné un maître impérieux et violent dans la personne de Pyrrhus, et pour avoir reçu dans leur ville la garnison qu'il y envoya. Celle d'Annibal ayant été reçue malgré ses remontrances, il ne se rebuta point encore. Il les exhorta fortement à la chasser de leur ville, ou même, s'ils voulaient par une action glorieuse et mémorable expier le crime qu'ils avaient commis en trahissant si indignement leurs anciens alliés, à égorger les soldats d'Annibal, et à racheter à ce prix l'amitié du peuple romain. Comme Magius ne s'était point caché pour parler ainsi, Annibal en fut bientôt informé. Il

---

[1] « Vir, cui ad summam auctoritatem nihil præter sanam civium mentem defuit. »

lui envoya sur-le-champ ordre de le venir trouver. Magius répondit fièrement qu'il n'irait pas, et qu'Annibal n'avait aucun droit sur les habitants de Capoue. Alors ce général, transporté de colère, ordonna qu'on le chargeât de chaînes et qu'on le traînât de force jusque dans son camp. Mais, après quelques moments de réflexion, craignant qu'un traitement si violent n'aigrit l'esprit des Campaniens et n'excitât quelque tumulte dans la ville, il envoya un courrier à Marius Blosius, préteur des Campaniens, pour l'avertir que le lendemain il se rendrait lui-même à Capone; et en effet il partit, comme il l'avait dit, avec un petit nombre de soldats.

Annibal est
reçu dans
Capoue.   Le préteur, ayant assemblé les citoyens, leur ordonna d'aller au-devant d'Annibal en grand nombre, avec leurs femmes et leurs enfants. Tout le monde y courut, non-seulement par obéissance, mais par curiosité et avec empressement, pour voir un général qui s'était rendu célèbre par tant de victoires. Magius ne sortit point de la ville; mais, afin qu'on ne pût pas dire que la crainte l'empêchait de paraître comme s'il eût eu quelque chose à se reprocher, il ne se tint pas renfermé dans sa maison. Il se promena dans la place publique avec son fils et un petit nombre d'amis, pendant que toute la ville était en mouvement pour recevoir Annibal et pour se donner la satisfaction de considérer de près un si grand homme.

Qui se serait attendu que dans une ville perdue de luxe et de débauches comme Capoue, et livrée à la servitude, il se trouverait un citoyen d'un zèle si généreux pour le salut et la liberté de sa patrie, et d'un courage si intrépide et tellement supérieur à toute crainte? Peut-être le poussait-il trop loin. Cette tranquillité d'un 1omme menacé d'un péril certain, qui affecte de se promener dans la place publique avec ses amis', ressent bien la bravade et l'insulte. Magius, par un désir immodéré de gloire, semblait provoquer la mort : *Famam fatumque provocabat.*

Tacit.

Annibal ne fut pas plûs tôt entré dans la ville, qu'il demanda qu'on assemblât le sénat. On le pria de ne parler d'aucune affaire sérieuse, et de souffrir qu'on passât dans la joie le premier jour auquel il les 1onorait de sa présence, et que la ville de Capone regardait comme un jour de fête pour elle. Quelque ardent qu'il fût naturellement, il se fit violence ; et pour ne point refuser aux Campaniens la première grace qu'ils lui demandaient, il passa la plus grande partie de la journée à visiter ce qu'il y avait de curieux et de remarquable dans la ville.

Il logea dans la maison de deux frères qui se nommaient *Minius*, et qui étaient des plus distingués de Capone par leur naissance et leurs grandes ric1esses. Pacuvius Calavius, c1ef de la faction qui avait engagé Capone dans les intérêts d'Annibal, y amena son fils Pérolla, après l'avoir arrac1é avec peine de la compagnie de Décius Magius, avec qui ce jeune 1omme avait toujours fortement soutenu le parti des Romains contre les Cart1aginois, sans que l'exemple de la plus grande partie de ses compatriotes ni l'autorité paternelle eussent pu le faire c1anger de sentiment. Annibal était informé de la conduite et des dispositions de Pérolla. Aussi son père n'entreprit-il point de le justifier ; mais par ses prières il lui obtint le pardon. Annibal l'accorda de si bonne grace, qu'il l'invita même à se trouver avec son père au repas que lui donnaient les

16.

Minius, et auquel il n'admit avec eux que le seul Ju-
lellius Tauréa, 1omme illustre par sa bravoure dans
la guerre.

On prévint le temps marqué par l'usage [1] pour se
mettre à table, et, ce qui sentait alors une sorte de
débauc1e, on commença à manger lorsqu'il restait encore une grande partie du jour [2]. L'appareil du festin
fut magnifique, et ne se ressentit ni des mœurs et de
la frugalité de Cart1age, ni de l'austérité de la discipline
militaire. Le repas fut tel qu'on peut s'imaginer qu'il
devait être dans la maison la plus opulente et la plus
voluptueuse d'une ville toute livrée au luxe et au plaisir.
Tous les convives y firent paraître une grande gâité. Il
n'y eut que Pérolla qui garda toujours une assez triste
contenance, sans que les invitations ni des maîtres du
logis, ni d'Annibal même, pussent l'engager à prendre
part à la joie commune. Il s'excusait sur sa santé, et
son père ajouta qu'il n'était pas étonnant qu'il parût
embarrassé et interdit en présence d'Annibal.

Vers le soir son père étant sorti de la salle du festin,

Pérolla offre
à son père de
tuer An-
nibal.

il le suivit jusque dans un jardin qui était derrière la
maison ; et là, le tirant à l'écart : « Mon père, dit-il, je
« vais vous proposer un dessein, qui non - seulement
« nous obtiendra des Romains le pardon de notre ré-
« volte, mais qui nous mettra en plus grand crédit et
« en plus grande considération auprès d'eux que nous
« n'avons jamais été. » Pacuvius, tout surpris, lui demande ce que c'est. Alors le jeune 1omme, ouvrant sa

[1] J'expliquerai dans la suite l'u-
sage des anciens par rapport aux
repas.

[2] « Cœperunt epulari de die : et
convivium non ex more punico, aut
militari disciplinâ esse, sed, ut in
civitate atque etiam domo luxnrio-
sâ, omnibus voluptatum illecebris
instructum. » (L1v.)

robe, lui montre un poignard qu'il avait pendu à sa ceinture. « Je vais, dit-il, sceller par le sang d'Annibal « notre alliance avec les Romains. J'ai voulu vous en « avertir auparavant, afin que, si vous ne voulez pas « être témoin de l'action, vous puissiez vous absenter. » Calavius, aussi effrayé que s'il avait déja vu couler le sang d'Annibal : « Mon fils [1], s'écria-t-il, je vous prie « et vous conjure par tous les droits les plus sacrés de « la nature et du sang qui lient les pères aux enfants, « de ne point commettre sous les yeux de votre père le « plus énorme de tous les crimes, et de ne point vous « exposer à souffrir les supplices les plus affreux. Il n'y « a que peu de moments que nous nous sommes liés par « les serments les plus solennels, que nous avons donné « à Annibal les marques les plus saintes d'une amitié « inviolable, prenant tout ce qu'il y a de dieux à té- « moin de notre bonne foi; et, sortis à peine de cet « entretien, nous armerions contre lui cette même main

Calavius détourne son fils d'un dessein si affreux.

[1] « Per ego, te, inquit, fili, quæcumque jura liberos jungunt parentibus, precor quæsoque, ne ante oculos patris facere ad quam tertius Campanorum adhibitus ab Annibale es, ut eam ipsam mensam cruentares hospitis sanguine! Annibalem pater filio meo potui placare, filium Annibali non possum! Sed sit nihil sancti, non fides, non religio, non pietas; audeantur infanda, si non perniciem nobis cum scelere afferunt. Unus aggressurus es Annibalem! Quid illa turba tot liberorum servorumque? quid in unum intenti omnium oculi? quid tot dextræ? torpescentne in amentia illa? Vultum ipsius Annibalis, quem armati exercitus sustinere nequeunt, quem horret populus romanus, tu sustinebis? Et alia auxilia desint, me ipsum ferire, corpus meum opponentem pro corpore Annibalis, sustinebis? atqui per meum pectus petendus ille tibi transfigendusque est. Deterreri hic sine te potiùs, quàm illic vinci. Valeant preces apud te meæ, sicut pro te hodiè valuerunt. » (Liv.)

« que nous lui avons offerte comme un gage de notre
« fidélité! cette table, où président les dieux vengeurs
« des droits de l'hospitalité, où vous avez été admis par
« une faveur que deux seuls Campaniens partagent avec
« vous, vous ne la quittez, cette table sacrée, que pour
« la souiller, un moment après, du sang de votre iôte!
« Hélas! après avoir obtenu d'Annibal la grace de mon
« fils, serait-il bien possible que je ne pusse obtenir de
« mon fils celle d'Annibal? Mais ne respectons rien,
« j'y consens, de tout ce qu'il y a de plus sacré entre
« les iommes; violons tout ensemble la foi, la religion,
« la piété, rendons-nous coupables de l'action du monde
« la plus noire, si notre perte ne se trouve pas ici in-
« failliblement jointe avec le crime. Seul vous prétendez
« attaquer Annibal! Mais cependant que deviendra cette
« foule d'iommes libres et d'esclaves qui l'environnent?
« Tous ces yeux attaciés sur lui sans cesse pour veiller
« à sa conservation se fermeront-ils tout d'un coup?
« Tant de bras armés pour sa défense, espérez-vous
« qu'ils demeureront inutiles et glacés au moment que
« vous vous porterez à cet excès de fureur? Soutiendrez-
« vous le regard d'Annibal, ce regard redoutable que
« ne peuvent soutenir les armées entières, qui fait trem-
« bler le peuple romain? Et quand même tout autre
« secours lui manquerait, aurez-vous le courage de me
« frapper lorsque je le couvrirai de mon corps, et que
« je me mettrai entre lui et vous? Car, je vous le dé-
« clare, ce n'est qu'en me perçant le flanc que vous
« pourrez porter vos coups jusqu'à lui. Laissez-vous
« fléchir en ce moment plutôt que de vouloir périr
« dans une entreprise si mal concertée. Souffrez que
« mes prières aient sur vous quelque pouvoir, après

« qu'elles ont été aujourd'hui si puissantes en votre
« faveur. »

Un discours si touchant attendrit Pérolla jusqu'aux
larmes. Le père, le voyant ébranlé, l'embrasse tendrement, et redouble ses prières et ses instances, jusqu'à
ce qu'il eût tiré de lui une promesse de quitter son poi-
guard et de renoncer à son dessein. « Me voilà donc
« forcé, dit Pérolla, de substituer mon père à ma pa-
« trie, en m'acquittant vers l'un de la piété que je dois
« à l'autre; mais je ne puis, mon père, m'empêcher de
« vous plaindre lorsque je pense que vous aurez à sou-
« tenir le reproche d'avoir trois fois trahi votre patrie:
« la première, lorsque vous avez fait conclure le traité
« avec Annibal; la seconde, lorsque vous avez rompu
« l'alliance avec les Romains; la troisième enfin aujour-
« d'hui, lorsque vous m'empêchez de réconcilier Capoue
« avec Rome. Chère et infortunée patrie, reçois ce fer
« dont je m'étais armé pour ta défense, puisqu'un père
« me l'arrache des mains! » En disant ces mots, il jette
son poignard par-dessus la muraille du jardin, et revient dans la salle du festin pour ne donner lieu à
aucun soupçon.

On peut d'abord être frappé de quelque sentiment
d'admiration pour le dessein hardi de Pérolla; mais si
l'on fait réflexion que la guerre a ses lois ainsi que la
paix, on condamnera sans doute un projet d'assassinat
qui devient même encore plus criminel par les circonstances de perfidie et de trahison qui l'accompagnent.
Si Décius Magius en est l'auteur, comme cela paraît
assez probable, on ne peut plus le regarder comme
innocent, ni croire qu'il n'ait point mérité le traitement qu'il va souffrir.

Promesses
maguifiques
d'Annibal
aux Campa-
niens.

En effet, le lendemain de l'entrée d'Annibal, le sénat
de Capoue s'étant assemblé, le général carthaginois y
fit un discours très-gracieux, rempli de témoignages
d'amitié et de bienveillance. Il les remercia d'avoir
préféré l'alliance des Carthaginois à celle des Romains.
Et parmi les promesses magnifiques qu'il leur fit, il les
assura « que dans peu Capoue serait la capitale de toute
« l'Italie, et que les Romains eux-mêmes y viendraient
« recevoir la loi avec les autres peuples. Il ajouta qu'il

Il demande
qu'on lui li-
vre Décius
Magius; ce
qui est exé-
cuté sur-le-
champ.

« y avait cependant parmi eux un homme qui ne devait
« avoir aucune part à l'amitié des Carthaginois, ni être
« compris dans le traité que l'on venait de faire avec
« eux ; que Décius Magius ne méritait pas même le
« nom de Campanien, puisqu'il était seul opposé au
« sentiment de ses compatriotes ; qu'il demandait qu'on
« le lui livrât, et qu'en sa présence le sénat, après avoir
« pris connaissance de son crime, prononçât sur son
« sujet ». Il ne se trouva pas un seul sénateur qui osât
répliquer, quoique la plupart pensassent que Magius
ne méritait pas un traitement si rigoureux, et qu'An-
nibal, dès le commencement, donnait une mortelle atteinte à leur liberté.

Le premier magistrat sortit aussitôt de la salle ; et
s'étant placé sur son tribunal, il fit amener Magius devant lui, et lui ordonna de se justifier. Celui-ci, sans
rien rabattre de sa fierté, refusa de répondre, alléguant
que la première condition du traité même fait avec
Annibal l'en dispensait. Ses raisons ne pouvaient manquer d'être trouvées mauvaises. On le chargea de chaînes, et l'on commença à le traîner par les rues de la
ville, pour le conduire au camp des Carthaginois. Tant
qu'il eut la liberté de parler, il ne cessa de tenir à la

multitude qui l'environnait dés discours pleins de force
et de 1ardiesse. *Voilà*, leur disait-il, *cette liberté que* Magius reproche aux
Campaniens
leur lâcheté.
vous avez prétendu vous procurer. Dans la place pu-
blique, en plein jour, sous vos yeux, on charge de
chaînes, on conduit à la mort un homme qui tient
un des premiers rangs dans votre ville. Quelle plus
grande violence exercerait-on dans Capoue, si elle
avait été prise de force? Allez au-devant d'Annibal,
ornez la ville, faites du jour de son entrée un jour de
fête, pour le voir triompher de l'un de vos citoyens.
On appréhenda que ces reproches ne fissent impression
sur le peuple; ainsi on lui couvrit la tête, afin qu'il ne
lui fût plus possible de se faire entendre. Annibal n'osa Il est porté
par la tem-
pête en
Égypte.
le faire mourir dans son camp, de peur que sa mort
ne donnât lieu à quelque sédition dans la ville. Il le
fit embarquer sur un vaisseau qui devait le mener à
Carthage; mais une tempête le jeta sur les côtes de
Cyrène, qui était soumise au roi d'Égypte : c'était pour-
lors Ptolémée Philopator. Magius trouva un asyle dans
les états de ce prince, et y demeura en sûreté sous sa
protection.

Cependant Q. Fabius Pictor revint à Rome de Del- Fabius Pictor rapporte
à Rome la
réponse de
l'oracle.
Liv. lib. 23.
cap. 21.
phes où il avait été envoyé en ambassade, et rapporta
la réponse de l'oracle, qui ordonnait aux Romains de
certains sacrifices, leur promettait d'heureux succès à
l'avenir, et leur recommandait de garder beaucoup de
modération dans leur prospérité à venir.

§ II. *Magon porte à Carthage la nouvelle de la victoire de Cannes. Himilcon, de la faction d'Annibal, insulte Hannon. Celui-ci lui répond. Le sénat
ordonne des secours pour Annibal. Le dictateur,
après avoir pourvu à tout, part de Rome. Annibal fait de vaines tentatives sur Naples et sur
Nole. Marcellus gagne, par ses manières prévenantes, L. Bantius de Nole. Annibal est battu
par Marcellus devant les murailles de cette ville.
Citoyens de Nole punis de leur trahison. Annibal
attaque Casilin. Quartier d'hiver à Capoue, funeste à l'armée d'Annibal. Réflexion sur le séjour
d'Annibal à Capoue. Casilin, forcé par l'extrémité de la disette, se rend à Annibal. Fidélité
de Pétélie pour les Romains. État des affaires
en Sicile et en Sardaigne. Dictateur créé pour
nommer de nouveaux sénateurs à la place des
morts. On crée de nouveaux consuls et de nouveaux préteurs. L. Postumius, désigné consul,
périt dans la Gaule avec toute son armée. Cette
nouvelle cause un deuil extrême à Rome. Le
sénat règle la disposition des troupes qui doivent
servir cette année. Affaires d'Espagne peu favorables pour les Carthaginois. Asdrubal reçoit
ordre de passer en Italie. Himilcon arrive en Espagne pour prendre sa place. Les deux Scipions,
pour empêcher le départ d'Asdrubal, lui donnent
bataille. Il est défait avec son armée.*

Magon porte
à Carthage
la nouvelle Pendant que ce que nous venons de dire se passait à
Rome et dans l'Italie, Magon, fils d'Amilcar, était allé
annoncer à Carthage la bataille et la victoire de Cannes.

Il n'était pas parti immédiatement après cette action. Avant que de s'embarquer, il s'était arrêté pendant quelques jours dans le Brutium [1] par l'ordre de son frère, pour recevoir dans l'alliance des Carthaginois les villes qui abandonnaient le parti des Romains. Lorsqu'on l'eut admis à l'audience dans le sénat de Carthage, il y rendit compte de tout ce que son frère avait exécuté dans l'Italie. Il dit « qu'Annibal avait combattu contre « sept généraux, dont cinq étaient consuls, et les deux « autres, l'un dictateur, et l'autre général de la cava- « lerie : que dans les différentes batailles qu'il avait li- « vrées à six armées consulaires; il avait tué plus de « deux cent mille ennemis, et en avait fait prisonniers « plus de cinquante mille : que des cinq consuls avec « qui il avait eu affaire, il en avait tué deux sur le champ « de bataille; qu'un troisième avait été blessé; que des « deux autres qui s'étaient retirés sans blessures, le « dernier, après la perte de son armée entière, s'était « à peine sauvé avec cinquante hommes : que le géné- « ral de la cavalerie avait été défait et mis en fuite : que « le dictateur était regardé avec admiration, et passait « pour un général unique, par cette raison seule qu'il « avait toujours évité le combat : que les peuples du « Brutium et de l'Apulie, avec une partie des Samnites « et des Lucaniens, s'étaient rangés du côté des Car- « thaginois ; que Capone, la capitale non-seulement de « la Campanie, mais de toute l'Italie, depuis la défaite « des Romains à Cannes, s'était d'elle-même livrée à « Annibal : qu'il était juste de rendre aux dieux des ac- « tions de graces proportionnées aux victoires rempor- « tées sur les ennemis par leur protection ». Ensuite,

de la victoire de Cannes. Liv. lib. 22, cap. 12 - 16. La Calabre ultérieure.

[1] La Calabre ultérieure.

pour prouver par des effets la grandeur des succès qu'il
avait étalés dans son discours, il fit répandre dans le
vestibule du sénat un boisseau d'anneaux d'or qu'on
avait arrachés des doigts de ceux qui étaient restés sur
le champ de bataille à Cannes : il ajouta, pour donner
une plus grande idée de la perte que les Romains
avaient faite dans cette journée, qu'il n'y avait que les
chevaliers et les gens distingués qui fussent en droit
d'en porter. Le résultat de sa harangue fut « que, plus
« ils avaient d'espérance de terminer bientôt la guerre
« à leur avantage, plus on devait faire d'efforts pour
« envoyer toutes sortes de secours à Annibal : qu'il fai-
« sait la guerre loin de Carthage au milieu du pays
« ennemi ; que la consommation des vivres et de l'ar-
« gent allait très-loin, et que tant de batailles n'avaient
« pu détruire les armées ennemies sans affaiblir celle
« du vainqueur : qu'il fallait donc envoyer des recrues,
« des vivres et de l'argent à des soldats qui avaient
« rendu de si grands services à la république de Car-
« thage. »

Himilcon,
de la faction
d'Annibal,
insulte
Hannon.

Comme ce discours de Magon avait répandu la joie
dans toute l'assemblée, Himilcon, de la faction Barcine, crut avoir trouvé une belle occasion d'insulter
Hannon, qui était le chef de la faction opposée. Ainsi,
s'adressant à lui d'un air moqueur : « Hé bien, Hannon,
« dit-il, que pensez-vous de tout ceci ? Êtes-vous en-
« core fâché qu'on ait entrepris la guerre contre les Ro-
« mains ? Voulez-vous encore qu'on leur livre Annibal ?
« Parlez : opposez-vous aux actions de graces qu'on
« propose de rendre aux dieux. Écoutons au milieu du
« sénat de Carthage un sénateur romain. »

Hannon
lui répond.

Hannon, d'un air et d'un ton graves, répondit au

discours d'Himilcon en ces termes : « Je me serais tu au-
« jourd'hui pour ne point troubler, par un discours qui
« ne sera peut-être pas de votre goût, une joie à laquelle
« je vois que tout le monde s'abandonne. Mais, en ne
« répondant rien à un sénateur qui m'interroge, je don-
« nerais lieu de me soupçonner ou d'une fierté mal en-
« tendue, ou d'une bassesse servile ; ce qui marquerait
« que j'aurais oublié ou que je parle à un 1omme libre,
« où que moi-même je le suis. Je réponds donc à Hi-
« mileon que je n'ai point cessé d'être mécontent de
« cette guerre, et que je ne cesserai point de me dé-
« clarer contre votre invincible général que je ne voie
« la guerre terminée par un traité dont les conditions
« soient supportables ; et je regretterai toujours l'an-
« cienne paix, jusqu'à ce qu'on en ait fait une nouvelle.
« Les avantages que Magon vient de nous étaler font
« dès ce moment grand plaisir à Himilcon, et aux autres
« partisans d'Annibal : ils m'en peuvent faire aussi, et
« je suis très-disposé à m'en réjouir comme eux, parce
« que ces 1eureux succès, si nous voulons en profiter,
« peuvent nous procurer des conditions de paix plus fa-
« vorables. Mais, si nous laissons passer une si 1eu-
« reuse conjoncture, où nous pouvons paraître donner
« la paix plutôt que la recevoir, je crains fort que cette
« joie, qui maintenant nous transporte, ne nous éc1appe
« bientôt et ne se réduise à rien ; car enfin, que sont,
« après tout, ces succès si vantés ? et à quoi se termi-
« nent-ils ? J'ai taillé en pièces les armées des ennemis ;
« envoyez-moi des soldats : que demanderiez-vous donc
« si vous aviez été vaincu ? Je me suis emparé de deux
« camps des ennemis, remplis apparemment de butin
« et de toute sorte de provisions ; envoyez-moi des vi-

« vres et de l'argent : que demanderiez-vous autre chose,
« si vous aviez vous-même perdu votre camp ? Mais,
« afin que je ne sois pas ici le seul qu'on mette sur la
« sellette (car il me semble que j'ai autant de droit d'in-
« terroger Himilcon qu'il en a de me faire des ques-
« tions), que lui ou Magon me réponde. La défaite de
« Cannes a détruit l'empire romain, dites-vous, et toute
« l'Italie est soulevée contre eux. Dites-nous donc si
« parmi les peuples du nom latin il y en a quelqu'un
« qui ait pris votre parti, et si de tous les citoyens qui
« composent les trente-cinq tribus de Rome il s'en est
« trouvé un seul qui ait déserté. » Magon ayant répondu
que ni l'un ni l'autre n'était arrivé : « Nous avons donc
« encore, répliqua-t-il, un très-grand nombre d'enne-
« mis sur les bras. Dites-nous au moins quelle est la
« disposition des ennemis qui nous restent, et s'ils con-
« servent encore quelque espérance. » Magon ayant répondu qu'il n'en savait rien : « Il n'y a cependant rien
« de si aisé à savoir, reprit Hannon. Avez-vous appris
« que l'on ait parlé dans le sénat de Rome de demander
« la paix ? Les Romains ont-ils envoyé des ambassadeurs
« à Annibal pour en traiter ? » Magon ayant répondu
que non, « Nous avons donc encore la guerre aussi en-
« tière que le jour qu'Annibal passa en Italie, répliqua
« Hannon. Il y en a plusieurs parmi nous qui se sou-
« viennent des vicissitudes de la première guerre. Nos
« affaires ne furent jamais en un meilleur état ni par
« terre ni par mer, qu'elles l'étaient avant le consulat
« de C. Lutatius et d'Aulus Postumius. C'est sous ce
« consulat même que nous fûmes vaincus aux îles Égates.
« Si la fortune vient aujourd'hui à changer (plaise aux
« dieux d'en détourner le présage!) avons-nous lieu

« d'espérer que nous aurons la paix quand nous serons
« vaincus, pendant que personne ne nous l'offre à présent
« que nous sommes victorieux ? Pour moi, s'il s'agis-
« sait ou de donner la paix aux Romains, ou de la re-
« cevoir d'eux, je sais ce que j'aurais à dire. Mais, si
« vous me consultez sur les propositions de Magon,
« voici quel est mon sentiment : ou Annibal est victo-
« rieux, et en ce cas il n'a pas besoin de secours ; ou il
« nous trompe par de vaines espérances, et pour-lors il
« mérite encore moins d'être écouté. »

Le discours d'Hannon ne fit pas beaucoup d'impres- *Le sénat or-*
sion sur les esprits. Ils étaient trop préoccupés de la *donne des*
secours pour
joie qu'inspire la victoire pour rien écouter de ce qui *Annibal.*
pouvait l'altérer : d'ailleurs la haine qui avait toujours
divisé la famille d'Annibal et la sienne le rendait suspect ; outre qu'ils étaient persuadés que, pour peu qu'ils
fissent d'efforts, ils verraient incessamment la guerre
terminée à leur avantage. C'est pourquoi, d'un consentement unanime, il fut résolu que l'on enverrait à Annibal un renfort de quatre mille Numides, quarante
éléphants et une grande somme d'argent. On fit partir
en même temps un officier-général avec Magon pour
aller lever dans l'Espagne vingt mille hommes d'infan-
terle et quatre mille de cavalerie, dont on devait recruter l'armée de cette province et celle d'Italie. Mais
ces ordres furent exécutés avec beaucoup de lenteur
et de nonchalance, comme il arrive assez souvent dans
la bonne fortune, surtout lorsqu'il y a de la division
et de la jalousie entre ceux qui gouvernent. L'esprit de
faction et de parti est la ruine des affaires. Hannon était
d'un bon conseil, et avait des vues très-justes ; mais il
gâtait toutes ses excellentes qualités par une antipathie

marquée contre la famille et la personne d'Annibal. Pour se rendre utile dans les délibérations et y faire respecter ses avis, il faut être impartial et ne chercher que le bien public.

Le dictateur, après avoir pourvu à tout, part de Rome.
Liv. lib. 23, cap. 14.

Les Romains, de leur côté, étaient fort attentifs à réparer leurs pertes. Outre leur application et leur vivacité naturelle, l'adversité les rendait actifs et vigilants. Le consul ne manquait à rien de ce qui regardait son ministère. Le dictateur M. Junius Péra, après avoir satisfait aux devoirs de la religion, demanda au peuple, selon la coutume, qu'il lui fût permis, en commandant l'armée, de monter à cheval. Aussitôt il fit prendre les armes aux deux légions que les consuls avaient levées dès le commencement de l'année, aux huit mille esclaves dont on a parlé ci-dessus, et aux cohortes qu'on avait tirées du territoire de Picène et d'un canton voisin qu'ils appelaient *ager gallicus* [1]. Comme ces forces ne lui paraissaient pas suffisantes, il eut recours à un remède que l'on n'emploie que dans les conjonctures les plus extrêmes et les plus désespérées, et lorsque l'honnête est obligé de céder à l'utile. Il publia une ordonnance par laquelle il mettait en liberté tous ceux qui étaient retenus dans les prisons, ou pour crimes, ou pour dettes : le nombre s'en trouva monter à six mille hommes. Comme l'état manquait de tout, il fallut leur donner pour armes celles qui avaient été conquises sur les Gaulois et portées en triomphe par Flaminius. Après ces dispositions, il partit de la ville avec vingt-cinq mille hommes en état de combattre.

---

[1] C'était un petit pays entre le Rubicon et l'Ésis, conquis sur les Gaulois Sénonois, et partagé à des citoyens romains en vertu de la loi qu'avait portée Flaminius étant tribun du peuple.

Pour Annibal, après s'être assuré de Capone, il fit une seconde tentative sur la ville de Naples, mais aussi inutile que la première. Il fit passer ensuite ses troupes dans le territoire de Nole, et tourna toutes ses vues du côté de cette place. Les sénateurs de Nole donnèrent avis à Claudius Marcellus, qui pour-lors était à Canouse, de l'extrême danger où était la ville, parce que le peuple était prêt à se rendre à Annibal. Il accourut sans perdre de temps. Dès qu'Annibal apprit qu'il approchait, il se retira, et descendit vers la mer du côté de Naples, désirant avec passion de s'emparer de cette ville, afin d'avoir un port où il pût recevoir en sûreté les vaisseaux qui lui viendraient d'Afrique. N'ayant pu ébranler la fidélité des habitants de cette ville, il alla mettre le siége devant Nucérie; et l'ayant tenue long-temps bloquée, enfin il la réduisit par famine, laissant aux habitants la liberté de se retirer où ils voudraient. Il leur promit de grandes récompenses s'ils voulaient servir dans ses troupes. Il ne s'en trouva pas un seul qui acceptât ses offres.

Annibal fait de vaines tentatives sur Naples et sur Nole. Liv. lib. 23, cap. 14.

Il s'en fallait bien que le peuple de Nole fût dans les mêmes dispositionsIl y avait dans la ville un jeune officier nommé L. Bantius. Les Romains n'avaient point alors parmi leurs alliés un cavalier plus distingué par sa bravoure. Annibal l'ayant trouvé, après la bataille de Cannes, presque sans vie au milieu d'un tas de corps morts, l'avait fait panser de ses blessures avec beaucoup d'attention et de bonté, et après sa guérison l'avait renvoyé chez lui, non-seulement sans rançon, mais comblé de présents. En reconnaissance d'un tel service, Bantius avait déja fait tous ses efforts pour mettre Nole entre les mains d'Annibal, et Marcellus le voyait encore

Marcellus gagne par ses manières prévenantes L. Bantius de Nole. Liv. lib. 23, cap. 15. Plut. in Marcello pag. 303.

marquée contre la famille et la personne d'Annibal. Pour se rendre utile dans les délibérations et y faire respecter ses avis, il faut être impartial et ne chercher que le bien public.

Les Romains de leur côté, étaient fort attentifs à réparer leurs pertes. Outre leur application et leur vivacité naturelle, l'adversité les rendait actifs et vigilants. Le consule ne manquait à rien de ce qui regardait son ministère. Le dictateur M. Junius Péra, après avoir **satisfait** aux désirs de la religion, demanda au peuple, content, qu'il lui fût permis, en commandant, de monter à cheval. Aussitôt il fit prendre les aux deux légions que les consuls avaient levées **dès le** commencement de l'année, aux huit mille es dont on parle ci-dessus, et aux cohortes qu'on irées du territoire de Picène et d'un canton voisin qu'ils appelaient *ager gallicus*[*]. Comme ces forces ne lui paraissaient pas suffisantes, il eut recours à un remède que l'on n'emploie que dans les conjonctures les plus extrêmes et les plus désespérées, et lorsque l'honnête est obligé de céder à l'utile. Il publia une ordonnance par la mettaient liberté tous ceux qui étaient retenus dans les prisons, ou pour crimes, ou pour dettes ; le s'en trouva monter à six mille hommes. Comme l'état manquait de tout, il fallut leur donner pour armes celles qui avaient été conquises sur les Gaulois et portées en triomphe par Flaminius. Après ces dispositions, il partit de la ville avec vingt état de combattre.

Pour Annibal, après s'être assuré de Capoue, il fit une seconde tentative sur la ville de Naples, mais aussi inutile que la première. Il fit passer ensuite ses troupes dans le territoire de Nole, et tourna toutes ses vues du côté de cette place. Les sénateurs de Nole donnèrent avis à Claudius Marcellus, qui pour-lors était à Canouse, de l'extrême danger où était la ville, parce que le peuple était prêt à se rendre à Annibal. Il accourut sans perdre de temps. Dès qu'Annibal apprit qu'il approchait, il se retira, et descendit vers la mer du côté de Naples, désirant avec passion de s'emparer de cette ville, afin d'avoir un port où il pût recevoir en sûreté les vaisseaux qui lui venaient d'Afrique. N'ayant pu ébranler la fidélité des habitants de cette ville, il alla mettre le siége devant Neérie; et l'ayant tenue long-temps bloquée, enfin il la réduisit par famine, laissant aux habitants la liberté de se retirer où ils voudraient. Il leur promit de grandes récompenses s'ils voulaient servir dans ses troupes. Il ne s'en trouva pas un seul qui acceptât ses offres.

Il s'en fallait bien que le peuple de Nole fût dans les mêmes dispositions. Il y avait dans la ville un jeune officier nommé L. Bantius. Les Romains n'avaient point alors parmi leurs alliés un cavalier plus distingué par sa bravoure. Annibal l'ayant trouvé après la bataille

inquiet et remuant. Il fallait, ou s'en défaire par le supplice, ou l'attirer par des bienfaits. Marcellus préféra
ce dernier parti, auquel son inclination naturelle le
portait. Il était d'un caractère humain, noble, généreux,
et propre à se faire aimer.

Un jour donc Bantius étant allé lui faire sa cour,
Marcellus lui demanda qui il était. Ce n'était pas qu'il
ne le connût de longue main; mais il cherchait un
prétexte et une entrée à la conversation qu'il voulait
avoir avec lui. Bantius lui ayant dit son nom, Marcellus, comme surpris et plein d'admiration : *Quoi!* lui
dit-il, *vous êtes ce Bantius dont on parle tant à Rome,
comme d'un officier qui a combattu si vaillamment à
la bataille de Cannes, et qui seul n'a pas abandonné
le consul Paul Émile, mais s'est présenté lui-même
aux coups que l'on portait à ce général?* Bantius lui
ayant répondu que c'était lui-même, et lui ayant montré
les cicatrices de ses blessures : *Eh!* lui dit Marcellus,
*comment, après nous avoir donné de si grandes mar-
ques de votre amitié, n'êtes-vous pas venu dès le commencement chercher auprès de nous les honneurs qui
vous sont dus? Pensez-vous donc que nous ne sachions
pas récompenser le mérite dans des amis qui s'attirent
l'estime de nos ennemis mêmes?* A des paroles si gra-
cieuses, accompagnées d'un air de bonté et de familiarité, il ajouta un présent qui y mit le comble. Outre
une somme d'argent qu'il lui fit compter par le tré-
sorier [1], il le gratifia d'un beau cheval de bataille, et en
sa présence ordonna aux licteurs de lui laisser toutes
les entrées libres autant de fois qu'il se présenterait pour
le voir.

[1]. Questeur.

On voit ici dans la personne de Marcellus combien l'art de manier les esprits et de gagner les cœurs est nécessaire à ceux qui sont dans les premières places et chargés du gouvernement; que ce n'est point par la hauteur et la fierté, par les menaces, par les châtiments, qu'on doit conduire les hommes, mais que les marques de bonté et d'amitié, les louanges, les récompenses, dispensées à propos et avec adresse, sont le moyen le plus sûr de les amener à ses fins et de se les attacher pour toujours.

Par ces façons généreuses, Marcellus adoucit tellement le courage altier de Bantius, qu'il fut tout le reste de sa vie l'allié de Rome le plus brave et le plus fidèle. Personne ne fut plus attentif et plus vif que lui à découvrir et à dénoncer ceux de Nole qui tenaient le parti d'Annibal, et ils étaient en fort grand nombre. Annibal étant revenu devant Nole, ils avaient résolu, dès que les Romains seraient sortis pour marcher aux ennemis, de fermer les portes, de piller le bagage, et de se rendre aux Carthaginois; et ils avaient eu avec les ennemis plusieurs entrevues pendant la nuit.

Marcellus, averti de cette conspiration, prit toutes les mesures nécessaires pour en empêcher l'effet. Il s'était tenu quelques jours exprès renfermé dans la ville, non par crainte, mais pour inspirer à l'ennemi une confiance téméraire. Annibal, en effet, approcha des murailles avec moins d'ordre et de précaution qu'il n'avait coutume. Marcellus, qui tenait ses troupes rangées en bataille dans la ville, les fit sortir dans ce moment par trois portes, et tomba sur les assiégeants avec tant de force et d'impétuosité, qu'ils ne purent soutenir ce choc. Après s'être défendus pendant quelque temps avec assez

Annibal est battu par Marcellus devant les murailles de Nole. Liv. lib. 23, cap. 16. Plut. in Marcello, pag. 303.

17.

de vigueur et de courage, ils furent enfin enfoncés et
obligés de se retirer dans leur camp. Annibal perdit
dans cette action deux mille trois cents hommes, et du
côté de Marcellus il n'en fut tué que cinq cents.

Ce fut là le premier avantage que les Romains remportèrent sur Annibal depuis la bataille de Cannes : et
il fut pour eux d'une extrême conséquence ; car, dans
l'état où étaient alors les affaires de la république, il
était plus difficile d'arrêter le cours des victoires d'Annibal qu'il ne le fut dans la suite de le vaincre. Cet
avantage commença à rassurer les Romains, et à leur
inspirer de la confiance, en leur montrant qu'ils combattaient contre un ennemi qui n'était point invincible,
et qui pouvait être entamé et battu.

Citoyens de
Nole punis
de leur
trahison.

Alors Marcellus, ayant fait fermer la ville, et mis des
gardes aux portes pour empêcher qui que ce fût d'en
sortir, fit une recherche exacte de ceux qui avaient eu
des entretiens secrets pendant la nuit avec les ennemis.
Soixante et dix des plus coupables ayant été convaincus
du crime de trahison, le préteur les condamna à perdre
la tête, confisqua leurs biens au profit du peuple romain, et rendit au sénat de Nole toute l'autorité que
la cabale lui avait ôtée.

Annibal atta-
que Casilin.
Liv. lib. 23,
cap. 18.

Annibal, ayant manqué Nole, vint assiéger Casilin ;
mais, quoique la place fût petite et la garnison seulement de mille hommes, les Carthaginois furent souvent
repoussés avec perte ; de sorte qu'Annibal, honteux de
demeurer long-temps devant une bicoque sans rien
faire, prit le parti de fortifier son camp, et d'y laisser
quelques troupes pour ne pas abandonner entièrement
l'entreprise, et se retira à Capoue.

Ce fut là que cette armée [1], qui avait résisté si long-

Quartier
d'hiver à
Capoue, fu-
neste à l'ar-
mée d'An-
nibal.

temps aux travaux les plus pénibles, et que les périls
les plus affreux n'avaient jamais pu abattre, fut entièrement vaincue par l'abondance et les délices, dans lesquelles elle se plongea avec d'autant plus d'avidité,
qu'elle n'y était point accoutumée. Le sommeil, le vin
et la bonne cière, les débauches avec les femmes,
l'oisiveté qui devenait de jour en jour plus douce pour
eux à mesure qu'ils s'y familiarisaient, tout cela amollit
tellement leurs corps et leurs courages, que, s'ils se
soutinrent encore quelque temps, ce fut plutôt par
l'éclat de leurs victoires passées que par leurs forces
présentes. Les gens habiles dans l'art militaire regardèrent la faute qu'avait faite Annibal en menant ses
troupes en quartier d'iiver à Capone, comme plus
grande que celle de n'avoir pas marcié vers Rome
aussitôt après la bataille de Cannes; car ce délai et
cette négligence, dit Tite-Live, pouvaient paraître avoir
seulement différé sa victoire, au lieu que le séjour de
Capoue lui ôta les forces nécessaires pour vaincre.
Quand Annibal tira ses soldats de cette ville, on eût
dit que c'étaient d'autres iommes, tout différents de
ce qu'ils avaient été jusque-là. Accoutumés à demeurer
dans des maisons commodes, à vivre dans l'abondance
et dans l'oisiveté, ils ne pouvaient plus souffrir la faim,
la soif, les longues marcies, ni les autres travaux de
la guerre. La plupart emmenèrent avec eux des femmes
débauchées. Pendant tout l'été, il y eut un grand nom-

---

[1] « Quos nulla mali vicerat vis,   avidiùs ex insolentia in eas se mer-
perdidere nimia bona ac voluptates   serant. » (Liv.)
immodicæ : et eo impensiùs, quo

bre de déserteurs, qui n'avaient point d'autre asile que
Capoue contre la sage sévérité de leurs généraux.

Réflexion
sur le séjour
d'Annibal à
Capoue.

Dans ce que je viens de dire de Capoue je n'ai fait
que copier Tite-Live; mais je ne sais si tout ce qu'il
dit des suites funestes qu'eurent les quartiers d'hiver
passés dans cette ville délicieuse est bien juste et bien
fondé. Quand on examine avec soin toutes les circonstances de cette histoire, on a de la peine à se persuader qu'il faille attribuer le peu de progrès qu'eurent
les armes d'Annibal dans la suite au séjour de Capoue.
C'en est bien une cause, mais la moins considérable;
et la bravoure avec laquelle les Carthaginois battirent
depuis ce temps-là des consuls et des préteurs, prirent
des villes à la vue des Romains, maintinrent leurs conquêtes, et restèrent encore quatorze ans en Italie sans
en pouvoir être chassés, tout cela porte assez à croire
que Tite-Live exagère les pernicieux effets des délices
de Capoue.

La véritable cause de la chute des affaires d'Annibal,
c'est le défaut de secours et de recrues de la part de sa

Liv. lib. 23,
cap. 13.

patrie. Après l'exposé de Magon, le sénat de Carthage
avait jugé nécessaire, pour pousser les conquêtes de
l'Italie, d'y envoyer d'Afrique un renfort considérable
de cavalerie numide, quarante éléphants, mille talents,
qui font trois millions, et d'acheter en Espagne vingt
mille hommes de pied et quatre mille chevaux pour en
renforcer leurs armées d'Espagne et d'Italie. Néanmoins
Magon n'assembla réellement que douze mille hommes
de pied avec quinze cents chevaux; et même, quand il
fut prêt à partir pour l'Italie avec cette troupe si fort
au-dessous de celle qu'on avait annoncée, il fut contre-
mandé et envoyé en Espagne. Annibal, après de si

grandes promesses, ne reçut donc ni infanterie, ni cavalerie, ni éléphants, ni argent, et il fut absolument abandonné à ses ressources personnelles. Son armée se trouvait réduite à vingt-six mille hommes de pied, et à neuf mille chevaux. Comment, avec une armée si affaiblie, pouvoir occuper dans un pays étranger tous les postes nécessaires, contenir les nouveaux alliés, maintenir les conquêtes, en faire de nouvelles, et tenir la campagne avec avantage contre deux armées des Romains qui se renouvelaient tous les ans? Voilà la véritable cause de la décadence des affaires d'Annibal. Si nous avions l'endroit où Polybe avait parlé sur cette matière, nous verrions sans doute qu'il avait plus insisté sur cette cause que sur les délices de Capoue.

Dès que la rigueur du froid commença à s'adoucir, Annibal tira ses troupes des quartiers d'hiver, et revint à Casilin, dont les habitants, aussi-bien que les soldats de la garnison, étaient réduits à une extrême disette : car, quoique les attaques eussent cessé pendant l'hiver, néanmoins, comme la ville avait toujours été bloquée, on n'avait pas pu y faire entrer des vivres. Ti. Sempronius commandait les Romains en l'absence du dictateur, que les affaires de la religion avaient rappelé à Rome. Marcellus avait grande envie d'aller secourir les assiégés ; mais il était retenu, d'un côté par les eaux du Vulturne qui s'étaient extrêmement grossies, de l'autre par les prières de ceux de Nole qui craignaient d'être attaqués par les Campaniens dès que les Romains se seraient éloignés. Sempronius était à portée d'agir : mais comme le dictateur lui avait défendu de rien entreprendre jusqu'à son retour, il n'osait faire aucun mouvement en faveur de Casilin, quoiqu'il apprît qu'ils

Casilin, forcé par l'extrémité, de la disette se rend à Annibal. Id. lib. 23, cap. 19.

souffraient des maux capables de vaincre la constance
la plus héroïque. Tout ce qu'il put faire, ce fut de
remplir un grand nombre de tonneaux des blés qu'il
enleva dans les campagnes voisines, et de les mettre
sur le Vulturne, dont le courant les porterait dans la
ville, en prenant la précaution d'avertir le magistrat de
retirer ces tonneaux à mesure qu'ils passeraient. Cela
dura trois nuits de suite, et fit un peu respirer les assiégés. Mais les Carthaginois s'en étant enfin aperçus,
cette ressource leur manqua absolument. Rien ne passa
depuis qui ne fût arrêté en chemin, excepté des noix
que les Romains y jetèrent, et qui étant arrivées à Casilin étaient enlevées avec des claies. Mais qu'est-ce
que c'était qu'un si faible secours dans une telle disette?
Réduits à la dernière extrémité, ils se virent obligés de
manger les cuirs de leurs boucliers, après les avoir fait
bouillir pour les rendre plus mous; d'ajouter à une
nourriture si misérable les rats et les autres animaux
les plus sales, et d'arracher les herbes et les racines
qui croissaient au bas des murailles. Annibal ayant
aperçu qu'ils semaient des raves : « Quoi ! s'écria-t-il
« tout étonné, les assiégés s'imaginent-ils que je res-
« terai autour de cette place jusqu'à ce que ces plantes
« soient en maturité ? » Cette vue le détermina à souffrir
qu'ils traitassent avec lui de la rançon des personnes
libres ; ce qu'il leur avait toujours refusé jusque-là. Ils
convinrent de donner par tête quatre cent vingt livres[1].
Quand la somme fut payée, Annibal les renvoya à

[1] « Septunces auri. » == Les 7
onces d'or, d'après la proportion
douzième, répondent à 84 onces
d'argent ou 7 livres romaines, valant 9 marcs 57 centièmes, dont le
prix serait maintenant de 530 francs
environ. — L.

Cumes, comme il leur en avait donné sa parole, et mit dans la place une garnison de six cents soldats.

Les habitants de Pétélie, ville des Brutiens, témoignèrent aussi une grande fidélité. Le sénat ayant répondu avec douleur à leurs députés que le peuple romain était lors d'état d'envoyer du secours dans une place si éloignée, ils persévérèrent dans leur attachement aux Romains, et se défendirent encore long-temps avec vigueur. Fidélité de Pétélie pour les Romains. Liv. lib. 23, cap. 20.

A peu près dans ce même temps, on reçut à Rome des lettres de Sicile et de Sardaigne, dont on fit lecture dans le sénat. Le propréteur T. Otacilius mandait de la première de ces provinces que le préteur Furius était arrivé d'Afrique à Lilybée avec sa flotte, dangereusement malade des blessures qu'il avait reçues, et à la veille d'en mourir : qu'ils n'avaient ni argent ni blé pour payer et pour nourrir les soldats et les matelots, et ne savaient où en prendre. Il exhortait fortement les sénateurs à leur envoyer au plus tôt l'un et l'autre, et à faire partir, s'ils le jugeaient à propos, quelqu'un des nouveaux préteurs pour lui succéder à lui-même. Aulus Cornélius Mammula, propréteur de Sardaigne, demandait aussi des vivres et de l'argent, dont il manquait. Le sénat répondit à l'un et à l'autre qu'on était lors d'état de leur rien fournir ; qu'ils pourvussent comme ils pourraient aux besoins de leurs flottes et de leurs armées. T. Otacilius envoya des ambassadeurs au roi Hiéron, l'unique ressource du peuple romain, et reçut de lui autant d'argent qu'il en avait besoin, et des vivres pour six mois. Les villes de Sardaigne en fournirent à Cornélius avec beaucoup de zèle et d'affection. État des affaires en Sicile et en Sardaigne. Liv. lib. 23, cap. 21.

Comme on manquait aussi d'argent à Rome, le peu-

Dictateur
créé pour
choisir de
nouveaux sé-
nateurs à la
place des
morts.
Liv. lib. 23,
c. 22, 23.

ple nomma trois des premiers citoyens pour recevoir
les sommes que les particuliers voudraient bien prêter
à la république. Après avoir nommé trois pontifes à la
place de ceux qui étaient morts, on songea à remplir
les places dans le sénat, et elles étaient en grand nombre : tant de batailles perdues avaient fait un grand
vide dans cette compagnie. L'affaire fut mise en délibération par le préteur Pomponius. Sp. Carvilius, qui
parla le premier, fut d'avis que, pour remplacer ceux
qui manquaient, et en même temps pour s'unir plus
étroitement les Latins, on donnât le droit de bour-
geoisie à deux sénateurs de caque peuple du nom
latin, et qu'on les substituât à ceux de Rome qui étaient
morts. Cette proposition excita un murmure et une indignation générale. Q. Fabius Maximus dit que jamais
il n'y avait eu de plus grande imprudence que d'avancer,
dans les circonstances où l'on était, une proposition si
capable d'exciter de nouveaux mouvements parmi les
alliés, dont la fidélité n'était déjà que trop ébranlée;
et que si les délibérations du sénat avaient jamais demandé un secret inviolable, il fallait oublier, étouffer,
ensevelir dans le silence et regarder comme non avenu
ce discours échappé à la témérité d'un seul homme. En
effet il n'en fut jamais parlé depuis.

Le sénat jugea à propos de créer un dictateur pour
faire le choix dont il s'agissait. Cette nomination se
faisait ordinairement par les censeurs : mais il n'y en
avait point alors dans la république, et les conjonctures
présentes demandaient une voie plus abrégée. Le consul
Varron, qu'on fit revenir exprès de l'Apulie, nomma
pour dictateur M. Fabius Butéo, sans général de la
cavalerie, avec pouvoir d'exercer la dictature pendant

six mois. Il était le plus ancien de ceux qui avaient été censeurs. Dès qu'il fut monté sur la tribune aux harangues accompagné de ses licteurs, il fit observer lui-même toutes les irrégularités qui se trouvaient dans sa nomination. Il déclara « qu'il n'approuvait point ni « qu'il y eût deux dictateurs en même temps dans la « république, ce qui n'était jamais arrivé; ni qu'on « l'eût élevé lui-même à cette dignité sans lui donner « un général de la cavalerie; ni qu'on eût donné une « seconde fois l'autorité de censeur à la même personne; « ni enfin qu'on eût permis à un dictateur de rester six « mois en charge, à moins qu'il n'eût été créé pour faire « la guerre. Il ajouta que, si la nécessité avait obligé « de s'élever au-dessus des lois, pour lui il était obligé « de s'en rapprocher le plus qu'il lui serait possible; « qu'il n'effacerait du tableau des sénateurs aucun de « ceux qui y étaient, afin qu'il ne fût pas dit qu'un seul « homme eût été arbitre souverain de l'honneur et de « la dignité d'un sénateur. Et quant aux places vacantes, « qu'en les remplissant il se réglerait sur des distinc- « tions reconnues et indépendantes de son choix, et « non pas sur le mérite personnel des sujets, dont il « ne lui convenait pas de se rendre seul juge. »

Il tint parole; et, après avoir fait lire la liste des anciens sénateurs, à laquelle il ne toucha point, il nomma pour remplacer les morts, premièrement ceux qui avaient exercé quelque magistrature curule, en suivant l'ordre des temps où chacun d'eux y avait été reçu : ensuite il nomma ceux qui avaient été édiles plébéiens, tribuns du peuple, ou questeurs; puis ceux qui avaient remporté des dépouilles sur les ennemis, ou mérité la couronne civique.

Après avoir créé de cette manière cent soixante et dix-sept sénateurs avec l'approbation générale de tous les citoyens, il abdiqua la dictature, et descendit de la tribune comme particulier, et, ayant ordonné à ses licteurs de se retirer, il se mêla dans la foule, et y demeura à dessein assez long-temps pour éviter que le peuple le reconduisît en pompe à son logis. Mais sa modestie ne refroidit point l'ardeur des citoyens. Quand il se retira, ils lui formèrent un cortége fort nombreux, et l'accompagnèrent jusque chez lui avec beaucoup de zèle et de respect. Il y a dans le discours et dans la conduite de Butéo une modération et une sagesse auxquelles on ne peut refuser son estime et son admiration. C'était un petit nombre de pareils sénateurs qui, dans les affaires importantes, formaient toujours l'avis de la compagnie, et qui étaient comme l'ame des délibérations et du gouvernement. Heureuses les compagnies où il se trouve de pareils hommes, et où l'on sait en faire le cas qu'ils méritent!

On crée de nouveaux consuls et de nouveaux préteurs.
Liv. lib. 23, cap. 24.

Le consul partit la nuit suivante pour aller rejoindre son armée, sans en avertir le sénat, craignant qu'on ne le retînt dans la ville pour présider à l'élection des consuls de l'année suivante. Le lendemain le sénat fut d'avis qu'on écrivît au dictateur, et qu'on le priât, en cas que les affaires de la république le permissent, de venir à Rome pour la nomination des consuls, et d'amener avec lui le général de la cavalerie et le préteur M. Marcellus, afin que les sénateurs pussent les consulter en personne sur l'état présent de la république, et prendre de concert avec eux les mesures les plus sages qu'il se pourrait. Tous ceux qu'on avait mandés se rendirent à Rome, après avoir laissé à leurs lieutenants le commandement des légions. Le dictateur ayant parlé de lui-même en peu de mots et avec beaucoup de modestie, et comblé d'éloges la sage conduite de Ti. Sempronius, son général de cavalerie, indiqua une assemblée dans laquelle on créa consuls L. Postumius pour la troisième fois, avec Ti. Sempronius Gracchus. Le premier était absent, et commandait dans la Gaule; le second était à Rome, actuellement général de la cavalerie, et édile curule. Ensuite on créa préteurs M. Valérius Livinus, Appius Claudius Pulcier, Q. Fulvius Flaccus, et Q. Mucins Scévola. Le dictateur, après avoir présidé à la nomination de ces magistrats, s'en retourna joindre son armée à Théane, laissant à Rome le général de la cavalerie, qui devait, quelques jours après, prendre possession du consulat, et à qui, par cette raison, il convenait de consulter les sénateurs sur les troupes qu'on devait lever et employer l'année suivante pour le service de la république.

Dans le temps qu'on était le plus occupé de ces soins, on apprit que L. Postumius, consul désigné, était péri dans la Gaule cisalpine avec tous les soldats qu'il commandait. Il devait faire passer son armée par une vaste forêt, que les Gaulois appelaient *Litane* [1]. A droite et à gauche du chemin qu'il devait suivre, ces peuples avaient scié les arbres par le pied, de façon qu'ils demeuraient debout, mais que le moindre effort suffisait pour les renverser. (Ce fait ne paraît guère vraisemblable, et encore moins ce qui suit.) Postumius avait avec lui deux légions romaines, qui, jointes aux alliés qu'il avait levés le long de la mer supérieure ou

L. Postumius, désigné consul, est tué dans la Gaule avec tous ses soldats.
Liv. lib. 23, cap. 24.

---

[1] On n'en connait point au juste la situation.

Adriatique, composaient un corps de quinze mille hommes, avec lesquels il était entré sur les terres des ennemis. Les Gaulois, qui s'étaient postés aux extrémités de la forêt, ne virent pas plus tôt les Romains engagés dans le milieu, qu'ils poussèrent les arbres sciés les plus éloignés du chemin. Ceux-là tombant de proche en proche sur les autres, à qui le moindre choc suffisait pour être renversés, écrasèrent les Romains, hommes, armes, et chevaux, d'une manière si effroyable, qu'à peine y en eut-il dix qui échappèrent; car la plupart ayant été tués ou étouffés par les troncs et les branches des arbres sous lesquelles ils demeurèrent accablés, ceux qui par hasard échappèrent à un si affreux désastre, furent aussitôt assommés par les ennemis, qui s'étaient répandus tout armés aux environs et dans le milieu de la forêt. Un très-petit nombre, qui avaient espéré se sauver par le pont du fleuve, furent pris par les Gaulois, qui s'en étaient emparés quelque temps auparavant. Ce fut là que Postumius perdit la vie, après avoir fait tous ses efforts pour ne point rester prisonnier. Les Boïens lui coupèrent la tête, et la portèrent en triomphe, avec ses armes et le reste de ses dépouilles, dans le temple le plus respecté de leur nation. Ensuite, en ayant tiré la cervelle, ils garnirent d'or le crâne; et, suivant leur coutume, les prêtres et les ministres de leurs dieux le firent servir de coupe pour les libations qu'ils faisaient dans leurs sacrifices, et de tasse pour eux-mêmes dans leurs repas. Le butin qu'ils firent fut proportionné à leur victoire : car, à l'exception des animaux, qui avaient été écrasés par la chute des arbres, il ne se perdit rien de tout le reste des dépouilles :

tout se trouva ramassé à l'endroit où l'armée avait péri,
la fuite n'en ayant rien dispersé.

Lorsqu'on apprit à Rome un si grand malheur, les
citoyens furent tellement accablés de tristesse, que, les
boutiques ayant été sur-le-champ fermées, toute la ville
pendant plusieurs jours parut une solitude, chacun demeurant renfermé chez soi comme en pleine nuit. Pour
ôter à Rome cette image d'affliction et de deuil universel, le sénat ordonna aux édiles de se promener par les
rues et de faire ouvrir les boutiques. Alors Ti. Sempronius, ayant convoqué les sénateurs, les consola; « et.
« les ayant fait souvenir de la fermeté et de la con-
« stance avec laquelle ils avaient soutenu la défaite de
« Cannes, il les exhorta à s'armer de courage, et à ne
« point se laisser abattre par de moindres calamités. Il
« leur fit entendre que, pourvu que les affaires réus-
« sissent du côté d'Annibal et des Carhaginois, comme
« il y avait lieu de l'espérer, on pouvait sans risque
« différer à un autre temps la guerre des Gaulois ;
« qu'avec le secours des dieux, le peuple romain tron-
« verait bien l'occasion de se venger de la fraude et de
« l'artifice de ces barbares : mais que l'objet dont il fal-
« lait s'occuper maintenant, c'était la guerre des Car-
« thaginois, et les forces que l'on serait en état de leur
« opposer ».

Il commença lui-même à faire le dénombrement des
troupes de cavalerie et d'infanterie, tant de citoyens que
d'alliés qui servaient actuellement dans l'armée du dictateur. Alors Marcellus fit aussi le détail des siennes.
On demanda à ceux qui en avaient connaissance ce que
le consul Varron avait avec lui dans l'Apulie. Et de
cette espèce de revue il résultait qu'on aurait bien de

Cette nou-
velle cause
un deuil ex-
trême à
Rome.

Le sénat rè-
gle la dispo-
sition des
troupes qui
doivent ser-
vir cette
année.
Liv. lib. 23,
cap. 25.

la peine à former des armées consulaires qui pussent soutenir une guerre si importante. C'est pourquoi, quelques raisons qu'on eût d'être indigné contre les Gaulois, on résolut de renoncer à s'en venger pour le présent. On donna au consul l'armée du dictateur. Les soldats de l'armée de Marcellus qui avaient pris la fuite à Cannes eurent ordre de passer en Sicile, et d'y servir tant que la guerre durerait en Italie. On jugea à propos d'y transporter aussi ceux des légions du dictateur sur la valeur desquels on comptait le moins, sans leur fixer aucun temps que celui qui était marqué par les lois pour le nombre des campagnes que chaque citoyen était obligé de faire. On assigna au consul qui serait nommé en la place de L. Postumius, aussitôt que les auspices le permettraient, les deux légions qui étaient demeurées cette année dans la ville pour la garder. On ordonna encore qu'incessamment on ferait revenir de Sicile deux légions, desquelles le consul à qui celles de la ville seraient échues tirerait le nombre de soldats dont il aurait besoin. On prorogea au consul Varron le commandement pour un an, sans rien retrancher des troupes qu'il commandait dans l'Apulie pour défendre ce pays.

Affaires d'Espagne peu favorables pour les Carthaginois.
Liv. lib. 23, c. 26, 27.

Pendant que ces choses se passaient en Italie, la guerre ne se faisait pas en Espagne avec moins de chaleur. Les Romains y avaient toujours eu l'avantage jusqu'à ce temps-là. Les deux Scipions avaient partagé leurs forces de façon que Cnéus conduisait l'armée de terre tandis que Publius tenait la mer avec sa flotte. Asdrubal, qui commandait les Carthaginois, ne se voyant pas en état de résister aux Romains ni sur l'un ni sur l'autre élément, ne trouvait sa sûreté que dans la distance qu'il mettait entre lui et les ennemis. Ce ne fut qu'après qu'il eut employé beaucoup de prières et fait bien des instances qu'on lui envoya d'Afrique quatre mille 1ommes de pied et cinq cents chevaux pour recruter son armée. Avec ces secours, il alla camper près des Romains ; se croyant en état de leur résister par terre ; et en même temps il ordonna à sa flotte, après l'avoir fournie de tout ce qui lui manquait, de défendre les îles et les côtes maritimes qui dépendaient des Cart1aginois.

Dans le temps même qu'il travaillait de toutes ses forces à rétablir les affaires des Cart1aginois dans l'Espagne, il eut la douleur d'apprendre la désertion des capitaines qui commandaient sur ses vaisseaux. Depuis les violents reproc1es qu'il leur avait faits pour avoir lâc1ement abandonné la flotte auprès de l'Èbre, ils n'avaient été que faiblement attac1és à Asdrubal et aux intérêts des Carthaginois. Après s'être eux-mêmes déclarés pour les Romains, ils avaient soulevé plusieurs villes du pays des Tartessiens [1], et en avaient même pris une par force. Ce mouvement obligea Asdrubal à s'éloigner des Romains pour porter la guerre de ce côté-là. Les rebelles remportèrent d'abord d'assez grands avantages sur les Cart1aginois, en sorte qu'Asdrubal n'osait tenir la campagne. Ces bons succès leur devinrent funestes : ne gardant plus d'ordre ni de discipline, ils se répandaient de côté et d'autre sans prendre aucune précaution. Asdrubal sut bien profiter de leur négligence : étant tombé sur eux lorsqu'ils s'y attendaient le moins, il les mit en déroute et les défit pleinement.

[1] Ces peuples étaient voisins de l'Èbre, vers l'Aragon.

Cette victoire obligea dès le lendemain toute la nation à se soumettre à lui.

Asdrubal re-
çoit ordre de
passér eu
Italie.
Liv. lib. 23,
cap. 27.

Les choses étaient en cet état lorsque Asdrubal reçut ordre de Carthage de passer incessamment en Italie. Le bruit s'en étant répandu dans l'Espagne y changea entièrement la face des affaires. Asdrubal le sentit bien. Il écrivit au sénat de Carthage pour lui apprendre le mauvais effet qu'avait déja produit dans tout le pays le bruit de son départ. Il marquait « que, s'il quittait la « province, il n'aurait pas plus tôt passé l'Èbre, qu'elle « se déclarerait entièrement pour les Romains : qu'outre « qu'il n'avait ni général ni troupes à laisser en sa place, « ceux qui commandaient les armées romaines étaient « des capitaines d'une expérience si consommée dans « la guerre, qu'il serait très-difficile de leur résister « quand on aurait des forces égales à leur opposer : qu'il « fallait donc, s'ils songeaient à conserver l'Espagne, « qu'ils lui envoyassent un successeur à la tête d'une « armée considérable ; que quelque heureux succès que « pût avoir ce général, il ne manquerait point d'exer- « cice dans son emploi ».

Ces lettres firent d'abord quelque impression sur l'esprit des sénateurs de Carthage : mais comme, préféra- blement à tout, ils songeaient à se maintenir dans l'Ita- lie, ils ne changèrent point de résolution à l'égard

Himilcon ar-
rive en Es-
pagne pour
prendre la
place d'As-
drubal.
Liv. lib. 23,
c. 28.

d'Asdrubal et de ses troupes. Ils firent partir Himilcon avec une bonne armée et une puissante flotte, pour con- server et défendre l'Espagne tant par terre que par mer. Dès que ce général fut arrivé, ayant mis ses troupes et sa flotte en sûreté, il alla joindre Asdrubal avec un corps de cavalerie, le plus promptement qu'il lui fut possible. Lorsqu'il lui eut exposé les décrets du sénat, et qu'à son tour il eut appris de lui de quelle manière il fallait faire la guerre en Espagne, il retourna dans son camp, mettant toute sa sûreté dans la promptitude, et sortant toujours des lieux qu'il traversait avant que les habitants eussent pu prendre aucune mesure pour s'opposer à son passage. Quant à ce qui regarde Asdrubal, avant que de quitter la province, il tira de l'argent de tous les peuples qui étaient encore sous la domination des Carthaginois, prévoyant qu'il en aurait grand besoin dans le voyage qu'il allait entreprendre; après quoi il se rendit sur les bords de l'Èbre.

Les deux généraux romains n'eurent pas plus tôt appris les ordres qu'on avait donnés à Asdrubal, que, renonçant à toute autre entreprise, ils réunirent leurs armées pour s'opposer à son départ. Ils sentaient bien que si ce général, avec l'armée qu'il avait en Espagne, venait à bout de passer en Italie, où l'on avait déjà beaucoup de peine à résister à Annibal seul, la jonction des deux frères entraînerait infailliblement la ruine de Rome. Ils joignirent donc leurs troupes sur les bords de l'Èbre, et, ayant passé ce fleuve, ils marchèrent contre Asdrubal. Pendant quelques jours les deux armées demeurèrent campées à cinq milles [1] l'une de l'autre, se contentant d'escarmoucher, sans qu'aucune des deux parût songer à une action générale. Enfin, dans le même jour et presque dans le même moment, les généraux des deux partis, comme de concert, donnèrent le signal de la bataille, et descendirent dans la plaine avec toutes leurs forces. Les Romains étaient rangés sur trois lignes, à leur ordinaire, qui étaient les hastaires, les

Les deux Scipions, pour empêcher le départ d'Asdrubal, lui livrent bataille. Il est défait avec son armée.

---

[1] Un peu moins de deux lieues.

18.

princes et les triaires. La cavalerie formait les deux ailes. Une partie des soldats armés à la légère était placée parmi ceux qui étaient au premier rang, les autres derrière l'armée. Asdrubal mit les Espagnols au corps de sa bataille, les Carthaginois à leur droite, et les Africains à leur gauche avec les troupes auxiliaires. A l'égard de la cavalerie, il plaça celle des Numides à l'aile droite à la suite de l'infanterie des Carthaginois, et les autres à l'aile gauche à la suite des Africains. Il ne rangea pas tous les Numides à la droite, mais seulement ceux qui, traînant deux chevaux à la fois, avaient coutume, dans le plus fort de la mêlée, de sauter tout armés de dessus celui qui était las et harassé sur le plus frais, tant était grande et la légèreté des cavaliers, et la docilité des chevaux pour se prêter à tous leurs mouvements.

Les généraux des deux partis, ayant rangé leurs armées dans l'ordre que je viens de dire, avaient des motifs d'espérance à peu près égaux, à considérer le nombre et la qualité des troupes; mais, du côté des soldats, les sentiments et le courage étaient bien différents: car, quoique les Romains fissent la guerre loin de leur patrie, leurs généraux n'avaient pas laissé de leur persuader qu'ils combattaient pour l'Italie et pour la ville de Rome, en empêchant la jonction des deux frères et des deux armées. C'est pourquoi, faisant dépendre leur retour auprès de leurs femmes et de leurs enfants du succès de cette bataille, ils étaient déterminés à vaincre ou à mourir. L'autre armée était composée de gens qui n'avaient pas la même ardeur ni la même résolution, parce qu'ils n'avaient pas les mêmes intérêts. La plus grande partie des soldats étaient des Espagnols, qui aimaient mieux être vaincus en Espagne que d'y vaincre pour être traînés en Italie. Ainsi ceux qui étaient au corps de la bataille lâchèrent pied dès le premier choc, presque avant qu'on eût lancé aucun trait ; puis, voyant que les Romains s'avançaient contre eux avec beaucoup de vigueur, ils prirent ouvertement la fuite. Les deux autres corps d'infanterie ne combattirent pas pour cela avec moins de courage : les Carthaginois d'un côté, et les Africains de l'autre, pressaient vivement les ennemis, qu'ils tenaient comme enveloppés. Mais dès que l'infanterie des Romains se fut avancée tout entière dans le milieu en poursuivant le corps de bataille qui fuyait, elle se trouva en état d'écarter les deux corps de l'infanterie ennemie qui l'attaquait à droite et à gauche par les flancs. Quoiqu'elle eût deux combats à soutenir en même temps, elle fut cependant victorieuse dans l'un et dans l'autre : car, après avoir défait et mis en fuite ceux qui étaient au centre, elle se trouva supérieure en valeur et en nombre à ceux qui restaient. Il y eut beaucoup de sang répandu dans ce dernier combat ; et si les Espagnols n'avaient pas pris la fuite dès le commencement de l'action, il s'en fût sauvé très-peu d'une si grande armée. La cavalerie ne donna point : car, dès que les Maures et les Numides virent que la victoire se déclarait pour leurs ennemis par la défaite du corps de bataille, ils prirent la fuite, et, faisant marcher les éléphants devant eux, ils laissèrent les deux corps de leur infanterie découverts. Asdrubal, de son côté, ayant soutenu le combat jusqu'au bout, se sauva du milieu du carnage avec un petit nombre de soldats. Les Romains s'emparèrent de son camp et le pillèrent.

Le succès de cette bataille affermit dans le parti des

Romains ceux des Espagnols qui auparavant étaient
encore partagés entre eux et les Cartiaginois ; au lieu
qu'Asdrubal perdit l'espérance, non-seulement de passer
en Italie avec son armée, mais même de demeurer sans
péril en Espagne. Ces bons succès, annoncés à Rome
par les lettres des Scipions, y causèrent beaucoup de
joie, moins encore parce qu'on avait vaincu Asdrubal
en Espagne que parce qu'on l'avait empêcié de passer
en Italie.

On voit dans les événements que je viens de rapporter comment la Providence a soin de tempérer et de
balancer les bons et les mauvais succès pour tenir les
1ommes dans un sage milieu, également éloigné des
deux excès, en leur inspirant des sentiments ou de
crainte dans la fortune la plus riante, ou d'espérance
dans les mal1eurs les plus extrêmes[1].

§ III. *Tribut doublé dans Rome. Distribution des
armées. Marcellus est créé consul. Vice dans son
élection. Q. Fabius Maximus lui est substitué.
Suite des arrangements par rapport aux armées.
Les Carthaginois envoient des troupes en Sardaigne. Les consuls et les autres généraux se rendent chacun à leur département. Philippe envoie
des ambassadeurs à Annibal. Ruse de Xénophane,
chef de l'ambassade. Alliance faite entre Philippe et Annibal. Xénophane avec les autres ambassadeurs est pris par les Romains et envoyé à
Rome. État de la Sardaigne. Entreprise des Cam-*

---

[1] Sperat infestis, metuit secundis
Alteram sortem bene præparatum
Pectus.   (HORAT.)

paniens contre Cumes, rendue inutile par Sem-
pronius. Le même Sempronius défend aussi Cu-
mes contre Annibal. Attention et prudence de
ce consul. Les ambassadeurs de Philippe et d'An-
nibal sont menés et arrivent à Rome. Mesures que
prennent les Romains contre Philippe. Ce prince
envoie de nouveaux ambassadeurs à Annibal.
Discorde à Nole entre le sénat et le peuple. La
Sardaigne se révolte. Elle est entièrement soumise
par Manlius, après une célèbre victoire. Mar-
cellus ravage les terres des alliés d'Annibal, qui
implorent son secours. L'armée d'Annibal est
battue devant Nole par Marcellus. Combat sin-
gulier entre Jubellius et Claudius. État des af-
faires d'Espagne. Les particuliers fournissent de
l'argent à la république. Les Carthaginois, battus
deux fois coup sur coup en Espagne par les Sci-
pions. Hannon et les Brutiens prennent Locres
et Crotone. Temple célèbre de Junon Lacinie.
Escarmouches entre Sempronius et Annibal pen-
dant l'hiver.

Pendant que les affaires d'Espagne allaient fort mal
pour les Carthaginois, Annibal travaillait avec une
application infatigable à soutenir et à avancer celles
d'Italie. Pétélie est prise par les Carthaginois; Crotone
et Locres par les Brutiens, comme nous le raconterons
plus bas. Rhége fut la seule ville de ce canton, qui tint
bon pour les Romains. La Sicile aussi, gagnée par Gélon,
fils aîné d'Hiéron, penchait vers les Carthaginois. La

mort de Gélon différa pour quelque temps l'effet de ces mouvements, comme nous le dirons dans la suite.

Les trois fils de M. Æmilius Lépidus font célébrer des jeux funèbres à l'ɩonneur de leur père, et donnent des combats de gladiateurs. J'ai parlé de ces combats dans le volume précédent. On célèbre aussi les grands jeux romains.

La quatrième année de la guerre contre Annibal, le consul Ti. Sempronius Gracchus entra en charge aux ides de mars (le 15), aussi - bien que les préteurs. Le peuple voulut que M. Marcellus continuât à commander en qualité de proconsul, parce que, depuis la bataille de Cannes, il était le seul général qui eût combattu avec avantage contre Annibal en Italie.

Aɴ. R. 537.
Av. J.C. 215.

· TI. SEMPRONIUS GRACCHUS.

Tribut dou-
blé dans
Rome.
Liv. lib. 23,
c. 31.

Le premier jour que le sénat s'assembla dans le Capitole pour délibérer sur les affaires de la république, il ordonna que cette année les citoyens paieraient le double du tribut ordinaire, et que de la moitié du total, qui serait exigée sur-le-champ, on paierait comptant aux soldats ce qui leur était dû actuellement pour leur service. Ceux qui s'étaient trouvés à Cannes n'eurent point de part à ce paiement.

Distribution
des armées.

A l'égard des armées, le consul Ti. Sempronius, en conséquence de ce qui fut réglé dans la même assemblée, ordonna aux deux légions de la ville de se trouver à un jour marqué à Calès, d'où on les conduirait dans le camp de Claudius Marcellus au-dessus de Suessule. Le préteur Appius Claudius Pulcher eut ordre de prendre les troupes de ce camp, qui étaient surtout les restes de l'armée de Cannes, pour les transporter en Sicile, et de renvoyer à Rome celles qui étaient dans cette province. M. Claudius Marcellus alla se mettre à la tête des deux légions de la ville à Calès, où on leur avait commandé de se rendre, pour les conduire dans le camp surnommé *Claudien*, de son nom. Appius Claudius ordonna à T. Métilius Croto, son lieutenant, de faire passer en Sicile les troupes qui avaient servi l'année précédente sous Marcellus.

D'abord tout le monde avait attendu sans impatience que le consul indiquât l'assemblée pour se nommer un collègue ; mais plusieurs ayant observé que l'on avait éloigné comme à dessein Marcellus, à qui les vœux du public destinaient cette dignité préférablement à tout autre, comme une récompense des belles actions qu'il avait faites pendant sa préture, il s'excita un grand murmure dans le sénat. On peut soupçonner qu'il y avait réellement de l'artifice dans la conduite que l'on tenait à l'égard de Marcellus. Il était plébéien ; le consul l'était aussi. Il est assez vraisemblable que les patriciens voulaient empêcher que les deux places de consul ne fussent occupées l'une et l'autre par des plébéiens ; ce qui était jusque-là sans exemple. Quoi qu'il en soit de cette conjecture, que la suite paraîtra justifier, le consul, que sa qualité de plébéien doit garantir du soupçon d'être entré dans ce complot, et qui se voyait maître de l'éluder, répondit à ceux qui se plaignaient : *Messieurs, on n'a rien fait que pour le bien de la république. Il était à propos que Marcellus passât dans la Campanie pour y faire l'échange des armées, et que l'assemblée pour l'élection ne fût indiquée qu'après qu'il se serait acquitté de sa commission, et qu'il*

Marcellus est créé consul. Vice dans son élection.
Liv. lib. 23, cap. 31.

*serait revenu à Rome, afin que vous puissiez avoir
pour consul celui que demandent les conjonctures
présentes, et que vous désirez.* Ainsi l'on ne parla plus
d'assemblée jusqu'au retour de Marcellus. Dès qu'il fut
revenu à Rome, elle se tint, et il fut nommé consul
d'un commun consentement, et entra aussitôt en ciarge.
Mais, comme dans ce moment même on entendit un
coup de tonnerre, et que sa nomination fut déclarée

Q. Fabius
Maximus lui
est substitué.

vicieuse par les augures, il se démit, et on lui substitua
Q. Fabius Maximus, qui fut alors consul pour la troisième fois.

Cette déclaration des augures sur le vice prétendu
de l'élection d'un second consul plébéien peut avec raison paraître suspecte. Il se passera un grand nombre
d'années avant que l'exemple de deux consuls plébéiens,
donné ici pour la première fois, soit suivi d'un second [1].

TI. SEMPRONIUS GRACCHUS.
Q. FABIUS MAXIMUS. III.

Suite des ar-
rangements
par rapport
aux armées.

Les consuls acievèrent l'arrangement et la distribution des troupes pour cette année. Fabius eut pour lui
l'armée que M. Junius avait commandée pendant sa
dictature, et son collègue Sempronius vingt-cinq mille
alliés, auxquels on joignit les esclaves qui s'étaient engagés volontairement à porter les armes au nombre de
iuit mille. On destina au préteur M. Valérius les légions
qui revenaient de Sicile. Marcellus, avec la qualité de
proconsul, fut laissé à la tête de celles qui devaient
veiller à la conservation de Nole au-dessus de Suessule.
Les préteurs à qui étaient éciues la Sicile et la Sardaigne partirent pour se rendre à leurs départements.

[1] Voyez livre XXV de cette Histoire, an de Rome 580.

Cependant, lorsque Magon, frère d'Annibal, était sur le point de partir de Carthage pour faire passer en Italie douze mille hommes de pied, quinze cents cavaliers, vingt éléphants, et mille talents d'argent (trois millions), avec une escorte de soixante galères, on y apprit que les Carthaginois avaient été battus en Espagne, et que presque tous les peuples de cette province étaient passés dans le parti des Romains. Cette nouvelle fit changer le projet d'envoyer Magon en Italie, parce que l'Espagne parut avoir un plus grand besoin de secours. Dans le même temps survint encore un nouvel événement, qui fit de plus en plus oublier Annibal : c'était une occasion qui se présentait de recouvrer la Sardaigne. « On apprit que les Romains n'a- « vaient que fort peu de troupes dans cette île ; qu'un « nouveau préteur allait y remplacer Cornélius Mam- « mula, qui avait long-temps gouverné la province, et « qui la connaissait parfaitement : que d'ailleurs les Sar- « diotes étaient las de l'empire des Romains, qui, l'an- « née précédente, les avaient traités avec une extrême « rigueur, en les contraignant de fournir de l'argent et « du blé au-dessus de leurs forces ; qu'il ne manquait « qu'un chef à la révolte. » Ces plaintes furent portées à Carthage par les députés qu'y envoyèrent secrètement les premiers de la nation, et surtout Hampsicoras, le plus considérable de tous par son crédit et ses richesses. Les nouvelles d'Espagne et de Sardaigne, qu'ils apprirent dans le même temps, ayant excité tout à la fois dans leurs esprits la crainte et l'espérance, ils envoyèrent Magon en Espagne avec ses vaisseaux et ses troupes, et choisirent Asdrubal, surnommé *le Chauve,* pour l'expédition de Sardaigne, avec des forces à peu près

Les Carthaginois envoient des troupes en Sardaigne. Liv. lib. 23, cap. 32.

égales à celles que commandait Magon. Annibal cependant, qui avait un pressant besoin de secours, et qui voyait ses forces diminuer de jour en jour, devait être dans une grande inquiétude et dans un grand embarras.

Les consuls et les autres généraux se rendent chacun à leur département

Les consuls romains n'eurent pas plus tôt terminé les affaires qui les retenaient dans la ville, qu'ils se disposèrent à partir pour la guerre. Sempronius ordonna aux troupes qu'il devait commander de se rendre à Sinuesse, au jour qu'il leur marqua. Q. Fabius partit aussi pour aller se mettre à la tête de son armée, après avoir commandé aux habitants de la campagne, suivant la permission qu'il en avait obtenue du sénat, de transporter tous leurs grains dans les villes fortifiées avant le 1ᵉʳ de juin, en déclarant à ceux qui n'auraient pas obéi qu'il ravagerait leurs terres, vendrait leurs esclaves à l'encan, et mettrait le feu dans leurs maisons. On n'exempta pas même des fonctions de la guerre les préteurs à qui était échue l'administration de la justice. On envoya Valère dans l'Apulie pour recevoir l'armée des mains de Varron, et la faire passer en Sicile sous la conduite de quelque lieutenant-général, pendant que lui-même se mettrait à la tête, comme je l'ai déja dit, des légions qui revenaient de Sicile, et les emploierait à défendre les côtes maritimes entre Brunduse et Tarente, avec le secours d'une flotte de vingt-cinq vaisseaux, dont on lui donna aussi le commandement. Q. Fulvius, préteur de la ville, avec un pareil nombre de vaisseaux, fut chargé de garder les côtes voisines de Rome. Varron, à qui l'on continuait toujours le commandement, mais en ne le chargeant que d'emplois de peu d'importance et éloignés de l'ennemi, eut ordre de faire des levées dans le territoire de Picène, et de veiller à la conservation de cette contrée. T. Otacilius Crassus n'eut pas plus tôt consacré le temple de la Prudence, qu'il fut envoyé en Sicile pour commander la flotte qu'on tenait dans les ports ou sur les côtes de cette île.

Tous les rois et toutes les nations avaient les yeux ouverts sur le démêlé fameux qui avait fait prendre les armes aux deux plus puissants peuples de la terre. Philippe, roi de Macédoine, s'y intéressait particulièrement, étant, plus qu'aucun autre, voisin de l'Italie, dont il n'était séparé que par la mer Ionienne [1]. Dès qu'il apprit qu'Annibal avait passé les Alpes, son premier mouvement fut de se réjouir de voir deux républiques si puissantes aux mains l'une contre l'autre : et, tant que leurs forces parurent égales, il ne savait pour laquelle des deux il devait souhaiter que la victoire se déclarât. Mais quand il sut qu'Annibal avait défait les Romains dans les trois batailles qu'il leur avait livrées presque coup sur coup, il ne douta plus qu'il ne dût se déterminer pour le parti du vainqueur. Il reçut la nouvelle de la bataille de Trasimène pendant qu'il assistait à la célébration des jeux néméens à Argos ; il ne fit part de cette nouvelle qu'à Démétrius de Phare, que nous avons dit s'être retiré chez ce prince lorsque les Romains l'obligèrent de sortir de l'Illyrie. Démétrius profita de cette occasion pour animer Philippe à la guerre contre les Romains, à laquelle il semblait, disait-il, que les dieux eux-mêmes l'invitaient, tant la conjoncture présente était favorable. Il lui représenta que, dans l'état où se trouvait Rome, dénuée de tout se-

Philippe envoie des ambassadeurs à Annibal. Liv. lib. 23, cap. 33.

---

[1] Partie de la Méditerranée entre la Grèce et la Sicile.

cours et de toute espérance, il pouvait, en joignant ses
troupes nombreuses à celles d'Annibal, compter sur la
conquête de l'Italie; après quoi il lui serait aisé de se
rendre maître de l'univers : noble ambition qui ne convenait mieux à personne qu'à lui.

Un roi jeune, 1eureux jusque-là dans ses entreprises,
1ardi, entreprenant, et outre cela placé sur un trône
auquel semblait être due la monarc1ie universelle, ne
pouvait être qu'enchanté d'un pareil discours. Il pensa
donc dès-lors à pacifier la Grèce, où il était actuellement en guerre avec les Étoliens, afin de pouvoir tourner toutes ses pensées et toutes ses forces du côté de
l'Italie. Nous avons donné ailleurs le détail de cette

Hist. Ana.
tome VII,
p. 378, suiv.

négociation de paix, et nous avons rendu compte, après
Polybe, des sages réflexions d'un député de Naupacte,
qui représenta à P1ilippe et aux Grecs de quelle importance il était pour eux de se réunir, s'ils ne voulaient pas être accablés ou par les Romains, ou par les
Cart1aginois, c'est-à-dire par celui des deux peuples
qui serait vainqueur dans la guerre qu'ils se faisaient
alors; mais nous ne devons pas omettre ici que de ce
moment toute la Grèce (et, bientôt après, l'Asie) n'eut
plus les yeux tournés que vers l'Occident, d'abord vers
Rome ou vers Cart1age, puis vers Rome seule, comme
si les rois de l'Orient et du Midi eussent dès-lors prévu
que c'était de l'Occident qu'ils devaient recevoir des
maîtres.

P1ilippe, après la paix faite, retourna en Macédoine,
où Démétrius de P1are continua auprès de lui ses pressantes sollicitations, ne lui parlant que du grand projet
qu'il avait si 1eureusement commencé à lui inspirer.
Et le prince ne s'occupait plus jour et nuit que de cette

pensée; en sorte que ses entretiens et ses rêves même roulaient uniquement sur la guerre contre les Romains. Ce n'était pas, remarque Polybe, par amitié pour le roi que Démétrius la lui conseillait si vivement et si persévéramment, mais par haine pour cette république, et parce qu'il n'y avait pour lui d'autre moyen de rentrer dans l'île de Phare. C'est l'ordinaire des flatteurs de couvrir leurs vues intéressées du voile d'un zèle vif et empressé; et celui des princes, de se livrer aveuglément à des conseils qui flattent et nourrissent leurs passions.

Philippe exécuta après la bataille de Cannes ce qu'il avait résolu dès l'année précédente, et envoya des ambassadeurs à Annibal pour le féliciter sur ses victoires et pour faire alliance avec lui. Ces ambassadeurs eurent grand soin d'éviter les ports de Brunduse et de Tarente, sachant qu'ils étaient gardés par les vaisseaux et les troupes des Romains; ainsi ils vinrent débarquer auprès du temple de Junon, au promontoire [1] qui a donné le nom de *Lacinienne* à cette déesse. De là, traversant l'Apulie pour venir à Capoue, ils donnèrent tout au milieu des troupes romaines qui gardaient le pays, et furent conduits au préteur Valère, campé alors auprès de Lucérie. Xénophane, chef de l'ambassade, ne se démonta point. Il dit hardiment à Valère qu'il venait de la part du roi Philippe pour demander aux Romains leur amitié et leur alliance; qu'il était chargé des ordres de son maître pour les consuls, le sénat et le peuple romain, et qu'il demandait qu'on le conduisît vers eux. Valère, charmé des offres avanta-

Ruse de Xénophane, chef de l'ambassade.

_____
[1] Promontoire Lacinien, près de Crotone, dans la Calabre.

geuses d'un roi si puissant dans un temps où la république était abandonnée de ses anciens alliés, reçut
comme amis et comme hôtes ces ambassadeurs d'un roi
ennemi. Il leur donna des guides, à qui il commanda
de les conduire par des routes sûres, et de leur faire
connaître avec beaucoup de soin les postes qui étaient
occupés par les Romains ou par les Carthaginois. Xéno-
piane, en passant toujours au milieu des troupes des
Romains, se rendit dans la Campanie; et de là, sitôt
qu'il trouva l'occasion de s'échapper, il vint dans le
camp d'Annibal, et fit avec lui, au nom de Philippe,

Alliance
faite entre
Philippe et
Annibal.

une alliance dont les conditions étaient : « que le roi de
« Macédoine passerait en Italie avec une flotte la plus
« puissante qu'il serait en état d'équiper (on comptait
« qu'elle pourrait être de deux cents vaisseaux) : qu'il
« ravagerait les côtes d'Italie, et de son côté ferait la
« guerre aux Romains de toutes ses forces, tant par
« terre que par mer; que, quand on les aurait soumis,
« l'Italie avec la ville de Rome et tout le butin ap-
« partiendraient à Annibal et aux Carthaginois : qu'en-
« suite ils passeraient ensemble dans la Grèce, et feraient
« la guerre aux nations que Philippe indiquerait; et
« que toutes les terres, tant du continent que des îles
« qui avoisinent la Macédoine, seraient ajoutées au
« royaume de ce prince ».

Tite-Live ne rapporte de ce traité que le peu que je
viens d'en citer. Polybe nous l'a conservé tout entier,
et je ne crois pas devoir en frustrer le lecteur. Ces
morceaux, qui marquent les coutumes anciennes, surtout dans une matière aussi importante qu'est celle des
traités, doivent nous paraître précieux et exciter notre
curiosité:

« Traité d'alliance arrêté par serment entre Annibal, Polyb. l. 7, p. 502-505.
« général, Magon, Myrcal, Barmocar, et tous les séna-
« teurs de Cartiage qui se sont trouvés avec lui (An-
« nibal), et tous les Carthaginois qui servent sous lui
« d'une part ; et de l'autre, Xénophane, Athénien, fils
« de Cléomaque, lequel nous a été envoyé en qualité
« d'ambassadeur par le roi Piilippe, fils de Démétrius,
« tant en son nom qu'au nom des Macédoniens et des
« alliés de sa couronne.

« En présence de Jupiter et de Junon, et d'Apollon ;
« en présence de la divinité tutélaire des Cartiaginois,
« et d'Hercule et d'Iolaüs ; en présence de Mars, de
« Triton, de Neptune ; en présence des dieux qui ac-
« compagnent notre expédition, et du soleil et de la
« lune, et de la terre ; en présence des fleuves, et des
« prés, et des eaux ; en présence de tous les dieux que
« Cartiage reconnaît pour ses maîtres ; en présence de
« tous les dieux qui sont les maîtres de la Macédoine et
« de tout le reste de la Grèce ; en présence de tous les
« dieux qui président à la guerre, et qui sont présents
« à ce traité, Annibal, général, et tous les sénateurs de
« Cartiage qui l'accompagnent, et tous les soldats de
« son armée, ont dit :

« Sous votre bon plaisir et le nôtre il y aura un traité
« d'amitié et d'alliance entre vous et nous, comme amis,
« alliés et frères, à condition que le roi Piilippe et les
« Macédoniens, et tout ce qu'ils ont d'alliés parmi les
« autres Grecs, conserveront et défendront les seigneurs
« cartiaginois, et Annibal leur général et les soldats
« qu'il commande, et les gouverneurs des provinces dé-
« pendantes de Carthage, et les iabitants d'Utique, et
« toutes les villes et nations soumises aux Cartiaginois,

« et tous leurs soldats et alliés, et encore les villes et
« nations qui nous sont unies dans l'Italie, dans la
« Gaule, dans la Ligurie, et quiconque, dans cette ré-
« gion, fera amitié et alliance avec nous. Pareillement
« les armées cartiaginoises et les 1abitants d'Utique,
« et toutes les villes et nations soumises à Carthage, et
« les soldats et les alliés, et toutes les villes et nations
« avec lesquelles nous avons amitié et alliance dans
« l'Italie, dans la Gaule et dans la Ligurie, et avec les-
« quelles nous pourrons contracter amitié et alliance
« dans cette région, conserveront et défendront le roi
« Piilippe et les Macédoniens, et tous leurs alliés
« d'entre les autres Grecs. Nous ne ciercherons point
« à nous surprendre les uns les autres; nous ne nous
« tendrons point de piége. Nous, Macédoniens, nous
« nous déclarons de bon cœur, avec affection, sans
« fraude, sans dessein de tromper, ennemis de tous
« ceux qui le seront des Carthaginois, excepté les villes,
« les ports et les rois avec qui nous sommes liés par des
« traités de paix et d'alliance. Et nous aussi, Cartha-
« ginois, nous nous déclarons ennemis de tous ceux
« qui le seront du roi Piilippe, excepté les rois, les
« villes, les nations avec qui nous sommes liés par des
« traités de paix et d'alliance. Vous entrerez, vous
« Macédoniens, dans la guerre que nous avons contre
« les Romains, jusqu'à ce qu'il plaise aux dieux de
« donner à nos armes et aux vôtres un 1eureux succès.
« Vous nous aiderez de tout ce qui sera nécessaire,
« selon que nous en serons convenus. Si les dieux ne
« nous donnent point la victoire dans la guerre contre
« les Romains et leurs alliés, et que nous traitions de
« paix avec eux, nous en traiterons de telle sorte que

« vous soyez compris dans le traité, et aux conditions
« qu'il ne leur sera pas permis de vous déclarer la
« guerre ; qu'ils ne seront maîtres ni des Corcyréens, ni
« des Apolloniates, ni des Épidamniens, ni de Piare,
« ni de Dimale, ni des Parthins, ni de l'Atintanie, et
« qu'ils rendront à Démétrius de Piare ses proches et
« amis qu'ils retiennent dans leurs états. Si les Romains
« vous déclarent la guerre, ou à nous, alors nous nous
« secourrons les uns les autres, selon le besoin. Nous en
« userons de même, si quelque autre nous fait la guerre,
« excepté à l'égard des rois, des villes, des nations dont
« nous serons amis et alliés. Si nous jugeons à propos
« d'ajouter quelque chose à ce traité, ou d'en retran-
« cher, nous ne le ferons que du consentement des deux
« parties. »

Ce traité est un témoignage authentique de l'opinion
commune qui régnait parmi tous les peuples, que les
bons et mauvais succès de la guerre, et en général tous
les événements de la vie, dépendent absolument de la
Divinité, et qu'il y a une Providence qui règle tout et
qui dispose de tout.

Le mot de *présence*, répété tant de fois en assez peu
de lignes, marque combien les païens mêmes étaient
convaincus qu'en effet Dieu est présent à la cérémonie
des traités, qu'il en écoute tous les articles, et qu'il se
réserve la punition de ceux qui osent en violer quelqu'un, et insulter à son saint nom qui y a été invoqué.

Dans quel étonnement serait-on si nos ambassadeurs
s'avisaient de charger les traités des noms des saints en
aussi grand nombre que les païens y accumulaient les

noms de leurs dieux, de quelque rang qu'ils fussent;
car ils en avaient de différents ordres !

Xénophane,
avec les au-
tres ambas-
sadeurs, est
pris par les
Romains, et
envoyé à
Rome.
Telles furent les conditions du traité qui fut fait
entre Annibal et les ambassadeurs de Philippe. Annibal
envoya avec eux Gisgon, Bostar et Magon pour confirmer l'alliance avec le roi lui-même. Tous ensemble
se rendirent au même temple de Junon Lacinienne, où
le vaisseau des Macédoniens était caché dans une rade.
Là ils s'embarquèrent; et déja ils étaient en pleine mer
lorsqu'ils furent aperçus par les vaisseaux romains qui
gardaient les côtes de la Calabre. P. Valérius détacha
quelques vaisseaux légers, avec ordre de poursuivre le
vaisseau qu'on avait vu, et de l'amener. Les ambassadeurs firent d'abord tous leurs efforts pour échapper;
mais, voyant qu'on était près de les atteindre, ils se
rendirent d'eux-mêmes aux Romains. Quand on les eut
présentés à Valère, il leur demanda qui ils étaient, d'où
ils venaient, et où ils avaient dessein d'aller. Xénophane, à qui son premier mensonge avait si bien réussi,
répondit d'abord, « que le roi Philippe l'avait envoyé
« en ambassade vers les Romains, mais qu'il lui avait
« été impossible de traverser la Campanie, qu'il avait
« trouvée remplie de troupes ennemies ». L'habillement
carthaginois ayant rendu les ambassadeurs d'Annibal
suspects au général romain, il les interrogea, et leur
réponse acheva de les trahir. Les ayant intimidés par
la crainte des supplices, il les obligea de lui livrer les
lettres qu'Annibal écrivait à Philippe, et le traité qui
avait été conclu entre ce prince et les Carthaginois.
Lorsque Valère fut informé de tout ce qu'il voulait
savoir, il jugea que le meilleur parti qu'il pût prendre
était d'envoyer au plus tôt à Rome, au sénat, ou aux

consuls, en quelque lieu qu'ils fussent, les prisonniers qu'il avait faits, et tous ceux de leur suite. Il choisit pour cet effet cinq galères des plus légères, qu'il fit partir sous les ordres de L. Valérius Antias, à qui il commanda de distribuer les députés dans les vaisseaux de sorte qu'ils ne pussent avoir aucune communication avec personne, ni même entre eux.

Quand on réunit sous un seul point de vue tous les malheurs arrivés aux Romains dans le cours d'une même année : cinquante mille hommes tués à Cannes avec l'élite des généraux et des sénateurs; peu de temps après, une armée entière exterminée avec le consul dans la Gaùle; la défection presque générale des alliés; l'ordre expédié à Asdrubal de passer en Italie avec toute son armée, et à Magon, autre frère d'Annibal, d'y conduire douze mille hommes de pied, quinze cents chevaux, vingt éléphants; ajoutez à cela le nouveau traité de Philippe prêt à envoyer contre les Romains une flotte de deux cents voiles, et à les attaquer par terre et par mer avec toutes ses forces : je le répète, quand on rassemble toutes ces circonstances, qui pouvaient, et qui même, en parlant humainement, devaient concourir ensemble, tant les mesures étaient sagement concertées, la ruine de Rome ne paraît-elle pas absolument inévitable, et ne croit-on pas que cette république touche à sa fin? Mais, si cela est, que devient la prédiction claire et évidente de sa future grandeur, consignée dans les Écritures? Est-il difficile au Tout-Puissant de dissiper et de faire disparaître tous ces dangers? et c'est ce qui arrive. Dans le moment qu'Asdrubal est prêt à partir, une bataille donnée à propos, et gagnée par les Scipions, l'arrête tout court.

La nouvelle de cet éciec portée à Cartiage rompt le voyage de Magon ; la prise des ambassadeurs de Philippe déconcerte tous les desseins de ce nouvel ennemi. Nous verrons que Rome, au milieu de tous ces orages, conserve une tranquillité et une constance qui tiennent du prodige. Continuons la suite de l'istoire.

État de la Sardaigne. Liv. lib. 23, cap. 34.

Sur le rapport que Mammula, revenu de son gouvernement de Sardaigne, fit de l'état de cette province, de la maladie de Q. Mucins son successeur, de la disposition des iabitants à une révolte générale, et du bruit d'une irruption prochaine de la part des Cartiaginois, les sénateurs ordonnèrent à Q. Fulvius Flaccus de lever cinq mille hommes de pied et quatre cents cavaliers, et de faire passer incessamment cette légion en Sardaigne, sous les ordres d'un général tel qu'il le voudrait cioisir, pour la commander aussi - bien que les autres troupes qui étaient déja dans la province, jusqu'à ce que la santé de Q. Mucins fût rétablie. On ciargea de cette expédition T. Manlius Torquatus, qui avait été deux fois consul et censeur, et avait soumis les Sardiotes dans son premier consulat. A peu près dans le même temps, la flotte que les Cartiaginois envoyaient en Sardaigne sous le commandement d'Asdrubal - le - Ciauve, ayant été battue d'une iorrible tempête, vint éciouer contre les îles Baléares. Tout l'équipage avait été fort maltraité, et le corps même des vaisseaux si furieusement ébranlé, qu'on fut obligé de les tirer à sec et d'employer un temps très-considérable à les radouber.

Entreprise des Campaniens contre Cumes rendue inutile par Sempronius.

Pour revenir à l'Italie, comme la bataille de Cannes avait abattu les forces des Romains, et que les délices de Capoue avaient amolli le courage des Cartiaginois, on n'y faisait plus la guerre avec tant de vigueur. Les Campaniens entreprirent de soumettre ceux de Cumes à leur Liv. lib. 23, cap. 35 - 37. domination. Ils employèrent d'abord les sollicitations pour les engager à quitter le parti des Romains ; mais n'ayant pu réussir par cette voie, ils eurent recours à la ruse pour les surprendre. Ils invitèrent le sénat de Cumes à un sacrifice qui se faisait dans la petite ville de Hama, où le sénat de Capoue devait se trouver. Ceux de Cumes se doutaient bien de quelque fraude ; mais ils ne laissèrent pas d'accepter l'offre, pour faire tomber les Campaniens dans leur propre piége. Ils donnèrent aussitôt avis de ce qui se passait à Sempronius, qui campait alors auprès de Tiferne, et lui firent dire que non-seulement le sénat, mais le peuple et l'armée de Capone se trouveraient au sacrifice. Le consul leur ordonna de transporter tous leurs effets de la campagne dans la ville, et de se tenir renfermés dans leurs murailles. Pour lui, la veille du sacrifice, il se mit en marche pour approcher de Cumes, qui n'était éloigné de Hama que de trois milles [1]. Les Campaniens s'y étaient déja assemblés en grand nombre. La fête devait durer trois jours, à chacun desquels un sacrifice se célébrait le soir, et finissait avant minuit. Sempronius crut que c'était le temps où il devait attaquer les Campaniens. Il partit en effet environ deux heures avant le coucher du soleil ; et étant arrivé à Hama en grand silence sur le minuit, il entra en même temps par toutes les portes du camp des Campaniens, qu'il trouva fort négligé, comme il arrive parmi des gens qui, après avoir beaucoup bu et mangé, ont un grand besoin de dormir. La plupart furent tués, les uns dans leurs lits, où ils

[1] Une lieue.

étaient ensevelis dans le sommeil, les autres à mesure qu'ils revenaient sans armes du sacrifice. Les Campaniens perdirent plus de deux mille hommes dans ce désordre nocturne, avec leur chef Marius Alfius. On leur prit trente-quatre drapeaux. Sempronius ne perdit pas cent soldats. Il demeura maître du camp.

Après l'avoir pillé, il se retira promptement à Cumes, craignant qu'Annibal, qui était campé sur le mont Tifate au-dessus de Capoue, ne le vînt attaquer. En effet, au premier bruit de ce désavantage, le Carthaginois partit et marcha avec beaucoup de promptitude vers Hama, se persuadant qu'il y trouverait encore les Romains, et qu'une armée composée de nouveaux soldats pour la plus grande partie, et même d'esclaves, aveuglée par sa prospérité, se serait amusée à dépouiller les vaincus et à ramasser le butin. Mais, quelque diligence qu'il eût faite, il ne rencontra plus d'ennemis à Hama, où il ne vit que les vestiges de la défaite de ses alliés, et la terre jonchée de leurs corps morts.

Le même Sempronius défend Cumes contre Annibal.

Le lendemain il assiégea Sempronius dans Cumes. Cette entreprise ne lui réussit pas mieux. Les assiégés se défendirent avec un courage intrépide. Voyant une tour d'Annibal appliquée contre le mur, ils y mirent le feu par le moyen de plusieurs flambeaux qu'ils y jetèrent tout à la fois. Cet embrasement jeta le trouble parmi les ennemis. Aussitôt les Romains firent une sortie par deux portes de la ville en même temps, et repoussèrent les Carthaginois jusque dans leur camp avec tant de vigueur, qu'il sembla ce jour-là que c'était Annibal et non le consul qui était assiégé. Environ treize cents Carthaginois furent tués dans cette action, et l'on en prit en vie cinquante-neuf. Sempronius n'at-

tendit pas que les ennemis se fussent remis de leur
consternation pour faire sonner la retraite et retirer les
siens dans la ville. Le lendemain Annibal, se flattant
que le consul, enflé de l'avantage qu'il avait remporté,
se présenterait pour livrer un combat dans les formes,
rangea les siens en bataille entre le camp et la ville.
Mais quand il vit que les ennemis se contentaient de
défendre leurs murailles à l'ordinaire sans rien hasarder
témérairement, il retourna dans son camp de Tifate
avec le regret et la confusion d'avoir manqué son
coup.

Le consul Sempronius était un général expérimenté, Attention et
prudence de
ce consul.
vigilant, attentif à tout, et qui ne faisait pas moins pa-
raitre de prudence que d'activité et de courage. Quand
les députés de Cumes s'adressèrent à lui, ils le trouvèrent, comme je l'ai dit, à Tiferne. Là, comme il n'a-
vait point actuellement d'ennemis sur les bras, il faisait
faire de fréquents exercices à ses troupes, afin que les
nouveaux soldats, dont la plupart étaient des esclaves
qui s'étaient enrôlés volontairement, s'accoutumassent
à suivre leurs drapeaux et à connaître leurs rangs dans
la bataille. Sa principale attention était de les entretenir dans une grande union. C'est pourquoi, afin de
prévenir les querelles, il voulut « que les lieutenants
« et les tribuns défendissent expressément aux soldats
« de reprocher à qui que ce fût son ancienne fortune,
« et que tous, vieux soldats et nouveaux, libres et es-
« claves, consentissent à être traités de la même façon.
« Il leur représenta [1] qu'on devait penser que tous ceux
« à qui la république avait fait l'honneur de confier ses

---

[1] « Omnes satis honestos genero-   signaque populus romanus commi-
sosque ducerent, quibus arma sua   sisset. » (Liv.)

« armes avaient assez de noblesse ; que la même rai-
«·son qui avait obligé de recourir à une ressource nou-
« velle exigeait aussi que l'on maintînt ce qui avait été
« fait ». Les soldats ne furent pas moins soigneux de se
conformer à ces sages avertissements que les officiers·
de les leur donner ; et l'on vit bientôt régner dans cette
armée une si grande concorde, qu'on oublia presque
la condition dont chacun avait été tiré pour être fait
soldat.

Dans le même temps que Sempronius Gracchus fit
lever à Annibal le siége de Cumes, un autre Sempronius, surnommé *Longus*, gagna dans la Lucanie une
bataille contre Hannon, où il lui tua deux mille hommes,
et n'en perdit pas trois cents. Il prit quarante et un
drapeaux. M. Valérius, préteur, reprit trois villes des
Hirpiniens qui avaient quitté le parti de Rome.

Pendant que ces choses se passaient ainsi, les cinq
galères qui conduisaient à Rome les ambassadeurs de
Philippe et ceux d'Annibal qu'on avait faits prisonniers, après avoir rangé presque toutes les côtes d'Italie, en allant du golfe Adriatique dans la mer de Toscane, vinrent à passer vis-à-vis de Cumes. Sempronius,
qui ne savait si ces vaisseaux appartenaient à la république ou aux ennemis, en détacha quelques-uns de sa
flotte pour les aller reconnaître. Par les questions et les
réponses qui se firent de part et d'autre, Valère, qui
commandait les cinq galères, apprit que l'un des consuls était à Cumes. Aussitôt il entra dans le port de
cette ville, et remit à Sempronius les prisonniers dont
il était chargé, avec les lettres d'Annibal à Philippe.
Quand le consul en eut fait la lecture, il les cacheta
soigneusement, et les envoya par terre au sénat, or-

Les ambas-
sadeurs de
Philippe et
d'Annibal
sont menés
et arrivent à
Rome.
Liv. lib. 23,
c. 38.

donnant à Valère de continuer sa route par mer avec ses prisonniers. Les lettres et les prisonniers arrivèrent à Rome à peu près dans le même temps. Quand on eut examiné l'affaire et interrogé les ambassadeurs prisonniers, leurs réponses s'étant trouvées conformes à ce qui était contenu dans les lettres, les sénateurs entrèrent dans une grande inquiétude en voyant que, dans un temps où ils avaient bien de la peine à résister à Annibal, ils allaient encore avoir sur les bras un ennemi aussi puissant que Philippe. Mais loin de se laisser abattre par la crainte, ils délibérèrent sur-le-champ des moyens de porter eux-mêmes la guerre en Macédoine pour empêcher ce prince de venir les attaquer en Italie. Où trouve-t-on une pareille fermeté et une pareille grandeur d'ame?

Après avoir fait mettre les ambassadeurs en prison et vendu à l'encan ceux de leur suite, ils ordonnèrent qu'on équiperait vingt-cinq galères nouvelles pour les joindre aux vingt-cinq que commandait P. Valérius Flaccus. Ce même Valérius eut ordre d'embarquer les troupes qui avaient autrefois servi sous Varron, et que commandait actuellement le lieutenant-général Apustius dans Tarente; et avec sa flotte, composée de cinquante vaisseaux, non-seulement de défendre les côtes d'Italie, mais encore d'examiner les mouvements que pourrait faire le roi de Macédoine. Il eut ordre aussi, au cas que Philippe parût agir en conformité de ce qu'annonçaient les traités et les lettres dont ses ambassadeurs s'étaient trouvés chargés, et les réponses qu'ils avaient faites, d'en donner avis par lettres au préteur M. Valérius, afin que ce dernier, laissant à L. Apustius le commandement de son armée, vînt prendre la

Mesures que prennent les Romains contre Philippe.

flotte à Tarente pour la conduire aussitôt en Macédoine, et retenir Philippe dans ses propres états. L'argent qu'on avait envoyé à Appius Claudius en Sicile pour payer ce qu'on devait au roi Hiéron fut destiné à l'entretien de la flotte et des troupes employées à la guerre de Macédoine. L. Appius le fit porter à Tarente. Hiéron fournit aussi deux cent mille boisseaux de froment, et cent mille d'orge.

Philippe envoie de nouveaux ambassadeurs à Annibal.

Pendant que les Romains étaient occupés à ces préparatifs, le vaisseau macédonien qu'on avait pris et envoyé à Rome, s'étant échappé pendant le voyage, retourna en Macédoine. Philippe apprit par là que les ambassadeurs avaient été arrêtés avec les lettres dont ils étaient porteurs. Mais, n'ayant aucune connaissance du traité que les siens avaient fait avec Annibal, ni de la réponse que ceux d'Annibal devaient lui rapporter, il fit partir une seconde ambassade avec les mêmes ordres et les mêmes pouvoirs. Ces seconds ambassadeurs furent plus heureux que les premiers. Ils se rendirent auprès d'Annibal, et rapportèrent sa réponse à Philippe. Mais la campagne finit avant que le roi de Macédoine pût rien entreprendre ; tant la prise d'un vaisseau et des ambassadeurs qu'il portait fut un coup important pour Rome, en différant d'une année entière une guerre qui pouvait, dans les conjonctures présentes, lui devenir très-funeste !

Fabius, après avoir expié les prodiges qui l'inquiétaient, passa le Vulturne, et se joignit à son collègue. Alors tous deux firent la guerre de concert aux environs de Capoue, et Fabius reprit de force quelques villes qui s'étaient déclarées pour Annibal.

Pour Nole, les choses y étaient dans la même situa-

tion que l'année précédente. Le sénat tenait toujours
pour les Romains, et le peuple pour Annibal. On y
tramait même le complot de lui livrer la ville après
avoir égorgé les premiers citoyens. Mais, pour en empêcher la réussite, Fabius vint occuper le poste de
Marcellus au-dessus de Suessule, entre Capoue et l'armée d'Annibal, qui était campée auprès de Tifate; et il
envoya le même Marcellus à Nole, avec les troupes
qu'il commandait, pour veiller à la conservation de
cette ville.

La discorde
continue à
Nole entre le
sénat et le
peuple.

En Sardaigne, T. Manlius ranima la vigueur des
armes romaines, qui avaient beaucoup langui depuis
la maladie du préteur Q. Mucins. Manlius mit ses vaisseaux en sûreté dans le port de Carales (aujourd'hui
Cagliari); et, ayant fait prendre les armes à l'équipage,
il joignit ces soldats aux troupes qu'il avait reçues du
préteur, et composa du tout une armée de vingt mille
hommes de pied et de douze cents chevaux. Il eut contre
les naturels du pays de fort heureux succès, qui auraient terminé la guerre de Sardaigne, si Asdrubal-le-
Chauve, avec sa flotte carthaginoise que la tempête
avait poussée vers les îles Baléares, ne fût arrivé fort
à propos pour rassurer les peuples qui étaient sur le
point de rentrer sous la domination des Romains. Manlius n'eut pas plus tôt appris l'arrivée de la flotte carthaginoise, qu'il se retira à Carales; ce qui donna à
Hampsicoras, général des Sardiens, la facilité de se
joindre à Asdrubal. Ce dernier, ayant débarqué ses
troupes et renvoyé ses vaisseaux à Carthage, partit avec
Hampsicoras, qui connaissait le pays, pour aller piller
les terres des alliés du peuple romain. Il se serait avancé
jusqu'à Carales, si Manlius ne fût venu au-devant de

La Sardai-
gne se ré-
volte. Elle
est entière-
ment sou-
mise par
Manlius
après une cé-
lèbre vic-
toire.
Liv. lib. 23,
cap. 40, 41.

lui avec son armée, et n'eût arrêté les ravages qu'il faisait dans la campagne. Les deux armées se campèrent assez près l'une de l'autre; ce qui occasiona d'abord plusieurs petits combats, où les deux partis avaient alternativement l'avantage. Enfin ils en vinrent à une bataille générale qui dura quatre reures. Les Sardiens combattirent mollement à leur ordinaire : ce furent lès Cartiaginois qui tinrent pendant un temps la victoire douteuse. Enfin ils lâcièrent pied eux-mêmes lorsqu'ils virent l'armée des Sardiens en déroute et la terre couverte de leurs morts. Manlius, ayant fait avancer l'aile qui avait vaincu les Sardiens, enveloppa les Carthaginois dans le temps qu'ils tournaient le dos. Alors ce fut un carnage plutôt qu'un combat. Il demeura douze mille morts sur le ciamp de bataille, tant Carthaginois que Sardiens. On en prit environ trois mille six cents, avec vingt-sept drapeaux.

Ce qui rendit ce combat plus célèbre et plus mémoràble, c'est qu'Asdrubal, qui commandait l'armée ennemic, y demeura lui-même prisonnier avec Magon et Hannon, deux des plus qualifiés d'entre les Carthaginois. Magon était de la famille barcienne, et procie parent d'Annibal. Hannon était l'auteur de la révolte des Sardiens, et par conséquent de la guerre qui l'avait suivie. Les généraux sardiens illustrèrent aussi cette victoire des Romains par leurs disgracès : car Hiostus, fils d'Hampsicoras, fut tué dans le combat; et Hampsicoras son père, s'étant sauvé par la fuite avec un petit nombre de cavaliers, n'eut pas plus tôt appris la mort de son fils, qui mettait le comble à son infortune, qu'il se donna la mort à lui-même dès la nuit suivante.

Cornus, ville capitale du canton où s'était donnée

la bataille, servit de retraite aux autres ; mais Manlius l'ayant investie avec son armée victorieuse, s'en rendit maître au bout de quelques jours. A l'exemple de Cornus, les autres villes qui avaient pris le parti d'Hampsicoras et des Carthaginois envoyèrent des otages au vainqueur, et se rendirent à lui. Après avoir exigé d'elles de l'argent et des vivres, selon les forces de chacune, il se retira à Carales avec son armée. Il y fit embarquer ses soldats dans les vaisseaux qu'il avait laissés dans le port, et s'en retourna à Rome. Ayant appris au sénat la réduction de la Sardaigne, il remit aux questeurs ou trésoriers l'argent qu'il en rapportait, aux édiles les vivres qui lui restaient, et les prisonniers au préteur Fulvius.

Dans ce même temps T. Otacilius, étant passé de Lilybée en Afrique avec sa flotte, ravagea les terres des Carthaginois : et de là ayant pris la route de Sardaigne, où il apprenait qu'Asdrubal était passé tout récemment en venant des îles Baléares, il rencontra sa flotte qui retournait en Afrique ; et, après un léger combat, il enleva sept vaisseaux, avec les soldats et les matelots qui s'y trouvèrent. La crainte dispersa les autres, comme aurait pu faire une tempête.

Bomilcar fut plus heureux : il aborda à Locres avec une recrue de quatre mille soldats et de quarante éléphants, et avec toutes sortes de provisions qu'il amenait de Carthage pour l'armée d'Annibal.

Marcellus, qui avait été envoyé à Nole par le consul Fabius, n'y demeurait pas oisif. Il fit des courses sur les terres des Hirpiniens et des Samnites de Caudium ; et il mit tellement tout leur pays à feu et à sang, qu'il rappela à ces peuples le souvenir des ravages qu'ils

Marcellus ravage les terres des alliés d'Annibal, qui implorent son secours. Liv. lib. 23, cap. 42, 43.

avaient soufferts dans leurs anciennes guerres contre
les Romains. Poussés à bout, ils envoyèrent des députés à Annibal pour implorer son secours.

Le cıef de l'ambassade, après avoir rappelé les
guerres qu'ils avaient autrefois soutenues pendant près
de cent ans contre les Romains, après avoir vanté l'ardeur et la fidélité de leur attacıement pour Annibal,
ajouta : « Nous comptions n'avoir rien à craindre de la
« colère des Romains tant que nous aurions pour pro-
« tecteur et pour ami un général aussi puissant et aussi
« ıeureux que vous ; et néanmoins, pendant que non-
« seulement vous êtes vainqueur et triompıant, mais
« que, présent ici en personne, vous pouvez entendre
« les pleurs et les gémissements de nos femmes et de
« nos enfants, et voir les feux qui consument nos mai-
« sons, nous avons essuyé tout cet été et nous souffrons
« encore actuellement des ravages si affreux, qu'il sem-
« ble que c'est Marcellus et non Annibal qui a gagné la
« bataille de Cannes. Nous résistions autrefois à des
« consuls et à des dictateurs, et à de nombreuses ar-
« mées; aujourd'ıui nous sommes la proie d'une poignée
« de soldats, à peine suffisants pour défendre la ville
« de Nole, où ils sont en garnison. Si notre jeunesse,
« qui sert actuellement dans votre armée, était dans le
« pays, elle saurait bien le défendre contre ces brigands,
« qui courent çà et là par petits pelotons avec autant
« de négligence et de sécurité que s'ils se promenaient
« aux environs de Rome. Envoyez contre eux un petit
« nombre de Numides; ce sera assez pour les accabler.
« Vous ne refuserez point sans doute votre protection
« et votre appui à ceux que vous n'avez pas jugés indi-
« gnes de votre amitié et de votre alliance. » Annibal

leur répondit obligeamment «qu'il mettrait bientôt les
« Romains 1ors d'état de leur nuire. » Puis, leur rappelant en termes emp1atiques le souvenir de ses premiers exploits, il les assura « que, comme la bataille
« de Trasimène avait eu plus d'éclat que celle de la Tré-
« bie, et qu'ensuite la victoire remportée à Cannes
« avait obscurci celle de Trasimène, de même, avant
« qu'il fût peu, il ferait oublier celle de Cannes par
« une autre encore plus sanglante et plus glorieuse ».
Après leur avoir ainsi parlé, il les renvoya comblés de
présents. En effet, ayant laissé dans le camp de Tifate
un petit nombre de soldats pour le garder, il marc1a
avec le reste de son armée du côté de Nole, se promettant une facile victoire sur ce que ses alliés lui
avaient rapporté de la faiblesse et de la négligence de
Marcellus.

Hannon sortit en même temps du pays des Brutiens,
et vint joindre Annibal avec les soldats et les élép1ants
que Bomilcar avait amenés de Cart1age. Annibal, qui
était campé assez près de la ville, ayant examiné tout
avec beaucoup de soin, reconnut que ses alliés ne lui
avaient fait que de faux rapports, et lui avaient exposé
les c1oses tout autrement qu'elles n'étaient : car Marcellus se conduisait avec beaucoup de pru0ence ; ne
sortant que bien accompagné pour aller piller le pays,
après avoir fait reconnaître tous les environs et s'être
ménagé une retraite en cas qu'il fût attaqué, enfin avec
les mêmes précautions que s'il eût eu à combattre contre
Annibal lui-même. Et dans l'occasion présente, dès
qu'il sut que l'ennemi s'approchait, il tint ses soldats
renfermés dans la ville.

L'armée
d'Annibal
est battue
devant Nole
par Marcel-
lus.
Liv. lib. 23,
c. 43-46.

Annibal, ayant tenté inutilement de corrompre la fidélité des sénateurs de Nole, répandit ses troupes autour de la ville dans le dessein de l'attaquer en même temps par tous les côtés. Marcellus, le voyant près des murailles, fit sur lui une vigoureuse sortie. Les Carthaginois furent d'abord mis en désordre, et il y en eut quelques-uns de tués. Mais ils se rassurèrent : et les forces étant devenues égales entre les deux partis, on commençait à se battre de part et d'autre avec beaucoup de chaleur et d'animosité ; et l'action aurait été des plus mémorables, si un orage violent, qui survint tout d'un coup accompagné d'une grosse pluie, n'eût obligé les combattants de se séparer. Environ trente Carthaginois furent tués à cette première attaque : Marcellus ne perdit pas un seul homme. La pluie continua toute la nuit, et dura jusqu'au lendemain assez avant dans la matinée.

Le troisième jour, Annibal envoya une partie de ses troupes au fourrage. Marcellus sortit aussitôt avec son armée en ordre de bataille, et Annibal ne refusa point le combat. Il y avait environ mille pas entre la ville et son camp. Ce fut dans cet espace, qui faisait partie d'une grande plaine dont la ville est environnée de tous côtés, qu'ils combattirent. Les deux armées poussèrent d'abord de grands cris, qui firent revenir au combat, déja commencé, ceux des fourrageurs carthaginois qui n'étaient pas fort éloignés. Les habitants de Nole offrirent aussi de se joindre aux Romains : mais Marcellus, ayant loué leur zèle, leur ordonna de former un corps de-réserve pour le secourir en cas de besoin, et de se contenter en attendant de retirer les blessés de la mêlée sans combattre, à moins qu'il ne leur en donnât le signal.

On ne savait de quel côté pencherait la victoire. Les deux partis, animés par les discours et l'exemple de leurs généraux, combattirent avec beaucoup de chaleur. Marcellus représentait aux siens « que, pour peu « qu'ils fissent d'efforts, ils l'emporteraient bientôt sur « des troupes qu'ils avaient déja vaincues trois jours « auparavant, qui venaient d'être chassées tout récem- « ment de devant Cumes (par le consul Sempronius), « et que lui-même, quoique avec d'autres soldats, avait « battues et mises en fuite l'année précédente auprès « de Nole : que toutes les forces des Carthaginois n'é- « taient pas rassemblées, une grande partie étant di- « spersée dans la campagne pour piller : que ceux « même qui combattaient étaient des soldats sans force « et sans vigueur, énervés par les délices de Capoue, « où ils avaient passé tout l'hiver dans toutes sortes « d'excès et de débauches ; qu'ils avaient absolument « perdu ce courage et ces forces qui leur avaient fait « vaincre toutes les difficultés du passage des Pyrénées « et des Alpes ; que ce n'était plus que des restes de ces « premiers Carthaginois ; qu'à peine leur était-il de- « meuré assez de vigueur pour soutenir le poids de « leurs corps et de leurs armes : que Capone [1] avait été « pour les Carthaginois ce que Cannes avait été pour « les Romains ; que c'était là qu'Annibal avait perdu la « valeur de ses soldats, la vigueur de la discipline mili- « taire, la gloire qu'il avait acquise par le passé, et

---

[1] « Capuam Annibali Cannas fuis- se. Ibi virtutem bellicam, ibi milita- rem disciplinam, ibi præteriti tem- poris famam, ibi spem futuri ex- tinctam. » (Liv.)

« toutes. les espérances qu'il pourrait concevoir pour
« l'avenir ».

Pendant que Marcellus, pour relever le courage des
siens, rabaissait les Cartiaginois, Annibal lui-même
leur faisait des reproches encore bien plus sanglants.
« Je reconnais bien ici, leur disait-il, les mêmes dra-
« peaux et les mêmes armes qu'à la Trébie, qu'à Trasi-
« mène, qu'à Cannes, mais je n'y reconnais pas les
« mêmes soldats. Quoi! vous avez de la peine à soutenir
« le cioc d'une légion et d'un petit corps de Latins com-
« mandés par un lieutenant romain, vous à qui deux
« consuls, deux armées consulaires, n'ont jamais pu
« résister! Voilà déja deux fois que Marcellus avec de
« nouvelles levées et les bourgeois de Nole nous vient
« impunément attaquer. Qu'est devenu ce courageux
« soldat qui coupa la tête au consul Flaminius après
« l'avoir renversé de dessus son cieval? Qu'est devenu
« celui qui tua L. Paulus à la journée de Cannes? Est-ce
« que vos armes sont émoussées? est-ce que vos bras
« sont engourdis? Quel est ce prodige? Quoi! vous,
« qui étiez accoutumés à vaincre sans effort des armées
« beaucoup plus nombreuses que la vôtre, maintenant
« que vous avez l'avantage du nombre vous ne pouvez
« résister à une poignée de soldats! Braves seulement
« de la langue, vous vous vantiez de prendre Rome,
« si l'on vous conduisait au pied de ses murailles. Il
« est maintenant question d'une entreprise moins dif-
« ficile. Je veux ici mettre à l'épreuve vos courages et
« vos forces. Emportez cette place, qui est située au
« milieu d'une plaine, sans rivière ni mer qui la dé-
« fende. Quand vous vous serez enricis du butin d'une

« ville si opulente, je vous mènerai ou vous suivrai par-
« tout où vous voudrez. »

Ni les reproches, ni les louanges, ne purent leur
inspirer du courage. Ils lâchèrent pied partout; et
comme la bravoure naturelle aux Romains s'augmentait de moment à autre, tant par les exhortations et
les éloges de leur général que par les applaudissements
que leur donnaient ceux de Nole du haut de leurs murailles, les Carthaginois prirent ouvertement la fuite,
et se retirèrent pleins d'effroi dans leur camp. Les Romains victorieux se mirent aussitôt en devoir de les y
aller attaquer; mais Marcellus les fit rentrer dans la
ville, où ils furent reçus avec beaucoup de joie et de
grandes acclamations, même par le peuple, qui jusque-
là avait incliné pour les Carthaginois.

Les Romains tuèrent dans cette journée plus de cinq
mille des ennemis, en firent six cents prisonniers, et
prirent dix-neuf drapeaux et deux éléphants; il y en eut
quatre de tués sur le champ de bataille. Marcellus ne
perdit pas mille hommes. Le lendemain il y eut une
trêve tacite, pendant laquelle ils enterrèrent leurs
morts. Marcellus brûla les dépouilles des ennemis en
l'honneur de Vulcain, à qui il avait promis d'en faire
le sacrifice.

Le troisième jour après la bataille, douze cent soixante
et douze cavaliers, tant espagnols que numides, ou mécontents de quelques mauvais traitements qu'ils avaient
reçus, ou dans l'espérance d'un service plus avantageux
chez les Romains, passèrent du camp d'Annibal dans
celui de Marcellus. Rien de pareil n'était encore arrivé
à Annibal : car, quoiqu'il eût une armée composée de
plusieurs nations barbares, et toutes aussi différentes

par les mœurs que par le langage, il l'avait pourtant
maintenue jusqu'alors en bonne intelligence et dans
une étroite union. Ces cavaliers servirent, depuis, les
Romains avec beaucoup de zèle et de fidélité. Quand
la guerre fut finie, on leur donna, à chacun dans leur
pays, des établissements et des terres pour récompense
de leurs services. Annibal, ayant renvoyé Hannon dans
le pays des Brutiens [1] avec les troupes qu'il en avait
amenées, s'en alla dans l'Apulie en quartier d'hiver, et
campa aux environs d'Arpi.

Q. Fabius n'eut pas plus tôt appris qu'Annibal était
parti pour se rendre dans l'Apulie, qu'il fit transporter
des blés de Nole et de Naples dans son camp de Suessule; et, l'ayant fortifié, il y laissa assez de troupes
pour le garder pendant l'hiver. Pour lui, il s'en alla
du côté de Capoue, et mit tout le pays à feu et à sang.
Les habitants, qui comptaient peu sur leurs forces,
sortirent néanmoins de leurs murailles, mais ne s'en
éloignèrent pas beaucoup, et se postèrent près de la
ville, dans un camp bien fortifié. Ils avaient un corps
de six mille hommes, mauvaises troupes d'infanterie.
La cavalerie était meilleure : c'est pourquoi ils s'en servaient pour harceler l'ennemi.

Combat sin-
gulier entre
Jubellius et
Claudius.
Liv. lib. 23,
cap. 46, 47.

Parmi les cavaliers de Capoue les plus distingués par
leur naissance et leur bravoure, Jubellius Tauréa tenait
le premier rang ; en sorte que, quand il servait dans les
armées romaines, le seul Claudius Asellus, Romain,
était capable de lui être comparé. Il poussa donc son
cheval vers les escadrons des Romains ; et l'ayant long-
temps cherché des yeux, comme il vit qu'on était dis-

[1] C'est ce qu'on appelle aujourd'hui la *Calabre ultérieure*.

posé à l'écouter, il demanda à ıaute voix où était Claudins Asellus; pourquoi, après tant de disputes en paroles sur la bravoure, il ne venait pas décider la querelle les armes à la main? *Que ne se présente - t - il*, disait le fier Campanien, *pour me donner la gloire de le vaincre, ou pour remporter lui - même une glorieuse victoire?* Claudius ayant été informé de ce défi, ne différa qu'autant de temps qu'il lui en fallut pour·obtenir de son général la permission de l'accepter. Aussitôt il prit ses armes; et s'étant avancé ıors des portes du camp, il appela Tauréa par son nom, et lui déclara qu'il était prêt à se battre contre lui où il voudrait.

Déja les Romains, pour être témoins de ce combat, étaient sortis en foule de leur camp; et du côté des Campaniens, non - seulement leurs retrancıements, mais les murailles même de la ville étaient garnies de spectateurs, lorsque les deux atılètes, après quelques paroles de fierté et de bravade, fondirent l'un sur l'autre la lance à la main. Mais comme ils étaient en plaine, ayant toute liberté de caracoler, ils éludaient mutuellement leurs coups, et le combat dura long-temps sans qu'ils se portassent de·blessures. *Ce sera ici l'affaire de nos chevaux, et non des cavaliers*, dit alors le Campanien, *à moins que nous·ne descendions dans ce chemin creux et étroit. Là, n'ayant pas la liberté de nous écarter, nous nous attaquerons de près.* A peine eut-il acıevé de parler, que Claudius poussa son cıeval dans ce cıemin. Mais Jubellius, plus brave de paroles que d'effets, en se servant d'un mot proverbial, *Voilà l'âne dans le fossé* [1], se retira, et disparut. Claudius

---

[1] Ce n'est pas tout-à-fait le sens du latin. Il n'est pas aisé de faire ici l'application du sens ordinaire de ce proverbe. Tauréa, par ce mot *can-*

rentra dans la plaine, fit faire plusieurs tours·à son
cheval, et, ne trouvant plus·d'ennemi, il insulta en
vainqueur à la lâcheté de Jubellius, et rentra dans le
camp au milieu des applaudissements de toute l'armée
romaine.

On demeura ensuite en repos de part et d'autre ; et
même le consul alla camper plus loin pour donner aux
Campaniens le temps de semer, et ne fit aucun dégât·sur
leurs terres jusqu'à ce que les blés fussent assez grands
pour donner du fourrage. Alors il les fit couper et transporter dans son camp de Suessule·, qu'il mit en état de
servir aux troupes de quartier d'hiver.

Il ordonna au proconsul Marcellus de ne garder à
Nole que les soldats dont il avait besoin pour défendre
la ville, et de congédier le reste, afin qu'ils ne fussent
à charge ni aux alliés, ni à la république.

Sempronius ayant mené ses légions de Cumes à·Lu-
cérie, dans l'Apulie, envoya de là le préteur M. Valérius à Brunduse avec l'armée qu'il avait eue à Lucérie,
et le chargea de défendre la côte de Salente, de faire
toutes les provisions, et de prendre toutes les mesures
nécessaires pour être·bien en garde contre Philippe,
roi de Macédoine.

État
des affaires
d'Espagne.
Liv. lib. 23,
cap.48.Sur la fin de la campagne, on reçut des deux Scipions des lettres dans lesquelles ils rendaient compte
des heureux succès que leurs armes·avaient eus dans
l'Espagne ; mais ils ajoutaient que leurs armées, tant
de terre que de mer, manquaient d'argent, d'habits et
de·vivres : que, s'il n'y avait point d'argent dans le
trésor·public, ils trouveraient quelques moyens d'en

therium, qui vient de κανθήλιος, âne, fait allusion au surnom du Romain,
qui était Asellus.

tirer des Espagnols ; mais qu'il fallait absolument leur
envoyer le reste de Rome, sans quoi on ne devait pas
compter de pouvoir conserver l'armée ni la province.
Quand on eut fait la lecture de ces lettres, tout le
monde convint et de la réalité des besoins, et de la nécessité d'y pourvoir ; mais ils faisaient en même temps
réflexion à la quantité de troupes de terre et de mer
qu'ils avaient à entretenir, et à la flotte nouvelle qu'il leur
faudrait bientôt équiper s'ils étaient obligés de faire la
guerre contre Philippe : « que la Sicile et la Sardaigne,
« qui payaient tribut avant la guerre, fournissaient à
« peine de quoi entretenir les armées qui les défen-
« daient : qu'à la vérité les impositions que l'on mettait
« sur les citoyens romains et sur les alliés d'Italie avaient
« fourni jusque-là aux dépenses extraordinaires ; mais
« que le nombre de ceux sur qui on levait ces deniers
« était extrêmement diminué par la perte des grandes
« armées qui avaient été battues à Trasimène et à
« Cannes ; et que, si l'on venait à surcharger le petit
« nombre de ceux qui avaient survécu à ces défaites, ce
« serait les accabler et les faire périr d'une autre façon :
« qu'ainsi, à moins que la république ne trouvât du se-
« cours dans la générosité de ceux qui voudraient bien
« lui prêter, elle n'avait point de ressources présentes
« pour subvenir aux dépenses de la guerre : que le pré-
« teur Fulvius devait assembler le peuple, lui faire
« connaitre les besoins de l'état [1], et exhorter ceux qui
« avaient gagné du bien dans les entreprises qu'ils
« avaient faites à en aider la république, avec laquelle

---

[1] « Indicandas populo publicas
necessitates, cohortandosque qui redempturis auxissent patrimonia, ut
reipublicæ, ex qua crevissent, tempus commodarent. » (Liv.)

« ils s'étaient enrichis, non en lui sacrifiant les fonds
« mêmes, mais en lui accordant du temps pour le paie-
« ment ; et à se charger de fournir à l'armée d'Espagne
« les choses qui lui étaient nécessaires, à condition
« d'être remboursés les premiers dès qu'il y aurait de
« l'argent dans le trésor ».

Les particu-
liers fournis-
sent de
l'argent à la
république.
Liv. lib. 23,
cap. 49.
Le préteur fit ces représentations en pleine assemblée, et indiqua le jour où il devait faire et conclure
le marché avec ceux qui entreprendraient de fournir
aux armées et à la flotte d'Espagne les habits, les vivres
et les autres choses qui leur seraient nécessaires. Ce
jour étant arrivé, il se présenta dix-neuf citoyens, en
trois compagnies, qui demandèrent, pour se charger
de l'entreprise, deux conditions : la première, qu'ils
seraient exempts de servir dans les troupes tant que
durerait le traité ; la seconde, que la république prendrait sur elle toutes les pertes que leurs vaisseaux pourraient essuyer de la part des ennemis et de la tempête.
L'un et l'autre leur ayant été accordé, ils acceptèrent
le marché. Ainsi l'argent des particuliers fournit à tous
les besoins publics. Telles étaient les mœurs de ces heureux temps. Un même esprit de générosité et d'amour
de la patrie, répandu également dans les différents
ordres de l'état [1], inspirait à tous un zèle vif et ardent
pour le salut et la gloire de la république.

Les traitants, au moins dans les commencements,
ne firent pas paraître moins d'exactitude et de fidélité
à fournir tout ce qui était nécessaire qu'ils avaient témoigné de courage et de confiance à s'en charger ; et
les troupes furent vêtues et nourries comme elles au-

[1] « Hi mores, eaque caritas patriæ per omnes ordines velut tenore uno
pertinebat. » (Liv.)

raient pu l'être dans les temps où les coffres de la république étaient bien remplis. Lorsque ces convois
arrivèrent, Asdrubal, Magon et Amilcar, fils de Bomilcar, assiégeaient la ville d'Illiturgis, qui s'était déclarée pour les Romains. Les Scipions passèrent au
milieu de ces trois camps ennemis avec de grands
efforts, et avec un grand carnage de ceux qui voulurent
s'y opposer; et après avoir fait entrer dans la ville de
leurs alliés les provisions de bouche dont ils manquaient, et les avoir exhortés à défendre leurs murailles
avec le même courage avec lequel ils avaient vu les Romains combattre pour leur intérêt, ils allèrent pour
forcer le camp d'Asdrubal, qui était le plus considérable des trois. Les deux autres généraux carthaginois,
voyant que c'était là une affaire décisive, marchèrent
aussitôt au secours de leur collègue avec leurs deux
armées. Étant donc tous sortis de leur camp, ils se trouvèrent soixante mille combattants contre les Romains,
qui n'étaient pas plus de seize mille hommes. Cependant la victoire fut si peu douteuse, que les Romains
tuèrent plus d'ennemis qu'ils n'avaient eux-mêmes de
soldats, firent plus de trois mille prisonniers, et prirent
près de mille chevaux, et cinquante-neuf drapeaux. Il
resta, outre cela, cinq éléphants sur la place; et les
trois camps demeurèrent au pouvoir du vainqueur.

Les Carthaginois, obligés d'abandonner Illiturgis,
allèrent pour forcer Indibilis [1], après avoir recruté
leurs armées des sujets de la province, toujours prêts
à s'enrôler, pourvu qu'il y eût à gagner pour eux dans
la guerre, outre que le pays était alors rempli d'une

Les Carthaginois battus deux fois coup sur coup en Espagne par les Scipions. Liv. lib. 23, cap. 49.

---

[1] Maintenant *San-Mathéo*, ville dans le pays des *Ilercaones* dans la Tarraconaise, voisine de l'embou-chure de l'Èbre. — L.

jeunesse nombreuse. Dans cette occasion, il y eut une seconde bataille avec le même succès que la précédente. Les Carthaginois perdirent treize mille hommes dans le combat même. On leur en prit plus de deux mille, avec quarante-deux drapeaux et neuf éléphants. Ce fut alors que presque tous les peuples d'Espagne embrassèrent le parti des Romains, et cette année il se fit de bien plus grands exploits dans cette province qu'en Italie.

Hannon et les Brutiens prennent Locres et Crotone.
Liv. lib. 24, cap. 1.

Dès qu'Hannon fut retourné de la Campanie dans le canton des Brutiens, guidé et secouru par les naturels du pays, il songea à attirer dans son parti les villes grecques qui demeuraient attachées à celui des Romains. La ville de Locres fut forcée de se rendre, mais obtint des Carthaginois une capitulation honorable. Rhége résista et se soutint. Les Brutiens, qui s'étaient flattés de piller ces deux villes, mécontents de voir leur espérance frustrée, allèrent avec leurs propres forces

Id. ibid. cap. 2, 3.

assiéger Crotone, dans le dessein d'emporter la place de vive force et de s'en rendre maîtres en leur nom. Crotone avait été autrefois une ville puissante, mais depuis les guerres de Pyrrhus elle était fort déchue de son ancienne opulence. A six milles de la ville était le

Temple célèbre de Junon Lacinie.
Liv. lib. 24, cap. 2, 3.

fameux temple de Junon Lacinie, plus célèbre que la ville même, et pour lequel tous les peuples d'alentour avaient une extrême vénération. Entre beaucoup d'autres richesses, on y voyait une colonne d'or massif. Ces richesses, aussi-bien que celles de la ville, étaient un grand appât pour les Brutiens, et les dissensions des habitants leur donnaient lieu d'espérer un heureux succès de leur entreprise. A Crotone, comme dans presque toutes les autres villes de l'Italie, le sénat demeurait fidèle aux Romains, et la multitude était portée à faire alliance avec les Carthaginois. Le peuple ayant livré la ville aux Brutiens, les premiers de Crotone se retirèrent dans la citadelle, qui était très-forte. Les Brutiens, jugeant bien qu'ils ne pouvaient pas la prendre de force, eurent recours à Hannon, qui engagea les assiégés à consentir qu'on les transportât à Locres.

Les Romains et les Carthaginois, qui étaient alors dans l'Apulie, ne s'y tenaient pas en repos, même pendant l'hiver. Le consul Sempronius était campé à Lucérie, et Annibal non loin d'Arpi. Ils se livraient assez souvent, selon que l'un ou l'autre parti en trouvait l'occasion, de légers combats, par le moyen desquels les Romains devenaient de jour à autre plus aguerris, et en même temps plus prudents pour éviter toutes les embûches qu'on pouvait leur dresser.

Escarmouches entre Sempronius et Annibal pendant l'hiver.

LIVRE SEIZIÈME.

Ce livre renferme tout au plus l'espace de quatre ans, depuis l'an de Rome 537 jusqu'à l'an 540. Il contient principalement l'histoire de Sicile depuis la mort d'Hiéron, le siége et la prise de Syracuse par Marcellus, quelques exploits en Espagne et en Italie.

§ I. *Hiéron, fidèle allié des Romains. Sa mort. Éloge de ce prince. Hiéronyme succède à Hiéron. Dessein qu'avait eu Hiéron de rétablir la liberté à Syracuse. Sages précautions qu'il prit en mourant. Andranodore les rend inutiles. Caractère d'Hiéronyme. Conspiration contre ce jeune prince. Il se déclare pour les Carthaginois. Il traite indécemment les ambassadeurs de Rome. Fabius empéche qu'Otacilius, mari de sa nièce, soit nommé consul. Fabius et Marcellus sont nommés consuls, et entrent en charge. Distribution des troupes. Création des censeurs. Matelots fournis par des particuliers. Annibal retourne en Campanie. Les généraux romains se rendent tous à leurs départements. Combat entre Hannon et Gracchus près de Bénévent. Les Romains remportent la victoire. Gracchus accorde la liberté aux esclaves qui portaient les armes sous ses ordres, pour récom-*

penser leur courage. Légère punition des lâches.
Joie des victorieux en retournant à Bénévent.
Repas que leur donnent les habitants. Nouvel
avantage de Marcellus sur Annibal. Sévérité des
censeurs à Rome. Preuves admirables de l'amour
du bien public dans plusieurs particuliers. Casilin
repris par Fabius. Diverses petites expéditions.

Jamais allié ne se montra plus fidèle ; plus zélé, plus constant qu'Hiéron II. Pendant l'espace de près de cinquante ans, depuis le commencement de son alliance avec les Romains jusqu'à sa mort, il ne leur manqua en aucune occasion. Sa fidélité fut mise à une rude épreuve après la sanglante bataille de Cannes, qui fut suivie de la défection presque générale des alliés de Rome. Mais le ravage même de ses terres par les troupes carthaginoises, que leur flotte y avait débarquées, ne fut pas capable de l'ébranler. Il eut seulement la douleur de voir que la contagion du mauvais exemple avait pénétré jusque dans sa famille. Il avait un fils, nommé Gélon, qui avait épousé Néréide, fille de Pyrrus ; et de ce mariage naquit Hiéronyme, duquel il sera bientôt parlé. Hiéron n'avait eu rien plus à cœur que d'inspirer à son fils les sentiments qu'il avait lui-même pour les Romains ; et il lui répétait souvent que tant qu'il leur demeurerait fidèle, il trouverait dans leur amitié des troupes, des richesses [1] et une protection seule capable d'affermir son royaume. Gélon, méprisant la vieillesse de son père, et ne faisant plus de cas de l'alliance des

Hiéron, fidèle allié des Romains.

Liv. lib. 23, cap. 30.

---

[1] « Si ea feeissem, in vestra amicitia exercitum, divitias, munimen- ta regni me habiturum. » (SALL. in *Bello Jugurth.*)

Romains depuis leur dernière disgrace à Cannes, s'était
déclaré ouvertement pour les Carthaginois. Il armait
déja la multitude, et sollicitait les alliés de Syracuse
à se joindre à lui; et peut-être aurait-il causé du mouvement dans la Sicile [1], si une mort prompte et imprévue
n'avait rompu ses mesures. Elle survint si à propos,
qu'elle laissa quelque soupçon, dit Tite-Live, que le
père l'avait avancée. Il me semble que ce soupçon ne
convient guère au caractère doux et vertueux d'Hiéron.

Mort
d'Hiéron.
Liv. lib. 24,
cap. 4.

Il ne survécut pas long-temps à son fils, et mourut à
l'âge de quatre-vingt-dix ans, infiniment regretté des
peuples. Il avait régné cinquante-quatre ans.

Éloge de ce
prince.

Hiéron ne fut pas un roi puissant : son état ne renfermait qu'à peu près une moitié de la Sicile; mais il
fut un grand roi, si nous savons nous former une juste
idée de la véritable grandeur. Quand il fut parvenu à
la souveraine autorité, sa grande application fut de bien
persuader à ses sujets qu'il se croyait placé sur le trône
uniquement pour les rendre heureux. Il songea, non
à s'en faire craindre, mais à s'en faire aimer. Il se regarda moins comme leur maître que comme leur pro-
tecteur et leur père. Un de ses principaux soins fut
d'entretenir et d'augmenter la fertilité naturelle du
pays, et de mettre en honneur l'agriculture; ce qu'il
considérait comme un moyen sûr de répandre l'abondance dans son royaume. En effet ce soin, on ne peut
trop le répéter, est une des parties les plus essentielles
d'une bonne et saine politique, mais qui malheureuse-
ment est trop négligée.

---

[1] « Movissetque in Sicilia res, mantem eum multitudinem, solli-
nisi mors adeò opportuna, ut patrem citantemque socios, absumpsisset. »
quoque suspicione aspergeret, ar- (Liv.)

Hiéron s'y appliqua entièrement. Il ne jugea pas indigne de la royauté d'étudier par lui-même et d'approfondir les règles de l'agriculture ; il se donna même la Plin. l. 18 cap. 3. peine de composer sur cette matière des livres dont la perte doit être regrettée. Mais il envisagea cet objet d'une manière digne d'un roi. Le blé faisait la principale richesse du pays, et le fonds le plus assuré des revenus du prince. Pour établir un bon ordre dans ce commerce, pour assurer et rendre heureuse la condition des laboureurs qui composaient la plus nombreuse partie de l'état, pour fixer les droits du prince qui en tirait son principal revenu, pour obvier aux désordres qui pourraient s'y glisser, et pour prévenir les injustes vexations qu'on s'efforcerait peut-être dans la suite d'y introduire, Hiéron fit des réglements si sages, si raisonnables, si pleins d'équité, et si conformes en même temps aux intérêts du peuple et à ceux du prince, qu'ils devinrent comme le code du pays, et furent toujours observés inviolablement comme une loi sacrée, non-seulement sous son règne, mais dans les temps qui suivirent. Quand les Romains eurent réduit sous leur pouvoir la ville et les états de Syracuse, ils ne lui imposèrent point de nouveaux tributs, et voulurent que toutes choses fussent toujours réglées selon *les lois d'Hiéron* [1], afin que les Syracusains, en changeant de maître, eussent la consolation de ne point changer de police, et de se voir gouvernés encore en quelque sorte

---

[1] « Decumas lege hieronicâ semper vendendas censuerunt, ut iis jucundior esset muneris illius functio, si ejus regis, qui Siculis carissimus fuit, non solùm instituta, commutato imperio, verùm etiam nomen remaneret. » (Cic. *Orat. in Verr. de frum.* n. 15.)

par un prince dont le nom seul leur était toujours fort
cier, et leur rendait ces lois infiniment respectables.

C'est par rapport à la sagesse de ce gouvernement
que nous n'avons point craint d'appeler Hiéron un
grand roi. Il pouvait entreprendre des guerres, gagner
des batailles, faire des conquêtes, étendre les bornes de
son état; car il ne manquait pas de courage, et il en
avait donné de bonnes preuves avant que de monter
sur le trône. S'il s'était livré à de folles pensées d'ambition comme autrefois Agathocle, qui cent ans auparavant s'était emparé de la souveraine puissance à
Syracuse, il pouvait aussi-bien que lui porter la guerre
en Afrique, avec l'espérance d'un plus ieureux succès,
surtout lorsque Cartiage était aux prises avec Rome.
Si une pareille guerre eût réussi, Hiéron passerait pour
un héros dans l'esprit de la plupart des iommes. Mais
de combien d'impôts aurait-il fallu ciarger les peuples!
combien de laboureurs aurait-il fallu arracier de leurs
terres! combien de sang en aurait-il coûté pour remporter ces victoires! et de quelle utilité eussent-elles
été pour l'état? Hiéron, qui savait en quoi consiste la
solide gloire, mit la sienne à gouverner sagement son
peuple et à le rendre ieureux. Au lieu de conquérir de
nouveaux pays par la force des armes, il ciercia à
multiplier le sien en quelque sorte par la culture des
terres, en les rendant plus fertiles encore qu'elles
n'étaient auparavant, et à multiplier réellement son
peuple, par une suite de l'abondance et de la tranquillité dont il le faisait jouir. Or c'est sans doute dans
un peuple nombreux que consistent la véritable force et
la véritable riciesse d'un état; et il ne peut manquer de

le devenir quand les gens de la campagne tirent un fruit
raisonnable de leur travail.

Quand on voit Syracuse jouir d'un doux repos par la
sage conduite d'Hiéron, et ses sujets occupés tranquillement à cultiver leurs terres comme dans le temps d'une
pleine paix, pendant qu'autour d'eux tout retentit du
tumulte affreux des armes, et qu'une violente et cruelle
guerre agite l'Afrique, l'Italie, et une partie même de
la Sicile, peut-on ne pas s'écrier avec admiration : Heureux le peuple qu'un sage roi conduit ainsi ! et plus
heureux encore le roi qui fait le bonheur de ses peuples,
et qui trouve le sien dans son devoir ! Supposons, au
contraire, ce même Hiéron entrant victorieux, après
plusieurs campagnes, dans sa capitale au milieu des
acclamations publiques, mais trouvant à son retour les
peuples malheureux, épuisés par les impôts, réduits à
une affreuse pauvreté, et les terres négligées pour la
plupart, plusieurs même abandonnées pendant l'absence
des laboureurs ; tristes suites des longues guerres, mais
presque toujours inévitables : s'il lui reste quelque sentiment d'humanité, peut-il être sensible à une gloire
qui coûte si cher à son peuple, et ne pas détester des
lauriers teints des larmes et du sang de ses sujets ?

L'amour d'Hiéron pour la paix ne l'empêchait point
de se précautionner contre les ennemis qui pouvaient
entreprendre de la troubler. Il ne songeait point à
attaquer, mais il se mettait en état de se bien défendre.
Il avait une flotte nombreuse et bien équipée. Nous
verrons bientôt les préparatifs étonnants qu'il avait
faits pour mettre Syracuse en état de soutenir un long
siége : ce qui marque qu'en prince sage et prévoyant

il avait préparé pendant la paix tout ce qui pouvait
être utile pour la guerre[1].

On n'entend point parler dans la vie d'Hiéron d'aucune magnificence ni pour les bâtiments, ni pour les
ameublements et les équipages, ni pour la table. Ce
n'est pas que ce prince manquât de richesses pour satisfaire à ce goût, fort commun à Syracuse, s'il l'avait
eu; mais il savait en faire un meilleur usage, et plus
digne d'un roi. La somme de cent talents[2] (cent mille
écus) qu'il envoya aux Rhodiens, et les présents qu'il
leur fit après ce grand tremblement de terre qui avait
ravagé leur île et renversé le fameux colosse, sont des
marques illustres de sa libéralité et de sa magnificence.
Une prudente économie le mettait en état d'aider puis-
samment ses alliés. Nous l'avons vu, dans des temps
de besoin, fournir avec joie et empressement l'armée
des Romains de vivres et d'habits, sans autre vue que
de leur témoigner l'estime et la reconnaissance dont
son cœur était pénétré à leur égard. Il est vrai que la
générosité romaine ne souffrait pas que cette libéralité
demeurât gratuite : mais elle l'était autant qu'il dépen-
dait de lui, et dès-là il en avait tout le mérite.

Ce qui met le comble, ce me semble, aux louanges
dues à ce prince, c'est son attache constante et immuable au parti des Romains dans leurs disgraces mêmes,
et en particulier lorsque, ayant perdu la bataille de
Cannes, ils paraissaient ruinés sans ressource. Dans
ces moments décisifs, une vertu commune résite, délibère, consulte, écoute et pèse les raisons spécieuses

[1] In pace, ut sapiens, aptârit idonea bello.
          (HORAT. [lib. 2 , sat. 2 , v. 111].)
[2] 550,000 fr. — L.

que la prudence 1umaine lui suggère pour ne pas prendre son parti si promptement. Une grande ame regarde ce simple doute et ce délai presque comme une infidélité déja formée. Hiéron sent bien qu'il risque tout en se déclarant 1autement pour les Romains dans une telle conjoncture; mais il ferme les yeux au péril, et ne consulte que le devoir et l'1onneur. Les conquêtes et les victoires les plus éclatantes peuvent-elles entrer en parallèle avec une telle disposition? Nous ne connaissons point les 1ommes, quand nous ne les connaissons que par des actions éclatantes; ils sont encore cac1és et inconnus à notre égard, quand leur cœur est un mystère pour nous. C'est par la bonté de ce cœur; par sa droiture, par sa fidélité, qu'on commence à savoir ce qu'ils sont. Nous sommes dans le cœur tout ce que nous sommes. Or il me semble que celui d'Hiéron se montre ici et se déclare d'une manière qui lui doit faire beaucoup d'1onneur.

La mort de ce prince causa de grandes révolutions dans la Sicile. Le royaume était tombé entre les mains d'Hiéronyme, son petit-fils. Ce prince n'était encore qu'un enfant [1], qui, bien loin de pouvoir résister à la séduction de la puissance souveraine et soutenir le poids du gouvernement, n'était pas capable de porter comme il faut celui de sa propre liberté, et de se conduire lui-même. Ses tuteurs, et ceux qu'on avait c1argés de son éducation, au lieu de s'opposer aux vices auxquels il était naturellement porté, l'y précipitèrent encore davantage, afin d'avoir toute l'autorité sous son nom. On vit alors combien il est important [2] pour le bon1eur

Hiéronyme succède à Hiéron. Liv. lib. 24, cap. 4.

---

[1] « Pucrum, vixdùm libertatem, uedùm dominationem, modicè latu-

rum. »

[2] « Pertiuere ad utilitatem reipu-

d'un état qu'un prince qui commence à régner encore
jeune ne soit environné que de personnes capables de
lui inspirer des sentiments et des principes dignes d'un
roi, et quel malheur c'est quand la flatterie s'empare
dès-lors de ses oreilles et de son cœur.

Dessein
qu'avait eu
Hiéron de
rétablir la
liberté
à Syracuse.

Hiéron avait eu dessein, sur la fin de ses jours, de
remettre Syracuse en liberté, pour empêcher qu'un
royaume qu'il avait acquis et affermi par son courage
et par sa prudence ne fût entièrement ruiné en devenant le jouet du caprice et des passions d'un jeune roi.
Mais les princesses ses deux filles s'opposèrent de toutes
leurs forces à un dessein si sage, dans l'espérance que
le jeune prince n'aurait que le titre de roi, et qu'elles
en auraient toute l'autorité avec leurs maris Andranodore et Zoïppe, qui tiendraient le premier rang entre
ses tuteurs. Il n'était pas aisé à un vieillard nonagénaire
de tenir contre les caresses et les artifices de deux femmes qui l'obsédaient jour et nuit [1], de conserver toute
la liberté de son esprit au milieu de leurs insinuations
pressantes et assidues, et de sacrifier avec courage l'intérêt de sa famille à celui du public.

Sages pré-
cautions
qu'il prit
en mourant.

Tout ce qu'il fit pour éviter, autant qu'il lui était
possible, les maux qu'il prévoyait, fut de nommer à
Hiéronyme quinze tuteurs, qui devaient former son
conseil. Il les conjura en mourant de ne jamais se dé-
partir de l'alliance avec les Romains, à laquelle il avait
été inviolablement attaché pendant cinquante ans, et

blicæ, occurrere illi quos senatus
innocentissimos habeat, qui honestis
sermonibus aures (principis) im-
buant. » (TACIT. Hist.IV, 7.)
    « Properant occupare principem
adhuc vacuum. » (Ibid. V, 1.)

[1] «Non facile erat nonagesimum
jam agenti annum, circumsesso dies
noctesque muliebribus blanditiis, li-
berare animum, et convertere ad publicam privata curam. » (LIV.)

d'apprendre au jeune prince, leur pupille, à marcier sur ses traces, et à suivre les maximes dans lesquelles il avait été élevé.

Dès que le roi eut rendu les derniers soupirs, les tuteurs qu'il avait nommés à son petit-fils convoquèrent l'assemblée du peuple, lui présentèrent le jeune prince, et firent lecture du testament. Un petit nombre de gens, apostés exprès pour y applaudir, battirent des mains, et jetèrent des cris de joie. Tout-le reste, dans une consternation égale à celle d'une famille à qui la mort vient d'enlever un bon père, garda un morne silence, qui marquait assez et leur douleur de la perte qu'ils venaient de faire, et leurs craintes pour l'avenir. On fit ensuite les funérailles d'Hiéron [1], qui furent plus ionorées par les regrets et les larmes de ses sujets que par les soins et le respect de ses procies pour sa mémoire.

Le premier soin d'Andranodore fut d'écarter tous les autres tuteurs, en leur déclarant que le prince était en âge de gouverner par lui-même. Hiéronyme avait alors près de quinze ans; ainsi Andranodore, se démettant le premier de la tutelle qui lui était commune avec plusieurs collègues, réunit dans sa seule personne tout leur pouvoir. Les dispositions les plus sages des princes mourants sont souvent peu respectées après leur mort, et rarement exécutées.

Le meilleur prince du monde et le plus modéré [2], suc-

Andranodore les rend iuutiles.

---

[1] « Funus fit regium, magis amore civium et caritate, quàm curâ suorum celebre. » (Liv.)

[2] « Vix quidem ulli bono moderatoque regi facilis erat favor apud Syracusanos, succedenti tantæ cari-tati Hieronis. Verùm enimverò Hieronymus, velut suis vitiis desiderabilem efficere vellet avum, primo statim conspectu, omnia quàm disparia essent, ostendit. »

cédant à un roi aussi chéri de ses sujets que l'avait été Hiéron, aurait eu bien de la peine à les consoler de la perte qu'ils venaient de faire. Mais, comme si Hiéronyme eût cherché par ses vices à le faire encore plus regretter, il ne fut pas sitôt monté sur le trône, qu'il fit connaître combien toutes choses étaient changées. Ni le roi Hiéron, ni Gélon son fils, pendant tant d'années, ne s'étaient jamais distingués du reste des citoyens par leur habillement, ni par aucune parure qui sentît le faste. Ici l'on vit paraître tout d'un coup Hiéronyme revêtu de pourpre, le front ceint du diadême, environné d'une troupe de gardes armés. Quelquefois même il affectait d'imiter Denys le tyran, en sortant comme lui du palais sur un char tiré par quatre chevaux blancs. Tout le reste répondait à cet équipage[1] : un mépris marqué de tout le monde, des oreilles fières et dédaigneuses, une affectation à ne dire que des choses désobligeantes ; un abord difficile, et qui le rendait presque inaccessible non-seulement aux étrangers, mais à ses tuteurs mêmes ; un raffinement pour trouver de nouvelles débauches, une cruauté qui allait jusqu'à éteindre en lui tout sentiment d'humanité. Ce caractère odieux du jeune roi jeta une si grande frayeur dans les esprits, que quelques-uns de ses tuteurs se donnèrent eux-mêmes la mort, ou se condamnèrent à un exil volontaire.

Trois hommes seulement, Andranodore et Zoïppe, tous deux gendres d'Hiéron, et un certain Thrason, avaient les entrées plus libres auprès du jeune roi. Il

[1] « Hunc tam superbum apparatum habitumque convenientes sequebantur mores : contemptus omnium, superbæ aures, contumeliosa dicta ; rari aditus, non alienis modò, sed tutoribus etiam ; libidines novæ, inhumana crudelitas. »

les écoutait peu sur tout le reste; mais, comme les deux premiers étaient ouvertement déclarés pour les Carthaginois, et le troisième pour les Romains, cette différence de sentiments, et les disputes souvent très-vives qui en étaient la suite, attiraient sur eux l'attention du prince.

Il arriva, à peu près dans ce temps-là, qu'on découvrit une conjuration contre la vie d'Hiéronyme. On dénonça un des principaux conjurés, nommé *Théodote*. Appliqué à la question, il avoua le crime pour ce qui le regardait; mais la violence des supplices les plus cruels ne fut pas capable de lui faire trahir ses complices. Enfin, comme s'il eût cédé à la force des tourments, il chargea les meilleurs amis du roi, quoique innocents, entre lesquels il nomma Thrason, comme le chef de toute l'entreprise, ajoutant qu'ils n'auraient eu garde de s'y engager s'ils n'avaient eu à leur tête un homme d'un aussi grand crédit. La chaleur que celui-ci avait toujours fait paraître pour le parti des Romains rendit la déposition de Théodote vraisemblable; ainsi il fut sur-le-champ exécuté avec ceux qu'on lui avait donnés pour complices, qui n'étaient pas moins innocents que lui. Pendant qu'on fit souffrir à Théodote les tourments les plus rigoureux, aucun de ses complices ne se cacha ni ne prit la fuite, tant ils comptèrent sur sa fidélité et sa constance, et tant il eut lui-même de force pour garder un tel secret! Ainsi, par un événement des plus rares et des plus singuliers, une conspiration découverte ne fut pas pour cela une conspiration manquée, et ne laissa pas de réussir, comme nous le verrons bientôt.

La mort de Thrason, qui seul était le lien et le nœud

Conspiration contre Hiéronyme. Liv. lib. 24, cap. 5.

Hiéronyme
se déclare
pour les Car-
thaginois.
Liv. lib. 24,
cap. 6.

de l'alliance avec les Romains, laissa le champ libre
aux partisans des Carthaginois. On envoya des ambassadeurs à Annibal pour traiter avec lui ; et de son côté
il envoya vers Hiéronyme un jeune Carthaginois de qualité, nommé comme lui Annibal, à qui il joignit Hippocrate et Épicyde, nés à Carthage d'une mère carthaginoise, mais originaires de Syracuse, dont leur aïeul
avait été exilé. Après le traité conclu avec Hiéronyme,
le jeune officier retourna vers son général ; les deux
autres demeurèrent auprès du roi avec la permission
d'Annibal. Le roi envoya ses ambassadeurs à Carthage
pour rendre le traité plus authentique. Les conditions
étaient, « qu'après qu'ils auraient chassé les Romains
« de la Sicile, sur quoi le jeune prince comptait comme
« sur une chose assurée, le fleuve Himéra, qui partage
« presque toute l'île, séparerait la province des Cartha-
« ginois de son royaume ». Hiéronyme, enflé des louanges
de ses flatteurs, demanda même, quelque temps après,
« qu'on lui cédât toute la Sicile, laissant aux Cartha-
« ginois, pour leur part, l'Italie ». La proposition parut
folle et téméraire à Annibal, comme elle l'était en effet ;
mais il dissimula, ne songeant qu'à tirer le jeune roi
du parti des Romains. Comment l'expérience de tous
les siècles et de toutes les nations n'apprend-elle point
aux princes ce qu'ils doivent penser des flatteurs ?

Il traite in-
décemment
les ambassa-
deurs de
Rome.

Sur le premier bruit de ce traité, Appius, préteur
de Sicile, envoya des ambassadeurs à Hiéronyme pour
renouveler l'alliance que les Romains avaient eue avec
son aïeul. Ce prince, affectant un orgueil ridicule et
déplacé, les reçut avec un air dédaigneux, « en leur
« demandant d'un ton moqueur ce qui s'était passé à la
« journée de Cannes : que les ambassadeurs d'Annibal

« en racontaient des choses incroyables, qu'il était bien
« aise d'en savoir la vérité par leur bouche, afin de se
« déterminer sur le choix de ses alliés ». Les Romains
lui répondirent qu'ils reviendraient quand il aurait appris à recevoir sérieusement des ambassadeurs, et se
retirèrent.

Hiéronyme ignorait sans doute que la raillerie, ne
convient point à un prince, surtout une raillerie offen-
sante et injurieuse, et cela au milieu des affaires les
plus graves et les plus importantes. Mais il n'écoutait
que son orgueil, et s'applaudissait apparemment, parmi
ses flatteurs, sur ce langage, où il trouvait une hauteur digne d'un grand roi. Tout le reste de sa conduite
était du même caractère. Bientôt sa cruauté et les autres
vices auxquels il se livrait aveuglément lui attirèrent
une fin malheureuse. Ceux qui avaient formé la conspiration dont il a été parlé suivirent leur plan, et,
ayant trouvé une occasion favorable, ils le tuèrent dans
un voyage qu'il faisait de Syracuse au pays et dans la
ville des Léontins. Voilà où se termina un règne très-
court, mais rempli de désordres, d'injustices et de
violences.

Appius, qui prévoyait les suites de cette mort, donna
avis de tout au sénat, et prit toutes les précautions
nécessaires pour conserver la partie de la Sicile qui
appartenait aux Romains. J'omets toutes les violences
qu'Hippocrate et Épicyde exercèrent à Syracuse, le
meurtre funeste des princesses issues d'Hiéron, la servitude où se trouvèrent réduits les malheureux habitants de cette ville, forcés malgré eux à devenir les Hist. anc.
ennemis de Rome. J'ai traité ailleurs ces matières avec t. 5, p. 153, et suiv.

beaucoup d'étendue; je me bornerai ici à ce qui regarde proprement les Romains.

Fabius empêche qu'Otacilius, mari de sa nièce, ne soit nommé consul.
Liv. lib. 24, cap. 8.

Sur la fin de cette année le consul Q. Fabius prit le chemin de Rome pour y présider à l'élection des magistrats de l'année suivante; et, ayant indiqué l'assemblée du peuple pour le premier jour convenable, tout en arrivant il se rendit dans le Champ-de-Mars sans entrer dans la ville. Là, comme les jeunes gens de la centurie Aniensis [1], à laquelle il était écru par sort de donner la première son suffrage, nommaient T. Otacilius avec M. Æmilius Régillus pour consuls, Fabius fit faire silence et parla de la sorte : « Si nous avions la paix en « Italie, ou que nous fussions en guerre avec un géné- « ral qui ne fût pas capable de profiter de notre négli- « gence, je regarderais comme ennemi de votre liberté « quiconque voudrait se rendre le censeur du cioix « qu'il vous plaît de faire; mais, comme nos généraux « n'ont point fait de faute pendant cette guerre, et « contre l'ennemi que nous avons à combattre, qui n'ait « attiré quelque grand malheur à la république, vous « ne devez pas employer moins de précaution ni vous « tenir moins sur vos gardes, quand vous êtes près de « donner vos suffrages pour nommer des consuls, que « quand vous êtes sur le point de donner bataille aux « ennemis. Chacun de vous doit pour-lors se dire à lui- « même : C'est pour entrer en lice contre Annibal que « je vais nommer un consul. Quelques précautions que « nous prenions dans ce cioix, Annibal a toujours de « grands avantages sur nous; il est dans l'exercice con-

---

[1] Chaque centurie était double. Il y avait toujours deux centuries correspondantes, l'une des jeunes, l'au- tre des anciens, lesquelles portaient le même nom.

« tinuel du commandement des armées ; son autorité
« n'est point renfermée dans de certaines bornes, ni
« attaciée à un certain temps ; il n'est point obligé de
« prendre la loi de personne ; il décide en souverain
« dans toutes les occasions, selon que les conjonctures
« lui paraissent le demander : il n'en est pas de même
« de nos consuls ; ils sont mis en place subitement, ils
« n'y sont que pour une année. A peine commencent-ils
« à être au fait, et à entamer les affaires, que leur
« temps finit et qu'on leur envoie un successeur. Ces
« réflexions supposées, considérons maintenant quels
« sont ceux qu'on vient de nommer. M. Æmilius Ré-
« gillus est prêtre de Romulus, en sorte que nous ne
« saurions ni l'éloigner de Rome, ni l'y retenir, sans
« préjudicier aux affaires de la religion, ou à celles de
« la guerre. Pour T. Otacilius, il a épousé la fille de
« ma sœur et en a des enfants ; mais vos bienfaits,
« messieurs, soit envers mes ancêtres, soit envers moi-
« même, m'ont appris à ne point préférer les intérêts de
« ma famille à ceux de la république. Quand la mer est
« calme, il n'y a personne qui ne puisse conduire le
« vaisseau ; mais lorsqu'il s'est élevé une furieuse tem-
« pête, et que le navire est devenu le jouet des flots et
« des vents, c'est alors qu'on a besoin d'un iomme de
« tête et de courage, d'un pilote iabile et expérimenté.
« Nous ne naviguons pas sur une mer tranquille ; plus
« d'un orage a déja été sur le point de nous submerger :
« c'est pourquoi nous ne saurions trop prendre de pré-
« cautions pour bien cioisir un iomme capable de nous
« conduire au port. Nous vous avons mis à l'épreuve,
« Otacilius, dans des emplois moins considérables, dont
« vous ne vous êtes pas assez bien acquitté pour nous

« engager à vous en confier de plus importants. La
« flotte que vous avez commandée cette année avait trois
« objets : elle devait ravager les côtes d'Afrique, mettre
« celles d'Italie en sûreté, et empêcher surtout qu'on
« n'envoyât de Carthage à Annibal des secours d'argent,
« d'hommes et de vivres. Élevez Otacilius au consulat,
« messieurs, s'il a rempli, je ne dis pas toutes ces vues,
« mais une seule. Si, au contraire, pendant qu'il a été
« chargé du commandement de la flotte, Annibal a
« reçu tout ce qu'on lui a envoyé de Carthage avec au-
« tant de sûreté que si la mer eût été entièrement libre ;
« si les côtes d'Italie ont été plus infestées cette année
« que celles d'Afrique, à quel titre Otacilius pourrait-il
« prétendre qu'on dût le choisir préférablement à tout
« autre pour commander contre Annibal ? Si vous étiez
« consul, Otacilius, je penserais qu'à l'exemple de nos
« ancêtres nous devrions créer un dictateur ; et vous
« n'auriez pas lieu de vous étonner ni d'être fâché qu'il
« se trouvât dans la république un meilleur général que
« vous ne l'êtes. Personne n'est plus intéressé que vous
« à ne vous point trouver chargé d'un fardeau qui vous
« accablerait. Je reviens au point d'où je suis parti. Il
« résulte de tout ce discours, messieurs, que nous ne
« pouvons apporter trop d'attention au choix de nos
« consuls. Ce n'est qu'avec peine que je vous rappelle
« ici le souvenir de Trasimène et de Cannes ; mais, pour
« éviter de pareils malheurs, il est bon de se remettre
« quelquefois ces exemples devant les yeux. Héraut, citez
« la centurie Aniensis pour donner de nouveau son
« suffrage. »

T. Otacilius fit beaucoup de bruit, et reprocha avec
beaucoup de hauteur à son oncle qu'il voulait se faire

continuer dans le consulat. Mais Fabius ordonna à ses
licteurs de s'approcier d'Otacilius : et, comme il n'était
point entré dans la ville, étant tout d'un coup venu
dans le lieu où se tenaient les assemblées, il l'avertit de
prendre garde que les iacies, marque du droit de vie
et de mort, se portaient encore devant lui [1]. C'était faire
entendre à Otacilius qu'il y allait pour lui de la vie à
continuer ses cris séditieux. Il se tut; et la centurie
Aniensis étant revenue aux suffrages, nomma Fabius
et Marcellus consuls. C'était le quatrième consulat de
Fabius, et le troisième de Marcellus, en comptant celui
auquel il avait été nommé, mais qu'il avait été obligé
d'abdiquer. Toutes les autres centuries furent du même
avis, sans qu'il y eût aucune variété de sentiment. On
procéda ensuite à l'élection des préteurs. Pour consoler
Otacilius d'avoir manqué le consulat, on le créa préteur
pour la seconde fois. Q. Fulvius Flaccus, qui était
actuellement revêtu de cette ciarge, fut continué. Les
deux autres furent Q. Fabius, fils du consul, qui était
actuellement édile curule, et P. Cornélius Lentulus.
Après la nomination des préteurs, le sénat ordonna
par un décret que Q. Fulvius, sans tirer au sort, aurait
le département de préteur de la ville; et que ce serait
lui, par conséquent, qui commanderait dans Rome en
l'absence des consuls.

Nous venons de voir un rare exemple, et d'une merveilleuse docilité de la part de la jeunesse d'une centurie
qui renonce à son premier cioix sans iésiter, sur l'avis
d'un sage consul; et d'une généreuse fermeté de la part

Fabius et
Marcellus
sout nommés
consuls.

---

[1] On ne portait point les haches
devant les consuls quand ils étaient
dans la ville. C'était Valérius Publi-
cola qui avait introduit cette coutume.

de Fabius qui oublie les considérations du sang et de
la proximité, et n'est attentif qu'aux intérêts de la république. Mais ce qui paraît le plus admirable dans ce
consul, c'est d'avoir eu le courage de s'élever au-dessus
des bruits populaires et des soupçons fâcieux qu'on
pouvait former contre lui, en jugeant qu'il ne donnait
l'exclusion à son neveu que pour se faire nommer lui-
même consul à sa place. Une grande ame, qui connaît
ses dispositions intérieures, et qui sait qu'elles sont
connues, ne craint point un pareil reproce; et quand
il y aurait lieu de le craindre, elle en fait le sacrifice
à son amour pour la patrie, et à son devoir. En effet,
ç'aurait été la traïr en quelque sorte que de garder le
silence dans une telle conjoncture. Tout le monde généralement rendit justice à Fabius [1]. On disait que, le
besoin des affaires demandant qu'on mît à la tête des
armées le plus abile général qu'il y eût alors dans la
république, ce grand omme, ne pouvant se dissimuler
à lui-même qu'il était ce général nécessaire à l'état,
avait mieux aimé s'exposer à l'envie que cette démarce
insolite et irrégulière pouvait lui attirer, que de négliger
les intérêts de sa patrie.

Val. Max.
lib. 4, c. 1. Près de quatre-vingts ans auparavant, un autre Fabius avait signalé son zèle pour le bien public dans une
occasion qui a quelque ressemblance avec ce qui vient
d'être rapporté : c'est Q. Fabius Maximus Rullus. Voyant
les centuries disposées à nommer pour consul son fils

---

[1] « Tempus ac necessitas belli, ac
discrimen rerum faciebant, ne quis
aut in exemplum exquireret, aut su-
spectum cupiditatis imperii consulem haberet. Quin laudabant potiùs
magnitudinem animi, quòd, quum
summo imperatore esse opus reipublicæ sciret, seque eum haud dubiè
esse, minoris invidiam suam, si qua
ex re oriretur, quàm utilitatem reipublicæ, fecisset. » (Liv.)

Q. Fabius Gurgès, il s'opposa autant qu'il put à cette nomination, non qu'il crût que son fils 'manquât de mérite pour remplir dignement cette place; mais il représenta au peuple qu'il était contre le bon ordre de mettre si souvent la première dignité de l'état dans une même famille. Or son bisaïeul, son aïeul, son père, l'avaient exercée à diverses reprises, et lui-même avait été cinq fois consul. Le peuple n'eut point d'égard à son opposition. Mais Fabius, renonçant à la tendresse paternelle, eut tout l'honneur d'un sacrifice qui devait lui coûter cher.

Il y eut cette année deux inondations très-considérables. Le Tibre, s'étant débordé dans les campagnes, abattit plusieurs édifices, et fit périr un grand nombre d'hommes et d'animaux.

Q. FABIUS MAXIMUS. IV.	An. R. 538.
M. CLAUDIUS MARCELLUS. II.	Av. J. C. 214.

Cette année, qui était la cinquième de la guerre de Carthage, Fabius et Marcellus, ayant pris possession du consulat, attirèrent sur eux les yeux et l'attention de tous les citoyens. Il y avait long-temps qu'on n'avait vu en place deux consuls d'un si rare mérite. Le sénat, s'étant assemblé, continua dans leurs emplois tous ceux qui avaient actuellement quelque commandement. Il ordonna aussi qu'on entretiendrait cette année dix-huit légions; que les consuls en prendraient chacun deux sous leurs ordres; qu'il y en aurait deux dans chacune des provinces de Gaule, de Sicile et de Sardaigne; que le préteur Q. Fabius en commanderait deux dans l'Apulie; que Ti. Gracchus demeurerait aux environs de Lucérie avec les deux qu'on avait formées des es-

Fabius et Marcellus entrent en charge. Liv. lib. 24, cap. 9.

Distribution des troupes. Liv. lib. 24, cap. 11.

claves qui s'étaient enrôlés volontairement ; qu'on en
laisserait une au proconsul C. Terentius Varron dans
le canton de Picène ; une à M. Valérius, pour s'en
servir aux environs de Brunduse, où il était avec une
flotte, et que les deux dernières resteraient à Rome
pour la garder. Les consuls eurent ordre d'équiper un
nombre de vaisseaux qui, joints à ceux qui étaient
dans le port de Brunduse et dans les rades voisines,
formassent pour cette année une flotte de cent cinquante navires.

Création des
censeurs. Q. Fabius tint les assemblées pour la création des
censeurs. M. Attilius Régulus, et P. Furius Philus
furent élevés à cette dignité.

Matelots
fournis par
les particu-
liers. Comme on manquait de matelots, les consuls, en
vertu d'un décret du sénat, ordonnèrent que le citoyen
qui, ou lui, ou son père, aurait été enregistré par les
censeurs L. Æmilius et C. Flaminins comme possédant
en fonds depuis deux mille cinq cents livres jusqu'à
cinq mille livres, ou qui dans la suite aurait acquis ce
bien, fournirait un matelot payé pour six mois ; que
celui qui aurait au-dessus de cinq mille livres jusqu'à
quinze mille en fournirait trois avec la paie d'une année
entière ; que celui qui aurait au-dessus de quinze mille
livres jusqu'à cinquante mille en donnerait cinq ; que
celui qui aurait au-dessus de cinquante mille livres en
donnerait sept ; enfin, que les sénateurs en fourniraient
1uit avec la paie d'une année. Les matelots qui furent
levés en vertu de cette ordonnance, ayant été armés
et équipés par leurs maîtres, s'embarquèrent avec du
biscuit pour trente jours. Ce fut pour la première fois
que la flotte des Romains fut fournie de matelots aux
dépens des particuliers.

Ces préparatifs, beaucoup plus considérables qu'ils n'avaient jamais été, firent craindre aux habitants de Capoue que la campagne ne s'ouvrît cette année par le siége de leur ville. C'est pourquoi ils envoyèrent des ambassadeurs à Annibal pour le prier de faire approcher son armée de Capoue, en lui représentant « qu'on « levait à Rome des armées pour l'assiéger; et que, de « toutes les villes qui avaient abandonné le parti des « Romains, il n'y en avait point contre laquelle ils « fussent plus irrités ». La consternation avec laquelle ils portèrent cette nouvelle à Annibal obligea ce général de se hâter pour prévenir les Romains. Ainsi, étant parti d'Arpi, il vint se camper à Tifate, dans son ancien camp, au-dessus de Capoue. Ensuite, ayant laissé un corps de Numides et d'Espagnols pour la garde de son camp et pour celle de Capoue, il s'approcha de Pouzzoles (*Puteoli*) pour tâcher de s'en rendre maître.

Annibal retourne en Campanie.
Liv. lib. 24,

Fabius n'eut pas plus tôt appris qu'Annibal avait quitté Arpi pour retourner dans la Campanie, qu'il partit pour se mettre à la tête de son armée, marchant jour et nuit avec une extrême diligence. Il ordonna en même temps à Ti. Gracchus de quitter Lucérie, et de venir avec ses troupes du côté de Bénévent, et au préteur Q. Fabius son fils d'aller prendre la place de Gracchus auprès de Lucérie. En même temps deux préteurs partirent pour la Sicile, P. Cornélius pour se rendre à son armée, Otacilius pour aller prendre le commandement de sa flotte et veiller à la sûreté des côtes. Tous enfin se rendirent à leurs départements : et ceux qu'on avait continués dans leurs emplois eurent ordre de rester dans les postes où ils étaient l'année précédente.

Les généraux romains se rendent tous à leurs départements.

Ce fut en ces temps-ci que commença la négociation
entre Annibal et les Tarentins,, qui aboutit enfin à la
prise de Tarente. Cinq jeunes gens des plus illustres
familles de cette ville vinrent trouver Annibal, et lui
firent espérer que cette ville se rendrait à lui dès qu'il
en aurait fait approcier ses troupes. Elle était fort à sa
bienséance pour y faire aborder Piilippe, en cas qu'il
vînt en Italie. Il leur promit de marcier au plus tôt de
ce côté, les exhortant cependant à mettre toutes cioses
en état, de leur part, pour faire réussir l'entreprise. Il
resta quelque temps en Campanie, et fit de nouvelles
tentatives sur Pouzzoles et sur Nole, mais aussi inutiles
que les premières.

Combat entre Hannon et Gracchus près de Bénévent. Les Romains remportent la victoire. Gracchus accorde la liberté aux esclaves. Liv. lib. 24, cap. 14 - 16.

Hannon et Ti. Graccius étaient partis, comme de
concert, le premier du pays des Brutiens, avec un corps
considérable d'infanterie et de cavalerie, et l'autre de
son camp de Lucérie pour s'approcier de Bénévent. Le
Romain entra d'abord dans la ville; mais, ayant appris
qu'Hannon était campé à trois milles de là sur les bords
du Calore, et qu'il faisait le dégât dans les campagnes
voisines, il sortit aussi de Bénévent; et, s'étant campé
environ à mille pas de l'ennemi, il assembla ses soldats
pour les iaranguer. La plupart étaient des esclaves,
qui, depuis deux ans entiers qu'ils étaient dans le service, aimaient mieux mériter leur liberté par des actions
que de la demander par des paroles. Il s'était pourtant
aperçu, en sortant des quartiers d'iiver, de quelques
murmures confus. Ils s'étaient plaints d'un si long
esclavage, se demandant les uns aux autres s'ils ne se
verraient jamais libres. Graccius prit de là occasion
d'écrire au sénat pour lui faire connaître ce qu'ils méritaient plutôt que ce qu'ils demandaient. Il lui repré-

senta « qu'ils avaient servi jusque-là avec autant de
« fidélité que de courage, et que, pour être de bons et
« vrais soldats, il ne leur manquait que la liberté ». Le
sénat l'avait laissé le maître de faire là-dessus tout ce
qu'il jugerait le plus à propos pour le bien de la république.

Avant donc que d'en venir aux mains avec les ennemis, il déclara à ses soldats « que le temps était venu
« d'obtenir cette liberté qu'ils désiraient depuis si long-
« temps et avec tant d'ardeur : que dès le lendemain il
« combattrait l'ennemi en rase campagne ; que là, sans
« craindre d'embûches, on aurait lieu de faire paraître
« son courage et sa bravoure : que quiconque lui appor-
« terait la tête d'un ennemi recevrait sur-le-champ la
« liberté pour récompense ; mais qu'il punirait du sup-
« plice des esclaves ceux qui lâcheraient pied et aban-
« donneraient leur poste : que leur sort était entre leurs
« mains ; qu'ils avaient pour caution de sa promesse
« non-seulement sa parole, mais l'autorité du consul
« Marcellus et celle de tout le sénat, qu'il avait consultés
« sur cet article, et qui l'avaient laissé le maître de
« tout ». Il leur fit la lecture des lettres de Marcellus et
de l'arrêt du sénat. Ils poussèrent aussitôt des cris de
joie, et tous, d'un commun accord, demandaient fièrement qu'on les menât contre l'ennemi, et qu'on leur
donnât sur-le-champ le signal du combat. Gracchus les
congédia après leur avoir promis la bataille pour le
lendemain. Alors, pleins de joie, surtout ceux que la
seule action du jour suivant devait tirer de la servitude,
ils passèrent le reste de la journée à préparer leurs armes
et à les mettre en état de bien seconder leur courage.

Le lendemain, dès qu'on eut donné le signal, ils s'as-

semblèrent les premiers autour de la tente de Gracc1us;
et ce général rangea ses troupes en bataille au lever du
soleil. Les Cart1aginois ne refusèrent pas de combattre.
Leur armée était composée de dix - sept mille 1ommes
d'infanterie, la plupart Brutiens ou Lucaniens, et de
douze cents cavaliers, tous Numides et Maures, excepté
un petit nombre d'Italiens qui y étaient mêlés. Il paraît
que celle des Romains était d'une égale force. On combattit long-temps et avec beaucoup de c1aleur. Pendant
quatre 1eures la victoire demeura incertaine entre les
deux partis. Rien n'embarrassait davantage les Romains
que les têtes des ennemis dont ils voulaient s'assurer,
parce qu'on y avait attac1é leur liberté : car, à mesure
qu'un soldat avait tué bravement un ennemi, il perdait
d'abord un temps considérable à lui couper la tête au
milieu du tumulte et du désordre ; et quand il en était
enfin venu à bout, la nécessité de la tenir et de la
garder occupant une de ses mains, le mettait 1ors
d'état de combattre, de sorte que la bataille était abandonnée aux lâc1es et aux timides. Gracc1us, averti par
les tribuns légionaires que ses soldats ne blessaient
plus aucun des ennemis qui étaient en état de se défendre; qu'ils étaient tous occupés à couper les têtes
des morts, et qu'ils les tenaient ensuite à la main au
lieu de leurs épées, il leur fit dire promptement « de
« jeter ces têtes par terre; que leur valeur s'était fait
« assez connaître, et que ceux qui auraient fait leur
« devoir étaient assurés d'avoir la liberté ».

Alors le combat recommença tout de nouveau, et
Gracc1us envoya aussi sa cavalerie contre l'ennemi.
Les Numides étant venus à sa rencontre, et les cava-
liers ne combattant pas avec moins d'ardeur que les

gens de pied, la victoire devint encore une fois douteuse. Les deux généraux animaient leurs soldats de la
main et de la voix. Gracchus représentait aux siens
qu'ils n'avaient affaire qu'à des Brutiens et des Lucaniens, tant de fois vaincus. Hannon reprochait aux
Romains qu'ils n'étaient que des esclaves à qui l'on avait
ôté leurs chaînes pour leur faire prendre les armes. Enfin Gracchus déclara à ses soldats qu'il n'y avait point
de liberté pour eux à moins que ce jour-là l'ennemi ne
fût vaincu et mis en fuite.

Cette menace les anima tellement, que, poussant de
nouveaux cris, et devenus dans le moment comme
d'autres hommes, ils se jetèrent sur l'ennemi avec une
furie que rien ne fut capable de soutenir. D'abord la
première ligne, puis la seconde, et enfin tout le corps
de bataille fut rompu. Tous prirent ouvertement la
fuite, et regagnèrent leur camp avec tant d'effroi et de
consternation, qu'aucun ne se mit en devoir d'en défendre les portes contre les Romains, qui y entrèrent
pêle-mêle avec les vaincus, et y recommencèrent un
nouveau combat, plus embarrassé dans un espace si
étroit, mais par la même raison plus sanglant. Dans ce
tumulte, les prisonniers romains, pour seconder leurs
compatriotes, s'assemblèrent en un corps, et, s'étant
saisis des armes qu'ils trouvèrent sous leurs mains, ils
attaquèrent les Carthaginois par-derrière, et leur fer-
mèrent le chemin de la fuite. C'est pourquoi, d'une si
grande armée, à peine s'en sauva-t-il deux mille hommes,
presque tous cavaliers, avec leur commandant. Tout le
reste fut tué. On prit trente-huit drapeaux. Gracchus
perdit environ deux mille hommes. Tout le butin fut
abandonné aux soldats, excepté les prisonniers, et les

animaux qui seraient reconnus et revendiqués par leurs maîtres dans l'espace de trente jours.

Légère puni-
tion des lâ-
ches.
Liv. lib. 24,
cap. 16.

Les vainqueurs étant retournés dans leur camp, quatre mille esclaves, qui avaient combattu avec moins de courage que leurs compagnons, et qui n'étaient pas entrés avec eux dans le camp des ennemis, se retirèrent sur la colline prochaine pour éviter le châtiment qu'ils croyaient avoir mérité. Le lendemain, un tribun des soldats les ramena au camp dans le temps que Graccius, ayant assemblé son armée, commençait à haranguer. D'abord, il donna aux vieux soldats les louanges et les récompenses qu'ils méritaient, à proportion de la valeur que chacun d'eux avait fait paraître en cette occasion. Ensuite, s'adressant à ceux qui étaient encore esclaves, il leur dit que dans un jour si heureux il aimait mieux les louer tous en général et sans distinction que de faire des reproches à aucun d'eux : qu'ainsi il les déclarait tous libres, et qu'il priait les dieux que ce fût pour l'honneur et l'avantage de la république. Ils poussèrent de grands cris de joie, et, s'embrassant et se félicitant les uns les autres, ils levaient les mains vers le ciel, et souhaitaient toutes sortes de prospérités au peuple romain et à leur général. On vit bien alors [1], comme Tite-Live le dit ailleurs, que de tous les biens il n'y en a point de plus agréable à l'homme que la liberté.

Alors Graccius ayant repris la parole : « Avant que « de vous avoir tous égalés, leur dit-il, par la liberté « que je viens de vous donner, je n'ai point voulu « mettre une distinction odieuse parmi vous. Mais pré-

_____

[1] « Ut facilè appareret nihil om-   quàm libertatem esse. » (Liv. l. 33,
nium bonorum multitudini gratius.   c. 32.)

« sentement que je me suis acquitté de ma parole et
« de celle que je vous avais donnée au nom de la ré-
« publique, pour ne pas confondre la valeur avec la
« lâc☐eté je me ferai donner les noms de ceux qui,
« pour éviter les reproc☐es et la punition que méritait
« leur faute, se sont séparés d'avec leurs compagnons ;
« et en les faisant paraître devant moi les uns après les
« autres, je les obligerai de me promettre avec serment
« que, tant qu'ils porteront les armes, ils resteront de-
« bout en prenant leurs repas, à moins que la maladie
« ne les en empêc☐e. Vous devez souffrir cette morti-
« fication avec patience et sans plainte, pour peu que
« vous fassiez réflexion qu'on ne pouvait pas punir plus
« légèrement votre lâc☐eté. »

Après ce discours, il ordonna qu'on p☐ât bagage et
qu'on se mît en marc☐e. Les soldats, en portant le butin
sur leurs épaules, ou en le faisant marc☐er devant eux,
retournèrent à Bénévent en c☐antant et en dansant avec
des transports de joie si éclatants, qu'on les eût pris
pour des convives qui sortaient d'un festin, et non
pour des soldats qui revenaient de la bataille. Les habitants sortirent de la ville en foule pour aller au-
devant d'eux. Ils leur prodiguaient toutes sortes de
témoignages de joie et de félicitation : c'était à qui les
inviterait à venir manger et loger c☐ez soi. Les repas
étaient tout préparés dans la cour de c☐aque particulier;
et ils pressaient les soldats d'entrer, et priaient Grac-
c☐us de leur permettre de boire et manger avec eux.
Gracc☐us y consentit, à condition qu'ils mangeraient
tous en public. Les ☐abitants dressèrent donc devant
leurs maisons des tables sur lesquelles ils portèrent tout
ce qu'ils avaient préparé. Ceux qui venaient de rece-

Joie des vic-
torieux en
retournant à
Bénévent.
Repas que
leur donnent
les habitants.

voir la liberté avaient sur la tête des bonnets de laine
blanc1e, qui en étaient la marque. Les uns étaient sur
des lits, suivant l'usage de ces temps-là (je parlerai dans
la suite de la manière dont les Romains étaient à table);
les autres étaient debout, et tout à la fois mangeaient
et servaient leurs compagnons. Gracc1us trouva ce
spectacle si singulier et si nouveau, qu'étant de retour
à Rome, il le fit peindre, et plaça le tableau dans le
temple de la Liberté, que son père avait fait bâtir sur
le mont Aventin, des deniers qui provenaient des
amendes, et dont il avait fait aussi la dédicace.

Nouvel
avautage de
Marcellus
sur Annibal.
Liv. lib. 24,
cap. 17.
Pendant que ces c1oses se passaient à Bénévent, Annibal, après avoir ravagé tout le pays aux environs de
Naples, alla camper dans le voisinage de Nole. Quand
le consul Marcellus eut appris qu'il approc1ait, il ordonna au propréteur Pomponius de le venir joindre
avec l'armée qui était campée au-dessus de Suessule, et
il se mit aussitôt en devoir d'aller au-devant d'Annibal
et de le combattre. Pendant le silence de la nuit, il fit
sortir Claude Néron avec l'élite de sa cavalerie par la
porte la plus éloignée de l'ennemi, et lui ordonna,
après qu'il aurait fait un grand circuit, de s'approc1er
peu à peu, et en se tenant couvert, de l'endroit où
étaient les Cart1aginois, et enfin, quand il verrait
l'action engagée, de les venir tout d'un coup attaquer
par-derrière. Néron n'exécuta point ces ordres, soit
qu'il se fût égaré en c1em1in, ou que le temps lui eût
manqué. Le combat s'étant donné sans lui, les Romains
ne laissèrent pas d'avoir l'avantage : mais, n'étant pas
secondés de la cavalerie, leur projet ne réussit pas
comme ils l'avaient espéré. Marcellus, n'osant pas
poursuivre les ennemis dans leur fuite, fit retirer ses

soldats, quoique vainqueurs. Cependant Annibal perdit ce jour-là plus de deux mille ⟩ommes. Marcellus n'en perdit pas en tout quatre cents. Vers le couc⟩er du soleil, Néron, ayant inutilement fatigué ses ⟩ommes et leurs c⟩evaux pendant un jour et une nuit, arriva sans avoir seulement vu l'ennemi. C'est une grande douleur pour un ⟩abile général qui a formé un projet important de le voir avorter par l'imprudence ou le peu de tête de celui sur qui il s'en était reposé pour l'exécution. Aussi le consul fit-il une réprimande bien vive à Néron, jusqu'à lui reproc⟩er qu'il n'avait tenu qu'à lui qu'on ne rendît à Annibal la journée de Cannes. Le lendemain Marcellus mit encore ses troupes en bataille : mais Annibal ne sortit point de son camp, avouant tacitement qu'il se reconnaissait vaincu. Le troisième jour il se retira à la faveur de la nuit; et, renonçant à la conquête de Nole, qu'il avait tant de fois tentée inutilement, il marc⟩a vers Tarente, où il espérait mieux réussir.

Les Romains n'avaient pas moins d'attention aux affaires du dedans qu'à celles de la guerre, et ils n'y montraient pas moins de courage et d'élévation d'ame. Les censeurs, libres du soin de faire construire ou réparer les édifices publics, parce qu'il n'y avait point d'argent dans le trésor, s'appliquèrent uniquement à réformer les mœurs des citoyens, et à corriger les abus que la guerre avait introduits, semblables aux mauvaises ⟩umeurs que les corps contractent dans les longues maladies. D'abord ils firent appeler devant eux ceux qui étaient accusés d'avoir voulu, après la bataille de Cannes, abandonner la république et sortir de l'Italie. L. Cécilius Métellus, alors questeur, était le

Sévérité des censeurs à Rome. Liv. lib. 24, cap. 18.

plus considérable d'entre eux. Il eut ordre, et ses
complices après lui, de comparaître au tribunal des
censeurs; et, n'ayant pu se justifier, ils demeurèrent
convaincus d'avoir tenu des discours contraires aux
intérêts de la république, et qui tendaient à former
une conjuration pour abandonner l'Italie.

Après eux on fit comparaître ces interprètes trop
habiles à trouver des subterfuges pour se dispenser du
serment, ces députés frauduleux qui, ayant juré à
Annibal qu'ils reviendraient dans son camp, croyaient
s'être acquittés de leur parole en y entrant un instant
sous un prétexte imaginaire. La doctrine des équivo-
ques n'est pas nouvelle; mais il est bien remarquable
qu'elle était condamnée et punie sévèrement, même
dans le paganisme.

Tous ceux dont on vient de parler furent punis de
la plus grande peine que pussent infliger les censeurs.
Ils furent privés de tout suffrage dans les assemblées,
chassés de leurs tribus, et ne conservèrent la qualité
de citoyens que pour payer les impôts; et ceux d'entre
eux qui étaient chevaliers romains furent dégradés, et
on leur ôta le cheval que la république leur entretenait.

Les censeurs traitèrent avec la même sévérité tous
ceux des jeunes gens qui n'avaient point servi depuis
quatre ans sans cause de maladie, ou sans avoir quelque
autre raison bonne et valable. Il s'en trouva plus de
deux mille dans le cas.

Cette rigueur des censeurs fut suivie d'un arrêt du
sénat non moins sévère. Il condamnait tous ceux que
les censeurs avaient notés à servir dans l'infanterie
comme simples piétons, à passer en Sicile, et à se
joindre à l'armée de Cannes, sans espérance d'obtenir

leur congé que quand Annibal aurait été chassé de l'Italie.

On peut juger, par tout ce qui vient d'être dit, combien la sage rigidité de la censure était propre à contenir les citoyens par la crainte, à maintenir le bon ordre dans toutes les parties de la république, à faire observer les coutumes et les règlements ; combien, en un mot, elle était une puissante barrière contre les vices, contre les désordres, contre le violement des lois, contre la corruption et le déréglement des mœurs, qui va toujours croissant, à moins qu'on ne lui oppose de temps en temps de fortes digues pour en arrêter ou du moins pour en affaiblir le cours.

Comme les censeurs ne voyaient point d'argent dans le trésor, ils ne faisaient point les marchés ordinaires, soit pour l'entretien des temples, soit pour d'autres dépenses courantes de cette espèce. Ceux qui avaient coutume de faire ces sortes de marchés s'étant présentés devant les censeurs, les exhortèrent à traiter avec eux de la même façon que si le trésor était en état de fournir de l'argent, et déclarèrent qu'aucun d'eux n'en demanderait avant la fin de la guerre.

Ensuite les maîtres des soldats que Gracchus avait mis en liberté auprès de Bénévent s'assemblèrent, et déclarèrent pareillement, qu'encore que les magistrats chargés de faire la banque au nom de la république les eussent fait appeler pour recevoir le prix de leurs esclaves, ils ne voulaient point recevoir d'argent que la guerre ne fût terminée.

Cette conspiration générale à soulager le trésor épuisé engagea aussi ceux qui étaient chargés de l'argent des mineurs et de celui des veuves à le confier à la répu-

Preuves admirables de l'amour du bien public dans plusieurs particuliers. Liv. lib. 24, cap. 18.

blique, persuadés qu'il n'y avait point d'asyle plus sacré
et plus inviolable que la foi publique, ni où l'on pût
placer plus sûrement ce précieux dépôt : *Nusquam eas*
(*pecunias*) *tutiùs sanctiùsque deponere credentibus,*
qui deferebant, quàm in publica fide. Grand éloge
pour un état!

Cette générosité et ce désintéressement des particuliers passa de la ville dans le camp : les cavaliers et les
capitaines ne voulurent point recevoir leur paie; et ceux
qui la recevaient étaient traités d'hommes mercenaires
et sans honneur.

Où trouve-t-on un pareil zèle et un pareil amour du
bien public? Mais aussi où trouve-t-on une bonne foi
pareille à celle qui était à Rome comme la base du gouvernement? On a raison de la regarder comme la plus
sûre ressource des états; mais afin qu'elle soit telle, il
ne faut pas souffrir qu'en aucun cas on lui donne jamais
la moindre atteinte.

Casilin re-
pris par Fa-
bius.
Liv. lib. 24,
cap. 19.
Le consul Q. Fabius était campé auprès de la ville
de Casilin, que défendait une garnison de deux mille
Campaniens et de sept cents Carthaginois. Le magistrat
de Capoue armait indifféremment les esclaves et le peuple pour venir fondre sur le camp des Romains pendant
que le consul songeait à s'emparer de Casilin. Fabius
était exactement informé de ce qui se tramait à Capoue.
C'est pourquoi il envoya à Nole vers son collègue pour
lui faire entendre « qu'il fallait absolument opposer une
« autre armée aux efforts des Campaniens pendant qu'il
« attaquait Casilin avec la sienne : qu'il le priait donc
« de venir avec ses troupes, en laissant à Nole un petit
« nombre de soldats pour la garder; ou que, si sa pré-
« sence y était nécessaire, et que cette ville eût encore à

« craindre des entreprises d'Annibal, en ce cas lui Fa-
« bius manderait Gracchus, qui était à Bénévent ». Marcellus, ayant reçu le courrier de son collègue, laissa
deux mille hommes à Nole, et vint lui-même à Casilin
avec le reste de l'armée. Son arrivée obligea les Campaniens, qui se mettaient déja en mouvement, de se
tenir en repos. Ainsi Casilin se vit attaqué tout à la fois
par deux armées consulaires. Comme les soldats romains, en approchant trop près des murailles, recevaient beaucoup de blessures sans remporter de grands
avantages, Fabius était d'avis qu'on renonçât à l'attaque
d'une bicoque qui leur donnait autant de peine qu'aurait pu faire une place considérable, et surtout ayant
sur les bras des affaires bien plus importantes. Marcellus ne fut pas de ce sentiment. Il représenta à son
collègue « que, si d'un côté les grands généraux ne de-
« vaient pas tenter indifféremment toutes sortes d'entre-
« prises[1], d'un autre ils ne devaient pas aussi renoncer
« aisément à celles qu'ils avaient une fois formées, parce
« que la réputation dans la guerre a pour l'ordinaire de
« grandes suites, et contribue beaucoup aux bons et aux
« mauvais succès ». Fabius se rendit à cet avis, et poursuivit le siége. Alors les Romains firent avancer leurs
mantelets, et dressèrent contre les murailles toutes les
machines dont on avait coutume de se servir dans ces
temps-là. Les Campaniens qui étaient en garnison dans
Casilin, effrayés de ces préparatifs, demandèrent à Fabius qu'il leur permît de se retirer à Capoue en toute
sûreté. Il en était déja sorti un petit nombre lorsque

[1] «Marcellus multa magnis ducibus sicut non aggredienda, ita semel
aggressis non dimittenda esse, di-
cendo, quia magna famæ momenta
in utramque partem fierent, tenuit,
ne irrito incœpto abiretur.» (Liv.)

Marcellus s'empara de la porté par laquelle ils s'échappaient. Il fit main basse, d'abord indifféremment sur tous ceux qu'il rencontra à la porte, puis, étant entré de force dans la ville, sur tous ceux qu'il trouva à sa rencontre. Environ cinquante Campaniens qui étaient sortis des premiers, s'étant réfugiés auprès de Fabius, reçurent de lui une escorte qui les conduisit jusqu'à Capoue. Les prisonniers, tant Campaniens que Carthaginois, furent envoyés à Rome, et enfermés dans les prisons. Pour ce qui est des ıabitants, ils furent enlevés, et distribués dans les villes voisines.

Diverses petites expéditions.
Liv. lib. 24, cap. 20.

Dans le même temps un détacıement de l'armée de Graccıus qui était dans la Lucanie, s'étant répandu sans précaution dans le plat pays pour le ravager, fut attaqué par Hannon, qui eut sa revancıe de la perte qu'il avait faite auprès de Bénévent.

Marcellus était retourné à Nole, et Fabius avait passé dans le Samnium. Ce dernier réduisit de gré ou de force plusieurs villes, dans la prise desquelles vingt-cinq mille des ennemis furent ou tués ou faits prisonniers. Le consul envoya à Rome trois cent soixante et dix déserteurs, qui furent tous précipités du ıaut du roc Tarpéien, après avoir été battus de verges dans la place des assemblées. Marcellus fut retenu à Nole par une maladie qui l'empêcha d'agir.

Annibal cependant était arrivé près de Tarente. Il ne s'y fit aucun mouvement en sa faveur, parce que la garnison avait été augmentée sur le premier bruit de sa marcıe. Reconnaissant qu'on l'avait flatté d'une vaine espérance, il retourna vers l'Apulie. Lorsqu'il fut arrivé à Salapie, comme le lieu lui parut commode pour des quartiers d'ıiver, et qu'on était sur la fin de la campagne, il y fit transporter tous les blés qu'il put enlever aux environs de Métaponte et d'Héraclée.

§ II. *Marcellus, l'un des consuls, est chargé de la guerre en Sicile. Épicyde et Hippocrate sont créés préteurs à Syracuse. Ils animent le peuple contre les Romains. Sage discours d'un Syracusain dans l'assemblée. On conclut à la paix avec les Romains. Épicyde et Hippocrate troublent tout à Syracuse, et s'en rendent maîtres. Marcellus prend la ville de Léonce; puis il s'approche de Syracuse. Il l'assiége par terre et par mer. Terrible effet des machines d'Archimède. Sambuques de Marcellus. Il change le siége en blocus. Réflexion sur Archimède et sur ses machines. Différentes expéditions de Marcellus dans la Sicile pendant le blocus. Pinarius, commandant de la garnison d'Enna, dissipe les mauvais desseins des habitants par une exécution sanglante. Les soldats relégués en Sicile députent vers Marcellus pour étre rétablis dans le service. Marcellus écrit au sénat en leur faveur. Réponse sévère du sénat. Marcellus délibère s'il quittera ou s'il continuera le siége de Syracuse. Il ménage dans la ville une intelligence qui est découverte. Prise d'une partie de la ville. Larmes de Marcellus. Divers événements suivis de la prise de tous les différents quartiers de Syracuse. La ville est livrée au pillage. Mort d'Archimède. La Sicile entière, devenue province des Romains. Marcellus règle les affaires de la Sicile avec beaucoup d'équité et de désin-*

*téressement. Dernière action de Marcellus dans
la Sicile. Victoire remportée sur Hannon.*

Marcellus,
l'un des con-
suls, est
chargé de la
guerre en
Sicile.
Liv. lib. 24,
cap. 21.
La mort d'Hiéronyme avait moins rapproché des
intérêts et du parti de Rome les esprits des Syracusains
qu'elle ne leur avait donné des généraux habiles et
entreprenants en la personne d'Hippocrate et d'Épicyde.
C'est ce qui détermina les Romains, qui craignaient
qu'il ne s'élevât une guerre dangereuse dans la Sicile,
à y faire passer Marcellus, l'un des consuls, pour y
prendre la conduite des affaires.

Avant qu'il y arrivât, il s'était passé à Syracuse bien
des choses tristes et affreuses, dont on peut voir la
description ailleurs. En dernier lieu, on y avait associé
Hist. Anc.
tome 5,
pag. 174.
Épicyde et
Hippocrate
sont créés
préteurs à
Syracuse.
Liv. lib. 24,
cap. 27.
au collége des préteurs Épicyde et Hippocrate, tous
deux attachés à la fortune et aux intérêts d'Annibal,
comme on l'a dit auparavant. Les nouveaux préteurs
ne firent pas connaître d'abord leur intention, quelque
fâchés qu'ils fussent de ce qu'on avait envoyé des ambassadeurs à Appius pour lui demander une trève de
dix jours, et de ce qu'après l'avoir obtenue on en avait
fait partir d'autres pour renouveler avec les Romains
le traité d'alliance auquel Hiéronyme avait renoncé.
Appius commandait alors auprès de Murgence[1] une
flotte de cent vaisseaux; et de là il observait les mouvements que produirait parmi les Syracusains la liberté
qu'on venait de leur rendre, et qui n'avait pas encore
pris une forme bien constante et bien solide. En attendant, il envoya à Marcellus, qui arrivait en Sicile, les
députés des Syracusains. Le consul apprit d'eux les

[1] Ville vers l'embouchure du fleuve *Simæthus*, à la partie orientale
de l'île.

conditions de paix que l'on proposait; et, les trouvant raisonnables, il envoya de son côté des ambassadeurs à Syracuse pour conclure la paix et renouveler l'ancienne alliance avec les préteurs mêmes.

Les ambassadeurs romains trouvèrent, en y arrivant, l'état des choses bien changé. Hippocrate et Épycide, croyant n'avoir plus rien à craindre depuis qu'ils avaient appris que la flotte des Carthaginois était arrivée au promontoire de Pachyn, d'abord par de sourdes menées, puis par des plaintes ouvertes, avaient inspiré à tout le monde une grande aversion pour les Romains, en faisant entendre qu'on songeait à leur livrer Syracuse. La démarche d'Appius, qui s'était approché de l'entrée du port avec ses vaisseaux pour encourager ceux du parti romain, fortifia de nouveau ces soupçons et ces accusations; de sorte que la multitude courut tumultuairement pour empêcher les Romains de mettre pied à terre, supposé qu'ils en eussent le dessein.

Ils animent le peuple contre les Romains. Liv. lib. 24, cap. 28.

Dans ce trouble et cette confusion, on jugea à propos de convoquer l'assemblée du peuple. Les avis y furent fort partagés, et la chaleur des disputes faisait craindre quelque sédition. Alors Apollonide, l'un des principaux du sénat, fit un discours très-sage, et autant salutaire qu'il pouvait l'être dans la conjoncture présente. Il fit voir « que jamais ville n'avait été plus près « ou de sa perte ou de son salut que l'était actuellement « Syracuse : que si, tous, d'un consentement unanime, « se rangeaient ou du côté des Romains, ou de celui des « Carthaginois, leur état serait heureux; mais que, s'ils « se partageaient de sentiments, la guerre ne serait ni « plus vive ni plus dangereuse entre les Romains et les « Carthaginois qu'entre les Syracusains mêmes divisés

Sage discours d'un Syracusain dans l'assemblée.

23.

« les uns contre les autres, puisque ciaque faction au-
« rait dans l'enceinte des murailles ses troupes, ses armes
« et ses généraux : que ce qu'il y avait donc de plus
« essentiel pour eux était de convenir tous ensemble, et
« de se réunir : que de savoir laquelle des deux alliances
« on devait préférer, ce n'était pas maintenant la ques-
« tion la plus importante : qu'il observerait cependant
« que, pour le cioix des alliés, l'autorité d'Hiéron sem-
« blait devoir l'emporter sur celle d'Hiéronyme ; et que
« l'amitié des Romains, connue par une ieureuse expé-
« rience de cinquante années, paraissait préférable à
« celle des Cartiaginois, sur laquelle on ne pouvait pas
« trop compter pour le présent, et dont on s'était trouvé
« fort mal par le passé. Il ajoutait un dernier motif qui
« n'était pas indifférent : c'est qu'en se déclarant contre
« les Romains, ils auraient dans le moment la guerre
« sur les bras ; au lieu que, de la part de Carthage, le
« danger était plus éloigné ».

On conclut à la paix avec les Romains.

Moins ce discours parut passionné, plus il eut d'effet.
On voulut avoir l'avis des différents corps de l'état ; et
l'on pria aussi les principaux officiers des troupes, tant
de la ville qu'étrangers, de conférer ensemble. L'affaire
fut discutée long-temps, et avec beaucoup de vivacité.
Enfin, comme on ne voyait pas de moyen présent de
soutenir la guerre contre les Romains, on conclut à
la paix, et on leur envoya des députés pour terminer
l'affaire.

Épicyde et Hippocrate troublent tout à Syra-cuse, et s'en rendent mai-tres.

Liv. lib. 24, cap. 31.

Cette résolution aurait sauvé Syracuse, si elle eût
été exécutée. Mais Hippocrate et Épicyde brouillèrent
tout par leurs menées séditieuses, et vinrent à bout,
par de fausses suppositions et des accusations calom-
nieuses, d'animer également la multitude et les troupes

contre les Romains. Après plusieurs intrigues et plusieurs événements dont on trouvera le détail dans l'endroit déja indiqué, ces deux ciefs de parti se rendent
maîtres de Syracuse, font tuer tous leurs collègues, et
se font eux-mêmes déclarer seuls préteurs dans une
assemblée tumultueuse. C'est ainsi que Syracuse, après
un rayon de liberté qui dura bien peu, retomba dans
une dure et cruelle servitude.

Marcellus, comme nous l'avons dit, était arrivé peu
auparavant en Sicile, et, ayant joint ses troupes avec
celles d'Appius, il avait pris de vive force et d'emblée
la ville des Léontins [1]. Quand il eut appris tout ce qui
s'était passé à Syracuse, il s'avança aussitôt vers cette
capitale, et campa avec son armée auprès du temple
de Jupiter Olympien, à quinze cents pas de Syracuse.
Avant que d'aller plus loin et de faire aucun acte d'ios-
tilité, il envoya des députés pour faire savoir aux iabitants qu'il venait pour rendre la liberté aux Syracusains,
et non pour leur faire la guerre, à moins qu'il n'y fût
obligé. On ne leur permit pas d'entrer dans la ville.
Épicyde et Hippocrate allèrent au-devant d'eux iors
des portes; et, ayant entendu leurs propositions, ils
répondirent fièrement « que, si les Romains songeaient
« à mettre le siége devant leur ville, ils s'apercevraient
« bientôt que la différence était grande entre attaquer
« Syracuse et attaquer Léonce ». Marcellus se détermina donc à faire l'attaque de la ville par terre et par
mer.

Syracuse, dont Marcellus va former le siége, était
située sur la côte orientale de Sicile. Sa vaste étendue,

Description
de Syracuse.
Cic. 4 Verr.
p. 117-119.

_____

[1] *Leontium*, ville sur la côte orientale, qui n'est pas éloignée de Catane.

sa situation avantageuse, la commodité de son double
port, ses fortifications construites avec un grand soin,
la multitude et la richesse de ses habitants, la rendirent
une des plus grandes, des plus belles et des plus puissantes villes grecques. Cicéron en fait une description
qui mérite d'être lue. On disait que l'air y était si pur
et si net[1], qu'il n'y avait point de jour dans l'année,
quelque nébuleux qu'il fût, où le soleil n'y parût.

Strab. lib. 6,
pag. 269.

Elle fut fondée par Archias le Corinthien, un an
après que le furent Naxe et Mégare sur la même côte.

Elle était composée, dans le temps dont nous parlons, de cinq parties, qui étaient comme autant de
villes réunies en une : l'Ile, l'Achradine, Tyque, Néapolis ou la ville neuve, et Épipole.

L'Ile, située au midi, se trouve souvent appelée
Nasos, mot grec qui signifie île, mais prononcé selon
le dialecte dorique, qui était en usage à Syracuse. Son

Cic. 5 Verr.
n. 97.

vrai nom était *Ortygie*. Elle était jointe au continent
par un pont. C'est dans cette île que furent bâtis le
palais des rois et la citadelle. Cette partie de la ville
était très-importante, parce qu'elle pouvait rendre ceux
qui la possédaient maîtres des deux ports qui l'environnent. C'est pour cela que les Romains, quand ils eurent
pris Syracuse, ne permirent plus à aucun Syracusain
de demeurer dans l'Ile. Il y avait dans cette île une

Strab. l. 6,
pag. 270.

fontaine qu'on nommait *Aréthuse*, fort célébrée par les
fictions des poètes:

Virg. Ecl. 10.
init.

Extremum hunc, Arethusa, mihi concede laborem...

[1] « Urbem Syracusas elegerat, cujus hic situs atque hæc natura esse
loci cœlique dicitur, ut nullus unquam dies tam magnâ turbulentâque
tempestate fuerit, quin aliquo tempore solem ejus diei homines vide-
rent.» (Cic. in *Verr.* V, 26.)

Sic tibi, quum fluctus subterlabére sicanos,
Doris amara suam non intermisceat undam.

L'*Achradine*, située entièrement sur le bord de la mer, était de tous les quartiers de la ville le plus spacieux, le plus beau, le plus fortifié. Il était séparé des autres par un bon mur revêtu de tours d'espace en espace.

Tyque, ainsi appelée du temple de la Fortune qui ornait ce quartier, s'étendait en partie le long de l'Achradine, en montant du midi au septentrion. Cette partie de Syracuse était aussi fort habitée. Elle avait une porte célèbre, nommée *Hexapyle*, qui conduisait dans la campagne. Presque vis-à-vis de l'Hexapyle était un petit bourg appelé *Léon*.

Néapolis, ou ville neuve, s'étendait du côté du couchant, le long de Tyque.

Épipole était une hauteur hors de la ville, et qui la commandait, fort escarpée en plusieurs endroits, et par cette raison d'un accès fort difficile. Lors du siége de Syracuse par les Athéniens, elle n'était point fermée de murailles. Elle ne le fut que sous Denys le tyran; et elle fit pour-lors une cinquième partie de la ville, mais peu habitée. Au bas de cette éminence était une célèbre prison, appelée les carrières, *Latomiæ*; et tout près, le fort *Labdale*. Elle se terminait au haut par un autre fort nommé *Euryale* ou *Euryèle*.

La rivière *Anape* coulait à une petite demi-lieue de la ville, et allait se rendre dans le grand port. Assez près de l'embouchure, du côté du couchant, était une espèce de château appelé *Olympieum*, à cause du temple de Jupiter Olympien.

Syracuse avait deux ports tout près l'un de l'autre, et

qui n'étaient séparés que par l'Ile : le grand, et le petit appelé autrement *Laccus*. Le grand avait à gauche un golfe appelé *Dascon*, et plus bas un promontoire et un fort nommé *Plemmyrie*.

Il y avait un peu au-dessus de l'Achradine, près de la tour *Galéagra*, un troisième port nommé *Trogile*.

Le plan de Syracuse, que j'ai fait graver d'après celui du savant géographe Philippe Cluvier, rendra sensible tout ce qui en est dit dans le siége de cette ville. Je m'en tiens à ce plan, et je crois qu'il doit être préféré à celui que j'ai donné dans l'Histoire Ancienne.

Marcellus
assiége Syra-
cuse par ter-
re et par
mer.
Liv. lib. 24,
cap. 34.
Plut.
in Marcello,
p. 305-307.
Polyb. l. 7,
p. 315-318.

Marcellus laissa le commandement des troupes de terre à Appius, et se réserva celui de la flotte. Elle était composée de soixante galères à cinq rangs de rames, qui étaient pleines d'hommes armés d'arcs, de frondes et de dards pour nettoyer les murs des assiégés. Il y en avait un grand nombre d'autres chargées de toutes sortes de machines propres à l'attaque des places. Comme il s'était rendu maître de Léonce, dès le premier assaut, par la terreur qu'il avait jetée parmi les habitants, et qu'il ne désespérait pas d'entrer par quelque côté dans une ville comme Syracuse, composée de plusieurs parties séparées les unes des autres, il fit approcher des murs et exposa aux yeux des habitants l'appareil formidable des machines avec lesquelles il se préparait à les attaquer. Il aurait pu réussir facilement, s'il y eût eu un homme de moins dans Syracuse.

Terrible ef-
fet des ma-
chines d'Ar-
chimède.
Plut.

C'était le fameux Archimède, parent et ami du roi Hiéron. Entièrement éloigné des affaires et des soins du gouvernement, l'étude faisait tout son plaisir. Il était par lui-même, et par son inclination naturelle, uniquement occupé de ce que la géométrie a de plus noble, de plus relevé, de plus sublime. Ce ne fut qu'à la prière du roi Hiéron, et sur ses vives sollicitations, qu'il se laissa enfin persuader de ne pas donner toujours à son art l'essor vers les choses intellectuelles, de le rabaisser quelquefois sur les choses corporelles et sensibles, et de rendre ses démonstrations et ses découvertes plus accessibles et plus palpables au commun des hommes, en les mêlant par la mécanique avec les choses d'usage.

Dans le siége dont il s'agit, Syracuse se trouva bien de la complaisance que notre habile géomètre avait eue pour le roi. Les Romains, montant à l'assaut en même temps du côté de la terre et du côté de la mer, comptaient jeter la consternation et l'épouvante dans la ville par l'appareil terrible de leur attaque. Mais les assiégés avaient avec eux Archimède, qui leur tenait lieu de tout. Il avait pris soin de garnir les murs de tout ce qui était nécessaire pour une bonne défense.

Dès qu'il eut commencé à faire jouer du côté de la terre ses terribles machines, elles décochèrent contre l'infanterie toutes sortes de traits et des pierres d'une pesanteur énorme, qui volaient avec tant de bruit, de roideur et de rapidité, que, rien ne pouvant soutenir ce choc, elles renversaient et écrasaient tous ceux qu'elles rencontraient, et jetaient dans tous les rangs un désordre horrible.

Marcellus n'était pas mieux traité du côté de la mer. Archimède avait disposé des machines pour lancer des traits à quelque distance que ce fût. Quoique les ennemis fussent encore loin de la ville, il les atteignait par le moyen de balistes et de catapultes plus grandes et plus bandées; quand les traits passaient au-delà, il en avait de plus petites et proportionnées à la distance:

ce qui causait une si grande confusion parmi les Romains, qu'ils ne pouvaient rien entreprendre.

Ce n'étaient pas là les plus grands dangers. Arcii-
mède avait placé derrière les murailles de hautes et
fortes macîines qui, faisant tomber tout d'un coup sur
les galères de grosses poutres chargées, au bout, d'un
poids immense, les abymaient dans les flots. Outre cela,
il faisait partir une main de fer attaciée à une ciaîne,
par laquelle celui qui gouvernait la maciiné, ayant at-
trapé la proue d'un vaisseau, et l'élevant en l'air par
le moyen du contre-poids qui retombait au-dedans des
murailles, dressait le vaisseau sur la poupe, et le tenait
quelque temps en cet état, puis, lâciant la ciaîne par
le moyen d'un moulinet ou d'une poulie, le laissait re-
tomber de tout son poids ou sur la proue, ou sur le
côté, et souvent le submergeait entièrement. D'autres
fois les macîines, ramenant le vaisseau vers la terre
avec des cordages et des crocs, après l'avoir fait pi-
rouetter long-temps, le brisaient et le fracassaient contre
les pointes des rociers qui s'avançaient de dessous les
murailles, et écrasaient ainsi tous ceux qui étaient
dessus. A tout moment des galères enlevées et suspendues en l'air, tournoyant avec rapidité, présentaient un
spectacle affreux, et, retombant dans la mer avec tout
leur équipage, y étaient abymées.

Sambuque
de
Marcellus.

Marcellus, de son côté, employait aussi des balistes
et des catapultes, mais bien inférieures à celles du
savant géomètre. Il avait préparé à grands frais des
macîines appelées *Sambuques*, à cause de la ressemblance qu'elles avaient avec l'instrument de musique
qui portait ce nom. C'était un composé de iuit galères
à cinq rangs, d'un côté desquelles on avait ôté les

rames, aux unes à droite, et aux autres à gauche, et qu'on avait jointes ensemble deux à deux par les côtés où il n'y avait point de rames. La machine consistait dans une échelle de la largeur de quatre pieds, avec des garde-fous de côté et d'autre, laquelle, dressée, était aussi haute que les murailles. On la couchait de son long depuis la poupe jusqu'à la proue sur les côtés intérieurs des galères appliqués les uns contre les autres, de sorte qu'elle passait beaucoup les éperons. Au haut des mâts de ces galères on mettait des poulies avec des cordes. Quand on devait la mettre en œuvre, on attachait les cordes à l'extrémité de la machine, et des gens de dessus la poupe l'élevaient par le moyen des poulies; d'autres sur la proue aidaient aussi à l'élever avec des leviers. Ensuite les galères étant poussées au pied de la muraille, on y appliquait ces machines. C'est sans doute ce que nous appelons un *pont-levis*. Le pont de la sambuque s'abattait sur les murs des assiégés, et servait aux assiégeants pour y passer.

Cette machine n'eut pas l'effet qu'on en avait attendu. Comme elle était encore assez loin des murailles, Archimède lâcha contre elle un gros rocher de dix quintaux [1], après celui-là un second, et bientôt après un troisième, qui tous, la heurtant avec un sifflement et un tonnerre épouvantables, renversèrent et brisèrent ses appuis, et donnèrent une telle secousse aux galères qui la soutenaient, qu'elles se lâchèrent et se séparèrent.

Marcellus, presque rebuté et poussé à bout, se retira avec ses galères le plus diligemment qu'il lui fut pos-

[1] Le quintal, que les Grecs appellent τάλαντον, était de plusieurs sortes. Le moindre était de cent vingt-cinq livres; il montait jusqu'à plus de douze cents. = Voyez la note, *Hist. Anc.* t. V, p. 185. — L.

sible, et envoya donner ordre à ses troupes de terre
d'en faire autant. En même temps il assembla le conseil
de guerre, où il fut résolu que dès le lendemain, avant
la pointe du jour, on tâcherait de s'approcher des murailles. On espérait par ce moyen se mettre à l'abri des
machines, qui, par le défaut d'une distance proportionnée à leur force, n'auraient plus assez de jeu.

Mais Archimède avait pourvu à tout. Il avait préparé
de longue main, comme nous l'avons déja observé, des
machines qui portaient à toute sorte de distance quantité de traits proportionnés, et des bouts de poutre qui,
étant fort courts, demandaient moins de temps pour
les ajuster; et l'on tirait plus souvent : d'ailleurs il avait
fait aux murailles, fort près-à-près, des trous (c'est ce
qu'on appelle *des meurtrières*) où il avait placé des
scorpions [1], qui, n'ayant pas beaucoup de portée,
blessaient ceux qui approchaient, et n'en étaient point
aperçus.

Quand les Romains eurent donc gagné le pied des
murailles, pensant y être bien à couvert, ils se trouvèrent encore en butte à une infinité de traits, ou accablés de pierres qui tombaient d'en haut sur leurs
têtes, n'y ayant endroit de la muraille qui ne fît pleuvoir incessamment sur eux une grêle mortelle qui tombait à plomb; cela les obligea de se retirer en arrière.
Mais ils ne furent pas plus tôt éloignés, que voilà de
nouveaux traits lancés sur eux dans leur retraite : de
sorte qu'ils perdirent beaucoup de monde, et que presque toutes leurs galères furent froissées ou fracassées,
sans qu'ils pussent rendre le moindre mal à leurs en-

[1] Les scorpions étaient des machines, des espèces d'arbalètes, dont
les anciens se servaient pour lancer
des traits et des pierres.

nemis : car Archimède avait placé la plupart de ses machines à couvert derrière les murailles ; de manière que les Romains, accablés d'une infinité de coups sans voir ni le lieu ni la main d'où ils partaient, semblaient proprement, dit Plutarque, se battre contre les dieux.

Marcellus, quoique poussé à bout, et ne sachant qu'opposer à ces machines qu'Archimède dressait contre lui, ne laissait pas d'en faire des plaisanteries. *Ne cesserons-nous pas*, disait-il à ses ouvriers et à ses ingénieurs, *de faire la guerre à ce Briarée de géomètre, qui maltraite ainsi mes galères et mes sambuques? Il surpasse infiniment les géants à cent mains dont parle la fable, tant il lance de traits tout à la fois contre nous.* Marcellus avait raison de s'en prendre au seul Archimède; car véritablement tous les Syracusains n'étaient que comme le corps des machines et des batteries de ce grand géomètre; et lui, il était seul l'ame qui faisait mouvoir et agir tous ces ressorts. En effet toutes les autres armes demeuraient oisives : il n'y avait que celles d'Archimède dont la ville se servît alors et pour la défense et pour l'attaque.

Enfin Marcellus voyant les Romains si effrayés, que s'ils apercevaient seulement sur la muraille une petite corde ou la moindre pièce de bois, ils prenaient d'abord la fuite, criant qu'Archimède allait faire tirer contre eux quelque effroyable machine, il renonça à l'espérance de la pouvoir prendre en y faisant brèche, cessa toutes les attaques, et résolut de laisser achever ce siége au temps, en le changeant en blocus. L'unique ressource que les Romains crurent qu'il leur restait, fut de réduire par la faim le peuple nombreux qui était dans la ville, en coupant tous les vivres qui pouvaient

Marcellus change le siége en blocus.
Liv. lib. 24, cap. 34.

leur venir soit par terre, soit par mer. Pendant huit
mois qu'ils battirent la ville, il n'y eut sorte de stratagèmes que l'on n'inventât, ni d'action de valeur que
l'on ne fît, à l'assaut près que l'on n'osa plus tenter :
tant un seul homme et une seule science ont de force
dans quelques occasions, quand on sait les employer
à propos! Otez de Syracuse un seul vieillard, la prise
de la ville est immanquable avec toutes les forces qu'ont
les Romains. Sa présence seule arrête et déconcerte tous
leurs desseins.

Réflexion
sur Archi-
mède, et sur
ses
machines.

Jugeons par cet exemple (on ne peut trop le répéter)
quel intérêt ont les princes de protéger les arts, de fa-
voriser les gens de lettres, d'animer les académies des
sciences par des distinctions d'honneur et par des récompenses solides, qui ne ruinent et n'appauvrissent jamais
un état. Je mets ici à part la naissance et la noblesse
d'Archimède : aussi-bien ce n'est pas à elle qu'il était
redevable de sa profonde science ni de sa réputation.
Je ne le regarde que comme un savant, comme un habile géomètre. Quelle perte eût-ce été pour Syracuse,
si, pour épargner quelque dépense et quelque pension,
on eût laissé un tel homme dans l'inaction et dans
l'obscurité! Hiéron n'eut garde de se conduire de la
sorte. Il connut tout le mérite de notre géomètre ; et
c'en est un grand pour les princes de connaître celui
des autres. Il le mit en honneur, il en fit usage, n'attendit pas pour cela que le besoin et la nécessité l'y
forçassent : il aurait été trop tard. Par une sage prévoyance, vrai caractère d'un grand roi et d'un grand
ministre, il prépara, dans le sein même de la paix,
tout ce qui était nécessaire pour soutenir un siége et
pour faire la guerre avec succès, quoique alors il n'y

eût aucune apparence qu'on dût rien craindre de la part des Romains, avec lesquels Syracuse était liée d'une amitié étroite. Aussi vit-on, dans un moment, sortir comme de terre une foule incroyable de machines de toute espèce et de toute grandeur, dont la vue seule était capable de jeter le trouble et l'épouvante dans des armées.

Il en est parmi ces machines dont on peut à peine concevoir l'effet, et dont on serait tenté de révoquer en doute la réalité, s'il était permis de douter du témoignage d'écrivains tels, par exemple, que Polybe, auteur presque contemporain, et qui écrivait sur des mémoires tout récents, qui étaient entre les mains de tout le monde. Mais quel moyen de se refuser au consentement uniforme des historiens grecs et romains, amis et ennemis, sur des faits dont des armées entières furent témoins et sentirent les effets, et qui influèrent si fort dans les événements de la guerre? Ce qui se pratiqua dans ce siége de Syracuse marque jusqu'où les anciens avaient porté le génie, et l'art de faire ou de soutenir des siéges. Notre artillerie, qui imite si parfaitement le tonnerre, ne fait pas plus d'effet que les machines d'Archimède, si même elle en fait autant.

On parle d'un miroir ardent, par le moyen duquel Archimède brûla une partie de la flotte romaine. L'invention serait rare. Nul auteur ancien n'en parle : c'est une tradition moderne qui n'a aucun fondement. Les miroirs ardents étaient connus de l'antiquité, mais non de cette sorte, que les plus habiles géomètres et mécaniciens jugent même impraticable [1].

[1] M. Rollin suit ici l'opinion dominante de presque tous les savants depuis environ deux siècles. Le fait des miroirs brûlants d'Archimède

Marcellus, selon Polybe, demeura huit mois devant Syracuse avec Appius : ce qui doit l'avoir mené

semblait destitué d'autorité suffisante : il ne se trouve ni dans Polybe, ni dans Tite-Live, ni dans Plutarque, trois auteurs du plus grand poids, de qui nous avons des relations circonstanciées du siège de Syracuse et des machines d'Archimède. On remarquait surtout le silence de Polybe, cet écrivain si exact et si attentif à tout ce qui regarde les opérations militaires, dans lesquelles il était très-versé. La chose en elle-même paraissait aux plus grands géomètres absurde et impossible : et qui aurait craint de se tromper en jugeant ainsi après Descartes et l'académie des Sciences ? Cependant voici de quoi réhabiliter cette merveille, que nous jugions proscrite pour jamais.

Et premièrement, si elle n'est pas appuyée de témoins du premier ordre, on ne peut pas dire néanmoins que les preuves lui manquent totalement. Galien et Lucien parlent de caustiques, de secrets qu'Archimède trouva dans son art pour brûler la flotte romaine. Cela est encore bien vague. Dion, au rapport de Zonare, avait fait une mention expresse de miroirs inventés à cet effet par le géomètre syracusain. Eustache tient le même langage. Tzetzès donne de plus une description de la machine d'Archimède, composée, selon lui, de plusieurs miroirs. Enfin la merveille dont il s'agit se trouve répétée dans l'histoire : et Zonare, dont l'autorité n'est point méprisable en cette partie, rapporte que, sous l'empire d'Anastase, l'an 514 après J. C., le mathématicien Proclus renouvela l'invention d'Archimède, et brûla

avec des miroirs la flotte de Vitalien, qui assiégeait Constantinople. Je tire toute cette érudition d'un mémoire manuscrit que l'auteur, M. Mellot, de l'académie des Belles-Lettres, et garde de la bibliothèque du roi, a bien voulu me communiquer.

Restait l'impossibilité prétendue, qui rendait absolument incroyable un fait d'ailleurs, ce semble, assez faiblement appuyé. Mais cette impossibilité vient d'être réfutée par les nouvelles expériences de M. de Buffon, de l'académie des Sciences. Ce savant géomètre a présenté, dans le mois d'avril de l'année 1747, à l'académie dont il est membre, et aux yeux de tous les curieux de Paris, un miroir de son invention, qui brûle à cent cinquante pieds de distance, et dont il espère pousser l'activité jusqu'à quatre cents, et peut-être même au-delà. Or maintenant, si l'on se souvient que la mer baignait les murs de Syracuse, et que la flotte de Marcellus s'avançait jusqu'au pied de ces murs, on se convaincra aisément que les vaisseaux romains pouvaient se trouver dans la sphère d'activité de miroirs capables de brûler à une distance de cent cinquante pieds.

C'est ainsi qu'à mesure que nos connaissances s'étendent, souvent l'antiquité y gagne ; et des merveilles qui passaient pour fabuleuses, et qui nous donnaient lieu de taxer les anciens ou de mensonge ou de crédulité, se vérifient et se réalisent sous nos yeux, devenus plus clairvoyants. = Ajoutez la note, *Hist. Anc.* t. V. p. 190. — L.

jusqu'à la fin de son consulat, et peut-être même plus loin.

Tite-Live place dans cette première année les expéditions de Marcellus dans la Sicile, et sa victoire sur Hippocrate, qui tombent nécessairement dans la seconde année du siége. Et réellement cet historien ne rapporte aucun fait d'armes de Marcellus sous cette seconde année, parce qu'il avait attribué à la première ce qui s'est passé dans celle où nous allons entrer ; car il est contre toute vraisemblance qu'il ne s'y soit rien fait, surtout les Romains ayant une armée nombreuse en Sicile, et un général, lequel assurément ne manquait pas de vigueur et d'activité. Cette réflexion, comme je l'ai déja marqué dans l'Histoire ancienne, est de M. Crevier, professeur émérite de rhétorique au collége de Beauvais, dans la nouvelle édition qu'il a donnée de Tite-Live, dont j'ai marqué plus d'une fois ce que je pensais, et qui m'est tous les jours d'un grand secours pour mon ouvrage. Je placerai donc dans la seconde année que nous allons commencer, les événements que Tite-Live a attribués à la première.

Je demande aussi la permission de ne point interrompre le récit des affaires de Sicile par les faits que renferme l'histoire romaine pendant les deux années que doit encore durer le siége. J'y reviendrai dans la suite. Ces faits ainsi séparés en seront beaucoup plus clairs. J'en userai de même dans quelques autres occasions pareilles.

Q. FABIUS MAXIMUS.

TI. SEMPRONIUS GRACCHUS. II.

An. R. 539.
Av. J.C. 213.

Après que Marcellus eut résolu de bloquer simple-

Différentes
expéditions
dans la Sicile
pendant le
blocus de
Syracuse.
Liv. lib. 24,
cap. 35.
ment Syracuse, il laissa Appius devant la place avec
les deux tiers de l'armée, et avec le reste il s'avança
dans l'île, où il fit rentrer quelques villes dans le parti
des Romains.

Dans ce même temps Himilcon, général des Cartaginois, arriva dans la Sicile avec une grande armée,
dans l'espérance de la reconquérir entièrement et d'en
chasser les Romains. Hippocrate sortit de Syracuse
avec dix mille hommes de pied et cinq cents chevaux
pour l'aller joindre, afin de faire la guerre de concert
contre Marcellus, en joignant ensemble leurs troupes.
Épicyde resta dans la ville pour y commander pendant
le blocus. Marcellus, en revenant d'Agrigente, où les
ennemis l'avaient prévenu, et dont ils s'étaient emparés, rencontra l'armée d'Hippocrate, l'attaqua, et la
défit. Cet avantage retint dans le devoir plusieurs de
ceux qui songeaient à se ranger du côté des Cartaginois.

Liv. lib. 24,
cap. 36.
On vit presque en même temps deux flottes arriver
en Sicile. D'un côté, cinquante-cinq galères armées en
guerre, sous la conduite de Bomilcar, entrèrent de la
pleine mer dans le grand port de Syracuse; de l'autre,
une flotte romaine composée de trente galères à cinq
rangs, débarqua à Panorme [1] une légion. Les deux
peuples tournaient tellement leurs efforts du côté de la
Sicile, qu'ils semblaient presque ne plus songer à l'Italie. L'entreprise des Cartaginois n'eut pas de suites.
Himilcon, qui avait espéré enlever au passage la légion
romaine qui venait de Panorme à Syracuse, manqua
son coup, pour avoir pris un chemin différent, et la

[1] *Palerme*, sur la côte septentrionale de l'île.

flotte des Carthaginois ne resta pas long-temps auprès de Syracuse. Bomilcar, désespérant de pouvoir tenir tête aux Romains, qui avaient une fois plus de vaisseaux que lui, et persuadé qu'un plus long séjour ne servirait qu'à affamer ses alliés, mit à la voile, et repassa en Afrique.

Himilcon se borna à réduire quelques places. La première qu'il reprit fut Murgance, où les Romains avaient fait transporter une grande quantité de provisions de toute espèce. Les habitants la lui livrèrent par trahison. La défection de cette ville inspira le désir du changement à un grand nombre d'autres; en sorte que de toutes parts les garnisons romaines étaient ou chassées par force des places qu'elles gardaient, ou livrées et trahies par la perfidie des habitants.

La ville d'Enna était près de traiter de la même sorte sa garnison, qui avait pour commandant L. Pinarius, officier également brave et fidèle, et qui n'était pas de caractère à se laisser surprendre. Il sut que les habitants avaient résolu de livrer la garnison aux ennemis, et que pour cet effet ils avaient mandé Himilcon et Hippocrate, qui approchaient déja. Pinarius sentit qu'il n'y avait point de temps à perdre. Après avoir averti ses soldats de l'extrême danger où ils allaient être exposés, et avoir pris, dans un grand secret, toutes les mesures nécessaires, il leur donne le signal dont il était convenu. Dans le moment les soldats se dispersent dans tous les quartiers de la ville : ils pillent, ravagent et tuent tout ce qu'ils trouvent sous leur main, comme ils auraient pu faire dans une place prise d'assaut, aussi irrités et aussi furieux contre des gens à la vérité sans armes et sans défense mais traîtres et perfides dans le

Pinarius, commandant de la garnison d'Enna, dissipe les mauvais desseins des habitants par une exécution sanglante. Liv. lib. 24, cap. 37-39.

24.

cœur, que s'ils avaient trouvé de la résistance, et que
le péril eût été égal de part et d'autre. Ce fut ainsi
qu'Enna fut conservée aux Romains par une exécution
sanglante que la nécessité seule est capable peut-être
d'excuser. Marcellus n'en sut pas mauvais gré à Pinarius. Il accorda même tout le butin aux soldats, convaincu que, pour empêcher les Siciliens de sacrifier les
garnisons romaines aux Carthaginois, il ne fallait pas
moins que l'exemple d'une vengeance aussi redoutable.

Cic. in Verr.
de Signis,
u. 106-108. Enna est située précisément au milieu de la Sicile.
D'ailleurs elle était célèbre surtout par le culte de Cérès
et de Proserpine. C'était une ancienne tradition, gravée
profondément dans l'esprit de tous les peuples de Sicile,
que l'île entière était consacrée à ces deux divinités, qui
y avaient pris naissance; qu'elle était redevable à Cérès
de l'invention et de l'usage du blé; que c'était d'un bois
de la ville d'Enna que Proserpine avait été enlevée par
Pluton, et que l'on y voyait des vestiges de son enlè-
vement. Le temple de Cérès [1], mère de Proserpine, était
si généralement respecté par les peuples, qu'en s'y rendant ils croyaient y trouver et y adorer la déesse elle-
même en personne. Ce respect religieux fit son effet
dans l'occasion dont je parle actuellement. La nouvelle
du massacre d'Enna s'étant répandue en un seul jour
dans toutes les parties de la province, les Siciliens, qui
trouvaient dans cette action non-seulement de la cruauté
contre les hommes, mais de l'impiété à l'égard des
dieux, conçurent encore plus d'aversion qu'auparavant
pour les Romains; et ceux qui jusque-là avaient été

---

[1] « Tanta erat auctoritas, et ve-   sed ad ipsam Cererem proficisci vi-
tustas illius religionis, ut, quum .   derentur. »
illuc irent, non ad ædem Cereris,

partagés entre eux et les Carthaginois ne balancèrent plus à se déclarer pour les derniers.

Marcellus retourna à Syracuse; et, après avoir envoyé Appius à Rome pour y demander le consulat, il lui donna pour successeur dans le commandement de la flotte et du vieux camp T. Quintius Crispinus, et alla lui-même établir ses quartiers d'hiver à six ou sept stades[1] d'Épipole, dans un lieu appelé *Léon*, où il se retrancha.

Q. FULVIUS FLACCUS. III.
APPIUS CLAUDIUS PULCHER.

AN. R. 540.
AV. J.C. 212.

Nous avons déjà remarqué que la Sicile, dans le temps dont nous parlons, était partagée en province romaine, et en royaume d'Hiéron, où état des Syracusains. Marcellus était avec son armée dans cette seconde partie; mais il y avait une autre armée dans la province romaine, où tout était tranquille, et où il ne se faisait point de guerre actuellement. C'était dans cette dernière armée qu'étaient les soldats échappés de la bataille de Cannes, sous les ordres de P. Lentulus, préteur ou propréteur. C'est de ces soldats relégués en Sicile, sans espérance de repasser en Italie tant qu'on aurait la guerre contre les Carthaginois, que Marcellus, pendant qu'il était en quartier d'hiver, reçut une députation composée des premiers officiers de leur

Les soldats relégués en Sicile députent vers Marcellus, pour être rétablis dans le service. Liv. lib. 25, cap. 6.

---

[1] C'est la distance que marque Thucydide, liv. 6 [c. 97]. Il est plus digne de foi que Tite-Live, qui place ce petit bourg à cinq milles d'Hexapyle. = Il paraît cependant que la faute appartient au texte de Thucydide : car cet historien place Léon sur le bord de la mer, ce qui l'éloigne beaucoup d'Épipole. D'ailleurs Léon était placé entre Thapsos et Catane, position qui convient très-bien à la distance de cinq milles donnée par Tite-Live (Voyez mon *Essai sur Syracuse*, p. 63). — L.

cavalerie et de leurs légions. Celui qui était ciargé de
la parole lui tint ce discours :

« Marcellus, nous aurions eu recours à vous en Italie
« dans le temps de votre consulat, lorsqu'on eut rendu
« contre nous ce sénatus-consulte, que nous n'oserions
« appeler injuste, mais qui est assurément bien rigou-
« reux, si nous n'avions compté qu'on nous envoyait
« dans une province où la mort de deux rois avait causé
« de grandes révolutions, pour y soutenir contre les
« Siciliens et les Carthaginois tout ensemble une guerre
« rude et pénible, dans laquelle nous pourrions, par
« notre sang et par nos blessures, apaiser le ressenti-
« ment du sénat. C'est ainsi que du temps de nos pères
« ceux qui étaient devenus les prisonniers de Pyrrius
« auprès d'Héraclée effacèrent dans la suite la ionte de
« leur défaite en combattant contre le même Pyrrhus.

« Mais, après tout, par où avons-nous mérité de si
« tristes effets de votre colère passée et présente, illus-
« tres sénateurs? car il me semble, grand Marcellus,
« lorsque j'ai l'ionneur de vous parler, que je vois les
« deux consuls et le sénat renfermés dans votre per-
« sonne. Au moins suis-je bien assuré que, si nous avions
« combattu sous vos auspices à la journée de Cannes,
« le sort de la république et le nôtre serait plus ieureux.
« Souffrez qu'avant l'exposé de notre triste situation,
« je fasse précéder notre apologie.

« Si l'on ne veut pas imputer notre défaite à la colère
« des dieux ou à l'ordre immuable des destins, qui dis-
« posent de toutes les cioses iumaines, mais à une faute
« qui vienne des iommes, sur qui doit enfin tomber
« cette faute? est-ce sur les soldats ou sur les ciefs? Je
« me garderai bien, moi qui ne suis qu'un subalterne;

« de blâmer la conduite de mon général, surtout ayant
« appris que le sénat l'avait remercié de n'avoir point
« désespéré du salut de la république, et que depuis
« sa fuite à Cannes on lui a toujours continué le com-
« mandement. Nous savons même que les tribuns mili-
« taires qui sont échappés de cette bataille demandent
« les charges et les obtiennent sans difficulté. Est-ce
« donc, illustres sénateurs, que, pleins de douceur et
« d'indulgence pour vous-mêmes et pour vos enfants,
« vous prétendez faire tomber tout le poids de votre
« colère et de votre sévérité sur les soldats, comme sur
« des ames viles qui ne méritent aucun égard? Direz-
« vous que le consul et les premiers de la ville ont pu sans
« se déshonorer prendre la fuite lorsqu'il ne leur restait
« point d'autre ressource, et que les soldats n'ont été
« envoyés au combat que pour y périr? A la bataille
« d'Allia, presque toute l'armée prit la fuite : aux four-
« ches de Caudium, nos soldats livrèrent leurs armes à
« l'ennemi sans même avoir tenté de s'en servir; pour
« ne point parler des autres combats, dont l'issue a été
« aussi triste que honteuse. Cependant l'on ne songea
« point à noter ces armées d'aucune infamie : et l'on eut
« si peu lieu de se repentir d'avoir usé d'indulgence à
« leur égard, que la ville de Rome dut son salut à ces
« mêmes légions qui s'étaient sauvées à Véies avec tant
« de frayeur et de précipitation; et que les troupes qui
« étaient revenues à Rome sans armes, après avoir passé
« sous le joug honteux des Samnites, ayant été ren-
« voyées avec de nouvelles armes contre ce même en-
« nemi, lui firent essuyer à son tour le sanglant affront
« par lequel il avait pris tant de plaisir à nous humilier.
« Mais, pour les soldats qui ont combattu à Cannes,

« peut-on raisonnablement les accuser de lâcıeté, quand
« on sait qu'il en a été tué plus de cinquante mille sur
« la place, quand on sait que le consul ne s'en est
« sauvé qu'avec soixante et dix cavaliers, et que ceux
« qui n'y ont pas perdu la vie ne l'ont conservée que
« parce que le vainqueur était las de tuer? Lorsqu'on
« refusait aux prisonniers de les racıeter, tout le monde
« nous louait de nous être réservés pour servir notre
« patrie ; de nous être retirés à Venouse auprès du con-
« sul, et de lui avoir composé un corps de troupes qui
« pouvait passer pour une armée.

« Aujourd'ıui notre condition est plus fâcıeuse et
« plus dure que n'a jamais été du temps de nos pères
« celle des prisonniers ; car toute la sévérité dont on a
« usé à leur égard s'est toujours bornée à les faire
« cıanger d'armure, à les faire passer d'un service
« plus ıonorable dans un corps moins distingué, et à
« leur assigner dâns le camp une place inférieure à
« celle qu'ils occupaient auparavant ; mais ils ne man-
« quaient point, à la première occasion où ils s'étaient
« signalés, de recouvrer tout ce qu'on leur avait ôté.
« Aucun d'eux n'a jamais été relégué ; on n'a ôté à
« aucun l'espérance d'acıever son temps de service ;
« enfin on les a toujours menés contre l'ennemi pour
« le combattre, et mettre fin ou à leur vie ou à leur
« ignominie. Pour nous, à qui l'on ne peut rien repro-
« cher, sinon d'avoir voulu qu'il restât quelques Ro-
« mains de la journée de Cannes, nous sommes éloi-
« gués, non - seulement de notre patrie et de l'Italie,
« mais même de la vue des ennemis : on nous laisse
« languir dans un exil honteux, sans espoir d'effacer
« notre ıonte, d'apaiser la colère de nos citoyens, et

« enfin de mourir avec honneur. Nous ne demandons
« point qu'on mette fin à notre misère, ni qu'on nous
« accorde du repos, mais seulement qu'on fasse épreuve
« de notre courage, qu'on nous expose aux travaux et
« aux dangers, et qu'on nous mette en état de remplir
« tous les devoirs de gens de cœur, de soldats, de Ro-
« mains.

« Il y a deux ans qu'on fait la guerre en Sicile avec
« beaucoup de chaleur. Les Carthaginois et les Ro-
« mains, tour à tour, prennent des villes les uns sur
« les autres ; il s'y livre des combats de cavalerie et d'in-
« fanterie ; on assiége Syracuse par terre et par mer ;
« nous entendons le bruit des armes et les cris des com-
« battants, tandis que nous languissons dans un indigne
« repos, comme si nous étions sans armes et sans bras.

« Ti. Sempronius a déja combattu plusieurs fois avec
« des légions d'esclaves, et il leur a fait obtenir pour
« prix de leur valeur la liberté et le rang de citoyens.
« Employez-nous au moins comme des esclaves que
« vous auriez achetés pour cette guerre ; qu'il nous soit
« permis d'en venir aux mains avec l'ennemi, et de mé-
« riter notre liberté en combattant. Éprouvez notre
« valeur sur mer, sur terre, dans les batailles rangées,
« dans les siéges de villes. Exposez-nous à tout ce qu'il
« y a de plus difficile et de plus redoutable dans les
« travaux et dans les périls, nous sommes prêts à tout
« entreprendre, afin de faire une bonne fois ce que
« nous avons dû faire à Cannes, puisqu'on a destiné à
« l'ignominie tout le temps que nous avons vécu depuis
« cette malheureuse journée. »

Après ce discours ils se jetèrent aux pieds de Mar- _{Marcellus}
cellus. Ce général leur répondit « que la grace qu'ils écrit au sénat en faveur

« peut-on raisonnablement les accuser de lâcheté, quand
on sait qu'il en a été tué plus de cinquante mille sur
« la place, quand on sait que le consul ne s'en est
« sauvé qu'avec soixante et dix cavaliers, et que ceux
qui n'y ont pas perdu la vie ne l'ont conservée que
parce que le vainqueur était las de tuer? Lorsqu'on
refusait aux prisonniers de les racheter, tout le monde
nous louait de nous être réservés pour servir notre
« patrie, de nous être retirés à Venouse auprès du con-
« sul, et de n'avoir composé un corps de troupes qui
« pouvait passer pour une armée.

« Aujourd'hui notre condition est plus fâcheuse et
« plus dure ne n'a jamais été du temps de nos pères
« celle des prisonniers; car toute la sévérité dont on a
usé à leur égard s'est toujours bornée à les faire
changer demeure, à les faire passer d'un service
plus honorable dans un corps moins distingué, et à
« leur assigner dans le camp une place inférieure à
« celle qu'ils occupaient auparavant; mais ils ne man-
« quaient point, à la première occasion où ils s'étaient
signalés, de recouvrer tout ce qu'on leur avait ôté.
Aucun d'eux n'a jamais été relégué; on n'a ôté à
aucun l'espérance d'achever ... temps de service;
enfin on les a toujours m... l'ennemi pour
le combattre, et mettre ... vie ou ...
ignominie, sur nous ... peut ...
« cher, sinon l'avoir ...
« mains de la journ...
« gnés, non seul...
« mais même ... il de...
« languir dan...
« notre honte...

« enfin de mourir avec ıonneur. Nou ne demandons
« point qu'on mette fin à notre misèr, ni qu'on nous
« accorde du repos, mais seulement qu'on fasse épreuve
« de notre courage, qu'on nous expos aux travaux et
« aux dangers, et qu'on nous mette e état de remplir
« tous les devoirs de gens de cœur, d oldats, de Ro-
« mains.

« Il y a deux ans qu'on fait la guer eu Sicile avec
« beaucoup de chaleur. Les Carthagois et les Ro-
« mains, tour à tour, prennent des lles les uns sur
« les autres; il s'y livre des combats de avalerie et d'in-
« fanterie; on assiége Syracuse par re et par mer;
« nous entendons le bruit des armes et s cris des com-
« battants, tandis que nous languissondans un indigne
« repos, comme si nous étions sans ar es et sans bras.

« Ti. Sempronius a déja combattu psieurs fois avec
« des légions d'esclaves, et il leur a it obtenir pour
« prix de leur valeur la liberté et le ng de citoyens.
« Employez - nous au moins comme s esclaves que
« vous auriez acietés pour cette guerr qu'il nous soit
« permis d'en venir aux mains avec l'eemi, et de mé-
« riter notre liberté en combattant. prouvez notre
« valeur sur mer ur terre, dans les tailles rangées,
« dans les siég les. Exposez-nos à tout ce qu'il
« y a de et de plus reutable dans les

des soldats.
Liv. lib. 25,
cap. 7.
« demandaient passait ses pouvoirs ; qu'il écrirait au
« sénat, et exécuterait les ordres qui lui seraient en-
« voyés ». Il écrivit en effet, et sa lettre fut rendue aux
nouveaux consuls. Après qu'on en eut fait lecture dans
le sénat, les sénateurs, consultés sur cette affaire, ré-

Réponse
sévère du
sénat.
pondirent « qu'ils ne croyaient pas qu'il fût à propos de
« confier le salut et la gloire de la patrie à des soldats
« qui avaient abandonné leurs compagnons dans les
« plaines de Cannes : que, si Marcellus était d'un autre
« sentiment, ils lui laissaient la liberté d'en user à leur
« égard de la manière qu'il jugerait le plus convenable
« au bien de la république, à condition cependant qu'ils
« ne jouiraient d'aucune exemption, qu'ils ne rece-
« vraient aucune récompense militaire, et ne reverraient
« point l'Italie tant que les Carthaginois y feraient la
« guerre ».

Plut.
in Marcello,
pag. 305.
Cette sévérité affligea Marcellus ; et quand il fut de
retour à Rome, il se plaignit hautement au sénat de ce
qu'après tous les services qu'il avait rendus à la république, ils n'avaient pas daigné lui accorder la grace
entière des soldats en faveur desquels il leur avait écrit.
Mais cette sage compagnie avait ses règles et ses principes auxquels elle crut devoir se tenir inviolablement
attachée malgré les raisons apparentes pour le contraire, c'est-à-dire malgré l'extrémité où se trouvait
alors la république, et le besoin pressant qu'elle avait
de troupes après la défaite entière de ses armées à la
journée de Cannes. C'était de cette extrémité même que
le sénat tirait les raisons de sa conduite. Quelle impression, en effet, ne devait pas produire sur les troupes,
pour tous les siècles, l'exemple d'une telle sévérité, et
dans de telles conjonctures ! Voilà ce qui conservait la

discipline parmi les armées romaines ; et c'est cette discipline qui les a rendues victorieuses de tous les peuples.

Au commencement de la troisième année de ce siége de Syracuse, pendant que d'un autre côté les Romains commençaient celui de Capoue, Marcellus se trouvait encore peu avancé. Il ne voyait aucun moyen de pouvoir prendre Syracuse, soit par force, parce qu'Archimède lui opposait toujours des obstacles invincibles ; soit par famine, parce que la flotte carthaginoise, qui était revenue plus nombreuse qu'auparavant, y faisait entrer librement des convois. Il délibérait donc s'il demeurerait devant la ville pour presser le siége, ou s'il marcherait du côté d'Agrigente contre Hippocrate et Himilcon. Mais, avant que de prendre ce dernier parti, il voulut essayer s'il ne pourrait point se rendre maître de Syracuse par quelque intelligence secrète. Il avait dans son camp plusieurs Syracusains des plus qualifiés, qui y étaient venus chercher un aysle au commencement des troubles. Marcellus s'adressa à eux, leur promettant que, si la ville se rendait aux Romains, il lui conserverait ses lois, ses priviléges et sa liberté. Ces Syracusains ne manquaient pas de bonne volonté, mais il ne leur était pas aisé de s'aboucher avec ceux de leurs parents ou amis qui étaient restés dans la ville, parce que les auteurs de la révolte, tenant plusieurs habitants pour suspects, redoublaient leur vigilance et leur attention pour empêcher qu'on ne fît à leur insu quelque tentative de cette nature en faveur des Romains. Ce fut l'esclave de l'un de ces Syracusains fugitifs, qui, s'étant introduit dans la ville comme déserteur, ménagea secrètement une intrigue, où entrèrent jusqu'à quatre-vingts des principaux de

Marcellus délibère s'il continuera, ou s'il quittera le siége de Syracuse. Liv. lib. 25, cap. 23.

Il ménage dans la ville une intelligence qui est découverte. Liv. lib. 25, cap. 23.

Syracuse. Ils se partageaient pour venir, tantôt les uns, tantôt les autres, dans le camp de Marcellus, cachés dans des barques sous des filets de pêcheurs. Toutes les mesures étaient prises pour livrer la ville aux Romains, lorsqu'un certain Attale, de dépit de n'avoir pas été mis du secret, découvrit la conspiration à Épicyde, qui fit mourir tous les conjurés.

Prise d'une partie de la ville. Liv. lib. 25, cap. 24. Plut. in Marcello, pag. 308.

Cette entreprise ayant ainsi échoué, un événement fortuit présenta à Marcellus une nouvelle ressource et fit renaître son espérance. Des vaisseaux romains avaient pris un certain Damippus, qu'Épicyde envoyait pour négocier avec Philippe, roi de Macédoine. Épicyde témoigna beaucoup de désir de le racheter, et Marcellus ne s'en éloigna pas. On convint d'un endroit auprès du port Trogile, pour y tenir les conférences sur la rançon du prisonnier. Comme on y alla plusieurs fois, un Romain, s'étant avisé de considérer de près le mur avec attention, en avait compté les pierres ; et mesuré des yeux la hauteur de chacune d'entre elles ; puis ayant fait, le plus juste qu'il put, la supputation du total, il reconnut que le mur n'était pas à beaucoup près aussi haut qu'il l'avait cru lui et les autres ; et il conclut qu'avec de médiocres échelles on pouvait facilement montrer dessus.

Le soldat, sans perdre de temps, fit rapport de tout à Marcellus. Toute la sagesse n'est pas toujours dans la tête du général : un officier subalterne, ou même un simple soldat, peut lui donner de bonnes ouvertures. Marcellus ne négligea pas cet avis, et s'assura de la vérité du fait par ses propres yeux. Ayant ordonné que l'on préparât des échelles, il prit l'occasion d'une fête qu'on célébrait trois jours de suite à Syracuse en l'honneur de Diane, et pendant laquelle les habitants s'abandonnaient à la joie et à la bonne chère. A l'heure de la nuit où il conjectura que les Syracusains, après avoir passé le jour à manger et à boire, commenceraient à s'endormir, il fait avancer doucement un corps de mille soldats d'élite vers le mur avec des échelles. Quand les premiers furent arrivés au haut sans bruit et sans tumulte, d'autres les suivirent, la hardiesse des premiers donnant du courage aux seconds. Les mille soldats, profitant de la négligence des assiégés, qui étaient ou ivres ou endormis, eurent bientôt escaladé le mur. Ayant enfoncé la porte de l'Hexapyle, les troupes s'emparèrent de la partie de la ville appelée *Épipole.*

Il ne s'agissait plus pour-lors de tromper les ennemis, mais de les effrayer. Les Syracusains, alarmés par le bruit, commençaient à se troubler et à se mettre en mouvement. Marcellus fit sonner à la fois toutes les trompettes; ce qui jeta une telle épouvante parmi les habitants, que tout le monde prenait la fuite, croyant qu'il ne restait pas un seul quartier qui ne fût au pouvoir des Romains. En effet, il paraîtra bientôt que la prise d'Épipole emportait celle de la ville neuve et du quartier appelé *Tyque;* mais elle ne décidait rien pour l'Ile, ni pour la plus forte et la plus belle partie de Syracuse, appelée *Achradine,* qui était bien en état de se défendre; ayant ses murailles séparées du reste de la ville.

Marcellus, dès la pointe du jour, était entré avec toutes ses troupes dans Épipole. Épicyde, ayant assemblé promptement quelques troupes qu'il avait dans l'Ile qui joignait l'Achradine, marcha contre Marcellus; mais, le trouvant plus fort et mieux accompagné qu'il n'avait cru, après une légère escarmouche il se retira promptement dans l'Achradine, moins touché de la force et du nombre des ennemis que de la crainte qu'il ne se formât quelque conjuration dans la ville en leur faveur, et qu'il ne trouvât en arrivant les portes de l'Achradine et de l'Ile fermées.

Larmes de
Marcellus.
Liv. lib. 25,
cap. 24.
Plut. p. 308.
Tous les capitaines et les officiers qui étaient autour de Marcellus le félicitaient sur le succès de ses armes et sur un bonheur si grand et si imprévu. Pour lui, lorsque de dessus la hauteur il eut considéré la beauté et la grandeur de cette ville, la plus vaste et la plus opulente qu'il y eût alors dans le monde, il ne put s'empêcher de verser des larmes, ou de joie d'avoir exécuté une si difficile et si glorieuse entreprise, ou de regret de voir que l'ouvrage merveilleux de tant de siècles allait bientôt être réduit en cendres. Il rappelait dans son esprit deux flottes puissantes des Athéniens coulées à fond autrefois devant cette ville, deux nombreuses armées taillées en pièces avec les deux illustres généraux qui les commandaient, tant de guerres soutenues avec tant de courage contre les Carthaginois, tant de tyrans fameux et de puissants rois, Hiéron surtout, dont la mémoire était encore toute récente, qui s'était signalé par tant de vertus royales et encore plus par les services importants qu'il avait rendus au peuple romain, dont les intérêts lui avaient toujours été aussi chers que les siens. Touché par ce souvenir, il crut, avant que d'attaquer l'Achradine, devoir envoyer vers les assiégés pour les exhorter à se rendre volontairement et à prévenir la ruine de leur ville.

On avait confié les portes et les murailles de l'Achradine aux déserteurs, comme à des gens qui, n'espérant point de pardon dans les conditions du traité qu'on ferait avec Marcellus, les défendraient contre lui avec le plus d'opiniâtreté. En effet, ils ne voulurent jamais permettre que personne approchât des murailles, ou liât aucune conversation avec les habitants.

Marcellus, n'ayant point réussi de ce côté-là, tourna ses vues du côté d'un fort appelé *Euryèle*, situé à l'extrémité de la ville la plus éloignée de la mer, qui commandait toute la campagne du côté de la terre, et qui, par cette raison, était fort propre pour recevoir des convois. Philodème, qui y commandait, ne chercha pendant quelques jours qu'à amuser Marcellus, en attendant qu'Hippocrate et Himilcon vinssent à son secours avec leurs troupes. Marcellus, voyant qu'il ne pouvait se rendre maître de ce poste, campa entre la Ville-Neuve et Tyque; mais enfin Philodème, ne se voyant point secouru, rendit son fort, à condition qu'il ramènerait sa garnison à Épieyde dans l'Achradine.

Les députés de la Ville-Neuve et de Tyque, portant devant eux des branches d'olivier, étaient venus trouver Marcellus, le conjurant de défendre à ses soldats le carnage et l'incendie : il leur accorda leur demande. Du reste, ces deux parties de la ville furent livrées au pillage.

Cependant Bomilcar, qui était dans le port avec quatre-vingt-dix vaisseaux, prenant occasion d'une nuit obscure et orageuse, qui empêchait la flotte des Romains de pouvoir tenir à l'ancre, sort avec trente-cinq vaisseaux, va à Carthage, apprend aux Carthaginois l'état où Syracuse se trouve réduite, et revient avec cent vaisseaux.

Marcellus, qui avait mis des troupes dans Euryèle,

et qui ne craignait plus d'être inquiété par ses derrières, se met en état d'assiéger l'Achradine. Les deux partis se tiennent en repos pendant quelques jours.

Sur ces entrefaites arrivent Hippocrate et Himilcon. Le premier, avec les Siciliens, ayant placé et fortifié son camp près du grand port, et donné le signal à ceux qui occupaient l'Achradine, attaque le vieux camp des Romains où commandait Crispinus; et Épicyde fait en même temps une sortie sur les postes de Marcellus. Aucune de ces deux entreprises ne réussit. Hippocrate fut vigoureusement repoussé par Crispinus, qui le suivit jusque dans ses retranchements; et Marcellus obligea Épicyde à se renfermer dans l'Achradine.

On était alors dans l'automne; et il survint une peste qui fit de grands ravages dans la ville, et encore plus dans les camps des Romains et des Carthaginois. D'abord le mal n'était causé que par le mauvais air et l'intempérie de la saison. Ensuite la communication avec les malades, et les soins même que l'on en prenait, répandirent la contagion : d'où il arrivait que les uns, négligés et abandonnés, mouraient par la violence du mal; les autres recevaient des secours qui devenaient funestes à tous ceux qui les approchaient : de sorte que les yeux étaient continuellement frappés du triste spectacle de la mort et des funérailles qui la suivaient, et les oreilles retentissaient jour et nuit du gémissement des mourants, ou de ceux qui les regrettaient; mais enfin l'habitude de voir les mêmes objets rendit les esprits et les cœurs si durs et si insensibles, qu'on ne savait plus ce que c'était que de verser des larmes sur ceux que la mort enlevait journellement. On ne daignait pas même leur donner la sépulture, et la terre

Ravage que cause la peste dans les deux armées. Liv. lib. 25, cap. 26.

était couverte de cadavres étendus au hasard sous les yeux de leurs camarades, qui attendaient un pareil sort d'une ıeure à l'autre.

Les Sïciliens qui servaient dans l'armée des Cartha₁ ginois ne s'aperçurent pas plus tôt que la maladie se communiquait par la corruption de l'air que l'on respirait auprès de Syracuse, qu'ils se retirèrent dans les villes voisines; mais les Cartıaginois, qui n'avaient pas la même ressource, périrent tous avec leurs cıefs Hippocrate et Himilcon. Pour Marcellus, voyant avec quelle fureur la maladie se décıaînait, il logea ses soldats dans les maisons de la ville, où l'ombre et le couvert leur donna beaucoup de soulagement; ce qui n'empêcha pas qu'il ne perdît beaucoup de monde.

Il semble qu'un fléau si terrible devait faire cesser la guerre de part et d'autre; mais elle paraissait se rallumer tous les jours de plus en plus. Les Siciliens se rassemblaient de nouveau, et appelaient du secours de toutes les parties de l'île. Bomilcar, commandant de la flotte cartıaginoise, qui avait fait un second voyage à Cartıage pour en amener un nouveau secours, revint avec cent trente vaisseaux de guerre et sept cents vaisseaux de cıarge: les vents contraires l'empêchèrent de doubler le cap Pachyn. Épicyde, qui craignait que, si les mêmes vents continuaient, cette flotte rebutée ne retournât en Afrique, laisse aux généraux des troupes mercenaires le soin de garder l'Achradine, va trouver Bomilcar, et lui persuade de tenter le sort d'une bataille dès que le temps le permettra. Marcellus, de son côté, voyant que les troupes des Siciliens grossissaient tous les jours, et que, s'il attendait plus long-temps et qu'il se laissât enfermer dans Syracuse, il serait fort pressé

Divers événements, suivis de la prise de Syracuse.
Liv. lib. 25, cap. 27-30.

en même temps et par mer et par terre, résolut, malgré la supériorité que les ennemis avaient par le nombre
des vaisseaux, d'empêcier Bomilcar d'aborder à Syracuse. Dès que les vents furent tombés, Bomilcar prit
le large pour mieux doubler le cap, et dans le dessein
de donner le combat; mais, quand il vit les vaisseaux
romains venir à lui en bel ordre, tout d'un coup, on
ne sut pourquoi, il prit la fuite, envoya ordre aux
vaisseaux de ciarge de regagner l'Afrique, et se retira
à Tarente. Épicyde, déciu d'une si grande espérance,
et n'osant rentrer dans une ville déjà à moitié prise,
fit voile vers Agrigente, plutôt dans le dessein d'y
attendre le succès du siége que pour faire de là aucun
mouvement.

Quand on eut appris dans le camp des Siciliens
qu'Épicyde était sorti de Syracuse, et que les Cartiaginois abandonnaient la Sicile, ils envoyèrent des députés à Marcellus, après avoir pressenti la disposition
des assiégés, pour traiter des conditions auxquelles
Syracuse lui serait rendue. On convint assez unanime-
ment de part et d'autre que ce qui avait appartenu aux
rois appartiendrait aux Romains; qu'on conserverait
tout le reste aux Siciliens avec leur liberté et leurs lois.
Après ces préliminaires, ils demandèrent d'entrer en
conférence avec ceux qu'Épicyde avait ciargés du commandement pendant son absence. Les députés, s'étant
aboucrés avec eux, leur firent entendre qu'ils avaient
été envoyés par l'armée des Siciliens vers Marcellus et
vers eux pour faire un traité dans lequel on ménageât
les intérêts de ceux qui étaient assiégés, aussi-bien que
de ceux qui ne l'étaient pas, la justice ne souffrant pas
que les uns songeassent à leur conservation particulière

en négligeant celle des autres. Ils furent ensuite introduits dans la place ; et ayant fait connaître à leurs hôtes
et à leurs amis les conditions dont ils étaient déja convenus avec Marcellus, ils les engagèrent à se joindre
à eux pour attaquer de concert et faire mourir Poly-
clite, Philistion, et Épicyde surnommé *Sindon*, tous
lieutenants d'Épicyde, qui, s'intéressant peu au bien
de Syracuse, ne manqueraient pas de traverser les né-
gociations de paix.

Après s'être ainsi défaits de ces petits tyrans, ils convoquèrent l'assemblée du peuple, et lui représentèrent
« que, quelques maux qu'ils souffrissent, ils ne devaient
« pas se plaindre de leur fortune, puisqu'il ne tenait
« qu'à eux d'y mettre fin : que, si les Romains avaient
« entrepris le siége de Syracuse, c'était par affection
« pour les Syracusains, non par haine ; que ce n'était
« qu'après avoir appris l'oppression où les tenaient Hip-
« pocrate et Épicyde, ces ambitieux satellites d'Anni-
« bal, qui l'étaient ensuite devenus d'Hiéronyme, qu'ils
« avaient pris les armes et commencé le siége de la ville,
« non pour la ruiner, mais pour détruire ses tyrans.
« Mais depuis qu'Hippocrate était mort, qu'Épicyde
« n'était plus à Syracuse, que ses lieutenants avaient été
« tués, que les Carthaginois avaient abandonné tout ce
« qu'ils possédaient dans la Sicile, quelle raison main-
« tenant pourraient avoir les Romains de ne pas vouloir
« conserver Syracuse, comme ils le feraient si Hiéron,
« le plus fidèle de leurs amis et de leurs alliés, était
« encore en vie ? que ni la ville ni les habitants n'avaient
« rien à craindre que d'eux-mêmes, s'ils laissaient passer
« l'occasion de rentrer en amitié avec les Romains : que
« jamais ils n'en auraient une si favorable que dans le

25.

« moment présent, où ils venaient d'être délivrés de la
« violente domination de leurs tyrans ; et que le premier
« usage de leur liberté devait être de rentrer dans leur
« devoir ».

Ce discours fut parfaitement bien reçu de toute l'assemblée. On jugea pourtant à propos de créer de nouveaux magistrats avant que d'envoyer des députés aux
Romains ; et ce fut du nombre de ceux qui venaient
d'être élus préteurs que furent tirés les députés. Celui
qui portait la parole en leur nom, et qui était chargé
surtout de faire tous les efforts possibles pour obtenir
que Syracuse ne fût point détruite, étant arrivé au
camp de Marcellus avec ses collègues, lui parla de la
sorte : « Ce n'est point le peuple de Syracuse, illustre
« général, qui d'abord a rompu l'alliance avec les Ro
« mains, mais Hiéronyme, moins coupable envers Rome
« qu'envers sa patrie ; et ensuite, quand la paix fut ré
« tablie par sa mort, ce ne fut encore aucun Syracusain
« qui la troubla, mais les satellites du tyran, Hippo
« crate et Épicyde. Ce sont eux qui vous ont fait la
« guerre, après nous avoir réduits en captivité, soit par
« la violence, soit par la ruse et la perfidie ; et l'on ne
« peut point dire que nous ayons eu aucun temps de
« liberté qui n'ait été un temps de paix avec vous. Main
« tenant, dès que nous sommes devenus nos maîtres par
« la mort de ceux qui tenaient Syracuse dans l'oppres
« sion, nous venons dans le moment même vous livrer
« nos armes, nos personnes, nos murailles, et notre
« ville, déterminés à ne refuser aucune des conditions
« qu'il vous plaira nous imposer. Au reste (continua-t-il
« en s'adressant toujours à Marcellus), il s'agit ici autant
« de votre intérêt que du nôtre. Les dieux vous ont

« accordé la gloire d'avoir pris la plus belle et la plus illus-
« tre de toutes les villes grecques ; tout ce que nous avons
« jamais fait de mémorable, soit par terre, soit par mer,
« accroît à votre triomphe et en relève le prix. La renom-
« mée n'est pas un garant assez fidèle pour faire connaître
« la grandeur et la force de la ville que vous avez prise ;
« la postérité n'en pourra bien juger que par ses yeux
« mêmes. Il faut qu'à tous ceux qui aborderont ici, de
« quelque côté de l'univers qu'ils viennent, on montre
« tantôt les trophées que nous avons remportés sur les
« Athéniens et sur les Carthaginois, tantôt ceux que
« vous avez remportés sur nous ; et que Syracuse, mise
« pour toujours sous la protection des Marcellus, soit
« un monument perpétuel et subsistant du courage et
« de la clémence de celui qui l'aura prise et conservée.
« Il ne serait pas juste que le souvenir d'Hiéronyme fît
« plus d'impression sur vos esprits que celui d'Hiéron :
« celui-ci a été votre ami bien plus long-temps que l'autre
« votre ennemi. Vous avez ressenti, qu'il me soit per-
« mis de le dire, les effets de l'amitié d'Hiéron, mais
« les folles entreprises d'Hiéronyme ne sont retombées
« que sur lui. »

La difficulté n'était pas d'obtenir de Marcellus ce
qu'on lui demandait pour les assiégés, mais de conserver la tranquillité et le concert entre eux-mêmes
dans la ville. Les transfuges, persuadés qu'on les livrerait aux Romains, inspirèrent la même crainte aux soldats étrangers. Ayant donc pris les armes subitement
les uns et les autres, ils commencent par égorger les
magistrats nouvellement élus, et, courant de tous côtés
dans la ville, ils font main basse sur ceux qu'ils ren-
contrent, et pillent tout ce qui tombe sous leur main.

Ils nomment six officiers, trois pour commander dans l'Achradine, et trois dans l'île. Le tumulte étant enfin apaisé, les soldats étrangers reconnurent, par tout ce qu'ils apprirent de la négociation entamée avec les Romains, que leur cause était toute séparée de celle des transfuges. Dans le moment arrivent les députés qu'on avait envoyés à Marcellus, qui achèvent de les détromper.

Parmi ceux qui commandaient dans l'île il y avait un Espagnol nommé *Méric* : on trouva le moyen de le gagner. Il livra de nuit la porte qui était près de la fontaine d'Aréthuse, et reçut les soldats que Marcellus y envoya. Le lendemain au point du jour, Marcellus fit une fausse attaque à l'Achradine pour attirer de ce côté-là toutes les forces de cette place, et même de l'Ile, qui y était jointe, et, afin de faciliter à quelques vaisseaux le moyen de jeter encore des troupes dans l'Ile qui serait dégarnie. Tout réussit comme il l'avait projeté. Les soldats que ces vaisseaux jetèrent dans l'Ile, trouvant les postes presque tous abandonnés, et les portes par lesquelles plusieurs venaient de sortir pour aller défendre l'Achradine contre Marcellus encore ouvertes, s'en emparèrent après un léger combat. Marcellus, averti qu'il était maître de l'Ile et d'un quartier de l'Achradine; et que Méric, avec le corps qu'il commandait, s'était joint à ses troupes, fit sonner la retraite, pour empêcher qu'on ne pillât le trésor des rois de Syracuse, qui ne se trouva pas aussi considérable qu'on l'avait cru.

Les déserteurs ayant profité de cet intervalle de tranquillité pour s'échapper, les Syracusains, délivrés de toute crainte, ouvrirent à Marcellus les portes de l'Achradine, et lui envoyèrent des députés, qui avaient ordre de ne lui demander autre chose sinon qu'il lui plût de leur conserver la vie à eux et à leurs enfants. Marcellus, ayant pris l'avis de son conseil, où il avait admis les Syracusains qui s'étaient réfugiés dans son camp, répondit à ces députés « qu'Hiéron, pendant « cinquante ans, n'avait pas fait plus de bien au peuple « romain que ceux qui depuis quelques années étaient « maîtres de Syracuse n'avaient voulu lui faire de mal ; « mais que leur mauvaise volonté n'avait nui qu'à eux, « et qu'ils s'étaient punis eux-mêmes du violement des « traités d'une manière plus cruelle que n'auraient « souhaité les Romains : qu'il tenait Syracuse assiégée « depuis trois ans, non pour la réduire en esclavage, « mais pour la délivrer de la tyrannie que des chefs de « déserteurs exerçaient sur elle : qu'après tout les Syra- « cusains auraient tort d'imputer une révolte soutenue « pendant tant d'années au défaut de liberté, puisqu'il « n'avait tenu qu'à eux d'imiter ceux de leurs conci- « toyens qui étaient venus chercher un asyle dans le « camp des Romains, ou de suivre l'exemple de l'Es- « pagnol Méric qui leur avait livré le poste dont il « avait la garde ; et qu'au moins ils auraient pu prendre « plus tôt la salutaire résolution de se rendre, à laquelle « ils s'étaient enfin déterminés : que, pour lui, il ne « regardait pas l'honneur d'avoir pris Syracuse comme « une récompense qui égalât les travaux et les périls « qu'il avait essuyés pendant un si long et si rude siége ».

Après ce discours, il envoya son questeur avec des troupes dans l'île pour prendre et garder le trésor des rois : puis, ayant fait mettre des sauvegardes aux portes des maisons de ceux qui étaient demeurés fidèles

La ville est livrée au pil- lage. Liv. lib. 25, cap. 31.

aux Romains, il abandonna la ville au pillage. Il aurait bien souhaité pouvoir lui épargner ce funeste désastre ; mais il ne put refuser cette permission à des soldats qui, sur son refus, se la seraient donnée eux - mêmes. Plusieurs même demandaient que Syracuse fût brûlée et rasée : mais il ne voulut jamais y consentir ; et ce ne fut qu'avec beaucoup de peine, et malgré lui, qu'il leur abandonna toutes les richesses de cette superbe ville et tous les esclaves qui s'y trouvaient, leur défendant expressément de toucher à aucune personne libre, de tuer ou d'outrager qui que ce fût, et de faire esclave aucun des citoyens. On prétend que les richesses qui furent pillées à ce sac de Syracuse égalaient celles qu'on aurait pu trouver actuellement dans Carthage, si elle avait été prise.

Mort d'Archimède. Liv. lib. 25, cap. 31. Plut. in Marcello, pag. 308.

Un accident imprévu causa une extrême douleur à Marcellus. Dans le temps que tout était en mouvement à Syracuse, Archimède, enfermé dans son cabinet comme un homme de l'autre monde qui ne prend point de part à ce qui se passe dans celui-ci, était occupé à considérer des figures de géométrie qu'il avait tracées sur la poussière. Il donnait à cette contemplation non-seulement tous ses yeux, mais encore tout son esprit, de manière qu'il n'avait entendu ni le tumulte des Romains qui pillaient les maisons, ni le bruit dont la ville retentissait. Tout d'un coup un soldat se présente à lui, et lui ordonne de le suivre pour venir parler à Marcellus. Archimède le prie d'attendre un moment jusqu'à ce que son problème fût résolu, et qu'il en eût fait la démonstration. Le soldat, qui ne se souciait ni de son problème ni de sa démonstration, et qui n'entendait

pas même ces mots, irrité de ce délai, tire son épée et
le tue.

Marcellus fut vivement affligé quand il apprit la nouvelle de sa mort. Ne pouvant lui rendre la vie comme
il l'aurait souhaité, il s'appliqua autant qu'il fut en lui
à honorer sa mémoire. Il fit faire une recherche exacte
de tous ses parents, les traita avec distinction, et leur
accorda des priviléges particuliers. Pour Archimède, il
fit célébrer ses funérailles avec soin, et lui érigea un
monument parmi ceux des grands hommes qui s'étaient
le plus distingués à Syracuse. Son tombeau était demeuré long-temps inconnu et enseveli dans un entier
oubli jusqu'au temps de Cicéron, lequel, étant venu à
Syracuse lorsqu'il était questeur en Sicile, en fit la découverte. J'en ai rapporté l'histoire ailleurs.

Tuscul. l. 1,
n. 64,
Hist. Anc.
t. 5, p. 201.
de cette édit.

Par la prise de Syracuse la Sicile entière devint une
province du peuple romain; mais elle ne fut pas traitée
comme le furent depuis les Espagnols et les Carthaginois, à qui l'on imposa un certain tribut pour être
comme le prix de la victoire et la peine de vaincus :
quasi victoriæ præmium et pœna belli. La Sicile, en
se soumettant au peuple romain, conserva tous ses
droits anciens et toutes ses coutumes, et lui obéit aux
mêmes conditions qu'elle avait obéi à ses rois.

La Sicile de-
venue pro-
vince des
Romains.
Cic. in Verr.
l. 3, n. 12.

Quelques jours avant la réduction de Syracuse,
T. Otacilius, avec quatre-vingts galères à cinq rangs,
passa de Lilybée à Utique; et, étant entré dans le port
de cette ville avant le jour, prit les vaisseaux de charge
qu'il y trouva remplis de blé. Ensuite, étant sorti à
terre avec ses soldats, il pilla tous les pays d'alentour,
et rentra dans ses galères avec un riche butin. Il revint
à Lilybée trois jours après en être parti, et amena avec

lui cent trente barques chargées de différentes provisions, et surtout d'une grande quantité de blé, qu'il
envoya sur-le-champ à Syracuse. Ce secours délivra
les vainqueurs et les vaincus d'une famine qui commençait à les menacer, et des suites funestes qu'elle eût
eues pour les uns et les autres, s'il fût arrivé plus tard.

Marcellus
règle les af-
faires de Si-
cile avec
beaucoup
d'équité et
de désinté-
ressement.
Liv. lib. 25,
cap. 40.
Plut.
in Marcello,
pag. 309.

Marcellus, après la prise de Syracuse, s'appliqua à
régler toutes les affaires de Sicile, et il le fit avec une
justice, un désintéressement et une intégrité qui lui
acquirent beaucoup de gloire à lui-même en particulier, et firent un honneur infini à la république en
général. Jusque-là, dit Plutarque, les Romains avaient
bien fait voir aux autres nations qu'ils étaient très-
propres à conduire des guerres, et très-redoutables
dans les combats; mais ils ne leur avaient pas encore
donné de grandes marques de bonté, d'humanité, de
clémence, en un mot des vertus nécessaires pour un
bon gouvernement. Il semble que Marcellus fut le premier qui, en cette occasion, montra aux Grecs que les
Romains ne les surpassaient pas moins en justice qu'en
valeur et en habileté dans la guerre.

Avant que Marcellus sortît de Sicile, toutes les villes
de cette province lui envoyèrent des députés pour ménager leurs intérêts. Il les traita tous différemment,
selon les différents degrés d'attachement ou d'opposition que leurs habitants avaient fait paraître à l'égard
des Romains. Ceux qui étaient demeurés constamment
dans leur parti, ou qui du moins étaient rentrés dans
leur amitié avant la prise de Syracuse, furent reçus et
traités honorablement, comme de bons et fidèles alliés;
ceux que la crainte avait obligés de se rendre après

cette conquête reçurent en vaincus la loi qu'il plut au vainqueur de leur imposer.

Les Romains avaient cependant encore aux environs d'Agrigente un reste d'ennemis qui n'étaient pas à négliger, commandés par Hannon et Épicyde, seuls généraux qui restassent au parti cartaginois dans la Sicile : un troisième les était venu joindre, envoyé par Annibal pour remplacer Hippocrate : on le nommait *Mutinès*. C'était un omme vif et entreprenant, et qui, sous un maître tel qu'Annibal, avait appris toutes les ruses et tous les stratagèmes qu'on peut employer dans la guerre. Avec un corps de Numides que lui donnèrent ses collègues, il parcourut et ravagea les terres des ennemis, prenant soin d'un autre côté d'encourager les alliés et de leur porter à propos du secours pour les retenir dans le parti, de façon qu'en peu de temps il remplit toute la Sicile du bruit de son nom, et devint la ressource la plus assurée de ceux qui favorisaient les Cartaginois. Marcellus s'étant mis en campagne pour arrêter ses courses, Mutinès, sans lui donner le temps de prendre aleine, vint attaquer les Romains jusque dans leur poste, jeta partout l'alarme et l'effroi : et dès le lendemain, leur ayant livré presque un combat en forme, il les obligea de se retirer derrière leurs retranchements, et de s'y tenir renfermés.

Dernière action de Marcellus dans la Sicile : victoire remportée sur Hannon. Liv. lib. 25,

Mais sur ces entrefaites, une sédition s'étant élevée parmi les Numides, dont trois cents abandonnèrent le camp et s'en allèrent dans une ville voisine, Mutinès partit aussitôt pour ramener les séditieux, après avoir recommandé fortement aux deux autres généraux de n'en point venir aux mains avec les ennemis pendant son absence. Ceux-ci, choqués de cet avis, qui leur

paraissait avoir l'air d'un commandement, et d'ailleurs
jaloux de la gloire de Mutinès ; se hâtèrent, pour montrer leur indépendance, d'aller présenter la bataille
aux Romains. Marcellus, qui avait repoussé de devant
Nole Annibal vainqueur, ne put tranquillement se voir
insulté par des gens qu'il avait vaincus sur mer et sur
terre, et ordonna aux siens de prendre au plus tôt les
armes, et de s'avancer en bon ordre contre les ennemis.
Ils ne purent soutenir le choc des Romains, surtout
quand ils se virent abandonnés par leur cavalerie numide, sur laquelle ils comptaient le plus pour la victoire, et qui, partie par un reste du mécontentement
qui avait causé la sédition, partie par attachement pour
Mutinès, que les deux autres généraux affectaient de
mépriser, s'était engagée avec Marcellus à ne point
combattre. Les Carthaginois furent donc bientôt mis
en déroute. On leur tua ou prit un grand nombre de
soldats, et ils perdirent huit éléphants. Ce fut là la dernière action de Marcellus dans la Sicile. Il retourna
vainqueur à Syracuse.

L'année était près de finir. On nomma à Rome pour
consuls Cn. Fulvius Centumalus, et P. Sulpicius Galba
qui n'avait encore exercé aucune magistrature curule.

Je reviens aux faits que j'ai laissés en arrière pour ne
point interrompre le récit des événements de la guerre
de Sicile.

§ III. *Première campagne de Caton. Philippe se*
déclare contre les Romains. Il est battu auprès
d'Apollonie par le préteur M. Valérius. Heureux
succès des Scipions en Espagne. Département
des provinces. Départ des consuls. Dasius Alti-

nius d'Arpi, traître aux Carthaginois comme il l'avait été aux Romains. Horrible cruauté d'Annibal. Fabius reprend la ville d'Arpi. Cent douze cavaliers campaniens se rendent aux Romains. Prise d'Aterne. Grand incendie à Rome. Les deux Scipions font alliance avec Syphax, roi de Numidie. Un officier romain forme une infanterie à Syphax. Traité des Carthaginois avec Gala, autre roi de Numidie. Syphax est défait deux fois coup sur coup par Masinissa, fils de Gala. Les Celtibériens commencent à servir chez les Romains. Pomponius, aussi ignorant général qu'infidèle financier, est battu par Hannon. Nouveautés dans la religion réprimées par l'autorité des magistrats. P. Scipion, édile avant l'âge. Fraude des publicains ou traitants, et entre autres de Postumius, punie sévèrement. Création d'un souverain pontife. Levées faites d'une nouvelle manière. Les ôtages de Tarente, qui s'étaient sauvés de Rome, y sont ramenés et punis de mort. Tarente est livrée par trahison à Annibal. Il attaque inutilement la citadelle, et la laisse bloquée. Origine des jeux apollinaires.

Q. FABIUS MAXIMUS. IV.	An. R. 538.
M. CLAUDIUS MARCELLUS.	Av. J.C. 214.

C'est sous ces consuls que Caton, qui devint dans la suite si célèbre, fit sa première campagne. Il était alors âgé de près de vingt ans. Première campagne de Caton.

Nous avons vu que Philippe, roi de Macédoine, avait Philippe se déclare

contre les
Romains.
Liv. lib. 24,
cap. 40.
fait l'année précédente un traité avec Annibal, dont
l'exécution n'avait été différée que par la prise de ses
ambassadeurs. Il se déclara ouvertement cette année
contre les Romains. Le préteur Valère, qui commandait
une flotte auprès de Brunduse et le long des côtes de la
terre d'Otrante, reçut des députés de la part de ceux
d'Orique, ville d'Épire, qui lui apprirent que ce prince
était venu premièrement sonder Apollonie, après avoir
remonté le fleuve Aoüs avec six-vingts petits bâtiments
à deux rangs; mais qu'ensuite, abandonnant cette entreprise, qui lui paraissait trop longue et trop difficile,
il s'était approché secrètement d'Orique pendant la nuit
avec son armée, et que dès la première attaque il s'était
rendu maître de cette ville, située au milieu d'une
plaine, et qui n'avait ni des murailles assez fortes, ni
des troupes assez nombreuses pour la défendre. Ils
priaient le préteur de leur envoyer du secours pour
repousser des ennemis qui en voulaient assurément aux
Romains, et qui n'avaient attaqué Orique que parce
que cette ville leur paraissait commode par rapport
aux desseins qu'ils avaient sur l'Italie.

Valère ayant confié le soin de garder la côte à
T. Valérius son lieutenant, partit avec sa flotte, qu'il
tenait toute prête et en état d'agir; après avoir embar-
qué sur des vaisseaux de charge ceux de ses soldats que
les galères armées en guerre ne purent contenir; et
s'étant rendu à Orique dès le second jour, il reprit
aisément cette ville, où Philippe, en se retirant,
n'avait laissé qu'une faible garnison.

Il est battu
auprès d'A-
pollonie par
le préteur
M. Valérius.
Les députés d'Apollonie vinrent trouver Valère en ce
lieu, et lui apprirent que Philippe les tenait assiégés, et
cela uniquement parce qu'ils refusaient de se joindre à

lui ; qu'ils n'étaient plus en état de lui résister, à moins
que les Romains, à qui ils demeuraient attachés, ne
leur envoyassent du secours. Les guerres d'Illyrie
avaient donné lieu aux Romains de s'acquérir des
alliés sur toute cette côte. Valère leur promit le secours
qu'ils demandaient ; et sans différer il fit partir sur des
vaisseaux de guerre deux mille soldats, commandés par
Névius Crista, officier brave et fort expérimenté dans
la guerre, avec ordre de se rendre à l'embouchure du
fleuve Aoüs, près duquel était située Apollonie. Névius
mit ses soldats à terre en cet endroit ; et ayant ordonné
aux galères qui les avaient apportés de retourner à
Orique pour se joindre au reste de la flotte, il conduisit
ses soldats, en s'éloignant du fleuve, par un chemin
qui n'était point gardé par les Macédoniens, et entra
de nuit dans la ville, sans qu'aucun des ennemis s'en
aperçût. Ils se tinrent en repos tout le jour suivant.
Névius l'employa à examiner ce qu'il y avait de jeunesse dans Apollonie, ce que la ville d'ailleurs pouvait
fournir d'armes et de troupes réglées. L'état où il trouva
toutes choses lui avait déja donné une pleine confiance,
lorsqu'il apprit de ses coureurs que les Macédoniens
étaient dans une sécurité et dans une indolence incroyables : c'est pourquoi, étant sorti de la ville, sans
tumulte pendant le silence de la nuit, il entra dans le
camp des ennemis, qui se tenaient si peu sur leurs
gardes, que plus de mille hommes avaient pénétré
dans les retranchements avant que personne s'en fût
aperçu ; et s'ils se fussent abstenus de tuer, ils auraient
pu arriver jusqu'à la tente du roi sans trouver aucun
obstacle ; mais les cris de ceux sur qui l'on fit main
basse aux portes éveillèrent enfin les Macédoniens,

qui furent saisis d'un tel effroi, que non-seulement aucun d'eux ne prit les armes, ni ne se mit en devoir de repousser l'ennemi, mais que le roi lui-même, s'enfuyant presque nu comme il s'était trouvé à son réveil, regagna le bord du fleuve et ses vaisseaux dans un état qui devrait faire rougir un simple soldat. Quelle honte pour un roi et pour un général! Toute l'armée courut en foule du même côté.

Il y eut près de trois mille hommes tués ou pris dans le camp; mais le nombre des prisonniers excéda de beaucoup celui des morts. Après que l'on eut pillé le camp des Macédoniens, les Apolloniates firent transporter dans leur ville les catapultes, les arbalètes et les autres machines qui avaient été destinées à battre leurs murailles, dans le dessein de s'en servir pour les défendre dans la suite s'ils se trouvaient jamais exposés au même péril. On abandonna aux Romains tout le reste du butin.

Cette nouvelle ayant été portée à Orique, Valère conduisit aussitôt sa flotte vers l'embouchure du fleuve pour empêcher Philippe de se sauver avec le secours de ses vaisseaux. Ainsi ce prince, ne croyant pas être en état de combattre les Romains ni par terre ni par mer, après avoir mis à sec une partie de ses vaisseaux et brûlé l'autre, se retira par terre en Macédoine avec le reste de ses soldats, dont la plupart avaient perdu leurs armes et leurs bagages. M. Valérius passa l'hiver à Orique avec sa flotte.

En Espagne les Carthaginois, pendant cette même année, remportèrent d'abord quelques avantages; mais ils essuyèrent plusieurs échecs, et perdirent plusieurs batailles, dans lesquelles il y eut de leur part, en les

Heureux succès des Scipions en Espagne. Liv. lib. 24, cap. 42.

réunissant toutes ensemble, plus de quarante-cinq mille 1ommes tués ou pris, outre cinquante élép1ants qui y périrent, et plus de cent cinquante drapeaux qui leur furent enlevés. Cn. Scipion, l'un des deux généraux romains, eut la cuisse percée d'une javeline dans l'une de ces actions. Les Romains, ayant eu de si 1eureux succès, crurent qu'il était 1onteux pour eux de laisser depuis plus de cinq ans au pouvoir des Carthaginois Sagonte, dont la ruine avait été cause de la guerre. Ils en chassèrent la garnison carthaginoise de force; et, ayant repris la ville, ils y rétablirent ceux des anciens 1abitants qu'ils purent ramasser.

Q. FABIUS MAXIMUS.
TI. SEMPRONIUS GRACCHUS.

An. R. 539.
Av. J.C. 213.

Le premier de ces deux consuls était fils du grand Fabius. Ils avaient été nommés l'un et l'autre en leur absence. Quand ils furent arrivés à Rome, on travailla à régler le département des provinces et des troupes, et l'on ordonna la levée de deux nouvelles légions et de vingt mille alliés. Les consuls, après avoir levé ces légions et recruté les autres, songèrent, selon la coutume, à expier les prodiges, dont plusieurs sont, avec raison, qualifiés par Tite-Live de vains fantômes [1], qui font illusion aux yeux et aux oreilles, et qui sont ensuite regardés comme quelque c1ose de réel et de sérieux.

Département des provinces.
Liv. lib. 24, cap. 44.

Après cette cérémonie, les consuls partirent, Sempronius pour la Lucanie, Fabius pour l'Apulie. Le père de celui-ci vint le joindre auprès de Suessule, pour servir sous lui en qualité de lieutenant-général.

Départ des consuls.

---

[1] « Ludibria oculorum auriumque credita pro veris. »

Son fils étant venu au-devant de lui, les licteurs qui le
précédaient, par respect pour l'âge et pour la haute
réputation de ce grand homme, le laissaient avancer à
cheval sans rien dire, et il avait déja passé le onzième.
Son fils, s'en étant aperçu, ordonna au dernier des
licteurs, qui marchait immédiatement devant lui, de
faire son devoir. Alors cet officier, ayant crié au vieillard qu'il eût à mettre pied à terre, il obéit sur-le-
champ; et en s'approchant du consul, *Je voulais*, lui
dit-il, *mon fils, éprouver si vous saviez que vous
êtes consul.*

Dasius Alti-
nius traître
aux Cartha-
ginois
comme il l'a-
vait été aux
Romains.
Liv. lib. 24,
c. 45-47.

Ce fut dans ce camp que Dasius Altinius, de la ville
d'Arpi, vint trouver le consul pendant la nuit, accompagné seulement de trois esclaves, et lui promit de lui
livrer Arpi moyennant une récompense proportionnée
à un tel service. Fabius ayant mis l'affaire en délibération dans le conseil de guerre, quelques-uns étaient
d'avis « qu'après l'avoir fait battre de verges, on lui
« fît trancher la tête, comme à un déserteur et à un
« traître, qui, n'ayant d'autre règle que son intérêt,
« était alternativement l'ennemi des deux nations :
« qu'après la bataille de Cannes, persuadé qu'il fallait
« toujours passer du côté où était la fortune, il s'était
« déclaré pour Annibal, et avait entraîné ses conci-
« toyens dans sa révolte ; qu'à présent voyant, contre
« son espérance et contre ses vœux, que les affaires des
« Romains prenaient un meilleur train, et que la répu-
« blique paraissait se relever de ses pertes, il venait
« offrir à ceux qu'il avait trahis d'abord une nouvelle
« trahison : que son cœur était toujours dans un parti,
« tandis que son corps était dans l'autre ; ennemi aussi
« méprisable qu'infidèle allié : qu'il fallait en faire une

« punition exemplaire, et l'ajouter à celles du maître
« de Faléries et du médecin de Pyrrius, comme une
« troisième leçon pour les traîtres et les perfides qui
« voudraient l'imiter ».

Le père du consul ne fut pas de ce sentiment. Il
disait « que, dans un temps où la guerre était allumée
« de tous côtés, on parlait comme si l'on eût été en
« pleine paix : que, bien loin d'inviter les peuples
« d'Italie à rester dans le parti cartiaginois par une
« sévérité mal placée, il fallait bien plutôt ciercier à
« les ramener à l'alliance des Romains ; que ce serait
« une imprudence de traiter à la rigueur ceux qui vou-
« laient rentrer dans leur devoir : que, s'il était permis
« d'abandonner les Romains, et qu'on n'eût pas la li-
« berté de revenir à eux, il n'était pas douteux que
« Rome serait bientôt sans alliés, et que toute l'Italie
« s'attacherait à Annibal : qu'après tout il n'était pas
« d'avis qu'on se fiât absolument à Altinius : qu'il y
« avait un milieu à prendre dans cette affaire : que,
« sans le regarder pour le présent ni comme ennemi ni
« comme allié, il fallait l'enfermer près du camp dans
« quelque ville sûre et fidèle, où on lui laisserait la
« liberté d'aller et de venir ; que lorsque la guerre serait
« finie, on jugerait lequel était le plus à propos, ou de
« le punir pour sa révolte passée, ou de lui pardonner
« en faveur de son retour actuel ». Tout le monde fut
de l'avis de Fabius. On lui mit des ciaînes à lui et à
ceux qui l'accompagnaient ; et on l'envoya à Calès avec
une grosse somme d'or qu'il avait apportée avec lui, et
qui lui fut gardée bien religieusement. Pendant le jour
il marciait par la ville avec des gardes, qui le renfermaient soigneusement pendant la nuit.

26.

Horrible
cruauté
d'Annibal.
Dès que ceux d'Arpi se furent aperçus de son absence, ils le cherchèrent avec soin, mais inutilement. Comme il était le premier citoyen de la ville, le bruit de son évasion, s'étant bientôt répandu partout, y excita beaucoup de trouble et d'alarme; et la crainte de quelque révolution les engagea à donner avis à Annibal de tout ce qui s'était passé. Cette nouvelle ne lui fit point de peine; car, outre que depuis long-temps il regardait Altinius comme un homme à qui l'on ne pouvait pas se fier sûrement, il trouvait dans sa fuite un prétexte de s'emparer de ses biens, qui étaient très-considérables. Mais, pour faire croire que la colère avait plus de part à sa vengeance que l'avarice, il usa envers sa famille, non-seulement de sévérité, mais encore de cruauté et de barbarie. Il fit venir sa femme et ses enfants dans son camp; et, les ayant fait mettre à la question pour découvrir, premièrement ce qu'était devenu Dasius, et ensuite ce qu'il avait laissé d'or et d'argent dans sa maison, quand il eut été informé de tout il ordonna qu'on les brûlât vifs, ce qui fut exécuté sur-le-champ.

Fabius re-
prend la ville
d'Arpi.
Fabius étant parti de Suessule, forma aussitôt le dessein d'assiéger Arpi. Après en avoir examiné de près la situation et les murailles, il résolut de l'attaquer par un endroit qui, étant le plus fort, était aussi le moins gardé. Il fit un détachement de ce qu'il avait de meilleurs officiers et de plus braves soldats, qu'il chargea d'escalader de nuit le mur par cet endroit, et de rompre ensuite une porte basse et étroite qui donnait sur une rue peu fréquentée, dans une partie de la ville qui était presque déserte. Un orage survint fort à propos pour eux, la pluie, qui commença vers le minuit,

ayant obligé les sentinelles de se mettre à couvert en
abandonnant leurs postes. Le mur fut escaladé, et la
porte rompue. Au premier bruit des trompettes, qui
était le signal dont on était convenu, Fabius fit avancer ses troupes, et entra dans la ville un peu avant le
jour, par la porte qu'il avait fait abattre. Ce fut alors
que les ennemis s'éveillèrent; et déja la pluie finissait
aux approches du jour. La garnison qu'Annibal avait
mise dans Arpi était de cinq mille hommes, auxquels
les habitants avaient joint trois mille de leurs citoyens,
qu'ils avaient armés à leurs dépens. Les Carthaginois,
qui n'étaient pas assurés de leur fidélité, et qui craignaient d'en être attaqués par-derrière, les firent marcher à la tête. On combattit d'abord au milieu des ténèbres et dans des rues étroites, les Romains s'étant
emparés non-seulement des avenues, mais même du
toit des maisons les plus voisines de la porte, pour empêcher que d'en haut on ne les accablât de pierres.
Pendant qu'on en était aux mains, sur quelques reproches que les Romains firent aux habitants d'Arpi de
s'être livrés à une nation étrangère et barbare, ceux-ci
témoignèrent que c'était bien malgré eux, et que leurs
chefs les avaient vendus sans attendre leur consentement. Et bientôt, en conséquence de ces éclaircissements mutuels, le préteur de la ville ayant été conduit
au consul, et ayant tiré de lui parole qu'on oublierait
le passé, les Arpiniens tournèrent tout d'un coup leurs
armes contre les Carthaginois. Dans le même moment,
environ mille Espagnols se rangèrent aussi sous les en-
seignes du consul, sans avoir exigé autre chose de lui
sinon que la garnison carthaginoise aurait toute liberté
de se retirer. On ouvrit aussitôt les portes aux Cartha-

ginois sans leur faire aucun tort, comme on en était
convenu, et ils allèrent trouver Annibal auprès de Salapie. C'est ainsi qu'Arpi rentra sous la puissance des
Romains sans perdre aucun de ses habitants, excepté
celui qui les avait trahis deux fois. On donna aux Espagnols une double paie, et dans la suite ils demen-
rèrent toujours fidèles aux Romains, et leur rendirent
de bons services en beaucoup d'occasions.

Cent douze
cavaliers
campaniens
se rendent
aux
Romains.
Liv. lib. 24,
c. 47.
Dans le temps que les consuls étaient, l'un dans
l'Apulie, l'autre dans la Lucanie, cent douze cavaliers
de Capoue des plus distingués, sous prétexte de vouloir aller piller les terres des ennemis, demandèrent
permission aux magistrats de sortir de la ville; et, dès
qu'ils l'eurent obtenue, ils se rendirent dans le camp
des Romains, auprès de Suessule, où commandait
Cn. Fulvius, préteur, en l'absence du consul Fabius.
Après s'être fait connaître à la garde avancée, ils demandèrent qu'on les conduisît au préteur, à qui ils
avaient à parler d'une affaire importante. Cn. Fulvius,
ayant été informé de leur demande, ordonna que dix
d'entre eux lui fussent amenés sans armes. Lorsqu'ils
lui eurent fait connaître ce qu'ils souhaitaient, qui se
bornait à la restitution de leurs biens quand Capoue
serait rentrée sous la puissance des Romains, il les reçut
tous sous la protection de la république.

Prise
d'Aterne.
Liv. lib. 24,
cap. 47.
Le préteur Sempronius Tuditanus (c'était ce même
Tuditanus qui, la nuit d'après la bataille de Cannes,
se sauva à travers les ennemis, pendant que les autres,
glacés par la crainte, n'osaient sortir du camp) se rendit maître d'Aterne par force. Il y fit plus de mille prisonniers, et y trouva une grande quantité de cuivre et
d'argent monnayés.

Dans ce même temps Rome fut affligée d'un grand incendie, qui continua pendant deux nuits et un jour avec tant de violence, qu'il consuma un grand nombre d'édifices tant sacrés que profanes.

Grand
incendie à
Rome.
Liv. lib. 24,
cap. 47.

Cette même année, les deux Scipions, animés par les avantages considérables qu'ils avaient remportés en Espagne, où ils avaient ajouté de nouveaux alliés aux anciens qu'ils avaient ramenés dans le parti des Romains, portèrent leurs espérances jusque dans l'Afrique. Ayant appris que Syphax, roi d'une grande partie de la Numidie[1], après avoir été ami des Carthaginois, s'était tout d'un coup déclaré contre eux, ils lui envoyèrent en ambassade trois officiers[2], qu'ils chargèrent de faire amitié et alliance avec lui, et de lui promettre que, s'il continuait à faire la guerre contre les Carthaginois, le peuple romain, à qui il rendrait par là un grand service, et eux-mêmes, chercheraient toutes les occasions de lui faire plaisir et de lui témoigner une parfaite reconnaissance. Ce prince barbare reçut l'ambassade avec beaucoup de joie; et, dans un entretien qu'il eut avec les trois députés, tous vieux officiers, sur la manière de faire la guerre, il ne put s'empêcher d'admirer la discipline que les Romains faisaient observer dans leurs armées; et la comparaison qu'il fit de sa méthode avec la leur lui apprit combien il ignorait de choses dans ce métier. «Il leur demanda pour premier «gage de l'amitié et de l'alliance qu'ils venaient lui «offrir, que deux d'entre eux seulement retournassent

Les deux
Scipions font
alliance avec
Syphax, ro
de Numidie.
Liv. lib. 24
cap. 48.

---

[1] La Numidie était une grande contrée d'Afrique, comprise entre la Mauritanie à l'occident, la mer Méditerranée au nord, l'Afrique propre à l'orient, et au midi les déserts de la Libye intérieure.

[2] Trois centurions.

« rendre compte à leurs généraux de leur commission,
« et lui laissassent le troisième pour instruire ses soldats
« dans l'art de combattre à pied, où il avouait que ses
« Numides, assez habiles quand il s'agissait de manier
« un cheval, n'entendaient rien. Il ajouta que, dès la
« première origine de leur nation, leurs ancêtres n'a-
« vaient jamais fait la guerre autrement, et que c'était
« ainsi que lui et ses sujets avaient été formés dès leur
« enfance; mais que, comme il avait un ennemi puissant
« en infanterie, il avait grand intérêt de lui devenir
« égal en cette partie : que les hommes ne lui man-
« quaient pas; qu'il n'était question que de leur donner
« des armes convenables, et de leur apprendre à s'en
« bien servir et à garder leur poste dans la bataille, au
« lieu de se ranger et de combattre au hasard, comme
« ils avaient coutume de faire. » Les ambassadeurs lui
répondirent qu'ils feraient tout ce qu'il souhaitait; mais
ils tirèrent parole de lui qu'il renverrait l'officier qu'ils
lui laissaient, si leurs généraux n'approuvaient pas
qu'il fût demeuré dans ses états.

Un officier romain forme une infanterie à Syphax.
Cet officier s'appelait Q. Statorius. Les deux autres
retournèrent rendre compte de leur ambassade; et Syphax en envoya de son côté pour recevoir la parole et
les engagements des généraux romains. Il les chargea
en même temps d'attirer les Numides qui servaient dans
l'armée des Carthaginois à passer du côté des Romains.
Statorius, de son côté, trouva dans la nombreuse jeunesse de Numidie de quoi former pour Syphax des
compagnies d'infanterie, à qui il apprit à faire l'exercice et toutes les évolutions militaires, à suivre leurs
drapeaux, et à garder leurs rangs aussi facilement que
les Romains mêmes. Enfin il les accoutuma si bien au

travail et à tous les devoirs de la discipline militaire, telle qu'elle se pratiquait dans les armées de la république, que le roi compta bientôt sur son infanterie autant que sur sa cavalerie, et qu'il vainquit même les Carthaginois dans une bataille qu'il leur livra en rase campagne.

Les ambassadeurs de Syphax causèrent aussi en Espagne une révolution très-favorable au parti des Romains : car les Numides, au premier bruit de leur arrivée, passèrent la plupart de leur côté.

Les Carthaginois n'eurent pas plus tôt appris le traité qui venait de se conclure entre Syphax et les Romains, qu'ils envoyèrent des ambassadeurs à Gala, roi de cette autre partie de la Numidie dont les peuples sont appelés *Massiliens*, pour lui demander son alliance et son amitié. Gala avait un fils nommé *Masinissa*, âgé seulement de dix-sept ans, mais qui, dans une si grande jeunesse, faisait déja éclater des vertus dont on pouvait se promettre qu'il laisserait à ses descendants un royaume plus opulent et plus étendu qu'il ne l'aurait reçu de ses pères. Les députés des Carthaginois firent entendre à Gala « que Syphax ne s'était joint aux Ro-
« mains qu'afin de se fortifier de leurs secours contre
« les autres rois et les autres nations de l'Afrique ; qu'il
« était donc de l'intérêt de Gala de s'unir au plus tôt
« avec les Carthaginois : qu'avant que Syphax passât
« en Espagne, ou les Romains en Afrique, il était aisé
« de prévenir et d'accabler le premier, qui n'avait en-
« core alors tiré des Romains que le nom de leur allié ».

Ils n'eurent pas de peine à persuader à Gala de lever une armée, que Masinissa fut chargé de conduire à leur secours, et qui, s'étant jointe aux légions de Carthage,

Traité des Carthaginois avec Gala, roi d'une autre partie de la Numidie. Id. lib. 24, cap. 49.

Syphax est défait deux fois coup sur coup par Masinissa, fils de Gala.

vainquit Syp1ax dans un grand combat, dans lequel il
y eut trente mille 1ommes tués sur la place. Syp1ax,
avec un petit nombre de cavaliers, se retira c1ez les
Maurusiens, qui 1abitaient aux extrémités de l'Afrique,
le long de l'Océan, près du détroit de Gibraltar. Là,
un grand nombre de barbares, au bruit de son nom,
s'étant rendus de toutes parts auprès de lui, il forma
promptement un corps d'armée considérable. Mais Masinissa, pour ne lui pas donner le temps de reprendre
1aleine ou de passer èn Espagne, dont il n'était séparé
que par un petit bras de mer, l'atteignit bientôt avec
son armée victorieuse. Ce fut là que par ses seules forces,
et sans le secours des Cart1aginois, il continua la guerre
contre Syphax avec beaucoup de gloire.

Les Celtibé-
riens
commencent
à servir chez
les Romains. Il ne se passa rien de mémorable en Espagne, si ce
n'est que les généraux romains attirèrent sous les ensei-
gnes la jeunesse des Celtibériens [1], en leur promettant
les mêmes avantages que leur faisaient les Cart1aginois.
Ils envoyèrent aussi plus de trois cénts Espagnols des
plus distingués en Italie, pour débauc1er, s'ils le pouvaient, ceux de leur nation qui portaient les armes
contre Annibal. Jusqu'à cette année les Romains, selon
Tite-Live, n'avaient jamais employé dans leurs armées
de soldats mercenaires : les Celtibériens furent les premiers qui y servirent en cette qualité [2].

Liv. lib. 25,
cap. 1. Pendant que les c1oses que je viens d'exposer se
passaient en Afrique et en Espagne, Annibal demeura

---

[1] La Celtibérie faisait partie de
l'Espagne tarragonaise. Ces peuples
habitaient sur la droite de l'Èbre.
Numance était une de leurs principales villes.

[2] Freinshémius rapporte, d'après
Polybe et Zonaras, que des Gaulois,
dans la première guerre punique,
furent reçus à la solde des Romains.

dans le territoire de Tarente, occupé de l'espérance de
se rendre maître de cette ville par la traïison de ses
ıabitants. Quelques places fort peu connues se rendirent
à lui.

Dans le même temps, des douze peuples du Brutium
qui avaient prís le parti d'Annibal quelques années auparavant, ceux de Consence et de Thurium, qui est
l'ancienne Sybaris, rentrèrent dans l'amitié des Romains. Leur exemple aurait été suivi d'un plus grand
nombre, sans la défaite que s'attira par sa témérité
L. Pomponius Veientanus, préfet des alliés [1]. Il avait été
financier avant que de s'engager dans le métier de la
guerre. Quelques avantages qu'il remporta sur les ennemis dans des fourrages, au pays des Brutiens, lui ayant
enflé le cœur, il se regarda comme un général consommé. Ayant donc ramassé quelques troupes à la ıâte,
il eut l'audace d'aller présenter la bataille à Hannon,
qui lui tua ou lui prit grand nombre d'ıommes, tant
paysans qu'esclaves, aussi peu capables de discipline
que leur cıef. La moindre perte qu'on fit en cette occasion fut celle du commandant lui-même, qui, étant
demeuré prisonñier, porta la peine d'une entreprise
insensée et d'une infinité de dommages qu'il avait çausés
à l'état et à ses associés [2], par ses fraudes, ses rapines,
et toutes sortes de vôies injustes.

La longueur de la guerre, dont les troubles font négliger ordinairement le soin de la police, avait introduit un si grand cıangement dans l'esprit des Romains,
et tellement altéré la religion de leurs ancêtres par le

Pomponius,
aussi igno-
rant général
qu'infidèle
financier, est
battu par
Hannon.
Liv. lib. 25,
cap. 1.

Nouveautés
dans la reli-
gion ré-
primées par
l'autorité des
magistrats.
Liv. lib. 25,
cap. 1.

---

[1] C'était un grade militaire égal
à celui de tribun dans les légions.
[2] « Et tùm temerariæ pugnæ au-
ctor; et anté publicanus, omnibus
malis artibus, et reipublicæ et socie-
tatibus infidus damnosusque.» (Liv.)

mélange de plusieurs cérémonies étrangères, qu'il semblait, dit Tite-Live, que les hommes et les dieux fussent
devenus tout autres qu'ils n'étaient auparavant. Une
foule de devins et de sacrificateurs sans titre et sans
autorité, accoutumés à s'enrichir par un gain aussi
facile qu'illicite, aux dépens d'une populace aveugle et
crédule, avaient rempli les esprits de vaines supersti-
tions. Les gens de bien avaient long-temps murmuré
en secret contre cet abus. Il fut porté à un tel excès,
qu'enfin le sénat fut obligé de charger le préteur M. Atilius d'y mettre ordre. Ce magistrat ordonna, par un
édit qui fut publié dans l'assemblée du peuple, « que
« quiconque avait entre ses mains des formules de pré-
« dictions, de prières ou de sacrifices par écrit, eût à
« les lui remettre avant le premier d'avril; et défendit
« à toute personne, de quelque condition qu'elle pût
« être, de sacrifier en aucun lieu public ou sacré, avec
« des cérémonies nouvelles et étrangères. »

P. Scipion
édile avant
l'âge.
Liv. lib. 25,
cap. 2.

Cette année, P. Cornélius Scipion, surnommé depuis
l'Africain, fut créé édile curule. Lorsqu'il se présenta
pour demander cette charge, les tribuns du peuple
s'opposèrent à sa nomination, apportant pour raison
qu'il n'avait pas l'âge compétent pour l'exercer. Il répondit hardiment : *Si tous les citoyens veulent me
nommer édile, j'ai assez d'âge.* Sur-le-champ toutes
les tribus lui donnèrent leurs suffrages avec tant de zèle
et d'unanimité, que les tribuns se désistèrent aussitôt
de leur opposition. Scipion n'avait alors que vingt-un
ans. Je marquerai tout à l'heure quel était l'âge requis
pour parvenir aux grandes charges.

Les édiles curules firent célébrer pendant deux jours
les jeux Romains avec autant de magnificence qu'il était

possible en ce temps-là, et distribuèrent pour ciaque
rue un conge d'1uile, c'est-à-dire cinq livres et quatorze onces à peu près.

Les édiles plébéiens accusèrent plusieurs dames ro-
maines devant le peuple pour cause de mauvaise conduite. Il y en eut quelques-unes qui furent condamnées
et envoyées en exil.

L'élection de P. Scipion pour l'édilité est racontée
autrement par Polybe, et je crois devoir rapporter ici
ce qu'il en dit.

Polyb. l. 10,
pag. 578.

Lucius Scipion, frère aîné, selon cet auteur, de celui
dont il s'agit, demandait l'édilité curule. D'abord Publius n'osait pas demander cette ciarge conjointement
avec son frère, de peur de lui nuire ou de paraître
vouloir entrer en lice contre son aîné, ce qui était
contre la bienséance et contre son intention. Mais,
quand le temps des assemblées approcia, faisant réflexion d'un côté que le peuple ne penciait pas beaucoup en faveur de Lucius, et de l'autre qu'il en était
lui-même fort aimé, il pensa que le seul moyen de procurer l'édilité à son frère était de la demander avec lui.
Pour faire entrer sa mère dans ce sentiment (car il
n'avait qu'elle seule à gagner, leur père étant alors en
Espagne), il s'avisa de cet expédient. Elle se donnait
beaucoup de mouvement pour son aîné; elle allait tous
les jours de temple en temple solliciter les dieux en sa
faveur, et leur offrait de fréquents sacrifices. Il est remarquable que les païens, dans toutes leurs entreprises,
particulières ou publiques, s'adressaient à la Divinité
pour en obtenir le succès. Publius l'alla trouver, et lui
dit que déja deux fois il avait eu le même songe: qu'il
lui semblait qu'ayant été créés édiles, son frère et lui,

ils étaient revenus tous deux de la place au logis ; qu'elle
était venue au-devant d'eux jusqu'à la porte, et qu'elle
les avait tendrement embrassés. Un cœur de mère ne
put être insensible à ces paroles : *Puissé-je*, s'écria-
t-elle, *puissé-je voir un si beau jour! Voudriez-vous
ma mère, que nous fissions une tentative?* repartit
Scipion. Elle y consentit, ne s'imaginant pas que tout
cela fût sérieux. C'en fut assez pour Scipion. Il donna
ordre qu'on lui fît une robe blanche, telle qu'avaient
coutume de la porter ceux qui demandaient les charges ;
et, un matin que sa mère était encore au lit, il se revêt
pour la première fois de cette robe, et se présente en
cet état sur la place. Le peuple, qui dès auparavant le
considérait et lui voulait du bien, fut agréablement
surpris d'une démarche si extraordinaire. Publius s'a-
vance au lieu marqué pour les candidats, et se met à
côté de son frère. Tous les suffrages se réunissent non-
seulement en sa faveur, mais encore en faveur de son
frère, à sa recommandation. Ils retournent au logis.
La mère est avertie de ce qui venait d'arriver ; transportée de joie, elle vient à la porte recevoir ses deux
fils, et vole entre leurs bras pour les embrasser. Le
prétendu songe de Scipion, que sa mère eut grand soin
de publier, ne contribua pas peu, selon Polybe, par
l'heureux et prompt succès dont il fut suivi, à le faire
regarder dans la suite comme un homme favorisé et
même inspiré des dieux, et nous verrons que de son
côté il travailla à fortifier les Romains dans cette pensée.

Quoi qu'il en soit de la manière dont P. Scipion fut
fait édile, il est certain qu'il n'avait alors que vingt-un
à vingt-deux ans, puisque, trois ans après, quand il fut
envoyé pour commander en Espagne, il n'en avait que

Liv. lib. 25,
cap. 18.

vingt-quatre. Les lois annales, c'est-à-dire qui marquaient le nombre des années nécessaires pour entrer
dans les charges, n'étaient pas encore en usage ; mais
dès-lors on ne pouvait être nommé à aucune magistra- Polyb. l. 6,
ture avant que d'avoir fait dix campagnes, et par con- pag. 466.
séquent avant vingt-sept ans, car on ne commençait
à servir qu'à dix-sept. L'année de Rome 572, sous le Liv. lib. 40,
consulat d'A. Postumius Albinus et de C. Calpurnius cap. 44.
Pison, un tribun du peuple nommé L. *Villius* porta
une loi qui marquait les années où l'on 'pouvait demander et obtenir les charges curules, car il ne s'y
agissait que de celles-là. Selon Manuce, l'âge pour
l'édilité curule était trente-sept ans, pour la préture
quarante, pour le consulat quarante-trois.

Q. FULVIUS FLACCUS. III.
APPIUS CLAUDIUS PULCHER.

An. R. 540.
Av. J.C. 212.

Q. Fulvius avait été deux fois consul et censeur dans
l'intervalle entre la première et la seconde guerre punique, et avait géré la préture deux fois depuis l'entrée
d'Annibal en Italie. Claudius était celui qui avait commandé en Sicile avant et sous Marcellus. La république
mit sur pied cette année vingt-trois légions, c'est-à-
dire deux cent vingt-sept mille hommes.

Il s'excita à Rome un grand trouble à l'occasion de Fraude des
M. Postumius Pyrgensis, publicain, ou, pour parler publicains
ou fermiers-
notre langage, financier, qui n'avait pas son pareil généraux, et
entre autres
pour l'avarice et la fraude, excepté ce Pomponius dont de Postumius, punie
il a été fait mention. Nous avons parlé plus haut du sévèrement.
marché fait par la république avec des gens d'affaires Liv. lib. 25,
cap. 3, 4.
pour fournir aux armées d'Espagne toutes les provisions
nécessaires, et nous avons vu qu'une des conditions de

ce marché était que la république prendrait sur son compte les pertes qui pouvaient arriver par la violence des tempêtes. Cette convention avait donné lieu à deux sortes de friponneries. Ils avaient supposé de faux naufrages; et les véritables qu'ils avaient annoncés, c'était eux-mêmes qui les avaient procurés, car, ayant chargé sur des vaisseaux vieux et délabrés des marchandises de vil prix et en petite quantité, ils les avaient submergés après avoir sauvé les matelots sur des esquifs préparés à dessein. Ensuite ils avaient fourni de faux dénombrements d'un grand nombre d'effets considérables.

Le préteur M. Atilius, informé de cette fraude, l'avait dénoncée au sénat dès l'année précédente. Mais, comme dans les conjonctures présentes on voulait ménager les gens de finances, on n'avait pas jugé à propos de rendre un décret contre eux. Le peuple se montra plus sévère à leur égard. Deux frères, tribuns du peuple, Spurius et Lucius Carvilius, indignés d'une malversation si odieuse et si infame, accusèrent Postumius, et conclurent à ce qu'il fût condamné à une amende de deux cent mille as [1], c'est-à-dire dix mille livres. Le jour où il devait comparaître pour se défendre étant venu, il parut devant le peuple assemblé en si grand nombre, que la place du Capitole pouvait à peine le contenir. Sa cause fut plaidée. Les esprits étaient si mal disposés, que la seule espérance qui lui restât fut que C. Servilius Casca, l'un des tribuns du peuple, son proche parent, s'opposât aux conclusions de ses collègues avant que les tribus allassent aux voix. Les témoins ayant été entendus, les tribuns firent écarter

---

[1] « Ducentûm millium æris multam dixerunt. » = 10,250 fr. — L.

la foule, et l'on allait tirer au sort pour savoir quelle tribu donnerait son suffrage la première. Cependant les accusés pressaient Casca de congédier l'assemblée en se déclarant en leur faveur, et en s'opposant à la demande de ses collègues. Casca était dans un grand embarras, partagé entre la crainte de voir condamner son parent, et la ıonte de défendre une si mauvaise cause. Les traitants, voyant qu'ils avaient peu à espérer de sa protection, pour exciter quelque trouble qui empêcıât la décision de cette affaire, s'avancèrent avec leur escorte dans l'espace qui était resté vide par la retraite de la multitude, disputant ıautement contre les tribuns, et contre le peuple même. On était près d'en venir aux mains, lorsque le consul, s'adressant aux tribuns : *Ne voyez-vous pas*, leur dit-il, *qu'on méprise votre autorité, qu'on vous fait violence, et que, si vous ne congédiez promptement l'assemblée, la sédition va éclater?*

Dès que le peuple se fut retiré par l'ordre des tribuns, on assembla le sénat, à qui les consuls exposèrent le tumulte que l'audace des publicains avait excité parmi le peuple pour l'empêcıer de donner son suffrage. Ils représentèrent « que Camille, dont l'exil avait entraîné « la ruine de la ville, avait souffert que ses citoyens « prononçassent contre lui une condamnation injuste ; « qu'avant lui les décemvirs, par les lois desquels « Rome se gouvernait encore actuellement, et dans la « suite plusieurs autres Romains des premiers de la « république, avaient souffert de même avec soumission « les jugements que le peuple avait rendus contre eux : « que Postumius seul avait employé la violence pour « ôter à ses citoyens la liberté des suffrages : qu'il avait

« fait cesser l'assemblée du peuple, foulé aux pieds l'au-
« torité des tribuns, attaqué le peuple à la tête d'une
« troupe de séditieux rangés comme en bataille ; que,
« si l'on n'avait point combattu, si l'on n'avait point
« répandu de sang, on n'en était redevable qu'à la
« retenue et à la patience des magistrats, qui avaient
« cédé pour le présent à l'audace d'un petit nombre
« de furieux prêts à mettre tout en feu ».

Les plus gens de bien ayant parlé à peu près dans
les mêmes termes, et le sénat ayant déclaré par un
arrêt que la conduite des publicains, en cette circonstance, avait été une rébellion attentatoire à l'ordre
public, et d'un pernicieux exemple, les tribuns abandonnèrent aussitôt l'amende pécuniaire dont ils s'étaient
contentés d'abord, et, ayant pris contre l'accusé de
nouvelles conclusions qui allaient à l'exil, ils ordonnèrent en attendant au licteur de se saisir de la personne
de Postumius, et de le conduire en prison, s'il ne donnait des cautions qui s'obligeassent de le représenter en
temps et lieu. Postumius donna des cautions, mais il
ne comparut point au jour marqué ; ce qui fit que le
peuple, sur le réquisitoire des tribuns, ordonna que,
si Postumius ne se présentait pas avant le premier jour
de mai, et qu'ayant été cité il ne comparût pas, ni
personne pour lui, il fût dès-là tenu pour exilé, ses
biens vendus au profit de la république, et que *l'eau
et le feu lui fussent interdits*. Il n'y avait point à Rome
de loi qui condamnât nommément un citoyen à l'exil ;
mais lui *interdire l'eau et le feu*, sans lesquels on ne
peut pas conserver la vie, c'était le condamner effectivement à l'exil, en l'obligeant d'aller chercher ailleurs ce
qui lui était refusé dans sa patrie.

Une punition exemplaire de cette sorte, réitérée de temps en temps, arrêterait bien des injustices et des voleries, que l'impunité nourrit et entretient au mépris des lois et du bien public.

Après que Postumius eut été condamné, tous ceux qui avaient eu part au tumulte et à la sédition furent ajournés l'un après l'autre, et sommés de donner des cautions. D'abord ceux qui n'avaient point de caution à donner, et ensuite ceux même qui pouvaient en fournir, furent traînés en prison. La plupart, pour éviter ce péril, s'en allèrent volontairement en exil. Voilà quelle fut l'issue de la fraude des traitants, et de l'audace qui entreprit de la défendre.

Ensuite on tint des assemblées pour créer un souve-rain-pontife en la place de P. Cornélius Lentulus, qui était mort peu auparavant. Il se présenta trois con-currents qui demandaient cette place avec beaucoup d'ardeur et de vivacité : Q. Fulvius Flaccus, actuelle-ment consul pour la troisième fois, et ancien censeur ; T. Manlius Torquatus, qui avait aussi été deux fois consul, et censeur ; et P. Licinius Crassus, qui était sur le point de demander l'édilité curule. Ce dernier, tout jeune qu'il était, l'emporta sur ses compétiteurs malgré leur âge avancé et les charges qu'ils avaient exercées. On serait curieux d'apprendre les raisons de cette préférence : peut-être n'y en avait-il point d'autre que le caprice du peuple. La personne de l'élu était pourtant digne de l'honneur d'un tel choix, comme il paraîtra par la suite de l'histoire. Depuis six-vingts ans Crassus était le seul, excepté P. Cornélius Calussa, qui eût été créé grand - pontife avant que d'avoir possédé aucune magistrature curule.

Création d'un souve-rain-pontife.

Levées faites
d'une nou-
velle
manière.

Les consuls trouvaient de grandes difficultés à achever les levées. Il n'y avait point assez de jeunesse pour
recruter les anciennes légions, et former les nouvelles
que l'on voulait mettre sur pied. Le sénat, sans les
dispenser de continuer ce soin de leur côté, fit créer
un double triumvirat; et ces commissaires eurent ordre
de parcourir les bourgs et les villes d'Italie, les uns
l'espace de cinquante milles (près de vingt lieues) autour de Rome, et les autres au-delà de cette étendue,
et d'examiner avec soin tout ce qui se trouverait de
jeunesse dans chaque canton. Ils devaient enrôler tous
ceux qui leur paraîtraient assez forts pour porter les
armes, quoiqu'ils n'eussent pas encore l'âge marqué
par les lois. On pria les tribuns du peuple de proposer,
s'ils le jugeaient à propos, une loi en vertu de laquelle
les campagnes de ceux qui se seraient enrôlés avant
l'âge de dix-sept ans leur seraient comptées du jour de
leur engagement, comme s'ils étaient entrés dans le
service à dix-sept ans ou au-dessus. Les triumvirs
firent les levées dont ils étaient chargés.

Les ôtages
de Tarente,
qui s'étaient
sauvés de
Rome, y sont
ramenés, et
punis de
mort.
Liv. lib. 25,
cap. 7.

Il y avait déja long-temps que les Romains craignaient autant la révolte des Tarentins qu'Annibal
avait lieu de l'espérer, lorsqu'un événement dont Rome
même fut le théâtre en hâta l'exécution. Philéas, citoyen de Tarente, était à Rome sur le pied d'envoyé,
et il n'y avait pas beaucoup d'occupation. C'était un
homme d'un caractère inquiet, et qui souffrait impatiemment le repos dans lequel son talent lui paraissait
enseveli. Il trouva le moyen d'être introduit auprès des
ôtages que les Tarentins avaient donnés à la république,
et que l'on gardait à Rome dans le vestibule du temple
de la Liberté. On ne les veillait pas avec beaucoup de

soin, parce qu'il n'était ni de leur intérêt ni de celui de leur patrie de tromper les Romains. Dans plusieurs conversations qu'il eut avec eux, il leur persuada enfin de se sauver; et ayant corrompu deux de ceux qui avaient les clefs des portes du temple, il les tira à l'entrée de la nuit du lieu où ils étaient enfermés, et s'enfuit avec eux. Dès que le jour parut, le bruit de leur évasion se répandit dans la ville. On envoya sur-le-champ après eux des gens qui les joignirent à Tarracine, c'est-à-dire à quinze ou seize lieues de Rome, et les y ramenèrent. On les traita avec la dernière rigueur; et après qu'ils eurent été battus de verges dans la place publique, ils furent précipités du haut du roc Tarpéien. Le peuple romain, dans une si prompte et si cruelle punition, ne consulta que sa colère et le désir de se venger[1], qui sont de mauvais conseillers, et n'écouta point la raison. Celle-ci agit lentement : elle pèse et examine tout; elle laisse lieu à la réflexion et au repentir; elle ne punit qu'à regret; et quand elle y est contrainte, elle proportionne la peine au crime. La colère est brusque, violente, injuste; elle n'écoute rien, et ne suit que son premier mouvement, qui lui est inspiré par la passion. La révolte de deux puissantes villes d'Italie dut faire sentir aux Romains le tort qu'ils avaient eu d'user d'une telle sévérité.

Une punition si atroce irrita extrêmement les Tarentins. Plusieurs des plus qualifiés de la ville formèrent

Tarente est livrée par trahison à

---

[1] « Cupidine atque irâ, pessimis consultoribus, grassari.» (SALLUST. in *Bell. Jugurth.*)

« Ira sibi indulget, et libidine judicat, et audire non vult. Ratio utrique parti locum dat et tempus... ut excutiendæ spatium veritati habeat. Ratio id judicari vult, quod æquum est : ira id æquum videri vult, quod judicavit.» (SEN. *de Ira*, lib. 1, cap. 16.)

Annibal. Il
attaque inu-
tilement la
citadelle, et
la laisse blo-
quée.
Liv. lib. 25,
cap. 8-11.
Polyb. l. 8,
p. 529, etc. ensemble une conspiration pour la livrer à Annibal. Ils
furent long-temps à prendre les mesures nécessaires
pour faire réussir leur dessein. Les Carthaginois enfin
furent reçus de nuit dans la ville, pendant que le commandant de la garnison romaine, qui se nommait *Livius*,
enseveli dans le vin, dormait profondément et tranquillement. La plupart des Romains se sauvèrent dans la
citadelle. Elle était, dans la plus grande partie de son
circuit, entourée des eaux de la mer en forme de presqu'île, et, dans le reste, bordée de rochers fort hauts,
et fermée d'un mur et d'un large fossé du côté de la
ville. Annibal jugea bien qu'il ne lui serait pas possible
de s'en rendre maître par force et en l'assiégeant dans
les formes. Ainsi, pour ne point tomber dans l'inconvénient ou de renoncer à de plus grandes entreprises
en restant pour défendre les Tarentins, ou de les laisser
exposés aux hostilités des Romains, il résolut de séparer la ville de la citadelle par un retranchement qu'ils
ne pussent forcer. L'ouvrage avança extrêmement en
peu de temps, surtout depuis que les Romains, ayant
fait une sortie sur les travailleurs, furent repoussés
avec une perte considérable. Les Carthaginois depuis
continuèrent leurs travaux sans obstacle. Ils creusèrent
un fossé large et profond, sur le bord duquel ils élevè-
rent de leur côté une bonne palissade. La citadelle était
déja attaquée par des machines et des ouvrages de
toute espèce, lorsque le secours qui vint par mer de
Métaponte aux Romains leur donna la hardiesse d'attaquer tout d'un coup les travaux des ennemis pendant
la nuit. Ils en brûlèrent une partie, et renversèrent le
reste.

Annibal, ayant assemblé les principaux des Taren-

tins, leur exposa les difficultés de l'entreprise. La citadelle, dominant sur l'embouciure du port, laissait la
mer libre à ceux qui y étaient enfermés, au lieu que la
ville ne pouvait recevoir de provisions par mer, et les
assiégeants avaient plus à craindre de la famine que les
assiégés eùx-mêmes. Il fit donc comprendre aux Tarentins « qu'il n'était pas possible de prendre d'assaut une
« citadelle si bien fortifiée : qu'il n'était pas plus aisé
« de s'en rendre maître par un siége régulier, tant que
« les ennemis seraient maîtres de la mer; que, s'il avait
« des vaisseaux avec lesquels il pût empêcier les con-
« vois qui leur viendraient, il les réduirait bientôt à
« abandonner la place ou à se rendre ». Les Tarentins
convenaient de tout, mais ils ne voyaient pas comment
ils pouvaient mettre leurs galères en pleine mer tant
que les ennemis seraient maîtres de l'entrée du port,
dans lequel ils les tenaient comme bloquées.

Annibal avait un grand principe; c'est que souvent
ce qui est impossible pour les iommes ordinaires n'est
que difficile pour ceux qui savent mettre en œuvre les
ressources de la patience et de l'industrie[1]. Il fit ici usage
de son principe. On ramassa par son ordre, de tous
côtés, des ciarrettes que l'on joignit les unes aux autres; on fabriqua des maciines propres à tirer les vaisseaux iors de la mer; on élargit et l'on aplanit les
ciemins, afin que les voitures pussent passer plus facilement et plus vite; on se pourvut d'iommes et de
bêtes de ciarge en aussi grand nombre qu'il en fallait
pour une telle entreprise. La grande rue traversait
toute la ville, et allait du port jusqu'à la pleine mer, à

[1] « Multa quæ impedità naturà sunt, consilio expediuntur. » (Liv.)

l'autre extrémité. Ce fut par là qu'il fit transporter les galères sur des chariots. L'ouvrage fut commencé et poursuivi avec tant de zèle et d'ardeur, qu'au bout de quelques jours on vit une flotte bien équipée faire le tour de la citadelle, et mouiller l'ancre à l'embouchure même du port. Annibal, après avoir mis les affaires de Tarente eu cet état, retourna dans ses quartiers d'hiver.

LIVRE DIX-SEPTIÈME.

§ I. *Féries latines. Temps où les consuls entraient en charge. Origine des jeux apollinaires. Les consuls forcent le camp d'Hannon près de Capoue. Ceux de Métaponte et de Thurium se rendent à Annibal. Les consuls se préparent à assiéger Capoue. Flavius, préteur des Lucaniens, trahit Gracchus, son ami et son hôte. Les consuls reçoivent un échec devant Capoue. Combat singulier de Crispinus, Romain, avec Badius, Campanien. Combat des consuls et d'Annibal avec un avantage égal. M. Centénius Pénula défait par Annibal. Capoue assiégée dans les formes. Le siége est vivement poussé par les deux proconsuls. Annibal vient au secours de Capoue; après un rude combat il se retire. Il marche contre Rome pour faire diversion. Le proconsul Fulvius reçoit ordre de venir avec ses troupes pour défendre Rome. Grande alarme parmi le peuple. Annibal campe près du Téveron. On se prépare à une bataille. Un furieux orage empêche à deux reprises qu'elle ne se donne. Annibal, mortifié par deux événements singuliers, se retire dans le fond du Brutium. Fulvius retourne à Capoue. Capoue réduite au désespoir. La garnison écrit à Annibal, et lui fait de vifs reproches. Délibération du sénat de Capoue. Discours éloquent de Vibius Virius. Plusieurs sénateurs se donnent la mort. Enfin Capoue se rend. Punition rigoureuse des sénateurs et des habitants. Mort de Tauréa Jubellius. Sagesse de la conduite du peuple romain, qui se détermine à ne point raser Capoue.*

An. R 540.
Av. J. C. 212.

Q. FULVIUS. III.

AP. CLAUDIUS.

Liv. lib. 25,
cap. 1.

Les féries latines retinrent les consuls et les préteurs à Rome jusqu'au vingt-sixième d'avril. Ayant achevé ce jour-là les sacrifices accoutumés sur le mont Albain, ils partirent pour se rendre chacun dans leur département.

Féries latines.
Dionys. l. 4,
pag. 250.

Je crois avoir déja marqué quelque part que la solennité des féries latines était de l'institution de Tarquin-le-Superbe. Il l'avait établie pour cimenter de plus en plus l'union entre les Latins et les Romains. Quarante-sept peuples avaient part à cette fête. Leurs députés s'assemblaient chaque année au jour que marquaient les consuls sur le mont Albain dans un temple dédié à Jupiter Latiaris, et ils y offraient un sacrifice commun, qui était un taureau, dont on donnait ensuite une portion à chacun des députés. Tout était égal entre eux, si ce n'est que le président était Romain. La fête ne durait d'abord qu'un jour. On y en ajouta un second après l'expulsion des rois; un troisième, quand le peuple, qui s'était retiré sur le mont Sacré, revint dans la ville; un quatrième enfin, lorsque les disputes excitées du temps de Camille, entre le sénat et le peuple, au sujet du consulat, furent apaisées. Le consul ne partait point pour la campagne ou pour sa province qu'il n'eût célébré cette fête.

Plut.
iu Camillo,
pag. 151.

L'époque du temps où les consuls entraient en charge a fort varié. Pour ne point parler des temps plus anciens, où les variations furent assez fréquentes, on voit, l'année de Rome 364, les tribuns militaires, qui tenaient la place et avaient l'autorité des consuls, entrer en charge aux calendes, c'est-à-dire au premier de juillet. Il paraît que cet usage dura jusqu'aux consuls M. Claudius Marcellus et Cn. Cornélius Scipion, qui, suivant les preuves alléguées par Sigonius et par Pighius, ne peuvent pas être entrés en charge avant les ides ou le 15 de mars, an de Rome 530, peu de temps avant la seconde guerre punique. Et ce jour est marqué dans Tite-Live pour celui de la prise de possession du consulat, l. XXII, n. 1. Enfin il fut fixé aux calendes, c'est-à-dire au premier jour de janvier, sous les consuls Fulvius Nobilior et T. Annius Luscus, l'an de Rome 599.

Temps où les
consuls en-
traient en
charge.

Sur les prétendues prédictions d'un célèbre devin nommé Marcius, on établit à Rome les jeux apollinaires, qui furent célébrés dans le grand cirque. Les citoyens assistèrent à ces jeux, la couronne sur la tête; les dames romaines visitèrent tous les temples; les citoyens mangèrent en public, chacun devant la porte de sa maison; et ce jour fut célébré avec toutes les cérémonies de religion les plus pompeuses, et avec beaucoup de réjouissances.

Origine des
jeux
apollinaires.
Liv. lib. 25,
cap. 12.

Pendant qu'Annibal était aux environs de Tarente, les deux consuls étaient dans le Samnium, occupés des

Les consuls
forcent le
camp

d'Hannon
près de
Capoue.
Liv. lib. 25,
cap. 13, 14.

préparatifs du siége de Capoue ; et, quoiqu'ils n'eussent
pas encore investi cette ville, cependant, parce qu'ils
avaient empêché les habitants de faire leurs semailles,
elle ressentait déja les effets d'une famine qui n'est ordinairement que la suite d'un long siége. Les Campaniens
envoyèrent donc des députés à Annibal, pour le prier
de faire porter des blés des lieux circonvoisins dans
Capoue, avant que les consuls missent leurs légions
en campagne, et qu'ils se fussent rendus maitres de
tous les chemins. Hannon, qu'Annibal avait chargé de
ce soin, ayant ramassé promptement une grande quantité de blé, fit avertir les Campaniens du jour où ils
devaient venir enlever ces provisions, leur ordonnant
de ramasser de toutes parts dans la campagne le plus
de voitures et de bêtes de charge qu'il serait possible.
Mais les Campaniens firent paraître en cette occasion
leur paresse et leur nonchalance ordinaire. Ils n'envoyèrent qu'environ quatre cents charrettes, avec un
petit nombre de bêtes de somme. Hannon les répri-
manda fortement, et leur reprocha que la faim, qui
réveille les bêtes mêmes, n'avait pu les tirer de leur
assoupissement et de leur indolence naturelle. Il leur
indiqua un autre jour pour transporter le reste des
provisions.

Les consuls, qui étaient à Bovianum, en ayant été
avertis, Fulvius partit de nuit avec ses troupes. Les
Romains arrivèrent un peu avant le jour au camp des
ennemis, où ils avaient appris que régnaient le trouble
et la confusion. Ils y jetèrent tant d'effroi et de consternation, que, s'il eût été placé dans une rase campagne, il aurait été pris infailliblement dès la première
attaque. La hauteur du terrain escarpé de toutes

parts, aidée des retranchements qu'on y avait faits, le
défendit. Quand le jour fut venu, il se livra un combat
assez opiniâtre. La valeur obstinée des Romains surmonta tous les obstacles. Ils arrivèrent par plusieurs
endroits jusqu'au fossé et jusqu'aux retranchements;
ce qui ne put être exécuté sans qu'il y eût un grand
nombre de soldats tués ou blessés. Le consul, effrayé
de cette perte, songeait à quitter l'entreprise. Les officiers et les soldats n'y purent consentir. Il fut obligé de
se rendre à leurs cris et à leur ardeur. Aussitôt les
Romains recommencèrent l'attaque avec un nouveau
courage, et se jetèrent à l'envi dans le camp des ennemis, au milieu des traits qu'on lançait sur eux de toutes
parts. Il fut pris en un moment, comme s'il eût été
dans une plaine et sans retranchements. Depuis ce
moment, ce fut plutôt un carnage qu'un combat. Les
Romains tuèrent six mille Carthaginois, en prirent
plus de sept mille avec les fourrageurs campaniens, et
tout ce qu'ils avaient amené de chariots et de bêtes de
charge. Ils reprirent outre cela tout le butin qu'Hannon
avait enlevé sur les terres des alliés du peuple romain.

Les deux consuls, s'étant rendus l'un et l'autre à Bénévent, vendirent ou partagèrent le butin. Ceux qui
s'étaient signalés à la prise du camp furent récompensés.
Hannon, de Cominium, où il était occupé à ramasser
des blés, et où il apprit la défaite de ses gens, s'enfuit
dans le pays des Brutiens avec un petit nombre de fourrageurs qui se trouvaient avec lui.

Les Campaniens, de leur côté, ayant appris la défaite de leurs compatriotes et de leurs alliés, députèrent
vers Annibal pour lui apprendre « que les deux con-
« suls étaient du côté de Bénévent, à une journée de

Capoue de-
mande du
secours à
Annibal.
Liv. lib. 25,
cap. 15.

« Capoue : qu'ainsi les Campaniens étaient près de voir
« l'ennemi à leurs portes et devant leurs murailles ;
« que, s'il ne venait promptement à leur secours, les
« Romains se rendraient maîtres de Capoue plus vite
« et plus aisément qu'ils n'avaient pris Arpi : qu'il ne
« devait pas s'occuper tellement du dessein de s'em-
« parer de la citadelle de Tarente , qu'il négligeât
« Capoue, qu'il avait coutume d'égaler à Cartiage,
« et l'abandonnât sans défense à la vengeance des Ro-
« mains ». Annibal leur promit qu'il aurait soin de mettre
Capoue en sûreté. En attendant il envoya avec les députés deux mille iommes pour empêcier les ravages
que les armées ennemies faisaient sur les terres des
Campaniens.

La citadelle de Tarente secourue de vivres.

Les Romains cependant, qui savaient se partager
entre toutes les affaires sans en négliger aucune, songeaient à défendre la citadelle de Tarente. Ils firent
entrer dans le port, à travers les ennemis, quelques
vaisseaux ciargés de vivres. Ce secours vint fort à propos, et rendit le courage aux assiégés. La garnison avait
été fortifiée depuis peu par les soldats qu'on avait tirés
de Métaponte , et qu'on avait fait entrer dans la citadelle. Annibal manda de Sicile une flotte pour leur
couper les vivres. Elle ferma à la vérité tous les passages
du côté de la mer ; mais, en séjournant trop long-temps
dans le même lieu, elle affamait ses amis encore plus
que ses ennemis. Enfin , l'année suivante , les vaisseaux
carthaginois se remirent en mer, et leur retraite fit plus
de plaisir à la ville de Tarente que leur arrivée ne lui
en avait causé. Mais le soulagement que les Tarentins
reçurent de leur départ fut peu considérable, parce que

Liv. lib. 26, cap. 20.

les provisions cessèrent de venir dans la ville dès que le secours de la mer lui manqua.

Les Métapontins n'étant plus retenus par la crainte de la garnison romaine, qui avait été transportée, comme nous venons de le dire, dans la citadelle de Tarente, livrèrent sur-le-champ leur ville à Annibal. Ceux de Thurium en firent autant; et ce qui les engagea principalement les uns et les autres à prendre ce parti, fut le ressentiment qu'ils avaient contre les Romains, à cause du supplice cruel des ôtages tarentins.

Ceux de Métaponte et de Thurium se rendent à Annibal.

Les consuls firent passer leurs troupes de Bénévent dans les terres de la Campanie, non-seulement pour y faire le dégât des blés qui étaient déja grands, mais dans le dessein d'assiéger Capoue. Ils comptaient de rendre leur consulat célèbre par la prise d'une ville si opulente, et de faire cesser la honte et les reproches que semblaient mériter les Romains pour laisser depuis près de cinq ans impunies la révolte et la trahison d'un peuple si voisin de Rome. Mais, ne voulant point laisser Bénévent sans défense, et d'ailleurs étant bien aises de se fortifier contre la cavalerie d'Annibal, s'il venait au secours de Capoue, ils ordonnèrent à Ti. Gracchus de passer de la Lucanie à Bénévent avec sa cavalerie et ses soldats armés à la légère, et de laisser quelqu'un de ses lieutenants à la tête de ses légions pour maintenir la Lucanie dans le devoir.

Les consuls passent dans la Campanie.

Gracchus se préparait à exécuter cet ordre des consuls lorsqu'une trahison lui en ôta le moyen avec la vie. Le traître se nommait Flavius, chef de cette partie des habitants du pays qui tenait pour les Romains pendant que le reste avait embrassé le parti d'Annibal : il était pour-lors préteur. Cet homme, ayant tout d'un coup

Flavius, préteur des Lucaniens, trahit Gracchus, son ami et son hôte. Liv. lib. 25, cap. 16.

conçu le dessein de changer de parti, crut que, pour
gagner la faveur d'Annibal, ce n'était pas assez de lui
offrir sa personne avec tous ses partisans, s'il ne scellait
le traité qu'il voulait faire avec lui du sang de son général et de son hôte. Il convint de tout avec Magon,
et promit de lui amener Gracchus dans un lieu écarté.
Ensuite le perfide vient trouver Gracchus, et lui dit
« qu'il avait ébauché une entreprise de la dernière im-
« portance, mais que, pour la conduire à une heureuse
« fin, il était nécessaire que Gracchus lui-même y en-
« trât pour sa part : qu'il avait persuadé aux préteurs
« de tous les peuples lucaniens qui, dans ce mouvement
« presque général de toute l'Italie, s'étaient déclarés
« pour Annibal, de rentrer dans l'alliance et dans
« l'amitié des Romains ; qu'il leur avait fait observer
« que la fortune de la république, qui avait paru
« abîmée à la bataille de Cannes, reprenait le dessus
« de jour en jour, au lieu que celle d'Annibal tom-
« bait insensiblement en décadence, et que ses troupes
« étaient presque réduites à rien : qu'ils devaient compter
« sur la clémence des Romains, quand ils reviendraient
« à eux par un repentir sincère ; que jamais nation
« n'avait été si facile et si portée à pardonner les in-
« jures : que c'étaient là les raisons dont il s'était servi
« pour les persuader : qu'ils s'y étaient rendus ; mais
« que, pour plus d'assurance, ils étaient bien aises de
« les entendre de la propre bouche de Gracchus, et
« d'avoir sa parole afin d'en faire le rapport à leurs
« compatriotes. Il ajouta qu'il leur avait donné rendez-
« vous dans un lieu à l'écart, qui n'était pas fort éloigné
« du camp des Romains ; que, s'il voulait se donner la
« peine de s'y rendre, l'affaire serait bientôt terminée,

« et que par un ıeureux traité toute la Lucanie ren-
« trerait sous la puissance des Romains ».

Graccıus trouva tant de vraisemblance dans le projet
qui lui était proposé, que, sans soupçonner ni la conduite de Flavius de mauvaise foi, ni son discours d'artifice, il partit de son camp avec ses licteurs et un petit
nombre de cavaliers, et alla se précipiter dans les embûches qu'un perfide ami lui avait préparées. Il n'y fut
pas plus tôt arrivé, que les ennemis sortirent du lieu
où ils s'étaient tenus cacıés, et l'accablèrent de traits,
lui et ceux de sa suite. Alors ce général, étant sauté en
bas de son cıeval, exıorta les siens, qui en avaient fait
autant, à faire au moins une fin glorieuse. Il leur dit
« qu'entre les deux seuls partis qu'ils avaient à prendre,
« c'était à eux de cıoisir et de voir s'ils aimaient mieux
« se laisser égorger comme un troupeau de bêtes sans
« se venger, ou, en s'armant d'une noble fureur, et
« méprisant la mort, qui désormais était inévitable,
« aller, tout couverts du sang de leurs ennemis, expirer
« sur des monceaux d'armes et de corps immolés à une
« juste vengeance; qu'ils tâcıassent surtout de percer le
« perfide Flavius ». Tout en parlant ainsi, il enveloppa
son bras gaucıe avec les bouts de sa casaque (car ils
n'avaient pas même apporté de boucliers avec eux), et
fondit avec impétuosité sur les ennemis. Le courage
céda au nombre, et il fut percé de coups. Magon envoya aussitôt le corps de Graccıus à Annibal, et le fit
mettre devant la tente de ce général avec ses faisceaux
qui avaient été pris en même temps.

Les consuls, étant entrés sur les terres de la Campanie, commencèrent à piller tout le plat pays, et à
faire le dégât aux environs de Capone. Les Campaniens,

Les consuls
reçoivent un
échec devant
Capoue.

ayant fait sur eux une sortie, secondés de Magon et de la cavalerie carthaginoise, leur donnèrent tellement l'épouvante, qu'ils rappelèrent au plus vite leurs soldats, et se retirèrent en désordre, après en avoir perdu plus de quinze cents. Cet avantage remplit d'une orgueilleuse confiance les Campaniens, naturellement fiers et arrogants : en sorte qu'ils ne cessaient de harceler les Romains; mais le mauvais succès du combat engagé témérairement avait rendu les consuls plus attentifs et plus précautionnés.

Combat singulier de Crispinus, Romain, avec Badius de Capoue. Liv. lib. 25, cap. 16.

Un événement peu considérable en lui-même ne servit pas peu à rabattre l'audace des Campaniens, et à relever le courage des Romains : tant il est vrai que dans la guerre les plus petites choses ont souvent de grandes suites! T. Quintius Crispinus, Romain, était lié avec un Campanien nommé Badius, et par les droits de l'hospitalité et par une amitié étroite qui en était la suite. Ce qui avait encore contribué à en resserrer les nœuds, c'est que Badius étant tombé malade à Rome chez Quintius avant la révolte de Capone, il avait reçu de lui tous les secours qu'on peut attendre d'un bon et généreux ami. Ce Badius, voyant les troupes des Romains campées devant les murailles de Capone, s'avança jusqu'aux premiers corps-de-garde, et demanda à haute voix qu'on lui fît venir Crispinus. Celui-ci, ayant été averti, crut que Badius voulait lui parler comme à un ancien ami, et s'avança avec des dispositions pacifiques, conservant, malgré la rupture entre les deux nations, le souvenir d'une liaison personnelle et particulière. Quand Badius vit qu'il était à portée de l'entendre : « Je vous défie au combat, dit-il à Crispinus. Montons « à cheval, et voyons qui de vous ou de moi fera pa-

« raitre plus de courage. » Crispinus, qui ne s'attendait à rien moins, lui répondit « que l'un et l'autre
« ils avaient assez d'ennemis contre qui ils pouvaient
« éprouver leur valeur et leurs forces. Pour moi,
« ajouta-t-il, quand je vous rencontrerais par hasard
« dans la mêlée, je me détournerais pour ne point
« souiller mes mains du sang de mon ami et de mon
« hôte » ; et il se mettait en devoir de retourner dans le
camp. Alors Badius, plus fier qu'auparavant, commença
à traiter de crainte et de lâcheté cette modération et
cette honnêteté de Crispinus, en l'accablant de reproches que lui seul méritait. « Tu feins, disait-il, de vou-
« loir épargner ma vie, parce que tu sais bien que tu
« n'es pas en état de défendre la tienne contre moi.
« Mais, si tu crois que la guerre, qui a rompu l'al-
« liance des deux peuples, n'a pas suffisamment aboli
« toutes nos liaisons particulières, apprends que Badius
« de Capone renonce solennellement à l'amitié de Titus
« Crispinus, Romain. Je prends à témoin de ma décla-
« ration les soldats des deux armées qui m'entendent. Je
« ne veux plus avoir rien de commun avec un homme
« qui est venu attaquer ma patrie et mes dieux pénates,
« tant publics que particuliers. Si tu as du cœur, viens
« combattre. »

Crispinus, peu sensible à toutes ces vaines et frivoles
incartades, fut long-temps sans vouloir accepter le défi ;
et ce ne fut que sur les instances vives et réitérées de
ses camarades, qui lui remontraient combien il était
honteux de souffrir que le Campanien l'insultât impunément, qu'enfin il l'accepta. Mais, avant toutes
choses, sachant que tout combat particulier lui était
interdit par les lois de la discipline, il alla demander

28.

à ses généraux s'ils voulaient bien lui permettre de combattre 1ors de rang contre un ennemi qui le défiait; ce qui lui fut accordé sans peine.

Alors, muni d'un pouvoir légitime, il prend ses armes, monte à cieval ; et ayant appelé Badius par son nom, il lui déclare qu'il est prêt à se battre contre lui. Badius se présente sur-le-ciamp. Ils n'eurent pas plus tôt poussé leurs cievaux l'un contre l'autre, que Crispinus perça l'épaule gauc1e de Badius d'un coup dè lance qui passa au-dessus de son bouclier. Cette blessure ayant fait tomber le Campanien de dessus son cieval, le vainqueur sauta en bas du sien, et se jeta sur son ennemi pour ac1ever sa victoire en combattant à pied. Mais Badius, lui abandonnant son bouclier et son cieval, s'enfuit, et regagna le corps de son armée. Crispinus retourna vers les Romains avec le cieval et les armes du vaincu ; et, leur montrant ces dépouilles 1onorables, et sa lance ensanglantée, il alla se présenter aux consuls au milieu des cris de joie et des applaudissements de tous les soldats, et il reçut de ses généraux les éloges et les récompenses qui étaient dues à sa valeur.

Y a-t-il un seul lecteur à qui le récit que je viens de faire n'ait inspiré une estime particulière mêlée d'une sorte de tendresse pour la sagesse et la modération de Crispinus, qui respecte dans un ancien ami et un ancien 1ôte des titres et des droits auxquels lui-même a renoncé ; qui souffre patiemment qu'on lui fasse à la tête de deux armées les reproc1es outrageants de timidité et de lâc1eté, auxquels les gens de guerre sont pour l'ordinaire infiniment sensibles ; et qui ne croit point que, même dans un tel cas, il lui soit permis de faire usage de ses armes, s'il n'est autorisé par ses généraux? D'une autre part, a-t-on pu ne pas détester la féroce brutalité de Badius à qui un désir forcené de gloire fait oublier les droits d'une amitié intime, et les liaisons qui font la plus grande douceur de la vie? Mais que faut-il donc penser de nos duellistes, qui, foulant aux pieds les ordonnances des princes et la loi de Dieu même, se croient obligés, par un faux point d'honneur inconnu chez tous les païens, de tremper leurs mains dans le sang de leur meilleur ami pour un mot qui lui sera échappé, mal à propos peut-être, dans un repas ou dans la compagnie d'amis familiers, avec lesquels on parle avec moins de circonspection et de retenue? Exposer sa vie pour la défense de l'état et de son prince, c'est une action de la plus haute générosité; mais braver la mort par une vanité ridicule pour tomber mourant entre les mains d'un Dieu irrité et tout-puissant, c'est une folie, ou plutôt une frénésie si prodigieuse, qu'il n'y a point de plus grande preuve de l'aveuglement des hommes que d'avoir pu attacher de la gloire à une action si insensée.

Cependant Annibal venait au secours de Capone; et s'étant avancé jusqu'auprès de cette ville, dès le troisième jour il mit ses troupes en bataille, bien persuadé que les Romains, vaincus quelques jours auparavant par les Campaniens, auraient encore bien plus de peine à le soutenir lui et son armée victorieuse. Au commencement du combat, l'armée romaine, accablée des traits que lui lançait la cavalerie ennemie, commençait à plier; mais les consuls, ayant ordonné à la leur de fondre sur les ennemis, réduisirent toute

Combats des cousuls et d'Aunibal avec un avantage égal. Liv. lib. 25, cap. 19.

l'action à un combat de cavalerie. Les choses étaient en
cet état quand l'armée de Sempronius, conduite par le
questeur Cn. Cornélius, ayant été aperçue de loin, fit
croire aux deux partis que c'était un nouvel ennemi
qu'ils allaient avoir sur les bras. Ainsi les deux armées,
comme de concert, firent retraite, et retournèrent chacune
cune dans leur camp sans avoir aucun avantage l'une
sur l'autre.

Dès la nuit suivante, les consuls, pour obliger Annibal
bal à s'éloigner de Capoue, s'en allèrent chacun de leur
côté, Fulvius vers Cumes, et Appius du côté de la
Lucanie. Le lendemain Annibal, ayant appris que les
consuls avaient abandonné leur camp et s'étaient retirés
rés de divers côtés, après avoir été quelque temps incertain
certain du parti qu'il prendrait se détermina enfin à
suivre Appius. Ce général lui fit faire bien des tours;
puis, lui ayant dérobé sa marche, il retourna à Capone
par un autre chemin.

M.Centé-
nius Pénula
défait par
Annibal.
Liv. lib. 25,
cap. 19.
Annibal s'en consola par l'occasion qu'il eut en ces
lieux de remporter un avantage sur un corps considérable
rable de troupes romaines. M. Centénius, surnommé
Pénula, ancien centurion fort estimé, et qui avait
quitté le service, s'étant fait présenter au sénat, demanda
manda qu'on le mît à la tête de cinq mille hommes. Il
promit que, connaissant parfaitement et le caractère
de l'ennemi, et le pays où l'on faisait actuellement la
guerre, il ne serait pas long-temps sans rendre à la république
publique quelque service important; il ajouta qu'il
emploierait contre Annibal lui-même les ruses et les
artifices dont le Carthaginois s'était servi jusqu'à ce
jour pour faire tomber dans ses filets les généraux et

les armées des Romains. Cette promesse [1] fut crue aussi légèrement qu'elle était faite avec témérité ; comme s'il n'y avait aucune différence entre le mérite d'un simple officier et les talents d'un général ! Au lieu de cinq mille 1ommes qu'il avait demandés, on lui en accorda 1uit mille ; et, plusieurs s'étant joints à lui pendant sa marc1e, il arriva dans la Lucanie avec le double des forces qu'il avait en partant de Rome. Ce fut là qu'il trouva Annibal, qui s'y était arrêté après avoir inutilement poursuivi le consul Appius. Dès que les deux armées furent en présence, elles firent paraître une pareille ardeur d'en venir aux mains. La partie n'était point égale. D'un côté Annibal pour commandant, de l'autre un simple centurion : d'un côté des soldats vétérans, qui comptaient leurs campagnes par leurs victoires ; de l'autre de nouvelles milices, levées à la 1âte et mal armées. Cependant, malgré une si grande inégalité, le combat dura plus de deux 1eures, les Romains ayant fait des efforts de valeur extraordinaires tant qu'ils eurent Centénius à leur tête ; mais, comme il s'exposait sans se ménager aux traits des ennemis, non-seulement pour soutenir la réputation qu'il avait acquise par le passé, mais encore pour éviter la 1onte dont il aurait été couvert à l'avenir s'il eût survécu à une défaite qui ne pouvait être imputée qu'à sa témérité, il trouva bientôt la mort qu'il c1erc1ait, et dans le moment les Romains lâc1èrent pied. Annibal sut si bien leur fermer les c1emins en les faisant investir de tous côtés par sa cavalerie, que d'une si grande multitude il s'en sauva à

---

[1] « Id non promissum magis stolidè, quam stolidè creditum : tanquam eædem militares et imperatoriæ artes essent. »

peine mille : tout le reste périt ou dans la bataille, ou dans la déroute.

Peu de temps après, et dans un canton assez voisin, Annibal remporta encore un semblable avantage sur deux légions romaines commandées par le préteur Cn. Fulvius. Pareille témérité de la part des Romains fut suivie d'un pareil succès. La seule différence bien remarquable dans cette seconde action, c'est que Fulvius, qui ne ressemblait nullement à Pénula pour la bravoure, fut des premiers à prendre la fuite, et eut grand soin de sauver sa personne, sans trop s'embarrasser de ce que devenaient ses soldats. Ceux qui restèrent de ces deux défaites furent envoyés en Sicile pour y servir aux mêmes conditions que les débris échappés de la bataille de Cannes. Fulvius, de retour à Rome, fut condamné par le peuple, comme nous le raconterons dans la suite.

AN. R. 541.
AV. J. C. 211.

CN. FULVIUS CENTUMALUS.
P. SULPICIUS GALBA.

Capoue assiégée dans les formes. C'est proprement dans cette année que le siége de Capoue fut poussé par les Romains avec une vivacité, ou, pour mieux dire, avec un acharnement qui a peu d'exemples. Pour mieux concevoir l'intérêt qui animait les Romains dans cette entreprise, il faut se souvenir de la manière dont les Campaniens, qui avaient avec eux une très-ancienne alliance, en avaient usé à leur égard. Les premières défaites des Romains par Annibal avaient déja beaucoup ébranlé leur fidélité : l'échec reçu à Cannes acheva de la renverser entièrement. Ils crurent la puissance des Romains ruinée absolument et sans retour par la perte de cette bataille. Flattés

d'une folle espérance de leur succéder dans l'empire
de l'Italie, ils tournèrent du côté d'Annibal ; et, non
contents d'abandonner leurs anciens alliés dans leurs
disgraces, ils ajoutèrent la cruauté à la perfidie, et firent
mourir inhumainement tous les Romains qui se trouvèrent dans leur ville. Leur exemple fut comme le signal
de la rébellion pour la plupart des autres peuples d'Italie, qui quittèrent pareillement les Romains, et se donnèrent au vainqueur.

Il est aisé de juger quel ressentiment les Romains
conçurent d'une trahison si noire dans toutes ses circonstances, et dont les conséquences leur avaient été si
funestes. Aussi, dès qu'ils se virent un peu au-dessus
de leurs affaires, ils résolurent d'assiéger Capone, et de
ne point lâcher prise qu'ils ne s'en fussent rendus maîtres, et n'en eussent tiré une vengeance éclatante.

Q. Fulvius Flaccus et Ap. Claudius Pulcher avaient
commencé le siége pendant leur consulat, et ensuite
le commandement leur avait été continué sous le titre
de proconsuls pour terminer cette importante entreprise. Outre l'intérêt public, leur honneur personnel
y était intéressé, et ils faisaient tous les efforts possibles
pour la conduire à une prompte et heureuse fin. Ils
assiégeaient Capone avec trois armées : car Claudius
Néron était venu par leur ordre se joindre à eux, ame-
nant les troupes qu'il commandait près de Suessule.

Les assiégés, de leur côté, qui avaient sans cesse
devant les yeux l'indigne traitement qu'ils avaient fait
aux Romains, et celui qu'ils en devaient attendre à
leur tour, se défendaient avec courage, soutenus d'une
forte garnison carthaginoise, qu'Annibal avait laissée
dans leur ville sous deux commandants, Bostar et

Le siége est
vivement
poussé par
les deux
proconsuls.
Liv. lib. 26,
.cap. 4.

Hannon. Ils faisaient de fréquentes et de vives sorties, dans lesquelles, beaucoup inférieurs pour les combats de pied, ils avaient presque toujours l'avantage du côté de la cavalerie, qui était le faible des Romains. Ceux-ci, souffrant avec peine cette inégalité qu'ils ne pouvaient se dissimuler, imaginèrent un moyen d'y remédier en partie. Ils choisirent, dans les légions, des jeunes gens dispos et légers, qu'ils accoutumèrent à monter derrière les cavaliers en croupe, et à en descendre promptement au premier signal. Ils leur donnèrent des boucliers plus petits qne ceux des cavaliers, et à chacun sept javelots longs de quatre pieds, qui avaient une lame de fer si fine et si mince qu'elle se courbait et se faussait aisément, en sorte que le trait une fois lancé ne pouvait plus être utile aux ennemis, ni être renvoyé contre ceux qui s'en étaient servis les premiers. Quand on en vint aux mains avec la cavalerie ennemie, ces armés à la légère, sautant tout d'un coup de cheval, lancèrent tous ensemble leurs javelots l'un sur l'autre contre les chevaux et les cavaliers de Capone; de sorte qu'un corps qui paraissait tout cavalerie, fit naître pour ainsi dire tout d'un coup une infanterie à laquelle les Campaniens ne s'attendaient point. Cette attaque imprévue jeta le trouble parmi les ennemis; la cavalerie romaine acheva de les mettre en désordre, et les poursuivit jusqu'aux portes de la ville. Depuis ce temps les Romains devinrent supérieurs pour la cavalerie, comme ils l'avaient toujours été pour les troupes de pied.

Aunibal vient au secours de Capoue : après uu rude   Capoue commençait à être réduite à l'extrémité : la famine s'y faisait sentir très-vivement; le peuple et les esclaves manquaient presque absolument de pain. Anni-

bal était actuellement occupé à trouver des moyens de
s'emparer de la citadelle de Tarente, lorsqu'il reçut un
courrier de Capone qui lui apprit que les Campaniens
ne pouvaient plus tenir contre les Romains, s'il ne
venait à leur secours. Le désir de prendre la citadelle
de Tarente fit balancer quelque temps Annibal [1] ; mais
enfin l'intérêt de Capone l'emporta. Il voyait tous les
peuples d'Italie, tant alliés qu'ennemis, attentifs à en
tirer exemple, selon l'événement bon ou mauvais qu'aurait la révolte des Campaniens. Ayant donc laissé chez
les Brutiens une grande partie de ses bagages et tout le
corps de ses troupes pesamment armées, il ne prit avec
lui que l'élite de son infanterie et de sa cavalerie, qui
était en état de faire beaucoup de diligence, et s'avança
à grandes journées vers Capone. Il se fit pourtant suivre
de trente-trois éléphants.

Quand Annibal fut arrivé près de Tifate, il s'arrêta
sur une hauteur qui commandait Capone. De là il fit
avertir les assiégés de son arrivée, et les engagea à faire
une sortie générale par toutes les portes de la ville en
même temps qu'il attaquerait le camp des Romains. Le
combat fut rude : les lignes même d'abord furent for-
cées en partie, et le proconsul Appius reçut une dangereuse blessure. Mais les Romains se défendirent avec
tant de vigueur, qu'enfin Annibal et les Campaniens
furent également repoussés. Cette action, selon quelques auteurs, leur coûta fort cher.

combat, il
se retire.
Liv. lib. 26,
cap. 5, 6.

---

[1] « Quum in hoc statu ad Capuam
res essent, Annibalem diversum ta-
rentinæ arcis potiundæ Capuæque
retinendæ trahebant curæ. Vicit tamen respectus Capuæ, in quam omnium sociorum hostiumque conver-
sos viderat animos, documento fu-
turæ, qualemcumque eventum de-
fectio ab Romanis habuisset. » (Liv.)

Annibal
marche con-
tre Rome,
pour faire
diversion.
Liv. lib. 26,
cap. 7.

Le général cartiaginois, voyant qu'il ne pouvait ni engager les Romains à un nouveau combat, ni forcer leurs lignes pour entrer dans la ville, ne s'opiniâtra point à une entreprise qui ne pouvait lui réussir. Il n'abandonna pas néanmoins encore le soin de Capoue; et, pour la délivrer, il forma un dessein digne de son courage. Il résolut de marcier brusquement vers Rome, ne désespérant pas, dans une première surprise, de s'emparer de quelque quartier de la ville; ou, en tout cas, il se promettait que le danger de la capitale obligerait les généraux romains de lever le siége de Capone, pour accourir avec toutes leurs troupes au secours de leur patrie. Si, pour continuer le siége, ils partageaient leurs troupes, il se flattait que leur affaiblissement pourrait faire naître aux assiégés ou à lui-même quelque occasion de les battre.

Il ne lui restait qu'une inquiétude; c'est que les Campaniens, perdant toute espérance lorsqu'ils le verraient parti, ne se rendissent aux Romains. Pour obvier à cet inconvénient, il engage, à force de présents, un Numide à se ciarger d'une lettre, à se rendre dans le camp des Romains comme transfuge, et de là à passer dans Capoue. La lettre, adressée aux Campaniens, portait « qu'il n'avait pris le parti de se retirer et de « marcier vers Rome que pour leur bien, et pour forcer « les Romains de lever le siége, dans la nécessité où ils « seraient d'aller secourir leur patrie : qu'ils ne perdis- « sent point courage, qu'une patience de quelques jours « les mettrait pour toujours en repos et en sûreté ». Il prit des vivres pour dix jours; et, ayant fait préparer bon nombre de barques, il fit passer de nuit le Vulturne à son armée.

Dès qu'on fut averti à Rome qu'Annibal était en marche, le sénat s'assembla sur-le-champ. Il y eut trois avis. Un sénateur, qui se nommait *P. Cornélius Asina,* voulait que l'on rappelât tous les généraux et toutes les armées répandues dans les différentes parties de l'Italie pour venir défendre Rome. Fabius, aussi intrépide dans les grands dangers que circonspect pour les prévenir, s'opposa fortement à cet avis. Il représenta «qu'il « serait honteux de quitter Capoue et de prendre l'alarme « aux moindres mouvements d'Annibal : qu'il était hors « de toute apparence qu'un général qui n'avait osé se « présenter devant Rome après la victoire qu'il avait « remportée à Cannes pût se flatter de s'en rendre maître « après avoir été repoussé de devant Capoue ; que son « dessein n'était pas d'assiéger Rome, mais de délivrer « la place actuellement assiégée : que, pour lui, il « croyait que ce qu'il y avait de troupes dans la ville « suffisait pour la défendre». Un troisième avis, qui tenait le milieu entre les deux autres, proposé par P. Valérius Flaccus, l'emporta. Ce fut de faire venir Fulvius à Rome avec une partie des troupes qui étaient devant Capone, pendant que son collègue, avec le reste de l'armée, continuerait le siége. Dès que les ordres du sénat furent arrivés dans le camp, Fulvius se mit en marche avec un corps d'élite, qui montait à quinze mille hommes de pied et mille chevaux. Il savait qu'Annibal avait pris sa route par la voie Latine : il prit la sienne par la voie Appia, après avoir envoyé ordre à toutes les villes municipales qui étaient sur sa route ou aux environs de tenir des vivres prêts sur son passage. Les soldats, pleins d'allégresse et de courage, s'entre-

Le proconsul Fulvius reçoit ordre de venir avec ses troupes pour défendre Rome.
Liv. lib. 26, cap. 8.

exıortaient à doubler le pas, en se souvenant qu'ils allaient défendre leur patrie commune.

Grande alar-
me parmi
le peuple.
Liv. lib. 26,
cap 9. Cependant Annibal approcıait, et la frayeur redoublait dans la ville sur les différents bruits qui s'y répandaient, souvent sans fondement, et toujours au-delà du vrai. Les dames romaines remplissent tous les temples, et, baignées de larmes, prosternées au pied des autels, tendant les mains vers le ciel, elles implorent le secours des dieux. Les sénateurs se rangent tous auprès des magistrats dans la place publique, toujours prêts à les aider de leurs conseils dans les événements imprévus qui peuvent se présenter d'un moment à l'autre. Ceùx qui sont en état de servir de leurs personnes viennent s'offrir aux consuls. On distribue les troupes aux portes, autour des murs, au Capitole, dans la citadelle, et mêmè ıors de Rome sur le mont Albain, et sur la ıauteur d'Ésule du côté de Tibur (*Tivoli*).

Pendant ce mouvement général, arrive le proconsul Fulvius. C'était l'usage que les proconsuls perdaient leur autorité et le droit du commandement au moment qu'ils mettaient le pied dans la ville. Pour affrancıir Fulvius de cette loi, le sénat lui attribua une autorité égale à celle des consuls. Il entra avec son armée par la porte Capène [1], traversa les Carines et les Esquilies, et alla camper entre la porte Esquiline et la porte Colline. Sa présence rassura un peu les esprits.

Annibal
campe près
du Téveron.
Liv. lib. 26,
cap. 10. Dans le même temps Annibal vint camper près du Téveron, à trois milles, c'est-à-dire environ à une lieue de la ville. De là il s'avance avec deux mille cıevaux depuis la porte Colline jusqu'au temple d'Hercule, et, allant de côté et d'autre, il examine d'aussi près qu'il

[1] On peut consulter la carte du plan de Rome (*Atlas*).

peut les murs et la situation de la ville. Flaccus regarda comme une insulte qu'il osât se promener si tranquillement à la vue et si près de Rome. Il envoya contre lui un détachement de cavalerie pour l'écarter des murs et le faire rentrer dans son camp. Comme il s'engagea une action entre ces deux corps de cavalerie, les consuls firent passer à travers la ville douze cents Numides transfuges qui étaient sur le mont Aventin, les jugeant plus propres que d'autres à combattre au milieu des vallons, des jardins et des sépulcres. La multitude alors crut que ces Numides étaient des ennemis qui s'étaient emparés du mont Aventin. L'alarme fut si grande, que tout le peuple se serait jeté précipitamment hors de la ville, si la crainte des Carthaginois campés près des murailles ne l'eût arrêté. Ne pouvant faire mieux, chacun se retira dans sa maison, et du haut des toits se mit à jeter des pierres sur ces transfuges numides comme sur des ennemis. On ne pouvait apaiser le tumulte ni détromper le peuple en lui découvrant l'erreur, parce que les rues étaient remplies de gens de la campagne, qui, dans la subite frayeur où les jeta le premier bruit de l'approche d'Annibal, s'y étaient réfugiés en foule avec tous leurs troupeaux. Heureusement les Romains eurent l'avantage dans le combat de cavalerie, et ils obligèrent les ennemis à se retirer. Comme d'un moment à un autre il s'élevait des tumultes en différents quartiers de la ville, le sénat, pour y apporter un plus prompt remède, donna autorité et droit de commandement à tous ceux qui avaient été dictateurs, consuls, ou censeurs. Le reste du jour et la nuit suivante furent extrêmement tumultueux.

Le lendemain Annibal, ayant passé le Téveron, pré-

Ou se pré-
pare à une
bataille. Un
furieux
orage empè-
che à deux
reprises
qu'elle ne se
donne.
Liv. lib. 26,
cap. 11.

senta la bataille aux Romains. Les consuls et Fulvius
ne reculèrent pas. Chacun se disposait à bien faire son
devoir dans un combat dont Rome devait être le prix,
lorsqu'un violent orage, mêlé de pluie et de grêle, jeta
un si grand trouble dans les deux armées, que de part
et d'autre les soldats, ayant eu bien de la peine à retenir leurs armes, et ne s'occupant de rien moins que
de l'ennemi, se sauvèrent à la hâte dans leur camp. A
peine y étaient-ils rentrés, que le temps redevint calme
et serein. La même chose étant encore arrivée le jour
suivant, Annibal crut qu'il y avait quelque chose de
surnaturel dans cet événement; et, selon Tite-Live, il
s'écria que les dieux lui avaient refusé *tantôt la volonté, tantôt le pouvoir de prendre Rome*[1]. C'était une
pensée répandue généralement, et chez les Romains et
chez leurs ennemis, que la Providence veillait d'une
manière particulière a la conservation de Rome; et
l'on ne se trompait point.

Annibal,
mortifié par
deux événe-
ments singu-
liers, se re-
tire, et passe
chez les
Brutiens.

Deux choses achevèrent de déconcerter Annibal. La
première, c'est qu'il apprit que, pendant qu'il était
campé à une des portes de Rome, on en avait fait
sortir par une autre des recrues pour l'armée d'Espagne; la seconde, moins importante en soi, mais plus
piquante pour lui, c'est qu'il sut que le champ où il
était campé venait de se vendre à Rome, sans que pour
cela on eût rien diminué du prix. Ce dernier trait lui
fut fort sensible; et il fut si indigné qu'il se fût trouvé à
Rome quelqu'un assez hardi pour acheter un champ
occupé actuellement par son armée, qu'il fit mettre

[1] « Audita vox Annibalis fertur, *potiundæ sibi urbis Romæ modò mentem
non dari, modò fortunam.* »

aussi à l'encan les boutiques d'orfévres qui étaient autour de la place publique de Rome.

Après cette bravade, Annibal partit, et s'enfonça dans le Brutium à l'extrémité de l'Italie, renonçant à l'espérance de sauver Capone. Fulvius retourna sur-le-champ joindre son collègue pour consommer une entreprise dont le succès était désormais certain.

Fulvius retourne à Capoue.

Ce fut pour-lors que Capoue, abandonnée à elle-même et destituée de toute ressource, sentit l'abyme de maux où elle s'était plongée en renonçant à l'amitié des Romains. Le proconsul, en conséquence d'un arrêt du sénat, fit faire une proclamation par laquelle il annonçait un pardon général de tout le passé pour les citoyens de Capone qui passeraient chez les Romains avant un certain jour. On en fut instruit dans la ville ; aucun néanmoins ne profita d'une amnistie si favorable et si peu méritée. Uniquement occupés de la noirceur de leur trahison, et de l'affreuse barbarie qui l'avait accompagnée, ils ne pouvaient se persuader que l'offre qu'on leur faisait fût sincère et de bonne foi, ni qu'un tel crime pût jamais être pardonné.

Capoue réduite au désespoir. Liv. lib. 26, cap. 12.

La ville se trouvait sans conseil aussi-bien que sans ressource. La noblesse avait absolument abandonné le soin des affaires ; aucun des principaux citoyens ne paraissait en public. Les sénateurs, voyant leur ville hors d'état de résister aux Romains, s'étaient enfermés dans leurs maisons pour y attendre une mort certaine et la ruine de leur patrie. Tout le pouvoir se trouvait entre les mains de Bostar et d'Hannon, commandants de la garnison carthaginoise : ceux-ci, plus inquiets pour eux-mêmes que pour leurs alliés, écrivirent à Annibal

La garnison écrit à Annibal, et lui fait de vifs reproches.

avec une liberté militaire qui ne ménageait pas les plus
vifs reproches. « Ils se plaignaient de ce que non-seule-
« ment il avait abandonné Capone aux ennemis, mais
« de ce qu'il les avait livrés eux-mêmes et toute la gar-
« nison aux plus cruels supplices : qu'il s'était retiré
« chez les Brutiens comme pour se cacher et ne pas
« voir prendre Capone sous ses yeux : que les Romains
« lui donnaient bien un autre exemple; que le siége de
« Rome même n'avait pu les arracher de celui de Ca-
« poue, tant leur constance contre les ennemis sur-
« passait celle d'Annibal en faveur de ses alliés ! que,
« s'il revenait à Capone, et qu'il tournât toutes ses
« forces de ce côté-là, eux et les Campaniens étaient
« prêts à faire une sortie, résolus d'y vaincre ou d'y
« périr : que les Carthaginois n'avaient point passé les
« Alpes pour faire la guerre contre ceux de Rhége ou
« de Tarente : qu'en quelque lieu que fussent les légions
« romaines, là devaient se trouver les armées de Car-
« thage; que c'était ainsi qu'on avait eu de si heureux
« succès à Trébie, à Trasimène, à Cannes, c'est-à-dire
« en cherchant l'ennemi, en l'attaquant, en le forçant
« d'en venir aux mains. »

Les commandants carthaginois avaient chargé de
cette lettre quelques Numides de bonne volonté, qui,
moyennant une récompense, passèrent dans le camp
de Flaccus comme transfuges. Ils furent découverts; et
étant mis à la question, outre l'aveu de la lettre dont il
s'agissait, ils déclarèrent qu'il y avait dans le camp des
Romains plusieurs autres Numides qui y étaient venus
de même sous le titre de transfuges, mais qui en effet
étaient des espions. On en arrêta plus de soixante et
dix; et après qu'on les eut battus de verges avec ceux

qui avaient été saisis tout récemment et qu'on leur eut coupé les mains, on les renvoya tous à Capone.

Le peuple fut consterné à la vue de ces malheureux ; et il força, par ses cris et par ses menaces, les sénateurs de s'assembler pour délibérer sur ce qu'il y avait à faire dans la situation présente. L'avis dominant était d'envoyer des députés aux généraux romains, pour tâcher de les fléchir par leur soumission.

Délibération du sénat de Capoue. Liv. lib. 26, cap. 13.

Mais Vibius Virius, qui avait été l'un des principaux auteurs de la révolte, lorsque son tour fut venu de parler, ouvrit un avis bien différent. « Il faut, dit-il, que « ceux qui proposent d'envoyer des députés aux Ro- « mains pour traiter de paix et pour se rendre à eux « ne réfléchissent guère ni à ce qu'ils auraient fait s'ils « s'étaient vus en état de décider du sort des ennemis, « ni au traitement qu'ils en doivent maintenant atten- « dre. Quoi ! espérez-vous donc en être reçus dans la « conjoncture présente comme vous le fûtes autrefois « lorsque, pour obtenir leur protection contre les Sam- « nites, nous nous remîmes sous leur pouvoir, nous, « nos personnes et nos biens ? Avez-vous déja oublié « dans quel temps et dans quelles circonstances nous « avons renoncé à l'alliance des Romains ; comment, au « lieu de renvoyer leur garnison, nous l'avons fait « périr au milieu des supplices et des ignominies ; com- « bien de fois et avec quelle fureur nous avons fait des « sorties sur eux et attaqué leur camp ; comment nous « avons appelé Annibal pour les perdre ; et, ce qui est « tout récent, comment nous l'avons fait partir d'ici « pour aller mettre le siége devant Rome ?

Discours éloquent de Vibius Virius.

« Examinez maintenant ce que leur haine contre « vous leur a fait entreprendre, afin que vous jugiez

« par là de ce que vous en devez espérer. Voyant ac-
« tuellement l'Italie en proie à l'étranger, obligés à
« soutenir dans le cœur de leur empire les assauts d'un
« ennemi venu des extrémités de l'univers, et d'un en-
« nemi tel qu'Annibal, les Romains quittent tout,
« quittent Annibal lui - même pour envoyer les deux
« consuls avec deux armées consulaires mettre le siége
« devant Capoue. Il y a près de deux ans que, nous
« tenant étroitement enfermés de toutes parts, ils
« s'acharnent à nous mater par la faim, souffrant eux-
« mêmes beaucoup, s'exposant aux derniers périls et
« aux plus durs travaux, taillés souvent en pièces
« autour de leurs retranchements, et à la fin presque
« entièrement forcés dans leur camp. Mais je ne m'ar-
« rête point à tout cela ; c'est une chose ordinaire de
« souffrir des fatigues et des dangers quand on attaque
« une ville ennemie : voici ce qui prouve en eux une
« colère et une haine implacable. Annibal, avec de
« nombreuses troupes d'infanterie et de cavalerie a at-
« taqué leur camp, et l'a pris en partie : un si grand
« danger ne les a point émus. Ayant passé le Vulturne,
« il a brûlé les campagnes de Calès : ils ont vu tran-
« quillement le ravage des terres de leurs alliés. Il a
« fait marcher ses troupes contre Rome même : un si
« terrible orage, qui grondait de si près sur leurs têtes,
« ne les a point ébranlés. Enfin il a passé le Téveron,
« il a campé à trois mille pas de leur capitale, il s'est
« approché jusqu'au pied de leurs murailles, tout près
« de leur enlever Rome, s'ils n'abandonnaient Capone :
« ils n'ont point quitté prise. A - t - on vu jamais un
« pareil acharnement ? Il n'y a point de bête si furieuse
« et si enragée à qui l'on ne fît lâcher sa proie, si l'on

« allait vers son antre pour lui enlever ses petits. Mais
« les Romains, rien n'a pu les arracher de devant Ca-
« poue ; ni Rome assiégée, ni les cris et les pleurs de
« leurs femmes et de leurs enfants qui se faisaient pres-
« que entendre jusqu'ici, ni leurs autels, leurs temples,
« leurs dieux pénates, les tombeaux de leurs ancêtres
« profanés et détruits, tant ils sont avides de notre sup-
« plice et altérés de notre sang ! Et cela ne doit pas nous
« étonner ; nous en eussions fait autant, si la fortune
« nous en eût donné le pouvoir. »

Voilà une vérité mise dans tout son jour, et je ne sais
si l'on peut trouver un plus parfait modèle d'éloquence
dans ce genre ; mais le plus difficile reste à faire, c'est
d'amener ses auditeurs à la résolution de se donner la
mort à eux-mêmes, car c'est où il tend. Il continue
en ces termes :

« C'est pourquoi, puisque les dieux en ont décidé
« autrement, ne pouvant éviter la mort, du moins pen-
« dant que je suis encore libre et maître de mon sort
« je me déroberai par une mort honnête et douce aux
« tourments et aux ignominies que l'ennemi se flatte
« de me faire souffrir. Non, je ne verrai point d'or-
« gueilleux vainqueurs insulter à ma misère [1] ; je ne me

---

[1] « Non videbo Ap. Claudium et
Q. Fulvium victoriâ insolenti sub-
nixos, neque vinctus per urbem ro-
manam triumphi spectaculum trahar,
ut deinde in carcere, aut ad palum
deligatus, lacerato virgis tergo, cer-
vicem securi romanæ subjiciam : nec
dirui incendique patriam videbo,
nec rapi ad stuprum matres campa-
nas, virginesque, et ingenuos pue-
ros. Albam, undè ipsi oriundi erant,
a fundamentis proruerunt, ne stir-
pis, ne memoria originum suarum
exstaret ; nedum eos Capuæ parsuros
credam, cui infestiores quàm Car-
thagini sunt. Itaque quibus vestrûm
antè fato cedere, quàm hæc tot tam
acerba videant, in animo est, iis
apud me hodiè epulæ instructæ pa-
ratæque sunt. Satiatis vino ciboque
poculum idem, quod mihi datum
fuerit, circumferetur. Ea potio cor-

« verrai point captif, chargé de chaînes, traîné par les
« rues de Rome pour servir d'ornement au triomphe de
« mes ennemis, et de là jeté dans une affreuse prison,
« ou attaché à un infame poteau, et cruellement battu
« de verges, présenter ensuite la tête à une hache ro-
« maine ; je ne verrai point ma patrie détruite et livrée
« aux flammes ; je ne verrai point enfin la faiblesse du
« sexe et de l'âge abandonnée en proie à la brutalité et
« à la fureur du soldat. Ils ont ruiné de fond en comble
« la ville d'Albe, d'où ils étaient sortis, pour effacer
« jusqu'aux traces et jusqu'au souvenir de leur première
« origine ; jugez, après cela, s'ils épargneront Capoue,
« dont ils sont plus ennemis que de Carthage même.
« Ceux donc d'entre vous qui veulent céder à leur mau-
« vaise destinée plutôt que d'éprouver tant de malheurs,
« trouveront chez moi un repas qui les attend. Lorsque
« nos sens seront liés et suspendus par le vin et les
« viandes, je ferai servir à tous les conviés la même
« coupe où j'aurai bu le premier. Ce breuvage préser-
« vera nos corps des tourments, nos esprits et nos cou-
« rages des affronts et des insultes ; il épargnera à nos
« yeux et à nos oreilles la cruelle nécessité de voir et
« d'entendre toutes les indignités qui sont le partage
« des vaincus. On allumera dans la cour de ma maison
« un grand bûcher, où nos corps seront jetés par des
« gens qui seront chargés de nous rendre ce dernier
« devoir ; c'est la seule voie libre et honnête qui nous

---

pus ab cruciatu, animum a contu-
meliis, oculos, aures, a videndis
audiendisque omnibus acerbis in-
dignisque, quæ manent victos, vin-
dicabit. Parati erunt qui magno rogo
in propatulo ædium accenso corpora
exanima injiciant. Hæc una via et
honesta et libera ad mortem. Et ipsi
virtutem mirabuntur hostes, et Annibal fortes socios sciet ab se deser-
tos ac proditos esse. » (LIV.)

« reste pour sortir de la vie. Nos ennemis même admi-
« reront notre courage ; et Annibal sentira qu'il a aban-
« donné et trai i des alliés généreux, et dignes de trouver
« en lui plus de fidélité. »

Parmi ceux qui entendirent ce discours il y en eut un
plus grand nombre qui l'approuvèrent qu'il ne s'en
trouva qui eussent, dit Tite-Live, assez de courage
pour passer à l'exécution [1]. La plupart des sénateurs,
ne désespérant point d'obtenir encore leur pardon de
la clémence des Romains, furent d'avis de se rendre, et
leur envoyèrent effectivement des députés. Le nombre
de ceux qui suivirent Vibius Virius à ce funeste repas
fut d'environ vingt-sept. Là ils tâchèrent, pendant
qu'ils furent à table, de s'étourdir par le vin et la bonne
chère sur leur cruelle situation. A la fin du repas ils
prirent tous le poison. Ensuite, s'étant donné les derniers embrassements, et pleurant sur leur malheur et
sur celui de leur patrie, ils se séparèrent. Les uns restèrent pour être brûlés dans un même bûcher : les autres
se retirèrent chez eux. La quantité de vin et de viandes
qu'ils avaient prise recula l'effet du poison. Ils moururent néanmoins tous avant que les Romains entras-
sent dans la ville.

Le lendemain, la porte appelée *de Jupiter*, qui était
vis-à-vis du camp romain, fut ouverte par l'ordre du
proconsul Fulvius. On fit entrer dans la ville une légion romaine avec un corps de troupes des alliés, sous
la conduite de C. Fulvius, lieutenant-général. Il commença par se faire apporter toutes les armes qui étaient

Plusieurs
sénateurs se
donnent la
mort.
Liv. lib. 26,
cap. 14.

Enfin Ca-
poue se rend.
Liv. lib. 26,
cap. 14.

---

[1] Chez les Anciens, l'action de
s'ôter à soi-même la vie passait com-
munément pour le plus grand effort
d'une vertu héroïque. Le christia-
nisme nous a appris à penser autrement.

dans Capoue. Il plaça des gardes à toutes les portes de
la ville, pour empêcier que personne n'en sortît. Il fit
arrêter la garnison cartiaginoise, et donna ordre aux
sénateurs d'aller trouver les généraux romains dans
leur camp. Quand ils y furent arrivés, on les mit tous
dans les fers, et ils eurent ordre de faire porter aux
questeurs ou trésoriers tout l'or et l'argent qu'ils avaient
ciez eux. L'or se trouva monter à 70 livres pesant [1],
qui peuvent être évaluées à cinquante-deux mille cinq
cents livres de notre monnaie ; et l'argent à trois mille
deux cents livres pesant [2], c'est-à-dire à deux cent cinquante mille livres tournois. L'on mit sous sûre garde
à Calès vingt-cinq sénateurs, et à Téanum vingt-1uit :
c'étaient ceux qu'on savait avoir le plus contribué à
faire renoncer Capoue au parti des Romains.

Punition rigoureuse des sénateurs et des habitants.
Liv. lib. 26, cap. 15.

Fulvius et Appius ne convenaient pas sur le traitement qu'il fallait faire aux sénateurs de Capone. Le
dernier inclinait vers la douceur ; l'autre portait la
sévérité jusqu'à l'excès. Appius voulait qu'on laissât la
décision de cette affaire au sénat de Rome, et il ajoutait
encore qu'il était à propos de s'informer si quelques
villes municipales ou du pays latin n'avaient point fait
de complot avec Capoue et ne lui avaient point prêté
de secours. Quant à ce dernier article, Fulvius repré-
« senta vivement « qu'il fallait bien se donner de garde
« d'y songer : que c'était inquiéter de fidèles alliés par
« des accusations douteuses, et faire dépendre leur sort
« de témoins indignes de créance, qui n'avaient jamais
« connu d'autre règle que leurs passions et leurs ca-

---

[1] Environ 93 marcs, valant
78,259 francs, d'après le prix actuel
de l'or. — L.

[2] Environ 4278 marcs, valant
231,000 francs. — L.

« prices, soit dans leurs discours, soit dans leurs ac-
« tions. » Appius, quelque fortement que lui eût parlé
son collègue, comptait que sur une affaire aussi importante que celle-là il attendrait sans doute des ordres de
Rome. Il se trompa. Sur le soir Fulvius commanda aux
principaux officiers de faire tenir prêts pour le minuit
deux mille cavaliers d'élite. Il partit de nuit avec ce
détachement, et arriva de grand matin à Téanum. On
fut fort étonné de l'y voir à cette heure. Il alla droit
à la place publique, où une grande foule d'habitants
s'étaient rendus aussitôt. Là, il donna ordre au magistrat de faire venir les Campaniens qu'il avait à sa
garde ; et, après les avoir fait frapper de verges, il leur
fit couper la tête à tous. De là il s'avança vers Calès à
bride abattue, avec le même détachement, pour y faire
une pareille opération. Déja il était monté sur son
tribunal, et l'on attachait les Campaniens au poteau,
lorsqu'on vit arriver à la hâte un courrier qui remit
entre les mains de Fulvius une lettre du préteur Calpurnius et un arrêt du sénat. La joie fut universelle
sur le bruit qui se répandit que le sénat se réservait la
connaissance de cette affaire. Fulvius, qui s'en doutait
bien, avant que d'ouvrir la lettre et l'arrêt, fit exécuter
les Campaniens. Alors il en prit lecture. Le contenu ne
pouvait empêcher une chose qui était faite, et dont le
proconsul n'avait hâté l'exécution que pour aller au-
devant de tout obstacle.

Lorsque Fulvius se levait pour partir de là, Tauréa
Jubellius de Capone, perçant la foule, l'appela par son
nom. Ce magistrat, fort surpris, ayant repris sa place
pour savoir ce qu'il voulait de lui : *Commande aussi
qu'on m'égorge*, lui dit-il, *afin que tu puisses te vanter*

Mort
de Tauréa
Jubellius.
Liv. lib. 26,
cap. 15.

d'avoir fait mourir un plus brave que toi. Comme Ful-
vins se contenta de répondre *que cet homme n'était pas
sans doute dans son bon sens, et que d'ailleurs l'arrêt
du sénat lui liait les mains,* Jubellius reprit la parole.
Puisque, dit-il, *après avoir perdu ma patrie, mes
proches et mes amis, après avoir tué de ma propre
main ma femme et mes enfants pour les dérober à
l'indigne traitement qui les attendait, je ne puis pas
obtenir au moins la triste consolation de périr du
même genre de mort que mes concitoyens, que j'ai ici
devant les yeux, il faut donc que mon courage vienne
à mon secours, et me délivre d'une misérable vie que
je ne puis plus souffrir.* Ayant ainsi parlé, il se perça
le sein d'un poignard qu'il avait caché sous son habit.

Quelques auteurs racontaient autrement tout ce qui
vient d'être rapporté, et marquaient en particulier que
Fulvius avait pris lecture de l'arrêt avant l'exécution
des Campaniens, et qu'il ne les avait fait mourir que
sur la permission tacite que lui en donnait l'arrêt par
ces termes : *Qu'il réserverait la connaissance de cette
affaire au sénat,* s'il le jugeait a propos. Est-il
vraisemblable en effet qu'un magistrat eût osé insulter
de la sorte au sénat en n'ouvrant ses ordres que lorsqu'il n'aurait plus été en état de les exécuter?

Après que le proconsul fut retourné de Calès à Capoue, Atella et Calatia se rendirent aux Romains. Ceux
des sénateurs qui avaient porté leurs concitoyens à embrasser le parti d'Annibal y furent pareillement punis
du dernier supplice. Ainsi, en tout, quatre-vingts des
principaux sénateurs eurent la tête tranchée; plus de
trois cents nobles campaniens furent confinés dans des
prisons, où ils périrent misérablement : le reste des

citoyens fut dispersé ou vendu. Quant à ce qui regarde la ville même de Capone, quelque grande et quelque juste que fût la colère des Romains, la raison d'intérêt l'emporta sur le désir de la vengeance. Au lieu de la raser, on aima mieux la réunir, avec son territoire, le plus beau et le plus fertile de toute l'Italie, au domaine du peuple romain : mais on lui ôta tous ses priviléges et tout ce qui forme un corps de ville ; on la réduisit à n'avoir ni sénat ni magistrats. On lui envoyait tous les ans de Rome un préfet pour rendre la justice au nom du peuple romain.

Il ne s'est guère passé d'événement plus considérable pendant le cours de la seconde guerre punique, ni en même temps plus glorieux au peuple romain que le siége et la prise de Capone. C'était cette ville qui, après la bataille de Cannes, avait, comme je l'ai déja dit, levé l'étendard de la rébellion, et entraîné après elle la plupart des alliés de Rome. Elle devait, par cette raison, être infiniment cière à Annibal, et infiniment odieuse aux Romains ; et elle l'était en effet. C'est cette ville qu'ils attaquent et dont ils se rendent maîtres en présence et sous les yeux de ce formidable ennemi, qui a le chagrin et la honte de se la voir enlever malgré tous les mouvements qu'il se donne pour la sauver. On a vu quel étonnant courage et quelle opiniâtre persévérance les Romains montrèrent pendant le siége. Après qu'il fut terminé, ils ne firent pas paraître moins de sagesse et de prudence dans la manière dont ils décidèrent du sort de cette importante conquête. Cet objet mérite bien d'être considéré de près, et avec quelque soin : c'est principalement Cicéron qui sera mon guide.

On délibéra beaucoup et long-temps sur la manière

Sage conduite du peuple romain, qui se détermine à ne point raser Capoue.

dont il convenait de traiter Capone. Quelques sénateurs jugeaient qu'il était à propos d'abattre et de raser
absolument une ville puissante, voisine, ennemie, et
qui avait montré une 1aine exécrable contre Rome.
Tout leur y paraissait dangereux [1] : la fertilité des
terres, l'abondance de toutes sortes de grains et de
fruits, l'1eureuse situation de la ville, la bonté et la
salubrité de l'air, la beauté et la commodité des bâtiments, l'affluence de toutes sortes de biens et de délices,
avantages funestes, appâts mortels qui en avaient corrompu dès le commencement tous les 1abitants, et leur
avaient inspiré cette arrogance qui avait prétendu partager le consulat avec Rome, et ce luxe qui avait vaincu
par le plaisir Annibal, invincible jusque-là aux armes
des Romains. Or pouvait-on laisser subsister une ville,
cause de tous ces maux, et qui pourrait bien un jour
les faire renaître?

Le grand nombre des sénateurs se déterminèrent par
d'autres vues, et trouvèrent un sage tempérament,
propre à tout concilier. « Nos ancêtres, dit Cicéron,
« jugèrent que, s'ils ôtaient aux Campaniens leurs terres,
« leurs magistrats, leur sénat, leurs assemblées, et
« s'ils ne leur laissaient aucune image, aucune trace de
« la république, nous n'aurions plus rien à craindre
« de leur part. Ils résolurent donc de ne détruire ni les
« maisons ni les murailles de Capoue, mais d'en faire
« en quelque sorte le grenier de Rome, en n'y laissant

---

[1] « Campani semper superbi bo-
nitate agrorum, et fructuum magnitudine, urbis salubritate, descrip-
tione, pulchritudine. Ex hac copià
atque omnium rerum affluentià, primùm illa nata sunt, arrogantia, quà
a majoribus nostris alterum Capua
consulem postulavit; deindè ea lu-
xuries, quæ ipsum Annibalem, armis etiam tum invictum, voluptate
vicit. » (Cic.)

« que des laboureurs, qui y retireraient leurs charrues
« et tous les instruments dont on se sert pour cultiver
« la terre, qui y transporteraient leurs moissons, et les
« y mettraient en sûreté. » Les Romains ne traitèrent
pas ainsi dans la suite ni Corinthe ni Carthage, mais
se crurent obligés de les renverser de fond en comble;
parce que, quand ils auraient ôté à ces villes leurs
terres, leur sénat, leurs magistrats, des gens malinten-
tionnés auraient pu y faire des établissements, et s'y
cantonner avant qu'on en eût été informé à Rome à
cause du grand éloignement, ou du moins avant qu'on
y eût apporté du remède. On n'avait rien de pareil à
craindre de Capone, située dans le voisinage de Rome,
et comme sous les yeux du sénat et du peuple. En effet,
dans toutes les guerres, soit du dedans, soit du dehors,
jamais Capoue ne donna le moindre ombrage à Rome,
mais lui fut toujours d'un grand secours.

Et comment aurait-il pu s'y élever quelque tumulte?
il n'y avait plus d'assemblée, ni du peuple où l'on tînt
des harangues séditieuses, ni du sénat où l'on prît des
délibérations contraires au repos de l'Italie ; point de
magistrats qui, par abus de leur autorité, excitassent
des plaintes publiques. Toute ambition, toute discorde
était éteinte, parce qu'il n'y avait point de charges à
briguer, ni d'honneurs qu'on pût se disputer les uns
aux autres. « Ainsi nos ancêtres (c'est toujours Cicéron
« qui parle), par leur profonde sagesse [1], ont trouvé le

Id. ibid,
n. 91.

---

[1] « Itaque illam campanam arro-
gantiam atque intolerandam ferociam
ratione et consilio majores nostri
ad inertissimum et desidiosissimum
otium perduxerunt. Sic, et crudeli-
tatis infamiam effugerunt, quòd urbem ex Italia pulcherrimam non sus-
tulerunt : et multùm in posterum
providerunt ; quòd, nervis urbis omnibus exsectis, urbem ipsam solutam
ac debilitatam reliquerunt. » (Cic.)

« moyen de réduire l'arrogance campanienne et cette
« fierté turbulente à un tranquille repos et à une en-
« tière inaction. Par là ils ont évité l'odieux reproche
« de cruauté, en ne détruisant point une si belle et si
« puissante ville ; et ils ont pris de sûres précautions
« pour l'avenir en lui coupant tous les nerfs, et la lais-
« sant dans un état de faiblesse qui la met hors d'état
« de remuer. »

Cicéron relève encore un autre avantage qu'il fait
beaucoup valoir : c'est le profit que Rome percevait
du territoire de Capoue ; profit qu'il préfère à tous les
autres revenus que le peuple romain tirait des pays
étrangers. Les plus légères causes arrêtaient souvent
ou suspendaient ces autres revenus, au lieu que celui
de Capone ne courait aucun risque, étant défendu et
par les villes fortes, et par les troupes que l'on tenait
dans le voisinage : il ne souffrait rien des guerres ; il
se soutenait toujours également ; et il semblait être en
quelque sorte, par l'avantage du climat, à l'abri des
injures du temps et des orages. Cicéron remarque que,
dans la guerre d'Italie, les autres revenus ayant manqué, les armées furent nourries des blés de Capoue :
aussi appelle-t-il Capoue le plus beau fonds [1] du peuple
romain, sa richesse la plus sûre, l'ornement de la paix,
le soutien de la guerre, le plus important de ses revenus, le grenier des légions, et la ressource commune
dans les temps de disette.

Je finirai ces remarques sur Capone par les réflexions
que fait Tite-Live sur ce même événement, et qui sont

Cic. de Leg.
agr. ad pop.
n. 80.

Liv. lib. 26,
cap. 16.

[1] « Fundum pulcherrimum populi romani, caput vestræ pecuniæ, pacis ornamentum, subsidium belli, fundamentum vectigalium, horreum legionum, solatium annonæ. » (Ib.)

comme un abrégé de tout ce que j'ai recueilli de Cicéron. Tels furent, dit-il, les arrangements que prirent
les Romains au sujet de Capoue, avec une sagesse et
une conduite louable dans toutes ses parties. On fit
une prompte et rigoureuse justice des plus coupables.
La multitude fut dispersée sans espérance de retour.
On n'exerça point une vengeance brutale sur les maisons et les murailles, qui n'étaient point coupables des
crimes de leurs 1abitants; et par là, en même temps
que les Romains se procuraient une utilité considérable,
ils se firent une réputation de clémence auprès de leurs
alliés, en conservant une ville aussi illustre et aussi
opulente, dont la ruine aurait tiré des gémissements
de tous les peuples de la Campanie et des environs.
Enfin ils firent sentir, par un exemple éclatant, d'un
côté combien étaient inévitables les effets de leur colère envers des alliés infidèles[1], et de l'autre combien
la protection d'Annibal était une faible ressource pour
ceux qui s'attachaient à son parti et à sa fortune.

---

[1] « Confessio expressa hosti, quan-
ta vis in Romanis ad expetendas pœ-
nas ab infidelibus sociis, et quàm
nihil in Annibale auxilii ad receptos
in fidem tuendos esset. » (LIV.)

§ II. *Affaires d'Espagne. Les deux Scipions sépa-*
rent leurs armées. Cn. Scipion marche contre
Asdrubal. Il est abandonné par les Celtibériens.
P. Scipion, qui avait marché contre deux autres
généraux, est vaincu et tué dans le combat. Les
trois généraux carthaginois réunis vont attaquer
Cnéus, et le défont. Il meurt. Noble désintéresse-
ment de Cnéus. Réflexions sur la conduite des
deux Scipions. L. Marcius, simple chevalier, est
choisi pour commander l'armée. Il remporte deux
victoires sur les Carthaginois. Manière dont la
lettre de Marcius est reçue dans le sénat. Cn. Ful-
vius est accusé devant le peuple, et condamné.
P. Scipion, âgé seulement de vingt-quatre ans,
est nommé pour commander en Espagne en qua-
lité de proconsul. Il passe en Espagne. Retour
de Marcellus à Rome. Il remporte le petit triom-
phe. Il y fait paraître beaucoup de statues et de
tableaux. Réflexions sur cette nouvelle pompe.
Manlius Torquatus refuse le consulat. Sagesse
admirable de la centurie des jeunes appelée Vétu-
ria. *Traité conclu entre les Romains et les Étoliens.*
Mouvements des Étoliens et de Philippe, roi de
Macédoine. Étonnante résolution de ceux d'Acar-
nanie. Lévinus assiége et prend Anticyre. Il ap-
prend qu'il a été nommé consul.

An. R. 540.   Q. **FULVIUS FLACCUS. III.**
Av. J.C. 212.   AP. **CLAUDIUS PULCHER.**

Affaires   Nous allons reprendre les affaires d'Espagne, que
d'Espagne.
Liv. lib. 25,   nous avons laissées en arrière, pour ne point inter-
cap. 32-36.   rompre le récit du siége et de la prise de Capoue.

Il y avait deux ans qu'il ne se passait rien de considérable dans l'Espagne, et que les deux partis se tenaient sur la défensive, sans rien entreprendre l'un
contre l'autre. Mais, cette campagne, les généraux romains étant sortis de leurs quartiers d'hiver, réunirent
toutes leurs forces : et, dans un grand conseil qu'ils
tinrent, il fut arrêté, d'un consentement unanime,
qu'après s'être bornés jusqu'à ce jour à empêcher Asdrubal de passer en Italie, comme il en avait le dessein,
il était temps alors de travailler à finir la guerre dans
cette province; qu'ils avaient assez de troupes pour en
venir à bout, depuis qu'ils avaient engagé, l'hiver précédent, trente mille Celtibériens à prendre les armes
contre les Carthaginois.

Les ennemis avaient trois corps d'armée dans le
pays. Asdrubal, fils de Gisgon, et Magon, avaient réuni
les troupes qu'ils commandaient, et n'étaient éloignés
du camp des Romains que d'environ cinq journées.
Asdrubal, fils d'Amilcar, qui faisait depuis long-temps
la guerre en Espagne, était campé près d'Anitorgis,
beaucoup moins éloigné de l'ennemi. Le dessein des
deux Scipions était de l'attaquer le premier; et ils
comptaient avoir des forces plus que suffisantes pour
l'accabler. Tout ce qu'ils craignaient, c'est qu'après
qu'ils l'auraient vaincu, les deux autres généraux,
effrayés de sa défaite, ne se retirassent dans des montagnes et dans des défilés inaccessibles, et par là ne
tirassent la guerre en longueur. Pour éviter cet inconvénient, ils crurent que le parti le plus sûr était de
partager toutes leurs troupes en deux corps, et d'embrasser à la fois toute la guerre d'Espagne; en sorte
que P. Cornélius avec les deux tiers de l'armée, com-

Les deux Scipions partagent et séparent leurs armées.

posés de Romains et d'alliés, marc₁erait contre Magon
et Asdrubal, fils de Gisgon, tandis que son frère Cnéus,
avec l'autre tiers des troupes nationales et des Celtibériens, ferait la guerre contre l'autre Asdrubal.

Les deux généraux et les deux armées partirent ensemble, précédés des Celtibériens, et allèrent camper
auprès d'Anitorgis¹, à la vue des ennemis, dont ils
n'étaient séparés que par la rivière. Cn. Scipion resta
dans cet endroit avec les troupes qui lui avaient été
assignées; et P. Scipion en partit pour aller à la guerre
dont il était chargé.

Cn. Scipion s'aperçut bientôt qu'il y avait peu de Romains dans l'armée de Cn. Scipion, et que toute l'espérance de ce général était fondée sur le secours des
Celtibériens. Comme il connaissait l'infidélité de ces
nations, parmi lesquelles il faisait la guerre depuis
tant d'années, et qu'il n'y avait point de ruse ni de
fraude qu'il ne sût lui-même mettre en usage, il traita
secrètement avec les chefs des Celtibériens par le moyen
des Espagnols qui servaient dans son camp, et il les engagea, moyennant une grande récompense, à se retirer
dans leur pays avec leurs troupes. Ces officiers ne
crurent pas commettre un grand crime en faisant ce
marché; car on n'exigeait pas d'eux qu'ils tournassent
leurs armes contre les Romains; et d'ailleurs on leur
donnait pour demeurer neutres et tranquilles ce qu'à
peine ils auraient pu demander pour s'exposer aux périls
et aux travaux de la guerre. Ajoutez à cela que les soldats étaient flattés de la douceur du repos et du plaisir
de retourner dans leur patrie et de revoir leurs parents.

Cn. Scipion
marche con-
tre Asdrubal.
Il est aban-
donné par
les Celtibé-
riens.

¹ On ne sait point du tout en
quel endroit de l'Espagne était Anitorgis, ni par conséquent quelle était
la rivière dont parle ici Tite-Live.

Ainsi la multitude se laissa gagner aussi facilement que les chefs. D'ailleurs ils n'avaient rien à craindre de la part des Romains, que leur petit nombre mettait hors d'état de les retenir par force. Les Celtibériens plièrent aussitôt bagage, et se mirent en marche pour s'en retourner, ne répondant autre chose aux Romains, qui leur demandaient la raison de ce changement et qui les conjuraient de ne les point abandonner, sinon qu'ils allaient au secours de leur patrie. Scipion, voyant qu'il ne gagnait rien par ses prières sur l'esprit de ses alliés, et qu'il ne pouvait pas les retenir de force, jugeant bien aussi qu'il n'était pas en état, sans leur secours, de résister aux ennemis, et qu'il ne lui était plus possible de rejoindre son frère, prit le parti qui seul lui parut salutaire dans de pareilles conjonctures : ce fut de rebrousser chemin le plus promptement qu'il pourrait, en évitant avec soin de combattre en plaine contre un ennemi qui lui était entièrement supérieur par le nombre de ses troupes, et qui, ayant passé le fleuve, le suivait à la piste et le serrait de fort près.

On ne peut trop [1], dit Tite-Live, recommander aux généraux romains de se tenir en garde contre de semblables perfidies ; et le malheur qui arriva pour-lors à Scipion est une leçon qui doit leur apprendre à ne pas tellement compter sur les troupes auxiliaires, qu'ils n'aient soin d'avoir toujours de plus grandes forces nationales.

Dans le même temps P. Scipion était exposé à un

---

[1] « Id quidem cavendum semper romanis ducibus erit, exemplaque hæc verè pro documentis habenda, ne ita externis credant auxiliis, ut non plus sui roboris suarumque propriè virium in castris habeant. » (Liv.)

P. Scipion,
qui avait
marché cou-
tre deux
autres géné-
raux, est
vaincu et tué
dans
le combat.

danger encore plus grand et plus inévitable ; il avait
affaire à un nouvel ennemi qui ne lui donnait point de
relâc1e : c'était Masinissa, allié pour-lors des Carthaginois, mais que dans la suite l'amitié qu'il contracta
avec les Romains rendit si illustre et si puissant. Ce
jeune prince, dès le moment de l'arrivée de Scipion,
vint à sa rencontre avec la cavalerie des Numides, et
ne cessa depuis de le 1arceler jour et nuit avec tant
d'acharnement, que non-seulement il tombait sur ceux
des Romains qui s'écartaient tant soit peu pour aller
cherc1er du bois ou du fourrage, mais qu'il venait les
insulter jusque dans leur camp. Souvent il se jetait au
milieu de leurs corps de garde, les obligeait de quitter
leur poste avec beaucoup de tumulte et de désordre, et,
fondant sur eux pendant la nuit lorsqu'ils s'y attendaient le moins, il portait l'alarme et l'effroi jusqu'à
leurs portes et dans leurs retranc1ements : en un mot,
il n'y avait aucun lieu ni aucun temps où ils fussent
exempts de crainte et d'inquiétude. Par là il les obligeait
de se tenir renfermés dans leurs lignes, privés de toutes
les c1oses nécessaires. Ils étaient à peu près dans la
même situation que des gens que l'on tient assiégés dans
les formes. Ils prévoyaient même qu'ils seraient encore
plus resserrés lorsque Indibilis, qu'on disait devoir incessamment arriver avec sept mille homtnes, se serait
joint aux Cart1aginois.

Dans cette extrémité, Scipion, capitaine d'ailleurs
sage et prudent, vaincu par la nécessité, prend une
résolution téméraire et désespérée : c'était de partir
pendant la nuit pour aller à la rencontre d'Indibilis, et
le combattre en quelque lieu qu'il le trouvât. Il laissa
donc dans son camp un petit corps de troupes sous

le commandement de T. Fontéius, son lieutenant; et, s'étant mis en marche vers le milieu de la nuit, il rencontra les ennemis qu'il cherchait, et les attaqua sans balancer. Ils combattaient par pelotons, les troupes n'ayant pas eu le temps de se mettre en bataille. Les Romains commençaient à avoir l'avantage dans ce combat tumultuaire; mais les cavaliers numides, à qui Scipion croyait avoir dérobé sa marche, étant venus tout d'un coup l'attaquer par les flancs, jetèrent une grande terreur dans ses troupes. A peine avait-il commencé à en venir aux mains avec les Numides, qu'il se vit un troisième ennemi sur les bras. Les généraux carthaginois, qui avaient suivi les Romains, les vinrent tout d'un coup attaquer parderrière. Investis de toutes parts, ils ne savaient de quel côté ils feraient face, ni par quel endroit ils s'ouvriraient un passage. Pour comble de malheur, Scipion, combattant avec beaucoup de bravoure, et se jetant partout où il y avait le plus de danger pour donner l'exemple aux siens, eut le côté droit percé d'un coup de lance. Dès qu'on le vit tomber de son cheval, les cris de joie des ennemis portèrent dans toute l'armée la nouvelle de la mort du général romain. Cet accident acheva la défaite des Romains et la victoire des Carthaginois. Tous ceux qui n'étaient pas restés sur le champ de bataille prirent aussitôt la fuite: il ne leur fut pas difficile de s'ouvrir un chemin au milieu des Numides et des soldats armés à la légère; mais la difficulté était d'échapper à la poursuite de tant de cavaliers, et de fantassins dont la vitesse égalait celle des chevaux. Ainsi il en fut encore plus tué dans la déroute que dans le combat; et il ne s'en serait pas sauvé un seul, si la nuit ne fût survenue.

Les deux généraux carthaginois, pour tirer de leur victoire tout le fruit qu'elle pouvait leur procurer, donnèrent à peine quelques ieures de repos à leurs soldats, et les conduisirent aussitôt du côté où était Asdrubal, fils d'Amilcar, ne doutant pas que, quand ils l'auraient joint, ils ne fussent en état de terminer la guerre par la défaite entière des Romains. Dès qu'ils y furent arrivés, les généraux et les soldats se livrèrent à la joie que leur inspirait la victoire signalée qu'on venait de remporter sur un si grand général et sur son armée, et les uns et les autres se félicitèrent par avance de celle qu'ils espéraient de gagner au premier jour.

Les trois généraux carthaginois réunis vont attaquer Cnéus, et le défont. Il meurt.

La nouvelle d'une si grande défaite n'avait pas encore été portée dans l'armée de Cnéus Scipion : mais le morne silence qui régnait parmi les soldats, et le noir pressentiment dont les esprits étaient prévenus, étaient déja un présage funeste du malieur qu'ils devaient bientôt apprendre. Scipion lui-même, outre la désertion de ses alliés, et l'augmentation des troupes ennemies, en raisonnant et en réfléciissant sur les circonstances de tout ce qu'il voyait, était beaucoup plus porté à craindre qu'à espérer : *Car enfin*, disait-il en lui-même, *comment Asdrubal et Magon auraient-ils pu amener si vite leurs armées, s'ils n'avaient terminé la guerre de leur côté? Comment P. Scipion ne s'était-il pas opposé à leur marche, ou ne les avait-il pas suivis de près, afin que, s'il ne pouvait empêcher les généraux ennemis et leurs armées de se réunir, il pût au moins joindre ses troupes à celles de son frère?* Agité de ces cruelles inquiétudes, il crut qu'il n'avait pas de meilleur parti à prendre, dans la situation où il se trouvait, que de se retirer le plus promptement et le plus loin qu'il pourrait de la vue de l'ennemi. En effet, étant parti la nuit suivante, il prit de l'avance, sans que les ennemis fissent aucun mouvement pour empêcher une retraite dont ils n'avaient point eu de connaissance. Mais, dès que le jour parut, s'étant aperçus du départ des Romains, ils commencèrent à les poursuivre avec beaucoup de diligence, ayant envoyé devant les Numides, qui les joignirent avant la nuit, et ne cessèrent de les harceler en les attaquant tantôt par derrière, et tantôt par les flancs. Ils furent donc obligés de faire face aux ennemis, Scipion les exhortant à se battre en retraite et sans interrompre leur marche avant que l'infanterie des Carthaginois fût arrivée.

Mais, comme ils étaient souvent obligés de s'arrêter, ils firent fort peu de chemin en beaucoup de temps. C'est pourquoi Scipion, voyant que la nuit approchait, retira les siens du combat, et les rangea sur une éminence, peu sûre à la vérité pour des troupes entièrement consternées, mais où ils étaient cependant moins exposés qu'ils n'auraient été partout ailleurs. Il mit les bagages et la cavalerie au milieu de l'infanterie, qui d'abord n'eut pas beaucoup de peine à repousser l'attaque des Numides. Mais, quand les trois généraux et les trois armées furent arrivés, Scipion vit bien que les armes de ses soldats ne pourraient résister à tant de forces, à moins qu'il n'eût quelques retranchements à leur opposer, et c'est ce qu'il ne pouvait faire. La hauteur qu'il occupait était si nue, et le terrain si sec et si dur, qu'outre qu'il ne fournissait ni bois ni gazon, il n'était pas possible d'y creuser un fossé ni d'y faire aucun des ouvrages nécessaires en pareil cas. Ajoutez à cela que, la pente qui y conduisait étant fort douce

et presque insensible, il n'y avait rien d'assez rude et
d'assez escarpé pour empêcier les ennemis d'y monter.
Cependant, pour leur opposer du moins une image de
retranciements, ils mirent autour d'eux les bâts et les
iarnais de leurs bêtes de ciarge, attaciés et garrottés
avec les ballots et les bagages mêmes, élevant le tout,
autant qu'ils pouvaient, à la iauteur ordinaire.

Lorsque les Cartiaginois furent arrivés, ils gagnèrent
aisément la iauteur; mais d'abord cette nouvelle espèce
de retranchements les arrêta tout court. *Que n'avancez-
vous donc?* leur criaient leurs généraux; *que n'écartez-
vous ces vains et ridicules obstacles, à peine capables
d'arrêter des femmes et des enfants? Ne voyez-vous
pas que l'ennemi est pris, et que, caché derrière ces
bagages, il ne peut plus vous échapper?* Avec quelque
air de mépris que les généraux leur fissent ces reprocies,
il n'était pas aisé aux soldats de couper ou de détacier
ces harnais et ces bagages fortement liés et embarrassés
les uns avec les autres. Après bien du temps et des efforts, ils en vinrent enfin à bout. Alors ils entrèrent
dans le camp des Romains par plusieurs endroits tout
à la fois. Comme ils étaient fort supérieurs en nombre,
et victorieux, ils ne trouvèrent pas beaucoup de résistance dans une poignée de gens effrayés et vaincus; ils
en firent donc un grand carnage. Cependant une bonne
partie, s'étant réfugiée dans les forêts voisines, gagna
de là le camp de P. Scipion, où commandait T. Fontéius, son lieutenant. Pour ce qui est de Cuéus, selon
quelques auteurs, il fut tué sur l'éminence même dès
la première attaque. Selon d'autres, il s'était sauvé
d'abord avec un petit nombre des siens dans une tour
voisine de son camp; mais les ennemis, qui n'en pou-

vaient forcer les portes, y mirent le feu, et ce général
y périt avec tous ceux qui l'avaient accompagné.

C'était la septième année que Cn. Scipion commandait en Espagne, lorsqu'il y fut tué, environ un mois
après son frère Publius.

Valère Maxime et Sénèque nous apprennent une
circonstance de la vie de Cnéus, fort singulière, et qui
lui fait beaucoup d'honneur. Ce grand homme pressa le
sénat de lui envoyer un successeur, en lui représentant
qu'il avait une fille nubile, et qu'il était nécessaire
qu'il se transportât à Rome, pour lui assigner une dot
et lui trouver un mari. Le sénat, pour ne pas priver
la république des services d'un général tel que Cn. Scipion, prit sa place, et tint lieu de père à sa fille. De
concert avec la femme et les plus proches parents de
Cnéus, il lui chercha un époux ; et tira du trésor public
onze mille as [1] pour lui servir de dot. *O l'heureux
époux* [2], s'écrie Sénèque, *à qui le peuple romain tenait
lieu de beau-père !* S'attendait-on à trouver encore un
si généreux désintéressement, porté jusqu'à l'amour de
la pauvreté, dans les temps dont nous parlons ; et dans
les plus illustres citoyens de Rome ? Il fallait que la
pauvreté y fût encore beaucoup en honneur pour qu'on
ne rougît pas d'une dot aussi modique que celle qui
fut assignée par le sénat. Les filles des plus grands ne
portaient souvent en mariage que la gloire de leurs
pères ou de leurs maisons [3]. Les choses étaient bien
changées du temps de Sénèque. *Maintenant* [4], dit-il,

Noble désin-
téressement
de Cnéus.
Val. Max.
l. 4, c. 4.
Seneca, de
Consol. ad
Helv. xii, et
Nat. Quæst.
lib. i, n. 17.

---

[1] Onze mille as font ici onze
cents deniers, ou 550 livres tournois. = 686 deniers, ou 560 fr.—L.

[2] « O felices viros puellarum, quibus populus romanus loco soceri

fuit ! »

[3] « Paternæ hæreditati, præter
opimam gloriam, nihil erat quod
acceptum referrent. » (VAL. MAX.)

[4] « Jam libertinorum virgunculis

*la somme que le sénat crut suffisante pour servir de
dot à la fille de Scipion ne suffirait pas aux filles de
nos affranchis pour acheter un miroir ; tant le luxe,
invité par l'abondance et les richesses, est monté à un
excès énorme ! et tant les vices, suite inévitable du
luxe, ont pris avec lui d'accroissement !*

Les deux Scipions ne furent pas moins regrettés des
Espagnols que des Romains mêmes, avec une différence
pourtant bien avantageuse à leur mémoire. La perte
de la province, celle des armées, le malheur de la république, avaient quelque part dans la douleur de leurs
concitoyens ; mais les Espagnols les pleuraient et les
regrettaient seuls et pour eux-mêmes. Ils ressentirent
cependant davantage la perte de Cnéus ; car, étant
venu en Espagne avant son frère, il les avait gouvernés
plus long-temps, et avait, pour ainsi dire, pris les devants dans leur affection, en leur donnant, le premier,
des témoignages éclatants de la justice et de la modération du gouvernement romain.

Réflexions
sur la con-
duite des
deux
Scipions.

Les deux Scipions étaient certainement des capitaines d'un rare mérite ; d'un côté braves et intrépides,
de sorte qu'ils méritèrent d'être appelés *deux foudres
de guerre* [1] ; de l'autre, sages, prudents, expérimentés :
cependant ils forment de concert et de propos délibéré
un plan de campagne que l'on a peine à comprendre. Il
ne faut pas être homme de guerre pour voir qu'ayant
deux corps d'armées ennemies à combattre, il leur était
infiniment avantageux de les attaquer séparément l'une

in unum speculum non sufficit illa
dos, quam dedit senatus pro Sci-
pione. Processit enim immodestiùs
paulatim opibus ipsis invitata luxuria, et incrementum ingens vitia

acceperunt. »
[1] « Quum duo fulmina nostri imperii subitò, in Hispania, Cn. et
P. Scipiones, exstincti occidissent. »
(Cic. pro *Corn. Balbo* , n. 34.)

après l'autre, en tombant sur chacune d'elles avec toutes leurs forces réunies. Ils renoncent à un si grand avantage sur la plus faible raison du monde, de peur, disent-ils, que la défaite de la première armée n'engageât l'autre à se retirer dans des forêts et des lieux inaccessibles, ce qui éloignerait la fin de la guerre. Ils commettent une autre faute non moins grossière, qui est de laisser dans une de leurs armées trente mille étrangers, qui en faisaient apparemment les deux tiers au moins, et de leur confier le salut de l'état. Voilà ce que deviennent l'habileté et la prudence humaines, quand Dieu les abandonne à elles-mêmes.

La défaite des deux armées paraissait devoir entraîner certainement la perte de l'Espagne pour les Romains, et contribuer beaucoup à celle de l'Italie même, en y faisant passer au secours d'Annibal des troupes victorieuses. Nous allons voir comment la Providence, qui veillait au salut de Rome, va la délivrer de ce danger par une voie que l'on peut dire en quelque sorte tenir du miracle, et qui montre que c'est Dieu qui perd et qui sauve.

Lorsqu'il semblait que les armées d'Espagne étaient absolument détruites et la province perdue pour les Romains, un seul homme, peu connu jusque-là, et d'une condition honnête mais médiocre, y rétablit leurs affaires contre l'opinion et l'espérance de tout le monde. Entre ceux qui échappèrent à la défaite de l'armée de Cn. Scipion, était un brave officier, dans la vigueur de l'âge, nommé L. Marcius, fils de Septimus, simple chevalier romain, mais dont le courage et l'esprit étaient beaucoup au-dessus de la condition dans laquelle il était né. Il avait fortifié et perfectionné un naturel déja ex-

L. Marcius, simple chevalier, est choisi pour commander l'armée. Il remporte deux victoires sur les Carthaginois.
Liv. lib. 25, cap. 37-39.

cellent de lui-même, par les instructions et les exemples
de Cn. Scipion, sous qui il avait appris pendant plusieurs années tout ce qui regardait le métier de la guerre.
Voilà un moyen sûr de s'y rendre ıabile. Après la défaite et la déroute des armées, il avait ramassé tous les
soldats que la fuite avait dispersés; et, y ayant joint
tout ce qu'il avait pu tirer des garnisons, il en avait
formé un corps d'armée assez considérable, avec lequel
il avait été trouver T. Fontéius, lieutenant de P. Scipion. Mais les soldats, alors campés en-deçà de l'Èbre,
dans un endroit où ils s'étaient retranciés, ayant résolu
que l'on tiendrait une assemblée militaire pour nommer
celui qui commanderait l'armée, ils donnèrent la préférence d'estime et de confiance au cievalier romain
sur le lieutenant-général, d'une façon si marquée, que
tous, quittant leurs postes les uns après les autres,
afin de donner leurs suffrages sans cesser de garder
leurs lignes, cioisirent L. Marcius d'un consentement
unanime.

Le peu de temps qui leur resta avant la venue des
ennemis fut employé à fortifier leur camp et à y faire
venir des provisions, les soldats exécutant tous les
ordres qui leur étaient donnés, non-seulement avec
beaucoup de zèle et de diligence, mais encore avec
beaucoup de courage et d'intrépidité. Mais, quand ils
apprirent qu'Asdrubal, fils de Gisgon, ayant passé
l'Èbre, s'approchait dans le dessein d'exterminer tout
ce qui restait de Romains échappés aux défaites précédentes, et qu'ils virent le signal du combat donné
par le nouveau cief qu'ils venaient de nommer, alors,
se souvenant des généraux qui les avaient commandés
auparavant, se rappelant et leurs officiers et leurs cama-

rades dont le nombre et la valeur leur avaient autrefois servi d'encouragement dans les combats, ils se mirent tous à pleurer, les uns se frappant la tête et élevant les mains vers les dieux qu'ils accusaient de leur
malheur, les autres se couchant par terre et invoquant
avec douleur les noms de leurs généraux. Il n'était pas
possible de tarir leur larmes ni d'apaiser leurs cris. Les
officiers tâchaient en vain de les consoler ; et Marcius
lui-même leur faisait inutilement des remontrances
mêlées de douceur et de sévérité, en leur demandant
« pourquoi ils s'abandonnaient ainsi à la douleur, en
« pleurant comme des femmes plutôt que de songer à
« se défendre et la république avec eux, et à tirer ven-
« geance de la mort de ces généraux qu'ils avaient tant
« aimés ».

Ils étaient dans ces dispositions lorsque tout d'un
coup ils entendirent le son des trompettes carthaginoises et les cris des ennemis qui étaient sur le point
de les attaquer. Alors, passant en un moment de la
douleur à l'indignation, et comme transportés de fureur
et de rage, ils se jettent sur les Carthaginois qui s'avançaient avec beaucoup de sécurité et d'un air de mépris.
Cette charge imprévue jeta la frayeur parmi les Carthaginois. Ils se demandaient les uns aux autres avec
surprise, « où les Romains avaient donc pu trouver tant
« de soldats après la défaite de leurs armées ; qui pou-
« vait avoir rendu tant de confiance et d'audace à des
« troupes défaites et mises en déroute si peu de jours
« auparavant ; quel général avait pu remplacer si tôt les
« deux Scipions ; enfin, qui leur avait donné le signal
« du combat, et qui commandait dans leur camp ».
Pendant qu'un changement si inopiné les tient tout

surpris et tout 1ors d'eux - mêmes, les Romains, sans
leur donner le temps de se reconnaître, les ciargent
avec tant de furie, que d'abord ils commencent à lâcier
pied, remplis de crainte et d'étonnement, et, un moment après, à prendre ouvertement la fuite. Les Romains, qui les poursuivaient avec beaucoup de cialeur,
auraient pu en faire un grand carnage ; mais, comme
ils étaient exposés eux-mêmes à quelques revers fâcheux
si les Cartiaginois reprenaient courage, Marcius fit
promptement sonner la retraite. Ils étaient si animés
par le succès, ne respirant que le sang et le carnage,
que Marcius eut assez de peine à les ramener dans leur
camp, ayant été obligé d'arrêter lui-même ceux qui
portaient les drapeaux, et d'en saisir quelques-uns des
plus mutins qui refusaient d'obéir. Une telle conduite
ferait 1onneur à un général accoutumé depuis long-
temps à commander des armées. L'1istoire est pleine
de batailles perdues ou de victoires manquées par l'imprudente vivacité de commandants qui ne songent qu'à
pousser leur pointe en poursuivant les fuyards sans en
prévoir les conséquences. Nous allons voir que ce n'é-
tait pas le courage qui manquait à Marcius.

Les Cartiaginois, qui d'abord avaient été repoussés
assez loin et avec beaucoup de vigueur, s'étant aperçus
que les Romains avaient cessé de les poursuivre, s'imaginèrent que c'était la crainte qui les avait arrêtés, et
s'en retournèrent dans leur camp à pas comptés, comme
des gens qui méprisent plus leur ennemi qu'ils ne le
craignent. Ils usèrent de la même négligence quand
ils y furent rentrés ; car, quoiqu'ils eussent les Romains
presqu'à leurs portes, ils les regardaient toujours comme
les restes et les débris de deux armées qu'ils avaient

défaites quelques jours auparavant, et ne croyaient pas être obligés d'observer beaucoup de discipline et de se tenir si fort sur leurs gardes. Marcius, instruit de cette négligence, forma un dessein qui, du premier coup-d'œil, paraissait non pas seulement hardi, mais témé-raire : ce fut d'aller attaquer les Carthaginois dans leurs lignes, lui qui avait tout lieu de craindre qu'ils ne vinssent le forcer dans les siennes. En effet, il jugeait avec raison qu'il lui était plus aisé de se rendre maître du camp d'Asdrubal pendant qu'il était seul que de défendre le sien contre les trois généraux et les trois armées lorsqu'ils se seraient une seconde fois réunis. D'ailleurs il considérait que, si son entreprise lui réussissait, il rétablirait les affaires de la république dans la province, au lieu que, s'il était repoussé, au moins une telle hardiesse apprendrait à le craindre.

Cependant, pour empêcher que la surprise de ses soldats et les ténèbres de la nuit ne jetassent du trouble dans l'exécution d'une entreprise si hasardeuse, il crut qu'il était à propos de les prévenir. Les ayant donc assemblés, il leur parla en ces termes : « Braves guer- « riers, pour peu que vous vous souveniez de la véné- « ration singulière que j'ai eue pour le mérite des « Scipions nos généraux, pendant leur vie, et que je « conserve encore après leur mort ; pour peu que vous « fassiez attention à l'état où nous nous trouvons, vous « conviendrez que, si la charge à laquelle vous m'avez « élevé m'est fort honorable, elle est aussi accompagnée « de beaucoup de soins et d'inquiétudes. D'un côté, la « douleur de leur perte toujours présente à mon esprit, « de l'autre l'embarras où je suis de trouver les moyens « de conserver à la république les restes infortunés de

« nos deux armées, m'accablent et ne me laissent aucun
« moment de repos. L'image des deux Scipions s'offre
« jour et nuit à mes yeux. Ils me réveillent souvent au
« milieu de mon sommeil. Il me semble qu'ils me par-
« lent, et que je les entends se plaindre et m'exhorter à
« les venger, à venger avec eux la république et vos
« compagnons toujours victorieux dans ce pays pendant
« tant d'années ; à imiter leur exemple, à me conformer
« à leurs maximes, et à prendre pour règle ce que j'ai
« lieu de penser qu'ils auraient fait en chaque occasion.
« Je souhaite, soldats, que vous entriez dans les mêmes
« sentiments.; que vous ne prétendiez pas honorer la
« mort de ces deux grands hommes par des larmes et
« de.vains regrets; mais que, lorsque leur souvenir se
« présentera à vos esprits, vous vous imaginiez les voir
« encore à votre tête et les .entendre, et marcher sous
« leurs ordres au combat. C'était sans doute ce souvenir
« et cette image qui vous animaient hier lorsque vous
« mîtes en fuite les Carthaginois avec une intrépidité
« qui leur fit connaître que la bravoure romaine n'était
« pas éteinte avec les Scipions, et que nul échec ne
« pouvait abattre un peuple que la défaite de Cannes
« n'a pas été capable d'accabler. Quand j'arrêtai hier
« votre ardeur, mon dessein n'était pas d'amortir votre
« généreuse audace, mais de la réserver pour un temps
« plus favorable. Ce temps est arrivé. Je suis bien instruit
« qu'il n'y a ni sentinelles, ni corps de garde postés au-
« tour du camp des ennemis selon les règles.de la guerre,
« et.que tout.y est dans une extrême négligence. Il est
« heureux.pour.nous qu'ils nous craignent si peu, et
« qu'ils aillent. même jusqu'au mépris..Ils.ne s'imagi-
« nent pas que des troupes vaincues et défaites tout

« récemment songent à les aller attaquer dans leurs
« retranchements. Osons ce qu'on ne peut pas croire
« que nous soyons capables d'entreprendre. La chose
« nous sera aisée à proportion de ce qu'elle paraît dif-
« ficile. Je vous mènerai contre eux de nuit dans un
« grand silence, et vous les livrerai tous, endormis, sans
« armes. Je sais que l'entreprise est hardie[1]; mais c'est
« lorsqu'on a beaucoup à craindre et peu à espérer que
« les coups les plus hardis sont les plus assurés. C'est
« alors qu'il faut saisir l'occasion dans le moment qu'elle
« se présente, et ne pas s'exposer, en la laissant échap-
« per, à la chercher dans la suite inutilement. Vous
« n'avez maintenant affaire qu'à l'armée carthaginoise
« qui est dans notre voisinage : les deux autres n'en
« sont pas éloignées. Vous avez lieu d'espérer que vous
« vaincrez ces premiers ennemis en les attaquant sans
« différer. Ils ne vous sont pas inconnus; vous avez
« déja mesuré vos forces avec eux dans une action où
« vous avez eu tout l'avantage. Pour peu que nous tar-
« dions, on apprendra le succès qu'eut notre sortie
« d'hier : on nous regardera comme des ennemis ca-
« pables de se faire redouter. Alors tous les comman-
« dants carthaginois se rassembleront avec toutes leurs
« troupes. Pourrons-nous soutenir trois généraux et
« trois armées auxquelles Cn. Scipion n'a pu résister
« lorsqu'il avait encore toutes ses forces? De même que
« nos chefs ont péri après avoir partagé leurs armées,
« de même nos ennemis peuvent être accablés pendant

---

[1] « Scio audax videri consilium.
Sed in rebus asperis et tenui spe,
fortissima quæque consilia tutissima
sunt: quia, si in occasionis mo-
mento, cujus prætervolat opportu-
nitas, cunctatus paulùm fueris, ne-
quidquam mox amissam quæras. »
(Liv.)

« qu'ils ne sont point encore réunis. Le parti que je
« vous propose est le seul que nous ayons à prendre
« dans les conjonctures présentes. Préparez-vous donc
« à profiter de l'occasion que la nuit prochaine vous
« offre. Retirez-vous maintenant pour prendre de la
« nourriture et du repos, afin d'aller ensuite, sous la
« protection des dieux, attaquer le camp des ennemis
« avec la même vigueur et le même courage que vous
« avez défendu le vôtre. »

Ils entendirent avec joie ce nouveau projet, proposé
par un nouveau général, et ils en furent d'autant plus
charmés qu'il était plus hardi. Ils passèrent le reste du
jour à préparer leurs armes et à prendre de la nourriture. Ils donnèrent au repos une bonne partie de la
nuit, et se mirent en marche trois ou quatre heures
avant le jour.

Il y avait au-delà du camp des Carthaginois, le plus
voisin de Marcius, à deux lieues environ de distance,
d'autres troupes carthaginoises, séparées des premières
par un vallon profond couvert d'arbres touffus. Marcius, par une ruse dans le goût de celles d'Annibal,
cacha dans ce vallon une cohorte romaine avec quelque
cavalerie. S'étant ainsi rendu maître du chemin par où
les deux corps de troupes carthaginoises pouvaient avoir
communication, il conduisit son armée en silence contre
celui de ces deux corps dont il se trouvait le plus proche; et comme il ne rencontra ni corps-de-garde aux
portes du camp ennemi, ni sentinelles sur les retranchements, il y entra sans trouver aucun obstacle, et
avec autant de facilité que si c'eût été dans son propre
camp. Dans le même instant Marcius fit sonner la
charge; et les Romains, en poussant de grands cris,

se répandirent de tous côtés. Les uns tuent les ennemis à demi endormis dans leurs lits; d'autres mettent le feu à leurs tentes couvertes de chaume fort sec; quelques-uns s'emparent des portes pour leur couper le chemin de la fuite. Le feu, les cris, le carnage, les empêchent de rien entendre, et de prendre aucune mesure salutaire. Ils demeurent interdits, tout hors d'eux-mêmes, et sans action; ou, s'ils font quelque mouvement, ils tombent nus et sans armes entre les mains de leurs ennemis bien armés. Les uns courent aux portes, et, les trouvant occupées par les Romains, ils sautent par-dessus les retranchements, et se précipitent dans les fossés. Tous ceux qui purent sortir se hâtèrent de courir pour gagner l'autre camp; mais ils furent tous arrêtés et tués, depuis le premier jusqu'au dernier, par la cohorte et les cavaliers qu'on avait mis en embuscade dans le milieu du chemin; et quand même quelqu'un aurait échappé à ce carnage, les vainqueurs passèrent avec tant de promptitude et de rapidité du premier camp au second, qu'il ne lui aurait été guère possible de prévenir leur diligence. Les Romains trouvèrent ici encore plus de négligence que dans l'autre armée, parce qu'étant plus éloignés de l'ennemi, ils croyaient n'avoir rien à craindre; et que, sur la fin de la nuit, la plupart étaient sortis pour aller chercher du bois et du fourrage, ou pour faire la maraude. Les armes seules des Carthaginois étaient posées dans les corps-de-garde; et les soldats qui auraient dû garder le camp paraissaient çà et là assis ou couchés par terre, ou se promenant le long de leurs retranchements et devant les portes du camp, tous sans armes. Ce fut dans cet état de sécurité qu'ils se virent tout d'un coup attaqués par les Ro-

31.

mains, fiers de la victoire qu'ils venaient tout récemment de remporter : ainsi les Carthaginois ne purent les empêcher de pénétrer dans leur camp. Cependant, étant accourus en foule vers les portes aux premiers cris et à la première attaque des Romains, ils firent une vigoureuse résistance. Le combat aurait duré plus long-temps ; mais, ayant aperçu que les boucliers des ennemis étaient tout couverts de sang, et jugeant par là de la défaite de leurs camarades, ils furent saisis de frayeur, prirent aussitôt la fuite, et se sauvèrent où ils purent, laissant la plus grande partie des leurs sur la place, et leur camp au pouvoir des vainqueurs.

Ainsi, dans l'espace d'une nuit et d'un jour, L. Marcius força deux camps ennemis, et défit deux armées considérables. Les auteurs varient sur le nombre de ceux qui furent tués dans ces deux actions. Le butin fut grand : on y remarqua surtout un bouclier d'argent pesant plus de deux cent quinze de nos marcs, sur lequel était gravé le portrait d'Asdrubal, frère d'Annibal. Ce bouclier fut placé à Rome dans le Capitole, et périt dans l'incendie de ce temple, sous le consulat de Scipion et de Norbanus.

Depuis cette expédition l'Espagne demeura quelque temps paisible, les deux partis n'osant risquer une bataille décisive après des pertes si considérables qu'ils avaient réciproquement essuyées.

Je ne sais si dans toute l'histoire romaine il se trouve un exploit de guerre plus complet dans toutes ses circonstances, plus singulier et plus remarquable par des événements inespérés, plus important par ses suites, et plus avantageux à la république, que celui de Marcius, dont nous venons de faire le récit. La défaite entière des deux armées que les Romains avaient en Espagne, jointe à la mort des deux illustres généraux qui les commandaient, avait jeté dans le peu de troupes qui leur restaient en cette province une consternation si générale, qu'elle paraissait ne leur laisser aucune espérance ni aucune ressource. Nul obstacle ne pouvait plus s'opposer au passage des Carthaginois en Italie; et si leurs armées victorieuses, portant partout la terreur, avaient pu se joindre à celle d'Annibal, comme elles s'y préparaient depuis long-temps, que serait devenue Rome? et comment aurait-elle pu soutenir ce nouveau surcroît d'ennemis si formidables?

Un seul homme, un simple particulier rompt toutes ces mesures, et dissipe presqu'en un moment un si terrible orage. Marcius ramasse les tristes débris des armées romaines, et réunit les troupes fugitives que la crainte avait dispersées de côté et d'autre; il les console, il les rassure, il les anime, il les remplit d'un tel courage et d'une telle confiance, qu'elles semblent avoir oublié entièrement qu'elles venaient d'être vaincues et défaites. On voit dans la conduite que garde ici cet officier tonte l'habileté et toute la prudence du général le plus consommé dans l'art de commander. Il envisage le péril dans toute son étendue, et n'en est point effrayé; il ne songe qu'au remède, et non au danger; il emploie également la force et la ruse; il saisit habilement l'occasion dès qu'elle se présente, et met à profit les moments; il donne ses ordres avec un sang-froid et une tranquillité capable de rassurer les plus timides. Il paraît hardi jusqu'à la témérité, et cependant il sait se contenir dans le feu même de l'action, et ne point se livrer à l'ardeur de la victoire, qui emporte souvent les plus sages. En un mot, qu'on examine avec soin toutes ses démarches, on verra qu'elles sont réglées par une profonde connaissance de l'art militaire. On reconnaît ici une attention particulière de la Providence sur l'empire romain.

Manière
dont la lettre
de Marcius
est reçue
dans
le sénat.
Liv. lib. 26,
cap. 2.

Un mérite si accompli, accompagné d'un succès si heureux et si inespéré, devait, ce semble, lui attirer à Rome de grands applaudissements et une récompense bien glorieuse. S'il s'y attendait, il fut trompé dans son espérance. Aussitôt après l'action il écrivit au sénat, et lui rendit compte de tout ce qui s'y était passé. Il avait pris dans sa lettre le titre de *propréteur*. Quand on en eut fait la lecture, on loua le grand et magnifique service qu'il avait rendu à la république ; c'est tout ce qu'on en dit : *res gestæ magnificæ senatui visæ*. Mais la plupart étaient choqués de ce que, n'ayant été nommé pour commander ni par le sénat, ni par le peuple, il avait pris dans sa lettre la qualité de propréteur. On trouvait « qu'il était de dangereuse consé-« quence que les généraux fussent choisis par les armées, « et que l'autorité auguste des élections attribuées par « les lois aux suffrages du peuple, et assujetties à la « direction des magistrats et à celle des dieux mêmes « consultés par les auspices, fût transportée dans les « provinces et dans les camps, et abandonnée à la témé-« rité des soldats ». Quelques-uns voulaient qu'on prît là-dessus les avis du sénat : mais on crut qu'il valait mieux différer cette délibération jusqu'après le départ des cavaliers qui avaient apporté la lettre de Marcius. A l'égard des recrues et des provisions qu'il demandait, on lui répondit que le sénat en aurait soin. Mais on ne trouva pas qu'il fût à propos de lui donner le titre de propréteur dans la réponse qu'on lui fit. Il ne paraît pas qu'il ait été parlé davantage de cette affaire dans le sénat ; et l'on n'improuva point expressément l'élection de Marcius, mais, dans le fait, on la rendit inutile par la nomination de Claude Néron pour commander en Espagne.

Il ne m'appartient point de censurer le sentiment d'une compagnie si sage et si mesurée dans les résolutions qu'elle formait. Je sens bien que des raisons d'état l'empêchaient d'approuver le titre que Marcius s'était arrogé, de sa propre autorité, et surtout la liberté que les soldats avaient prise de se nommer eux-mêmes un général ; liberté qui pouvait avoir de funestes conséquences, et qui en eut en effet sous les empereurs, que les armées se mirent en possession de nommer sans attendre le consentement ni du peuple ni du sénat. Mais le silence d'improbation ne pouvait-il pas être accompagné de quelque marque d'estime et de quelque distinction d'honneur après un service si considérable rendu à la république ? L'unique mot qu'en dit le sénat est une louange bien sèche pour un exploit regardé, de son aveu même, comme *magnifique* ; pour une action conduite si prudemment et si heureusement terminée. Marcius resta dans l'armée sur un pied distingué, et l'on verra dans la suite que Scipion l'emploiera honorablement. C'est peut-être tout ce que ce brave officier pouvait espérer.

CN. FULVIUS CENTUMALUS.

P. SULPICIUS GALBA.

AN. R. 541.
AV. J.C. 211.

Une autre affaire, dont l'objet était présent, attira pour-lors l'attention du public. Le tribun C. Sempro-

Cn. Fulvius est accusé devant le

peuple, et
condamné.
Liv. lib. 26,
cap. 2, 3.

nius Blésus avait appelé en jugement devant le peuple
Cn. Fulvius, et l'accusait d'avoir fait périr par sa témérité l'armée qu'il avait commandée dans l'Apulie,
l'année précédente, en qualité de préteur. De dix-huit
mille hommes dont elle était composée, à peine s'en
était-il échappé deux mille. Le tribun avouait « que
« plusieurs généraux, par leur imprudence, s'étaient
« laissé attirer dans des embuscades, où ils avaient péri
« avec leurs armées : mais il soutenait que Fulvius était
« le premier qui eût perdu ses légions par les vices et
« par la licence, avant de les exposer à périr par le fer
« des ennemis ; qu'en effet on pouvait dire qu'elles
« avaient été défaites avant que de combattre, et qu'elles
« avaient été vaincues, non par Annibal, mais par leur
« général même : que ceux qui donnaient leurs suffrages
« dans les assemblées n'examinaient pas assez si celui à
« qui ils confiaient le commandement des armées avait
« les qualités nécessaires pour un emploi si important :
« quelle différence il y avait entre Cn. Fulvius et
« Ti. Sempronius ! que le dernier, ayant été mis à la
« tête d'une armée d'esclaves, avait bientôt fait en sorte,
« par sa bonne conduite et par la discipline exacte qu'il
« leur avait fait observer, qu'oubliant leur naissance
« et leur condition, ils étaient devenus la ressource et
« l'appui des alliés, la terreur et le fléau des ennemis :
« que Fulvius, au contraire, avait fait contracter tous
« les vices des esclaves à des Romains bien nés et bien
« élevés, et dignes du nom qu'ils portaient quand il
« en avait pris le commandement : que c'était donc par
« sa faute qu'ils étaient devenus inquiets et turbulents
« parmi les alliés, timides et lâches à la vue des en-
« nemis, et que, bien loin de résister à l'attaque des

« Cartaginois, ils n'avaient pas même soutenu leurs
« premiers cris; qu'après tout, on ne devait pas s'étonner
« que les soldats eussent abandonné leur poste dès le
« premier cıoc, puisque leur général leur en avait
« donné l'exemple en prenant la fuite le premier. Com-
« bien de généraux, dans la guerre présente, avaient
« mieux aimé perdre la vie sur le cıamp de bataille
« que d'abandonner leurs armées dans le péril où elles
« étaient engagées! N'était-ce pas une cıose indigne que
« les soldats de Cannes, pour avoir quitté le cıamp de
« bataille, eussent été relégués en Sicile, et qu'on eût
« décerné tout récemment la même peine contre les lé-
« gions de Fulvius, pendant que la témérité de Fulvius
« lui-même demeurait impunie, quoiqu'on ne pût im-
« puter qu'à lui la perte de son armée? »

L'accusé rejetait sur ses soldats le malıeur qui était
arrivé, et représentait « qu'ils avaient pris la fuite, ne
« pouvant soutenir ou le courage des ennemis, ou la
« terreur du nom d'Annibal : qu'il avait été lui-même
« entraîné malgré lui par la foule des fuyards, comme
« Varron à Cannes, et tant d'autres en différentes oc-
« casions. Quel bien aurait - il pu faire à l'état en en-
« treprenant seul de résister aux vainqueurs? à moins
« qu'on ne prétendit que sa mort aurait été une con-
« solation et un remède à l'infortune publique : que son
« armée n'avait point péri par la disette, ou pour être
« tombée dans quelque piége faute d'avoir reconnu
« l'ennemi : qu'il n'avait été vaincu que par la force
« des armes, et en bataille rangée : qu'enfin il n'avait
« point eu en son pouvoir le courage de ses soldats,
« ni celui des ennemis ».

Il fut accusé à deux différentes reprises, et à cıaque

fois les conclusions n'allaient qu'à une amende pécuniaire. Mais lorsqu'à une troisième reprise les témoins
eurent été entendus, et que plusieurs eurent assuré avec
serment que l'épouvante et la fuite avaient commencé
par Fulvius, le peuple entra dans une grande colère;
et le tribun, changeant ses conclusions, demanda qu'il
fût puni comme criminel d'état, et que, pour cet effet,
le préteur indiquât une assemblée par centuries; car
ce n'était que dans ces sortes d'assemblées, les plus
solennelles et les plus générales qui fussent en usage
parmi les Romains, que le crime d'état pouvait être
jugé.

L'accusé, voyant le train que prenait son affaire,
tenta une autre ressource. Son frère, Q. Fulvius, était
en grande considération, tant par la gloire qu'il avait
déja acquise que par celle qu'il était sur le point d'y
ajouter en se rendant maître de Capone, qui était alors
aux abois. Il l'engagea à écrire au sénat des lettres
vives et touchantes pour demander qu'il lui fût permis
d'assister au jugement de son frère et de solliciter en sa
faveur. Mais, le sénat lui ayant fait réponse qu'on ne
pouvait lui accorder sa demande, parce que sa présence
à Capoue était nécessaire au bien du service, Cn. Fulvius, qui vit qu'il n'avait plus rien à espérer, n'attendit
pas le jour de l'assemblée, et se retira volontairement
en exil à Tarquinie. On ne laissa pas de le condamner,
quoique absent, à la peine de l'exil qu'il s'était imposée
lui-même.

Claude Né-
ron est en-
voyé en Es-
pagne.
Liv. lib. 26,
cap. 17. Après que Capoue eut été prise, comme je l'ai marqué auparavant, le sénat ordonna à Claude Néron de
choisir, dans les deux légions qu'il avait commandées
pendant le siége de cette ville, six mille hommes de pied

et trois cents cavaliers, avec un pareil nombre d'infanterie latine et huit cents chevaux; d'embarquer cette armée à Pouzzoles, et de la conduire en Espagne. Étant arrivé à Tarragone avec sa flotte, il y débarqua ses troupes; et, ayant tiré ses vaisseaux à sec, il fit aussi prendre les armes à ceux de l'équipage pour augmenter ses forces. S'étant ensuite avancé jusque sur les bords de l'Èbre, il reçut des mains de T. Fontéius et de L. Marcius les troupes dont ils avaient eu le commandement en attendant son arrivée.

Asdrubal, fils d'Amilcar, était campé à Pierre-noire dans l'Ausétanie, entre les villes d'Illiturgis et de Mentissa, dans le pays que l'on nomme aujourd'hui l'*Andalousie*. Néron s'empara de l'entrée d'un défilé qui se trouvait en ce lieu. Asdrubal, qui craignait de se voir enfermé par l'armée ennemie, lui envoya un trompette, qui avait ordre de lui promettre de sa part que, s'il lui laissait la liberté de se retirer, il abandonnerait absolument l'Espagne avec toutes ses troupes. Néron ayant reçu cette proposition avec grande joie, Asdrubal lui demanda pour le lendemain une entrevue, dans laquelle les Romains devaient marquer les conditions auxquelles ils voulaient qu'on leur livrât les citadelles des villes et le jour où les Carthaginois retireraient leurs garnisons et emporteraient tout ce qui leur appartenait sans faire aucun tort aux habitants. Néron ne fut pas plus tôt convenu de ce rendez-vous, qu'Asdrubal ordonna aux siens de commencer dès la fin du jour et de continuer pendant toute la nuit à tirer du défilé, le plus promptement qu'ils pourraient, les plus gros bagages de l'armée. On eut grande attention à ne pas faire sortir cette nuit-là une grande quantité d'hommes, le petit nombre étant

Asdrubal, enfermé, s'échappe de ses mains par fraude. Liv. lib. 26, cap. 17.

plus propre en même temps et à tromper les ennemis
par le silence, et à faciliter le passage à travers des sentiers étroits et difficiles, qu'il fallait nécessairement en-
filer. Le lendemain on se trouva de part et d'autre à
l'entrevue : mais le Carthaginois, en tenant à dessein
de longs discours, et en écrivant bien des choses inutiles, consuma le jour entier sans rien terminer, de
sorte que l'on fut obligé de remettre l'affaire au jour
suivant. Il n'y fut encore rien décidé : il naissait toujours quelques nouvelles difficultés qui demandaient du
délai. Cependant toutes les nuits étaient mises à profit.
Déja la plus grande partie de l'infanterie était en sûreté,
lorsque, très à propos pour Asdrubal, un brouillard
épais se leva dès la pointe du jour, et couvrit tout le
défilé et toutes les plaines des environs. Le Carthaginois
demande et obtient un dernier délai, sous prétexte
d'une fête où il n'était point permis à ceux de sa nation
de traiter d'affaires. Alors, à la faveur de l'obscurité, il
sort de son camp avec sa cavalerie et ses éléphants, et,
sans être aucunement troublé par les ennemis, il gagne
un poste où il n'avait plus rien à craindre de leur part.
Sur les dix heures le brouillard se dissipa, et découvrit
aux Romains tout à la fois et le jour et la fraude des
Carthaginois. Néron, honteux de s'être ainsi laissé du-
per, se mit en devoir de les poursuivre. Mais Asdrubal
ne jugea pas à propos de risquer une bataille, et tout
se borna à quelques légères escarmouches, qui n'eurent
point de suite. Le général romain aurait dû mieux connaître les Carthaginois, et savoir ce que l'on entendait
par *la foi punique*.

P. Scipion,
âgé seule-
ment de Soit que ce début de Néron en Espagne ne fît pas
beaucoup espérer de son commandement; soit, comme

il est plus vraisemblable, qu'il n'eût été envoyé qu'en attendant le choix d'un général que l'on pût laisser un temps considérable dans cette province, ce qu'il y a de certain, c'est que l'on résolut à Rome de procéder à l'élection d'un nouveau commandant qui allât se mettre à la tête des armées d'Espagne. On y était fort embarrassé : tout ce que l'on voyait de clair, c'est que l'on ne pouvait apporter trop de soin et d'attention dans le choix d'un capitaine qui fût capable de remplacer deux grands généraux, tués et défaits avec leurs armées dans l'espace de trente jours. Le sénat délibéra sur ce choix, et, n'ayant pu se déterminer, renvoya l'affaire au peuple. L'assemblée fut indiquée par les consuls pour l'élection d'un proconsul qui allât commander en Espagne. On s'attendait que dans l'intervalle on verrait se présenter ceux qui se croiraient dignes d'un emploi si important. Cette attente fut trompée : personne ne parut ; ce qui renouvela toute la douleur du coup funeste qui avait enlevé à la république deux généraux si difficiles à remplacer. Les citoyens cependant, malgré leur affliction, se rendirent à la place publique au jour de l'assemblée : et là, ayant les yeux attachés sur les magistrats et sur les premiers de la ville qui se regardaient tristement les uns les autres sans rien dire, ils étaient dans la dernière désolation de voir les affaires de la république si désespérées, que personne n'osât accepter le commandement des armées d'Espagne. Ce fut dans ce moment que P. Scipion, fils de celui du même nom qui avait été tué en Espagne, âgé environ de vingt-quatre ans, se plaça dans un lieu élevé où tout le monde pouvait l'apercevoir, et déclara qu'il était disposé à se charger

vingt-quatre ans, est nommé pour commander en Espagne, en qualité de proconsul. Liv. lib. 26, c. 18, 19.

de cet emploi, si l'on voulait le lui confier. Tous les yeux se tournèrent vers lui, et il s'éleva de toutes parts des cris de joie par lesquels on s'empressait de lui présager les plus 1eureux succès. On alla aussitôt aux voix ; et non-seulement toutes les centuries, mais tous les particuliers dont elles étaient composées, depuis le premier jusqu'au dernier, ordonnèrent que P. Scipion allât commander en Espagne.

L'affaire étant terminée, et la première c1aleur de leur zèle étant refroidie, on vit tout d'un coup succéder à des applaudissements si universels un morne silence., et de tristes réflexions sur une élection précipitée, où la faveur avait eu plus de part que la prudence et la raison. Ce qui leur faisait le plus de peine était sa grande jeunesse. Quelques-uns même prenaient à mauvais augure le mal1eur arrivé à sa maison, et ne pouvaient sans frémir le voir partir du sein d'une famille qui tout entière était dans le deuil et dans les larmes, pour aller commander dans une province où il lui faudrait combattre entre les tombeaux de son père et de son oncle.

Scipion, s'étant aperçu de ce refroidissement, fit un discours au peuple, si plein d'une noble confiance, et leur parla de son âge, du commandement qui venait de lui être confié, de la guerre dont il allait prendre la conduite, avec tant d'élévation et de grandeur d'ame, qu'il ralluma en eux cette ardeur qui s'était éteinte, et les remplit d'une certitude d'espérance, dit Tite-Live, supérieure à celle que les promesses des 1ommes et les raisons dont ils les appuient ont coutume d'inspirer, et qui semblait avoir quelque c1ose de surnaturel. En effet, Scipion ne s'attirait pas seulement l'admiration par les talents et les vertus qu'il possédait réellement ;

il eut soin d'y joindre encore dès sa première jeunesse une adresse merveilleuse à en rehausser l'éclat par des dehors frappants et capables de lui attirer le respect. Dans presque tout ce qu'il proposait à la multitude, il lui faisait entendre que les dieux mêmes l'en avaient instruit, ou par la voix des songes, ou par des inspirations secrètes, soit que ce fût de sa part faiblesse et superstition [1], soit qu'il eût recours à cet artifice pour rendre les citoyens plus disposés à entrer dans ses desseins. C'est dans cette vue que, dès qu'il eut pris la robe virile, il eut soin de ne jamais faire aucune action, soit publique, soit particulière, qu'auparavant il n'allât au Capitole, et qu'entrant dans le temple, il n'y passât seul un temps considérable. Cette coutume, qu'il observa toujours depuis régulièrement, fit croire à quelques-uns qu'il était issu de la race des dieux. On renouvela à son sujet le conte absurde qui avait couru sur la naissance d'Alexandre, et l'on débita qu'il était né du commerce de sa mère avec un serpent énorme. Scipion sembla vouloir confirmer cette opinion par l'air mystérieux avec lequel il affecta de ne jamais nier le fait, et cependant de ne le point assurer.

Je ne reconnais point ici la grandeur d'ame et la noblesse de sentiments que Scipion fait paraître ordinairement dans sa conduite. Il y a, ce me semble, de la petitesse d'esprit et de la bassesse de chercher à se faire valoir par le mensonge et la dissimulation. Il y a de l'impiété même à vouloir couvrir la fourberie [2] et

---

[1] « Polybe, livre x, prouve qu'il n'y avait point de superstition, mais adresse et habileté dans Scipion.

[2] « In specie fictæ simulationis, sicut reliquæ virtutes, ita pietas inesse non potest : cum quâ simul et sanctitatem et religionem tolli necesse est. » (Cic. de Nat. lib. i, n. 3.)

...aient embrassé le parti des Romains avec les...
...s villes rebelles de Sicile pour discuter, et des
dans les campagnes qui avaient été confisquées
...it de conquête.

...ron loue beaucoup la modération de Marcellus
...pport aux tableaux et aux statues de Syracusains
... pris Syracuse de vive force[1], dit-il, comme s'il
...t en enlever généralement toutes les richesses...
...l consulta moins les droits de la guerre que les...
... l'humanité ; ou plutôt il sut les allier par un sage
...rament et par une sorte de partage[2]. Il trans-
...à Rome beaucoup de chefs-d'œuvre de l'art, et
...sa du moins autant à Syracuse, qui pour l'une...
...soler l'autre. Il se fit même un devoir de religion
...nlever à celle-ci aucune statue des dieux ; et...
...celles qu'il fit passer à Rome, il se plaça toutes
...les temples de l'Honneur et de la Vertu, et dans
...es lieux pareils ; nulle dans sa maison, nulle à sa
...agne, nulle dans ses propres jardins. Il était per...
...que sa maison, destituée de créatures, devien...
...elle-même l'ornement de la ville.

...Live et Plutarque n'ont pas pu si avantageu...
...de la conduite de Marcellus. Ils savaient qu'elle

...m nobis habuit victo-   ... autem. Marce...que. Victoria,
...habuit. humanitatis.   ...umque alia fuisse violentiae ; sibi
...hot eas, multa Ro-   ...n aedibus, nil in horto posuit,
...ornamenta urbi   ...nihil in suburbano. Præterea, si urbis
...oratis, non plurd   ...ornamenta deesse etiam suis domi-
...suberbia, quam   ...liaret, domumque ornamento urbi
...   ...audере potuisse.
...vir...

l'imposture du nom respectable de la Divinité. Je sais que Minos et Lycurgue parmi les Grecs, et Numa parmi les Romains, ont usé d'un pareil artifice pour s'attirer l'estime et la confiance des peuples; mais un exemple vicieux en lui-même, de quelque grand nom qu'on l'autorise, peut bien aveugler ceux qui le suivent, mais il ne peut pas les justifier. *Decipit exemplar vitiis imitabile.*

Horat.

Quoi qu'il en soit, les faits merveilleux qu'on rapportait de Scipion avaient donné aux Romains pour ce jeune homme une estime et une admiration qui approchaient du respect et de la vénération; et c'est sur ces fondements qu'ils le chargèrent, dans un âge si peu avancé, d'un emploi si important et d'une guerre si considérable.

Scipion
passe
en Espagne.
Liv. lib. 26,
cap. 19.

Dès que Scipion eut été nommé proconsul, il songea à son départ. Aux vieilles troupes qui étaient restées en Espagne du débris des deux armées défaites et à celles qui y étaient passées de Pouzzoles avec Néron on ajouta dix mille hommes de pied et mille chevaux. M. Junius Silanus y fut aussi envoyé en qualité de propréteur pour aider Scipion dans les fonctions du commandement. Lorsque tout fut prêt, ce général partit d'Ostie avec une flotte de trente galères à cinq rangs. Étant arrivé à Tarragone, il y tint une espèce d'assemblée de tous les ambassadeurs des peuples d'Espagne alliés des Romains, qui s'étaient rendus dans cette ville au bruit de sa venue. Il leur donna audience, et leur parla à tous avec cette confiance et cette grandeur d'âme que le solide mérite inspire, de façon cependant qu'il ne lui échappa aucun mot qui pût le rendre suspect d'orgueil ou de vanité, et qu'en conservant un air de vérité qui

gagnait la confiance, il mettait dans ses discours toute
la dignité possible.

Étant parti de Tarragone, il visita les villes des alliés
et les quartiers d'hiver de l'armée, et donna de grands
éloges aux soldats, qui, après deux défaites si cruelles
reçues coup sur coup, avaient par leur courage conservé la province au peuple romain, défendu les alliés,
et empêché les ennemis de profiter de leurs victoires
et de s'établir en-deçà de l'Èbre. Il avait toujours Marcius avec lui. La considération qu'il avait pour cet
officier, et les éloges qu'il donnait à sa valeur, montraient bien qu'il était exempt d'une basse jalousie, et
que ce qu'il craignait le moins était de trouver quelqu'un qui ternît ou qui partageât sa gloire. Silanus prit
la place de Néron, et l'on mit les nouveaux soldats dans
les quartiers d'hiver. Scipion, ayant pourvu à tout, et
pris toutes les précautions nécessaires avec autant de
diligence que de sagesse, revint à Tarragone.

La division s'était mise parmi les trois généraux des
Carthaginois, et leur avait fait prendre des quartiers
d'hiver tout différents : Asdrubal, fils de Gisgon, était
du côté de Cadix, sur les bords de l'Océan ; Magon,
dans le milieu des terres, s'étendant surtout au-dessus
des bois de Castulon [1]; Asdrubal, fils d'Amilcar, près
de l'Èbre, aux environs de Sagonte.

Polyb. l. 9,
Excerpt. de
Vir. et Vit.
Liv. lib. 26,
cap. 20.

Sur la fin de la même campagne, Marcellus revint
de Sicile à Rome. Le préteur C. Calpurnius assembla
le sénat dans le temple de Bellone, hors de la ville,
selon l'usage, pour lui donner audience. Là, Marcellus
rendit compte de ses exploits et de ses victoires ; et,

Retour de
Marcellus à
Rome.
Il obtient le
petit
triomphe.
Id. lib. 26,
c. 21.

---

[1] Dans l'Andalousie. = Actuellement *Carlona*, selon d'Anville. — L.

Plut.
in Marcello,
pag. 310.

après s'être plaint modestement, autant au nom des
soldats qu'au sien, de ce qu'après avoir classé les Carthaginois de la Sicile et avoir remis la province sous
la puissance des Romains, il n'avait pas eu la liberté
de ramener son armée. Il demanda qu'il lui fût permis
d'entrer dans la ville en triomphe. On ne crut pas devoir lui accorder cet honneur; parce que la guerre de
Sicile ne paraissait pas encore terminée. Il obtint seulement l'ovation, c'est-à-dire le petit triomphe. La veille
du jour où il devait entrer dans Rome, il se procura
les honneurs du grand triomphe sur le mont Albain,
coutume qui s'était établie quelques années auparavant
(l'an de Rome 521).

Statues et
tableaux
portés dans
son
triomphe.

Quand il fit son entrée dans la ville, outre le tableau
qui représentait la prise de Syracuse, il était précédé
des catapultes, des balistes, et de toutes les autres machines de guerre qui étaient tombées entre ses mains;
des superbes ornements que la magnificence des rois
syracusains avait accumulés pendant une longue paix
dans leur ville capitale; d'un grand nombre de vases
d'argent ou d'airain travaillés avec beaucoup d'art; de
meubles précieux de toute espèce, et de statues célè-
bres, dont Syracuse était ornée plus qu'aucune des
autres villes grecques. On y vit aussi paraître huit
éléphants, comme une preuve des victoires remportées
sur les Carthaginois. Sosis de Syracuse et l'Espagnol
Méricus marchaient devant Marcellus avec des cou-
ronnes d'or. Ils avaient beaucoup contribué à la prise
de la ville. On leur donna à tous deux le droit de bour-
geoisie, et à chacun cinq cents arpents de terre; à Sosis, dans le territoire de Syracuse, avec une maison
dans la ville à son choix; à Méricus, et aux Espagnols

qui avaient embrassé le parti des Romains avec lui, une des villes rebelles de Sicile pour demeure, et des terres dans les campagnes qui avaient été confisquées par droit de conquête.

Cicéron loue beaucoup la modération de Marcellus par rapport aux tableaux et aux statues des Syracusains. Ayant pris Syracuse de vive force [r], dit cet orateur, il pouvait en enlever généralement toutes les richesses. Mais il consulta moins les droits de la victoire que les lois de l'humanité; ou plutôt il sut les allier par un sage tempérament et par une sorte de partage égal. Il transporta à Rome beaucoup de chefs-d'œuvre de l'art, et en laissa du moins autant à Syracuse, pour orner l'une et consoler l'autre. Il se fit même un devoir de religion de n'enlever à celle-ci aucune statue de ses dieux : et, pour celles qu'il fit passer à Rome, il les plaça toutes dans les temples de l'Honneur et de la Vertu, et dans d'autres lieux pareils; nulle dans sa maison, nulle à sa campagne, nulle dans ses propres jardins. Il était persuadé que sa maison, destituée de ces statues, deviendrait elle-même l'ornement de la ville.

Tite-Live et Plutarque n'ont pas jugé si avantageusement de la conduite de Marcellus. Ils observent qu'elle

Réflexions sur les statues et les

---

[r] « In ornatu urbis habuit victoriæ rationem, habuit humanitatis. Victoriæ putabat esse, multa Romam deportare, quæ ornamento urbi esse possent; humanitatis, non planè spoliare urbem, præsertim quam conservare voluisset. In hac partitione ornatûs, non plus victoria Marcelli populo romano appetivit, quàm humanitas Syracusanis reservavit. Romam quæ asportata sunt, ad ædem Honoris atque Virtutis, itemque aliis in locis videmus : nihil in ædibus, nihil in hortis posuit, nihil in suburbano. Putavit, si urbis ornamenta domum suam non contulisset, domum suam ornamento urbi futuram. Syracusis autem permulta atque egregia reliquit, deum verò nullum violavit, nullum attigit. » (Cic. *Verr. de Sign.* 120, 121.)

32.

tableaux
portés dans
le triomphe
de
Marcellus.

donna lieu, sans doute contre son intention, à un désordre qui causa de grands maux dans la république.
« Tous ces beaux ouvrages de sculpture et de peinture [1],
« dit le premier, étaient à la vérité des dépouilles con-
« quises sur des ennemis, à qui les règles de la guerre
« permettaient de les enlever. Mais ce fut là la triste
« époque du goût que prirent les Romains pour les arts
« des Grecs, qu'ils n'avaient jusque-là ni connus ni esti-
« més ; goût funeste, qui les porta bientôt à piller sans
« scrupule, dans les provinces, non-seulement les mai-
« sons des particuliers, mais aussi les temples des dieux,
« et enfin à exercer leurs vols sacriléges jusque sur les
« temples de Rome, et en particulier sur ceux-là mêmes
« que Marcellus avait si magnifiquement ornés : car,
« ajoute cet historien, on ne voit plus aujourd'hui dans
« les temples de l'Honneur et de la Vertu les tableaux
« et les statues que Marcellus y avait placés, et qui y
« attiraient autrefois la curiosité des étrangers. »

Plut.
in Marcello,
pag. 319.

Plutarque insiste encore plus fortement sur cette
réflexion. « Jusqu'alors, dit-il, Rome n'avait point eu
« ni même connu ces somptuosités et ces curiosités su-
« perflues, et l'on ne trouvait point chez elle ces orne-
« ments gracieux de sculpture qui sont aujourd'hui si
« fort recherchés. Pleine d'armes prises sur les barbares
« et de dépouilles sanglantes, couronnée de monuments
« de triomphes et de trophées, elle offrait aux yeux un
« spectacle qui avait l'air martial, et qui convenait par-
« faitement à une nation guerrière et conquérante. Le

---

[1] « Hostium quidem illa spolia, et parta belli jure : cæterùm indé primum initium mirandi græcarum artium opera, licentiæque hinc sacra profanaque omnia vulgò spoliandi, factum est : quæ postremò in romanos deos, templum id ipsum primum, quod a Marcello eximiè ornatum est, vertit. » (Liv. lib. 25, c. 40.)

« peuple cependant savait bon gré à Marcellus d'avoir
« orné la ville de tant de beaux ouvrages, qui, dans
« leur variété, renfermaient toute la grace, toute la
« délicatesse, tout le bon goût des Grecs. Les gens sen-
« sés ne pensaient pas de même, et préféraient infini-
« ment la conduite de Fabius Maximus, lequel n'em-
« porta rien de semblable de la ville de Tarente qu'il
« prit deux ans après; mais, se contentant de l'or et
« de toutes les richesses utiles, il laissa dans leur place
« les tableaux et les statues des dieux. Ce fut à cette
« occasion qu'il dit cette parole mémorable : *Laissons*
« *aux Tarentins leurs dieux irrités.* On reprochait à
« Marcellus, premièrement de ce qu'il avait suscité
« contre Rome la haine et l'envie, en faisant mener en
« triomphe non-seulement les hommes, mais les dieux
« captifs [1] ; ensuite de ce que d'un peuple accoutumé à
« faire la guerre ou à labourer ses champs, et qui ne sa-
« vait ce que c'était que luxe et que mollesse, il en avait
« fait un peuple qui ne se piquait plus que de finesse de
« goût pour les arts, et qui ne s'entretenait plus que
« de la beauté de ces sortes d'ouvrages et de l'habileté
« des ouvriers. »

Polybe, cet historien si sensé, examine, dans un   Polyb. l. 9,
fragment qui nous reste de lui, si les Romains faisaient   pag. 549.
sagement de transporter à Rome les ornements des
villes qu'ils avaient soumises à leur domination; et il
conclut que non. Il appuie son sentiment sur deux ou
trois raisons principales.

Premièrement, si c'était par ce que l'on appelle les
beaux-arts et toute leur dépendance que les Romains

_____

[1] Cicéron dit le contraire : « Deum verò nullum violavit, nullum attigit. »

eussent agrandi et élevé leur patrie, il est clair qu'ils auraient bien fait d'y transporter ce qui en avait augmenté la puissance et la gloire. Mais si c'est par une manière de vie très-simple et par un éloignement infini du luxe et de la magnificence qu'ils se sont soumis les peuples chez qui se trouvait le plus grand nombre et les plus beaux de ces ornements, il faut reconnaître qu'ils ont fait une grande faute de les enlever : car quitter les mœurs à qui l'on doit ses victoires pour prendre celles des vaincus, et se charger, en les prenant, de la haine qui accompagne toujours ces sortes de violences, c'est une conduite qui ne peut s'excuser.

Polybe touche ici une seconde raison qui est bien forte. En effet, traiter ainsi les villes que l'on a prises, ajouter à la douleur qu'elles ont d'avoir été vaincues celle de se voir dépouillées des précieux monuments qui faisaient l'objet de leur attache et de leur religion ; donner en spectacle ces richesses étrangères, les étaler avec pompe à la vue de tout le monde et de ceux mêmes à qui on les a enlevées, et faire des calamités d'autrui l'ornement de sa patrie, c'est insulter en quelque sorte au malheur des vaincus, c'est vouloir perpétuer leur honte et leur douleur, et c'est en même temps exciter contre les vainqueurs une secrète indignation, qui se renouvelle tous les jours à la vue de ces dépouilles.

Si les Romains n'eussent amassé dans leurs conquêtes que de l'or et de l'argent, on ne pourrait pas blâmer en cela leur politique. Pour parvenir à l'empire universel, il fallait nécessairement ôter ces richesses aux peuples vaincus, et se les approprier. Mais, pour ces merveilles de l'art, il leur aurait été beaucoup plus glorieux de les laisser où elles étaient avec l'envie qu'elles attirent, et de mettre la gloire de leur patrie, non dans l'abondance et la beauté des tableaux et des statues, mais dans la gravité des mœurs et la noblesse des sentiments.

Caton, avant Polybe, pensait comme lui, et se plaignait avec amertume du dangereux goût qui s'introduisait à Rome, et qui commençait même à y prévaloir. Je « n'entends déja que trop de personnes [1], disait-il, qui « louent avec des transports d'admiration ces ouvrages « qui font l'ornement de Corinte et d'Athènes, et qui « se rient de l'antique simplicité des statues de nos dieux. « Croyez-moi, quand on a introduit ici les statues de « Syracuse, on y a fait entrer des ennemis qui tôt ou « tard causeront la ruine de la ville. »

Liv. lib. 34, cap. 3.

L'expérience fit voir combien ces réflexions étaient sensées. La Grèce, vaincue par les Romains, les vainquit à son tour en communiquant son goût pour la délicatesse des ouvrages de l'art à ce peuple, qui jusque-là avait été grossier et rustique sur cet article.

Græcia capta ferum victorem cepit, et artes
Intulit agresti Latio.

Horat. lib. 2, Epist. 1.

Du temps de Cicéron cette passion allait jusqu'à la folie; c'est trop peu dire, jusqu'à une espèce de fureur et de frénésie. Les gouverneurs de provinces ne laissaient ni dans les maisons des particuliers, ni dans les temples même des dieux, aucun ouvrage de peinture ou

---

[1] « Jam nimis multos audio Corinthi et Athenarum ornamenta laudantes mirantesque, et antefixa ficti-lia deorum romanorum ridentes.... Infesta, mihi credite, signa * ab Syracusis illata sunt huic urbi. »

* Le français ne peut pas rendre le double sens du mot latin *signa*, qui signifie également *des statues et des drapeaux militaires*.

de sculpture qui fût un peu estimé, et y exerçaient un brigandage qui rendait aux nations étrangères le nom du peuple romain odieux et exécrable, comme on le voit dans une des 1arangues de Cicéron contre Verrès, intitulée *de Signis*. Ce fut une des principales causes de la ruine de l'empire. *Le luxe*, dont cette passion pour les tableaux et les statues faisait partie; *le luxe, plus puissant et plus funeste que toutes les armées ennemies, subjugua Rome, et vengea l'univers vaincu.*

Juvenal.
[VI, 293.]

Sævior armis
Luxuria incubuit, victumque ulciscitur orbem.

Liv. lib. 26,
cap. 21.

Depuis que Marcellus avait quitté la Sicile, la flotte des Cart1aginois avait débarqué dans cette province huit mille 1ommes d'infanterie et trois mille cavaliers numides. Ces troupes firent soulever quelques villes en faveur des Cart1aginois, et ravagèrent les terres de quelques alliés des Romains. D'ailleurs l'armée romaine, irritée de ce qu'on ne lui avait pas permis de retourner à Rome avec son général, ni d'hiverner dans les villes de Sicile, ne servait qu'avec beaucoup de répugnance et de lenteur; et il ne manquait aux soldats qu'un c1èf pour exciter une sédition dans la province. Le préteur M. Cornélius surmonta toutes ces difficultés. Il apaisa l'esprit des soldats, tantôt en les traitant avec douceur, tantôt en leur parlant avec fermeté; et il fit rentrer dans le devoir les villes qui s'étaient révoltées.

Les deux consuls étaient dans l'Apulie avec leurs armées; mais, comme on n'avait plus tant à craindre de la part d'Annibal et des Cart1aginois, ils eurent ordre de tirer au sort l'Apulie et la Macédoine. Sulpicius eut pour partage la Macédoine, où il alla prendre la place de Lévinus : Fulvius vint à Rome présider à l'élection des nouveaux magistrats pour l'année suivante. Lorsqu'il s'agit de nommer des consuls, la centurie des jeunes, appelée *Veturia*, à qui il était écʰu par sort de donner la première son suffrage, cʰoisit T. Manlius Torquatus et T. Otacilius. Déja une foule de gens, persuadés que la pluralité des suffrages, comme il ne manquait jamais d'arriver, ratifierait ce cʰoix, s'assemblait autour de Manlius, qui était présent, pour le féliciter sur sa promotion. Manlius alors, s'approcʰant du tribunal du consul, le pria de vouloir bien l'entendre. Tout le monde était dans l'attente de ce qu'il allait demander; et l'on fut bien étonné de l'entendre s'excuser d'accepter la première dignité de la république, alléguant pour raison la faiblesse de ses yeux. Il ajouta «que ce serait une témérité [1] inexcusable « à un général, aussi-bien qu'à un pilote, lorsqu'il ne « pouvait se conduire que par les yeux d'autrui, de « prétendre que les autres se reposassent sur lui du soin « de leurs vies et de leurs intérêts les plus cʰers : qu'ainsi « il priait le consul de renvoyer aux voix la centurie « des jeunes gens qui venait de donner son suffrage, et « de les exhorter à faire attention, avant que de nom- « mer les consuls, à la qualité de la guerre que l'on « avait à soutenir en Italie, et aux conjonctures où se « trouvait actuellement la république ; qu'à peine avait- « on pu encore se bien remettre de l'alarme et de l'épou- « vante qu'avait causées dans Rome l'approcʰe d'An- « nibal, lorsque, quelques mois auparavant, ce redou-

Manlius Torquatus refuse le consulat.

---

[1] « Impudentem et gubernatorem et imperatorem esse, qui, quum alienis oculis ei omnia agenda sint, po- stulet sibi aliorum capita ac fortunas committi. » (Liv.)

« table ennemi avait fait avancer ses troupes jusqu'aux
« portes de la ville ». La centurie répondit qu'elle ne
changeait point de sentiment, et qu'elle persistait dans
le choix qu'elle venait de faire.

Sagesse ad-
mirable des
jeunes gens
de la centu-
rie Veturia. Alors Torquatus le prenant sur un ton plus ferme :
Si je suis consul, dit-il, *je ne pourrai supporter la
licence de vos mœurs, ni vous la sévérité de mon commandement. Retournez donc aux suffrages, et souvenez-vous que nous avons la guerre en Italie contre
les Carthaginois, et qu'Annibal est à leur tête.* Le ton
d'autorité que Manlius avait pris, et l'admiration de sa
générosité, qui se déclara par un applaudissement universel, firent comprendre à la centurie qu'il fallait
penser à un autre choix. Mais avant que d'y procéder,
elle demanda au consul la permission de consulter ses
anciens, c'est-à-dire la centurie des vieux qui lui répondait et qui s'appelait aussi *Veturia*. Ces vieillards
s'étant présentés, on leur laissa le temps de conférer
avec les jeunes dans l'enceinte du *parc* [1] *(in ovili)*,
où chaque centurie entrait à son tour pour donner son
suffrage. Les anciens leur dirent « qu'ils pouvaient dé-
« libérer entre trois sujets, dont deux étaient déja com-
« blés d'honneurs : savoir, Q. Fabius et M. Marcellus ;
« et en cas qu'ils voulussent choisir un nouveau gé-
« néral pour combattre contre les Carthaginois, que
« M. Valérius Lévinus s'était signalé par mer et par
« terre dans la guerre contre Philippe dont on l'avait
« chargé ». Les vieillards s'étant retirés, les jeunes,
après avoir consulté entre eux, choisirent M. Marcellus, encore tout brillant de la gloire qu'il venait

[1] Cet endroit était environné de parcs de brebis, et c'est ce qui lui
balustrades, de claies, comme les en fit donner le nom.

d'acquérir par la conquête de la Sicile, et M. Valérius. Toutes les centuries approuvèrent cette élection.

Tite-Live ne peut s'empêcher, après avoir exposé ce fait, de se récrier contre ceux de son temps qui affectaient de tourner en ridicule [1] les admirateurs des mœurs anciennes. *Pour moi, dit-il, je suis persuadé que, s'il y a jamais eu une république de sages, telle que les savants l'ont plutôt imaginée qu'ils ne l'ont connue* (il désigne les livres de Platon sur la République), *elle n'a pu être composée ni de chefs plus modérés et moins avides des honneurs, ni d'une multitude mieux disciplinée et plus docile. Mais surtout que la centurie des jeunes ait voulu consulter ses anciens sur le choix qu'elle avait à faire, c'est ce qui paraît à peine vraisemblable aujourd'hui, que l'autorité des pères mêmes est si peu respectée de leurs enfants.* Ce dernier trait marque combien Rome avait dégénéré des anciens temps, où le manque de respect des enfants pour leurs pères aurait paru une chose monstrueuse.

Après le choix des consuls, on nomma les préteurs. On apprit alors que T. Otacilius, auquel on avait songé pour le consulat, était mort en Sicile.

On avait célébré les jeux apollinaires l'année d'auparavant : et le préteur Calpurnius, ayant proposé de les célébrer encore celle-ci, le sénat ordonna qu'on en Liv. lib. 27, cap. 23.

---

[1] « Eludant nunc antiqua mirantes. Non equidem, si qua sit sapientium civitas, quam docti fingunt magis quàm nôrunt, aut principes graviores temperantioresque a cupidine imperii, aut multitudinem meliùs moratam censeam fieri posse. Centuriam verò juniorum seniores consulere voluisse, quibus imperium suffragio mandaret, vix ut verisimile sit, parentum quoque hoc seculo vilis levisque apud liberos auctoritas fecit. »

fît une fête à perpétuité ; ce qui pourtant ne s'exécuta
que quatre ans après.

Traité con-
clu par le
préteur Va-
lère, entre
les Romains
et
les Étoliens.
Liv. lib. 26,
cap. 24.
En même temps, M. Valérius Lévinus, lequel, comme
il a été dit plus haut, avait été envoyé avec une flotte
et quelques troupes en Grèce et en Macédoine, travaillait, pour diminuer les forces de Philippe, à lui
débaucher quelques-uns de ses alliés. Les Étoliens [1] faisaient alors une figure considérable dans la Grèce.
Nation féroce et brutale, ils se rendaient redoutables
à tous leurs voisins par leurs violences, d'autant plus
qu'ils savaient la guerre et excellaient surtout par la
cavalerie. Valère commença par sonder, dans des entretiens particuliers, la disposition des principaux de
la nation ; et, après les avoir gagnés, il se rendit avec
une flotte bien équipée au lieu où devait se tenir leur
assemblée générale, qui avait été indiquée exprès quelque
temps auparavant. «Là, après avoir exposé en quel
« heureux état se trouvaient les affaires des Romains,
« et l'avoir prouvé par la prise de Syracuse dans la Si-
« cile, et par celle de Capoue en Italie, il exalta la
« générosité et la fidélité des Romains envers leurs
« alliés. Il ajouta que les Étoliens devaient s'attendre à
« en être traités d'autant mieux, qu'ils seraient les pre-
« miers des peuples d'outre-mer qui auraient fait amitié
« avec eux : que Philippe et les Macédoniens étaient
« pour eux des voisins dangereux, de qui ils avaient
« tout à craindre ; que Rome avait déja beaucoup ra-
« battu de leur fierté, et qu'elle saurait bien les ré-
« duire, non-seulement à restituer aux Étoliens les
« places qu'ils leur avaient enlevées, mais à craindre

---

[1] L'Étolie, appelée aujourd'hui   d'Europe, est située sur la côte de la
le Despotat, petit pays de la Turquie   mer Ionienne.

« eux-mêmes pour leur propre pays : que, pour ce qui
« regardait les Acarnaniens, qui s'étaient détacés du
« corps et de la société des Étoliens, elle les y ferait
« rentrer sous les mêmes conditions et avec la même
« dépendance à laquelle ils avaient été astreints dans les
« temps précédents. »

Scopas, qui occupait alors la première dignité ciez
les Étoliens, et Dorimaque, celui de leurs citoyens qui
était le plus accrédité, appuyèrent fort les propositions
et les promesses de Valère, et encrérirent beaucoup
sur ce qu'il avait dit de la grandeur et de la puissance
romaine. Ils n'étaient pas obligés de garder sur ce sujet autant de retenue que lui, et leurs discours avaient
plus de poids que celui d'un étranger qui parlait pour
les intérêts de sa patrie. Ce qui flattait le plus les Étoliens, était l'espérance de remettre l'Acarnanie sous leur
domination. Le traité fut donc conclu entre les Romains
et les Étoliens. On y ajouta une clause par laquelle il
était libre aux Éléens, aux Lacédémoniens, à Attale,
roi de Pergame, à Pleurate et à Scerdilède, tous deux
rois, le premier dans la Tirace, l'autre dans l'Illyrie,
d'accéder au traité. Les Étoliens s'engageaient à déclarer
sur-le-ciamp et à faire la guerre à Piilippe, et les Romains à leur fournir un secours au moins de vingt
galères à cinq rangs. On abandonnait aux Étoliens
toutes les villes qui se trouvaient depuis l'Étolie jusqu'à
l'île de Corcyre (*Corfou*), avec leurs dépendances. Tout
le butin devait appartenir aux Romains, qui s'obligeaient à faire en sorte que les Étoliens fussent remis
en possession de l'Acarnanie [1]. Il était stipulé aussi que

---

[1] Aujourd'hui *la Curnia*. Elle fait partie du *Despotat*.

les Étoliens ne pourraient conclure de paix avec Philippe qu'à condition qu'il ne lui serait point permis de faire la guerre ni aux Romains, ni à leurs alliés, et que les Romains de leur côté entreraient dans le même engagement. Les actes d'hostilité commencèrent sur-le-champ. On prit quelques villes sur .Philippe : après quoi Lévinus se retira à Corcyre, bien persuadé que le roi avait assez d'affaires et d'ennemis sur les bras pour être lors d'état de penser à l'Italie et à Annibal.

Mouvements des Étoliens et de Philippe. Étonnante résolution de ceux d'A-carnanie. Liv. lib. 26, cap. 25.

Philippe passait l'hiver à Pella, sa capitale, quand il apprit la nouvelle du traité des Étoliens. Afin de pouvoir marcher au plus tôt contre eux, il travailla à régler les affaires de la Macédoine, et à la mettre en sûreté contre les insultes des voisins. Scopas, de son côté, se prépare à porter la guerre contre les Acarnaniens, qui, se voyant dans l'impuissance de tenir tête en même temps à deux peuples aussi puissants qu'étaient les Étoliens et les Romains, prirent néanmoins les armes, plutôt par désespoir et par fureur que par une délibération bien réfléchie, et résolurent de vendre leurs vies bien cher à leurs ennemis. Ayant envoyé dans l'Épire, qui était tout proche, leurs femmes, leurs enfants, et les vieillards au-dessus de soixante ans, tous ceux qui restaient, depuis quinze ans jusqu'à soixante, s'engagent par serment à ne revenir de la guerre que vainqueurs, et à ne point recevoir dans leurs villes, dans leurs maisons ou à leur table, quiconque aurait abandonné le champ de bataille après avoir été vaincu. Ils prononcent contre eux-mêmes les plus terribles imprécations, s'ils manquent à leur engagement, et prient seulement les Épirotes d'ensevelir dans un même tombeau ceux qui auront été tués dans le combat, avec cette inscription : CI GISENT LES ACARNANIENS, QUI SONT MORTS EN COMBATTANT POUR LEUR PATRIE CONTRE LA VIOLENCE ET L'INJUSTICE DE CEUX D'ÉTOLIE. Pleins de courage, ils partent dans le moment, et vont au-devant de l'ennemi jusqu'aux frontières de leur pays. Une telle résolution effraya les Étoliens : d'ailleurs ils apprirent que Philippe s'était déja mis en marche pour venir au secours de ses alliés. Ils rebroussèrent chemin, et s'en retournèrent chez eux : Philippe en fit autant.

Dès l'entrée du printemps, Lévinus assiégea par mer et par terre Anticyre [1], qui se rendit peu de temps après. Il l'abandonna aux Étoliens, qui l'avaient secondé dans ce siége, et retint seulement le butin, comme on en était convenu dans le traité. Il y reçut la nouvelle qu'on l'avait nommé consul en son absence, et que P. Sulpicius venait pour lui succéder : mais, ayant été attaqué d'une maladie qui fut longue, quoique peu dangereuse, il se rendit à Rome beaucoup plus tard qu'on ne l'y attendait.

Lévinus assiége et prend Anticyre. Il apprend qu'il a été nommé consul. Liv. lib. 26, cap. 26.

---

[1] Petite ville sur le golfe de Lépante, appelée *Suola*. Elle est célèbre dans l'antiquité par l'*ellébore*, que son terrain produisait en abondance.

FIN DU TOME SEIZIÈME.

TABLE DES MATIÈRES

DANS LE TOME SEIZIÈME.

HISTOIRE ROMAINE

DEPUIS LA FONDATION DE ROME JUSQU'A LA BATAILLE
D'ACTIUM.

LIVRE TREIZIÈME.

LIVRE QUATORZIÈME.

§ I. Idée générale de la dictature. Fabius Maximus est nommé prodictateur, et Minucius Rufus général de la cavalerie. Annibal ravage le pays, et assiége inutilement Spolette. Il dépêche des courriers à

LIVRE QUINZIÈME.

LIVRE SEIZIÈME.

LIVRE DIX-SEPTIÈME.

FIN DE LA TABLE DU TOME SEIZIÈME.

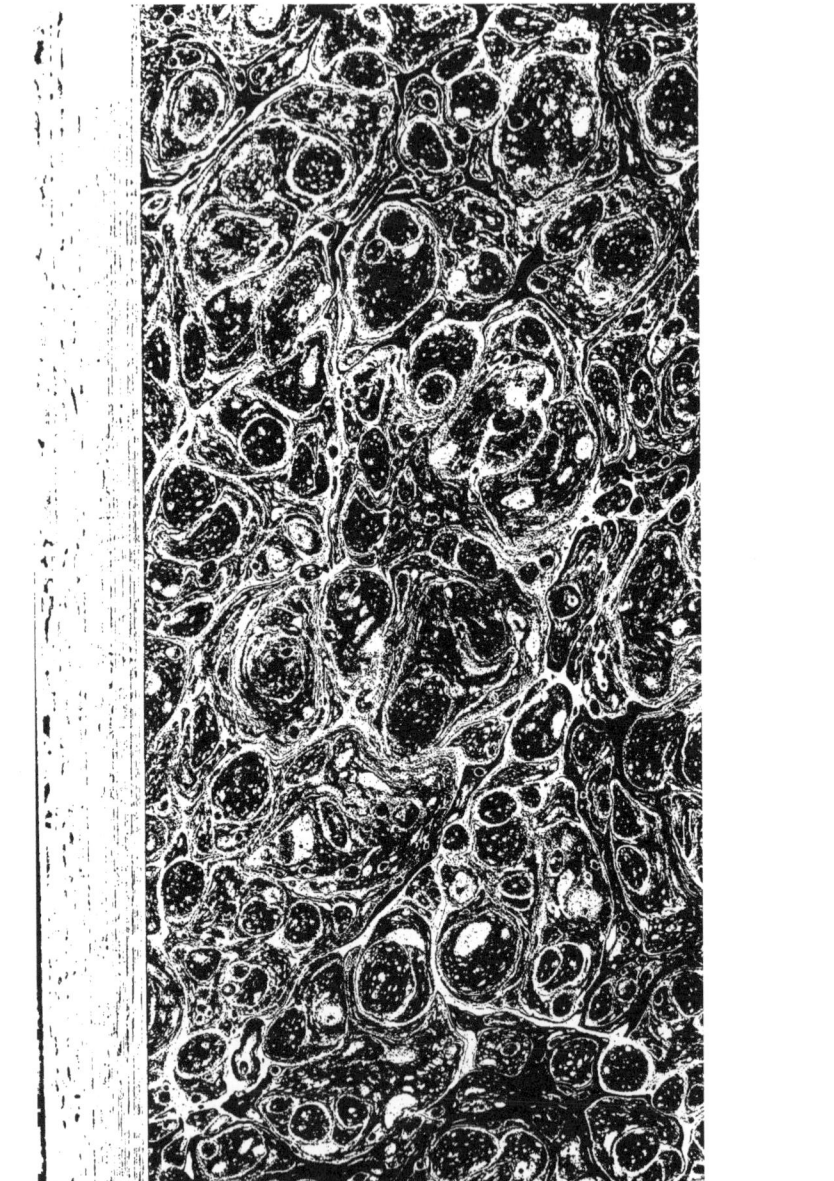

Lightning Source UK Ltd.
Milton Keynes UK
UKHW04f0623270818
327861UK00013B/393/P